物业管理系列丛书

物业设施设备
（第2版）

主　编：岳　娜　王忠强
副主编：左　壮　俞　松

电子工业出版社
Publishing House of Electronics Industry
北京·BEIJING

内 容 简 介

本书共 13 章，包括物业室内给排水系统、物业室外给排水系统、物业室内消防与防火排烟系统、物业通风与空调系统、物业供暖系统、物业室内热水与燃气供应系统、物业供配电系统、物业电气照明系统、物业电梯与自动扶梯系统、物业弱电系统、物业智能化系统、物业防雷与接地系统、物业设施设备承接查验。全书系统地介绍了物业各类设施设备的相关内容并兼顾工程监理、物业管理等专业的需要，在每个章节内专门编写了物业设施设备系统的运行管理与维护等方面的内容。本书加入了大量的识读图例和施工图。读者可以通过识读图例和施工图提高物业施工与管理的能力。

本书可作为高等院校物业管理、土木工程、工程管理等专业的教材，也可作为监理工程专业和物业管理相关专业的学生、物业项目工程人员、建设单位工程管理人员和施工技术人员的参考用书。

本书配有电子课件，免费提供给选用本书的授课教师，如有需要，请向出版社索取。

未经许可，不得以任何方式复制或抄袭本书之部分或全部内容。
版权所有，侵权必究。

图书在版编目（CIP）数据

物业设施设备 / 岳娜，王忠强主编. —2 版. —北京：电子工业出版社，2021.2
ISBN 978-7-121-38081-5

Ⅰ．①物… Ⅱ．①岳… ②王… Ⅲ．①物业管理－设备管理－高等学校－教材 Ⅳ．①F293.33

中国版本图书馆 CIP 数据核字（2019）第 256477 号

责任编辑：张云怡　　　特约编辑：田学清
印　　刷：北京七彩京通数码快印有限公司
装　　订：北京七彩京通数码快印有限公司
出版发行：电子工业出版社
　　　　　北京市海淀区万寿路 173 信箱　　邮编：100036
开　　本：787×1092　1/16　　印张：19.75　　字数：531.2 千字
版　　次：2011 年 8 月第 1 版
　　　　　2021 年 2 月第 2 版
印　　次：2025 年 1 月第 5 次印刷
定　　价：69.80 元

凡所购买电子工业出版社图书有缺损问题，请向购买书店调换。若书店售缺，请与本社发行部联系，联系及邮购电话：（010）88254888，88258888。
质量投诉请发邮件至 zlts@phei.com.cn，盗版侵权举报请发邮件至 dbqq@phei.com.cn。
本书咨询联系方式：（010）88254573，zyy@phei.com.cn。

前　言

"物业设施设备"作为物业管理专业、房地产开发与经营专业、土木工程专业、工程管理专业等相关专业的专业技术课程，对建筑施工与管理具有非常重要的指导意义。随着物业智能化水平的不断提高，物业设备所包含的内容不断增多，出现了很多新设备、新产品和新技术。为了满足相关应用型本科、专科院校培养适用型人才的教学要求，在电子工业出版社的组织下，我们编写了《物业设施设备》一书。

"物业设施设备"是一门多学科、综合性和实践性很强的课程，也是现代物业必要的组成部分。本书的主要内容包括物业室内给排水系统、物业室外给排水系统、物业室内消防与防火排烟系统、物业通风与空调系统、物业供暖系统、物业室内热水与燃气供应系统、物业供配电系统、物业电气照明系统、物业电梯与自动扶梯系统、物业弱电系统、物业智能化系统、物业防雷与接地系统、物业设施设备承接查验。为兼顾房地产经营、工程监理、物业管理等专业的需要，本书在每个章节内专门编写了物业设施设备系统的运行管理与维护等方面的内容。

本书的编写结合了作者多年的教学经验和工程实践，参考了大量的专业书籍、文献和规范。本书的主要特点如下。

（1）理论性：各部分内容完整、精练，与本系列其他教材原则上不重复。

（2）实践性：本书通过对各系统的介绍，突出实践内容。

（3）创新性：本书以最新颁布的国家制图标准、新材料、新设备、新工艺等为依据进行编写。

（4）专业性：本书采用了反映当前最新设计技术的施工图纸。

（5）针对性：本书紧紧围绕土木工程的人才培养方案，以其要求的专业能力和工程管理岗位的基本要求为主线安排编写内容。本书图文并茂，内容通俗易懂，并附有练习题和思考题。

本书按 72 学时编写，各专业可根据自己的教学计划调整课时，有所侧重，完成教学要求。

本书由岳娜、王忠强、左壮主编，俞松参编，书中大量图由冉亦默、陈思荣提供，全书由岳娜负责统稿，由宫雅玲、王晓华、刘弦、黄安心、张青山主审。

由于编者水平有限，书中难免有疏漏之处，敬请读者批评指正。

编　者

目 录

第1章 物业室内给排水系统 ·················· 1
  1.1 室内给水系统 ·························· 1
    1.1.1 室内给水系统的分类 ·············· 1
    1.1.2 室内给水系统的组成 ·············· 2
    1.1.3 常用给水方式 ···················· 3
    1.1.4 管材、附件和水表 ················ 5
    1.1.5 给水加压与调节设备 ·············· 13
  1.2 室内给水系统管道的布置与敷设 ········· 15
    1.2.1 给水系统管道的布置要求 ·········· 15
    1.2.2 给水系统管道的敷设 ·············· 17
    1.2.3 给水系统管道的验收 ·············· 17
  1.3 室内排水系统 ·························· 18
    1.3.1 室内排水系统的分类与组成 ········ 18
    1.3.2 排水管材及卫生器具 ·············· 19
    1.3.3 物业排水管道的敷设要求 ·········· 27
  1.4 屋面雨水系统 ·························· 28
    1.4.1 屋面雨水的排除方式 ·············· 28
    1.4.2 屋面雨水排除系统的组成、布置与敷设 ·············· 30
  1.5 物业中水系统 ·························· 31
    1.5.1 中水系统 ························ 31
    1.5.2 中水系统组成 ···················· 32
    1.5.3 物业中水系统安全防护 ············ 33
  1.6 高层物业给排水简介 ···················· 33
    1.6.1 高层物业给水系统 ················ 34
    1.6.2 高层物业排水系统 ················ 35
  1.7 物业给排水系统的维护与管理 ············ 38
    1.7.1 给水系统的维护与管理 ············ 38
    1.7.2 排水系统的维护与管理 ············ 39
  思考与练习 ································ 40

第2章 物业室外给排水系统 ·················· 41
  2.1 室外给水系统 ·························· 41
    2.1.1 室外给水系统的组成 ·············· 42
    2.1.2 室外给水方式 ···················· 42
    2.1.3 室外给水设计用水量 ·············· 43
    2.1.4 室外给水加压站 ·················· 44
    2.1.5 室外给水管道的布置与敷设 ········ 44
  2.2 室外排水系统 ·························· 46
    2.2.1 室外排水系统的种类与组成 ········ 46
    2.2.2 室外排水体制 ···················· 47
    2.2.3 室外排水提升设备和附属构筑物 ························ 47
    2.2.4 室外排水管道的布置与敷设 ········ 48
  2.3 室外工程管线综合布置原则 ·············· 50
  2.4 室外水景工程与游泳池 ·················· 51
    2.4.1 室外水景工程 ···················· 51
    2.4.2 室外游泳池 ······················ 54
  2.5 室外给水泵房的维护与管理 ·············· 57
    2.5.1 室外给水泵房的运行与管理 ········ 57
    2.5.2 水池、水箱的保养 ················ 58
    2.5.3 水泵的保养与维护 ················ 58
    2.5.4 泵房设备的维修与更新管理 ········ 59
  思考与练习 ································ 59

第3章 物业室内消防与防火排烟系统 ·········· 60
  3.1 消防系统的分类及组成 ·················· 60
    3.1.1 消防系统的分类 ·················· 60
    3.1.2 消防系统的组成 ·················· 61
  3.2 消火栓给水系统 ························ 62
    3.2.1 消火栓给水系统的组成 ············ 62
    3.2.2 消火栓及管道的布置 ·············· 64
  3.3 自动喷水灭火系统 ······················ 65
    3.3.1 自动喷水灭火系统的分类 ·········· 66
    3.3.2 自动喷水灭火系统的工作原理 ······ 69
  3.4 高层物业室内消防系统 ·················· 72
    3.4.1 高层物业室内消防的特点 ·········· 72

3.4.2 一般规定 ……………………… 73
3.4.3 高层物业室内消火栓给水系统
　　　的给水方式 …………………… 73
3.4.4 室内消火栓和自动喷水灭火系统
　　　的布置 ………………………… 74
3.5 其他常用灭火设施简介 ……………… 75
　　3.5.1 二氧化碳灭火系统 ……………… 75
　　3.5.2 蒸汽灭火系统 …………………… 76
　　3.5.3 干粉灭火系统 …………………… 77
　　3.5.4 泡沫灭火系统 …………………… 78
3.6 高层物业的防火排烟 ………………… 78
　　3.6.1 防火排烟的机理与形式 ………… 78
　　3.6.2 防火排烟的设备及部件 ………… 80
3.7 消防系统与防火排烟系统的
　　管理与维护 …………………………… 84
思考与练习 ………………………………… 85

第 4 章　物业通风与空调系统 …………… 86
4.1 通风与空调系统的分类及组成 ……… 86
　　4.1.1 通风系统的分类及组成 ………… 87
　　4.1.2 空调系统的分类及组成 ………… 89
4.2 常用通风系统与空调系统的主要设备 …… 92
　　4.2.1 通风系统的主要设备 …………… 92
　　4.2.2 空调系统的主要设备 …………… 94
　　4.2.3 空气的输送与分配设备 ………… 100
4.3 空调制冷系统 ………………………… 104
　　4.3.1 制冷装置 ………………………… 104
　　4.3.2 冷冻水系统 ……………………… 105
　　4.3.3 冷却水系统 ……………………… 107
4.4 通风与空调系统的检测及调试 ……… 108
　　4.4.1 检测及调试的目的和内容 ……… 108
　　4.4.2 单机试运转 ……………………… 109
　　4.4.3 无负荷联合试运转 ……………… 109
　　4.4.4 通风与空调系统的调试 ………… 109
4.5 通风与空调工程的验收 ……………… 110
4.6 空调系统的管理与维护 ……………… 110
　　4.6.1 空调系统的运行管理 …………… 110
　　4.6.2 空调系统的维护 ………………… 111

4.6.3 空调系统的常见故障及
　　　排除方法 ……………………… 112
思考与练习 ………………………………… 113

第 5 章　物业供暖系统 ……………………… 114
5.1 供暖系统的分类与组成 ……………… 114
　　5.1.1 供暖系统的分类 ………………… 114
　　5.1.2 供暖系统的组成 ………………… 115
5.2 低温水供暖系统 ……………………… 116
　　5.2.1 低温水供暖系统的组成 ………… 116
　　5.2.2 热水供暖系统的形式 …………… 117
　　5.2.3 管材与管道敷设 ………………… 120
5.3 蒸汽供暖系统 ………………………… 122
　　5.3.1 蒸汽供暖系统的组成 …………… 122
　　5.3.2 蒸汽供暖系统的特点 …………… 124
5.4 热风供暖系统 ………………………… 124
5.5 供暖设备 ……………………………… 125
　　5.5.1 散热器 …………………………… 125
　　5.5.2 辅助设备 ………………………… 129
5.6 分户计量及地板辐射热水供暖系统 … 132
　　5.6.1 分户计量热水供暖系统 ………… 132
　　5.6.2 地板辐射热水供暖系统 ………… 133
5.7 供暖系统的运行管理与维护 ………… 134
　　5.7.1 供暖系统的试运行与调节 ……… 135
　　5.7.2 供暖系统的常见故障与处理 …… 135
　　5.7.3 供暖系统的维护与管理 ………… 136
思考与练习 ………………………………… 137

第 6 章　物业室内热水与燃气供应系统 …… 138
6.1 室内热水供应系统 …………………… 138
　　6.1.1 热水供应系统的组成与分类 …… 138
　　6.1.2 热水的加热方式和供应方式 …… 140
　　6.1.3 管材、附件和加热设备 ………… 140
　　6.1.4 热水供应系统管网的布置
　　　　　与敷设 ………………………… 141
　　6.1.5 饮水供应系统 …………………… 143
　　6.1.6 太阳能热水器 …………………… 146
6.2 燃气供应系统 ………………………… 148
　　6.2.1 燃气的种类 ……………………… 148

6.2.2　室内燃气管道系统的组成 …… 148
　　　6.2.3　燃气供应系统的附属设备及
　　　　　　燃气用具 …………………… 148
　　　6.2.4　燃气管道的敷设要求 ………… 153
　6.3　燃气供应系统的维护与管理 ………… 156
　　　6.3.1　室内燃气系统维护与管理的
　　　　　　内容 …………………………… 156
　　　6.3.2　室内燃气管道及部件的维护 … 156
　　　6.3.3　室内燃气安全 ………………… 157
　思考与练习 …………………………………… 157

第7章　物业供配电系统 …………………… 159
　7.1　物业供配电 …………………………… 159
　　　7.1.1　物业用电负荷的分类 ………… 159
　　　7.1.2　低压配电方式 ………………… 160
　　　7.1.3　线路的敷设方式 ……………… 160
　7.2　变配电室 ……………………………… 162
　　　7.2.1　低压配电箱（盘）…………… 162
　　　7.2.2　物业的变配电所 ……………… 162
　7.3　电工基本知识 ………………………… 164
　　　7.3.1　电路的基本概念 ……………… 164
　　　7.3.2　三相交流电 …………………… 165
　　　7.3.3　变压器 ………………………… 166
　　　7.3.4　电动机 ………………………… 168
　　　7.3.5　常用低压电器 ………………… 170
　7.4　物业供配电系统的管理与维护 ……… 173
　　　7.4.1　物业供配电系统的管理 ……… 173
　　　7.4.2　物业供配电系统的维护 ……… 174
　思考与练习 …………………………………… 175

第8章　物业电气照明系统 ………………… 176
　8.1　电光源与灯具的选用 ………………… 176
　　　8.1.1　电光源的种类与用途 ………… 176
　　　8.1.2　灯具的种类与选用 …………… 179
　　　8.1.3　灯具的布置 …………………… 181
　8.2　照明供电线路的布置与敷设 ………… 182
　　　8.2.1　照明供电线路的布置 ………… 182
　　　8.2.2　照明供电线路的敷设 ………… 183
　8.3　配电箱与控制电器 …………………… 184

　　　8.3.1　配电箱的安装 ………………… 184
　　　8.3.2　控制电器的安装 ……………… 185
　8.4　物业电气施工图的组成及内容 ……… 191
　8.5　电气施工图的一般规定 ……………… 192
　　　8.5.1　照明灯具的标注形式 ………… 192
　　　8.5.2　配电线路的标注形式 ………… 193
　　　8.5.3　常用图例 ……………………… 194
　8.6　电气照明的常见故障与维护 ………… 197
　　　8.6.1　电气照明的常见故障 ………… 197
　　　8.6.2　电气照明设施的维护 ………… 197
　思考与练习 …………………………………… 198

第9章　物业电梯与自动扶梯系统 ………… 199
　9.1　电梯 …………………………………… 199
　　　9.1.1　电梯的种类和组成 …………… 199
　　　9.1.2　电梯的维护和管理 …………… 202
　9.2　自动扶梯的组成和维护 ……………… 204
　　　9.2.1　自动扶梯的组成 ……………… 204
　　　9.2.2　自动扶梯的维护 ……………… 206
　思考与练习 …………………………………… 207

第10章　物业弱电系统 ……………………… 208
　10.1　有线电视系统和计算机网络系统 …… 208
　　　10.1.1　有线电视系统 ……………… 208
　　　10.1.2　计算机网络系统 …………… 209
　10.2　电话通信系统和有线广播系统 ……… 211
　　　10.2.1　电话通信系统 ……………… 211
　　　10.2.2　有线广播系统 ……………… 212
　10.3　电控门系统 …………………………… 212
　　　10.3.1　电控门系统的组成 ………… 213
　　　10.3.2　电控门系统的功能 ………… 213
　10.4　火灾自动报警与消防联动系统 ……… 213
　　　10.4.1　火灾自动报警系统的组成 … 213
　　　10.4.2　消防联动系统 ……………… 216
　10.5　安保系统 ……………………………… 217
　　　10.5.1　安保系统的组成 …………… 217
　　　10.5.2　安保系统的作用 …………… 223
　思考与练习 …………………………………… 223

第11章 物业智能化系统 ·············· 224

11.1 物业智能化概述 ·············· 224
11.1.1 物业智能化的起源 ········ 224
11.1.2 物业智能化的组成和功能 ··· 224
11.1.3 物业智能化的特点 ········ 225
11.1.4 物业智能化的发展趋势 ···· 225

11.2 物业智能化系统 ·············· 226
11.2.1 物业设备自动化系统 ······ 226
11.2.2 办公自动化系统 ·········· 227
11.2.3 通信网络系统 ············ 227
11.2.4 综合布线系统 ············ 229
11.2.5 小区信息接入系统 ········ 230
11.2.6 家庭智能化系统 ·········· 231

11.3 物业智能化管理简介 ·········· 232
11.3.1 物业智能化管理的目标 ···· 232
11.3.2 物业智能化设备的运行与维护 ···················· 233
11.3.3 物业智能化的节能管理 ···· 234
11.3.4 室外物业智能化管理系统 ·· 235

思考与练习 ·························· 236

第12章 物业防雷与接地系统 ········· 237

12.1 防雷 ························ 237
12.1.1 雷电的形成及危害 ········ 237
12.1.2 防雷装置的构成 ·········· 238
12.1.3 防雷装置的安装 ·········· 240

12.2 接地 ························ 242
12.2.1 接地的方式及作用 ········ 242
12.2.2 接零的方式及作用 ········ 242
12.2.3 电气设备的保护措施 ······ 244

12.3 接地装置 ···················· 244
12.3.1 接地装置的安装与调试 ···· 244
12.3.2 接地装置的管理 ·········· 247
12.3.3 接地装置的维护 ·········· 247

思考与练习 ·························· 248

第13章 物业设施设备承接查验 ······· 249

13.1 供配电系统的承接查验 ········ 249
13.1.1 承接查验工作依据 ········ 249
13.1.2 接管验收的范围 ·········· 250
13.1.3 接管验收的程序 ·········· 250
13.1.4 登记建档 ················ 252

13.2 照明系统的承接查验 ·········· 252
13.2.1 承接查验工作依据 ········ 252
13.2.2 接管验收的范围 ·········· 253
13.2.3 接管验收的程序 ·········· 253
13.2.4 照明系统的接管验收 ······ 253

13.3 电动机的承接查验 ············ 254
13.3.1 承接查验工作依据 ········ 254
13.3.2 电动机的接管验收 ········ 254

13.4 低压电器的承接查验 ·········· 255
13.4.1 低压电器的接收依据 ······ 255
13.4.2 低压电器的接收范围 ······ 255
13.4.3 接管验收的程序 ·········· 255
13.4.4 登记建档 ················ 256

13.5 防雷与接地系统的接管验收 ···· 256
13.5.1 接管验收的工作依据 ······ 256
13.5.2 接管验收的范围 ·········· 259
13.5.3 接管验收的程序 ·········· 259

13.6 空调系统的接管验收 ·········· 260
13.6.1 接管验收工作依据 ········ 260
13.6.2 接管验收的范围 ·········· 261
13.6.3 接管验收的程序 ·········· 262
13.6.4 空调设备、设施技术档案的建立 ···················· 267

13.7 热源系统的接管验收 ·········· 268
13.7.1 接管验收的依据 ·········· 268
13.7.2 接管验收的要求 ·········· 269
13.7.3 接管验收工作内容 ········ 270

13.8 供水系统的承接查验 ·········· 271
13.8.1 承接查验工作依据 ········ 271
13.8.2 承接查验的范围 ·········· 271
13.8.3 承接查验的程序 ·········· 271
13.8.4 登记建档 ················ 276

13.9 中水设施的承接查验 ·········· 276
13.9.1 承接查验工作依据 ········ 276
13.9.2 承接查验的范围 ·········· 277
13.9.3 承接查验的程序 ·········· 277

  13.9.4 设备档案的建立 …………… 278
 13.10 排水系统的承接查验 …………… 278
  13.10.1 承接查验工作依据 ……… 278
  13.10.2 承接查验的范围 ………… 279
  13.10.3 承接查验的程序 ………… 279
  13.10.4 设施设备档案的建立 …… 280
 13.11 消防系统的接管验收 …………… 281
  13.11.1 消防系统接管验收工作
     依据 ……………………… 281
  13.11.2 消防系统接管验收的范围 …… 282
  13.11.3 消防系统接管验收的程序 …… 282
 13.12 电梯升降系统的接管验收 ……… 292
  13.12.1 接管验收工作依据 ……… 292
  13.12.2 接管验收工作的要求 …… 293

  13.12.3 接管验收工作的程序和
     内容 ……………………… 294
  13.12.4 接管验收的实施 ………… 295
 13.13 楼控系统的接管验收 …………… 302
  13.13.1 接管验收的依据 ………… 302
  13.13.2 接管验收的范围 ………… 303
  13.13.3 接管验收程序 …………… 304
  13.13.4 设备使用功能测试 ……… 304
 13.14 车位引导系统的接管验收 ……… 306
  13.14.1 接管验收的依据 ………… 306
  13.14.2 接管验收的条件 ………… 306
  13.14.3 接管验收的内容 ………… 307
  13.14.4 接管验收的程序 ………… 307

参考文献 ……………………………………… 308

第 1 章 物业室内给排水系统

【教学提示】

本章主要介绍物业室内给水系统、室内给水系统管道的布置与敷设、室内排水系统、屋面雨水系统、物业中水系统和高层物业给排水简介、物业给排水系统的维护与管理。

（1）室内给水系统由引入管、水表结点、给水管道系统、给水附件、加压和贮水设备组成；其给水方式有市政管网直接供水，水箱供水，水池、水泵和水箱联合供水，气压供水，微机变频调速供水，竖向分区供水。

（2）室内排水系统由卫生器具、排水管道、通气系统、清通设备和污水提升设备组成；卫生器具包括便溺用卫生器具、盥洗和沐浴用卫生器具、洗涤用卫生器具、专用卫生器具；排水系统安装包括排水管道系统和卫生器具两部分。

（3）物业中水包括物业内部中水和物业小区中水，其主要内容有物业中水的概念、用途、分类及物业中水系统安装的要求和注意事项。

（4）物业给排水系统的维护与管理的主要内容有建立规章制度、明确管理内容、保养与维护水泵。排水系统堵塞是室内排水系统的常见故障；给水系统和设施漏水、水质污染、系统超压和水压不足是室内给水系统的常见故障，要采取必要的处理措施。

【培养目标】

通过本章的学习，了解室内给水系统、室内排水系统、物业中水系统和高层物业给排水系统的分类、组成及各系统的工作原理，掌握给排水系统的维护与管理方法，掌握上述各系统管道、附件及附属设施的敷设要求及施工质量验收的要求，掌握给排水系统常见故障的处理方法。

1.1 室内给水系统

1.1.1 室内给水系统的分类

室内给水系统按水的用途不同可分为 3 类。

（1）生活给水系统。生活给水系统是指提供各类物业内部饮用、烹饪、洗涤、洗浴等生活用水的给水系统。

（2）生产给水系统。生产给水系统是指为工业生产提供用水的给水系统。因产品和生产工艺的不同，对水质、水量和水压的要求亦不相同，如冷却用水、洗涤用水和锅炉用水等。

（3）消防给水系统。消防给水系统是指为物业灭火需要提供用水的供水系统。消防给水系统主要包括消火栓系统和自动喷淋系统，它具有灭火效率高、适用范围广、污染小、成本低等特点，被广泛应用于大中型物业和高层物业。

在实际应用中，可根据需要将室内给水系统中的2种或3种给水系统合并。例如，生活和生产共用的给水系统，生产和消防共用的给水系统，生活和消防共用的给水系统，生活、生产和消防共用的给水系统，等等。

1.1.2 室内给水系统的组成

室内给水系统的组成如图1.1所示。

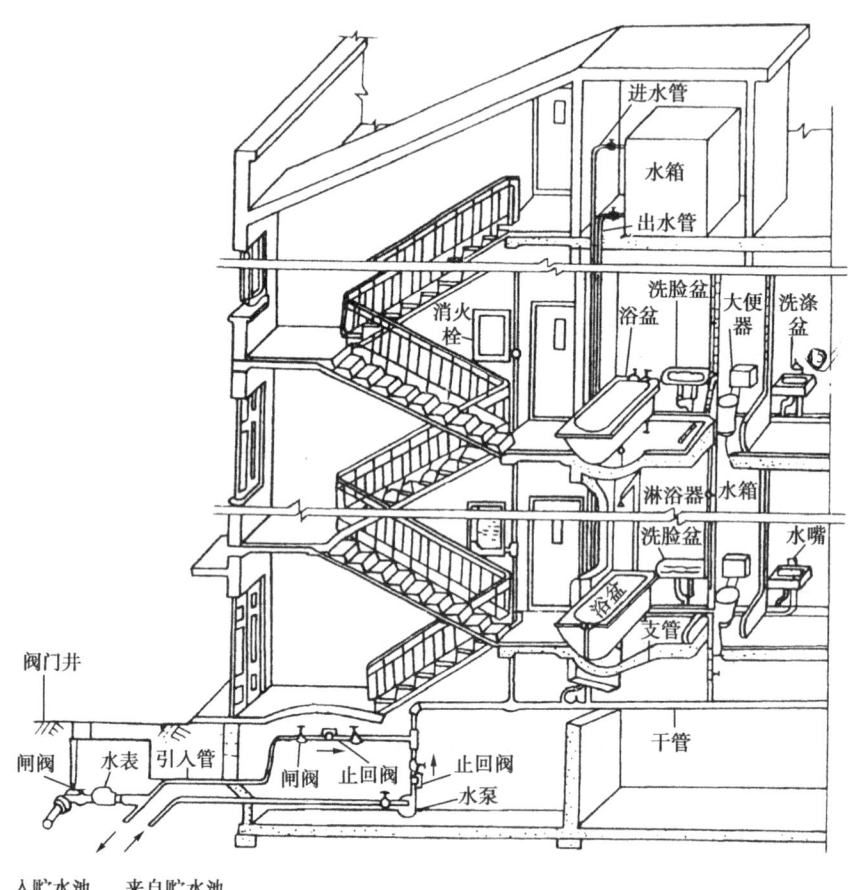

图1.1 室内给水系统的组成

1. 引入管

引入管是指室内给水管网和室外给水管网相连接的管段。引入管可随供暖地沟进入室内或在物业的基础上预留孔洞单独引入。

2. 水表结点

将水表及与其一同安装的阀门、管件、泄水装置等统称为水表结点。水表宜设置在水表井内，并且应在水表前后安装阀门，以便检修。

3. 给水管道系统

给水管道系统包括总干管、干管、支管、立管和横管等，用于向各用水点输水和配水。

4. 给水附件

给水附件是指给水管道上的各种管件、阀门及水龙头等。

5. 加压和贮水设备

加压和贮水设备包括水池、水泵、水箱及气压供水设备等，当室外水压不足或室内对稳定水压有要求时，需要用加压设备提高供水压力。

1.1.3 常用给水方式

给水方式即供水方案的选择。根据物业的供水要求、物业的性质、室内给水系统所需水压及室外给水管网的水压等因素确定给水系统的布置形式。

1. 市政管网直接供水

当市政管网的水压在任何时候都能满足室内给水系统所需水压时，可利用室外给水管网的水压直接向室内给水系统供水，如图1.2所示。该给水方式不需要水泵、水箱等设备，具有系统简单、投资少、维护方便、供水安全等特点。

2. 水箱供水

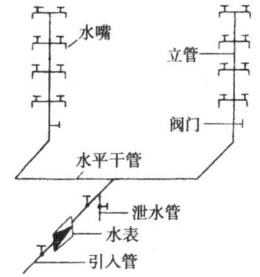

图1.2 市政管网直接供水方式

水箱供水是由室外给水管网直接向顶层贮水箱供水，再由贮水箱向各配水点供水，当室外给水管网的水压短时间不足时，由贮水箱调节用水量，如图1.3所示。

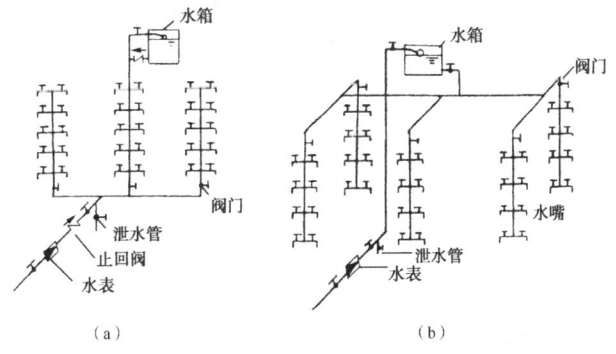

图1.3 水箱供水方式

水箱供水方式具有管网简单、投资少、运行费用低、维修方便、供水安全性高等优点，但因系统增设了水箱，会增大物业荷载，并占用室内使用面积。

3. 水池、水泵和水箱联合供水

当市政部门不允许从室外供水管网直接供水时，需要增设地面水池，水池、水泵和水箱联合供水方式增设了水泵和高位水箱。当室外供水管网的水压经常性或周期性不足时，多采用此种供水方式，如图1.4所示。这种供水方式安全性高，但因增加了加压和贮水设备，系统变得复杂，且投资及运行费用高，一般用于多层物业和高层物业。

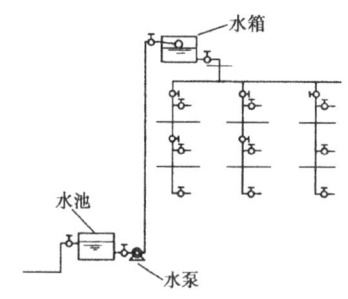

图1.4 水池、水泵和水箱联合供水方式

4. 气压供水

当室外供水管网的压力经常不能满足室内供水系统所需水压，或室内用水不均匀且不宜设置高位水箱时，可采用气压供水方式。该供水方式在供水系统中设置了气压水罐，可与水泵协同增压供水，如图1.5所示。气压水罐相当于高位水箱，其设置位置的高低可根据需要灵活考虑，目前多用于消防供水系统。

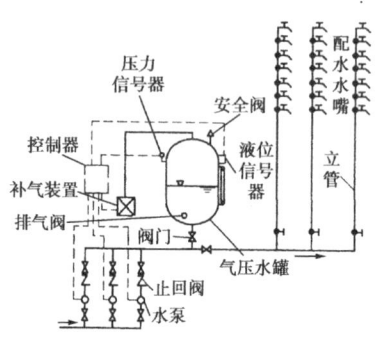

图1.5 气压供水方式

5. 微机变频调速供水

微机变频调速供水装置原理图如图1.6所示，当供水系统的扬程发生变化时，压力传感器向微机控制器输入水泵出水管的压力信号；当出水管压力值大于系统中设计供水量对应的压力时，微机控制器向变频调速器发出降低电源频率的信号，水泵转速随即降低，水泵出水量减少，水泵出水管的压力降低，反之亦然。微机变频调速供水方式的最大优点是效率高、能耗低、运行安全可靠、自动化程度高、设备紧凑、占地面积小（省去了水箱、气压罐）及对管网系统中用水量的变化适应能力强，但它要求电源可靠且所需管理水平高、造价高。目前，这种供水方式在居民小区和公共物业中应用广泛。

6. 竖向分区供水

在多层物业和高层物业中，为了节约能源，有效利用室外供水管网的水压，常对物业的供水系统进行竖向分区，低区由市政管网直接供水，高区由增压贮水设备供水，如图1.7所示。

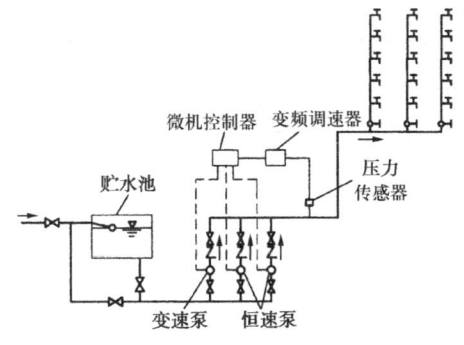

图1.6 微机变频调速供水装置原理图

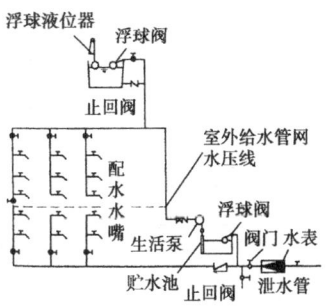

图1.7 竖向分区供水方式

1.1.4 管材、附件和水表

1. 常用管材

常用管材有以下几种。

（1）钢管。钢管是工程中广泛采用的管材，具有强度高、承受压力大、抗震性能好、质量轻、内外表面光滑、容易加工和安装等优点，但它的耐腐蚀性能差、对水质有影响、价格较高。普通钢管的直径用公称直径表示，公称直径是根据管材的生产规格确定的一种公称的直径。

① 焊接钢管。焊接钢管俗称水煤气管，通常由卷成管形的钢板、钢带以对缝或螺旋缝焊接而成，故又称为有缝钢管。焊接钢管的直径规格用公称直径表示，符号为"DN"，单位为mm。例如，DN15表示公称直径为15 mm的焊接钢管。焊接钢管根据其表面是否镀锌可分为镀锌钢管（白铁管）和非镀锌钢管（黑铁管），根据钢管壁厚不同又可分为普通焊接钢管、加厚焊接钢管等。焊接钢管规格尺寸如表1.1所示。

表1.1 焊接钢管规格尺寸

公称直径		外 径		普通焊接钢管			加厚焊接钢管		
				壁 厚			壁 厚		
mm	in	公称尺寸/mm	允许偏差	公称尺寸/mm	允许偏差/%	理论质量/(kg/m)	公称尺寸/mm	允许偏差/%	理论质量/(kg/m)
6	1/8	10.0	±0.50 mm	2.00	+12 −15	0.39	2.50	+12 −15	0.46
8	1/4	13.5		2.25		0.62	2.75		0.73
10	3/8	17.0		2.25		0.82	2.75		0.97
15	1/2	21.3		2.75		1.26	3.25		1.45
20	3/4	26.8		2.75		1.63	3.50		2.01
25	1	33.5		3.25		2.42	1.00		2.91

续表

公称直径		外径		普通焊接钢管			加厚焊接钢管		
				壁厚			壁厚		
mm	in	公称尺寸/mm	允许偏差	公称尺寸/mm	允许偏差/%	理论质量/(kg/m)	公称尺寸/mm	允许偏差/%	理论质量/(kg/m)
32	1¼	42.3	±0.50 mm	3.25	+12 −15	3.13	1.00	+12 −15	3.78
40	1½	48.0		3.50		3.84	1.25		1.58
50	2	60.0		3.50		1.88	1.50		6.16
65	2½	75.5		3.75		6.64	1.50		7.88
80	3	88.5		1.00		8.34	1.75		9.81
100	4	111.0		1.00		10.85	5.00		13.44
125	5	140.0		1.00		13.42	5.50		18.24
150	6	165.0		1.50		17.81	5.50		21.63

② 无缝钢管。无缝钢管是用钢坯经穿孔轧制或拉制制成的管子，常用普通碳素钢、优质碳素钢或低合金钢制造而成，它具有承受高压及高温的能力，常用于输送高压蒸汽、高温热水、易燃易爆及高压流体等介质。因为同一口径的无缝钢管有多种壁厚，所以无缝钢管的规格一般不用公称直径表示，而用 D（外径，单位为 mm）×δ（壁厚，单位为 mm）表示，如 $D159\times1.5$ 表示外径为 159 mm，壁厚为 1.5 mm 的无缝钢管。

（2）铜管。铜管包括紫铜管（纯铜管）和黄铜管（铜合金管）。铜管质量轻、经久耐用、卫生，特别是铜管具有良好的杀菌功能，可对水体进行净化，主要用于高纯水制备，输送饮用水、热水和民用天然气、煤气、氧气及对铜无腐蚀作用的介质。但因其造价相对较高，目前只限于高档物业使用。

（3）铝塑复合管。铝塑复合管是目前商住楼装修常用的管材，它的中间层为焊接铝管，内外层均为聚乙烯塑料，是通过挤压成型的方法复合成的管材，可分为冷水用铝塑复合管、热水用铝塑复合管和燃气用铝塑复合管。铝塑复合管除了具有塑料管的优点，还具有耐压强度高、耐热、可挠曲、接口少、施工方便、美观等优点。目前管材规格大都为 DN15～DN40，多用作物业给水系统的分支管。

（4）塑料管。塑料管管材包括聚氯乙烯管（PVC 管）、聚乙烯管（PE 管）、聚丙烯管（PP 管）和 ABS 管等。塑料管的规格用 DE（公称外径，单位为 mm）×δ（壁厚，单位为 mm）表示。塑料管的优点是化学性能稳定、耐腐蚀、力学性能好、不燃烧、无不良气味、质量轻且坚固、密度小、表面光滑、容易加工安装，使用寿命最少可达 50 年，在工程中被广泛应用。塑料管的缺点是强度低、不耐高温，用于室内外（埋地或架空）输送水温不超过 45℃的水。

2. 常用管件

管道配件指在管道系统中起连接、变径、转向、分支等作用的零件，简称管件。管件的种类有很多，不同管道应采用与该类管材相应的专用管件。

（1）钢管件。钢管件是用优质碳素钢或不锈钢经特制模具压制而成的，分为焊接钢管件、无缝钢管件和螺纹钢管件 3 类。钢管件的主要用途如下所示。

① 管箍。管箍是用于连接管道的管件，其两端均为内螺纹，分为同径及异径两种，以公称直径表示。

② 活接头。使用活接头有利于管道的安装及拆卸，其规格及表示方法与管道相同。

③ 弯头。常用的弯头有45°弯头和90°弯头，分为等径弯头及异径弯头，其作用是改变流体方向。

④ 补心。补心用于管道变径，以公称直径表示。

⑤ 三通。三通的作用是对输送的流体进行分流或合流，分为等径三通及异径三通，均以公称直径表示。

⑥ 丝堵。丝堵用于堵塞管件的端头或堵塞管道上的预留口。

⑦ 四通。四通分为等径四通及异径四通，均以公称直径表示。

⑧ 对丝。对丝用于连接两个相同管径的内螺纹管件或阀门，规格和表示方法与管道相同。

焊接钢管管件是采用无缝钢管或焊接钢管加工而成的管件。常用的焊接钢管管件有焊接弯头、焊接等径三通和焊接异径三通，如图1.8所示。图1.8（a）中a表示管段外长度；b表示管段内长度，R表示弯管半径。图1.8（b）中R表示三通半径；h表示三通长度。无缝钢管管件是用压制法、热推弯法及管段弯制法制成的，适合在工厂集中预制，通过焊接与管道进行连接。常用的无缝钢管管件有弯头、三通、四通、异径管和管帽等，如图1.9所示。

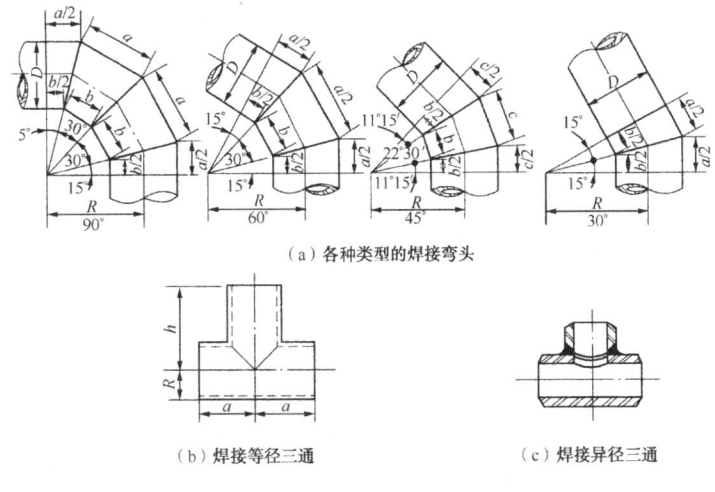

图1.8 常用的焊接钢管管件

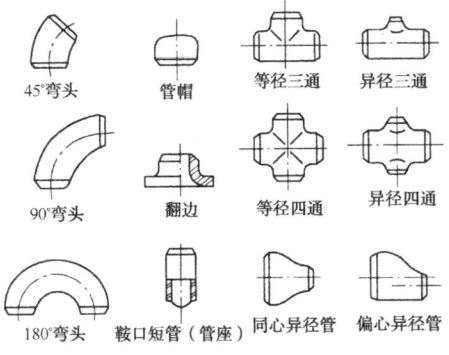

图1.9 无缝钢管管件

（2）可锻铸铁管件。可锻铸铁管件在室内给水、供暖、燃气等工程中应用广泛，配件规格为

DN6～DN150，均通过螺纹与管道进行连接，分为镀锌管件和非镀锌管件。常用的可锻铸铁管件如图1.10所示。

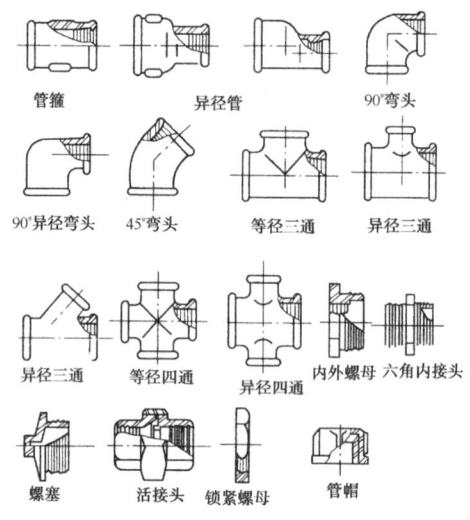

图1.10　常用的可锻铸铁管件

（3）塑料管件。塑料管件分为给水管件和排水管件。给水塑料管件的使用水温不超过45℃。常用的给水、排水用塑料管件如图1.11所示。

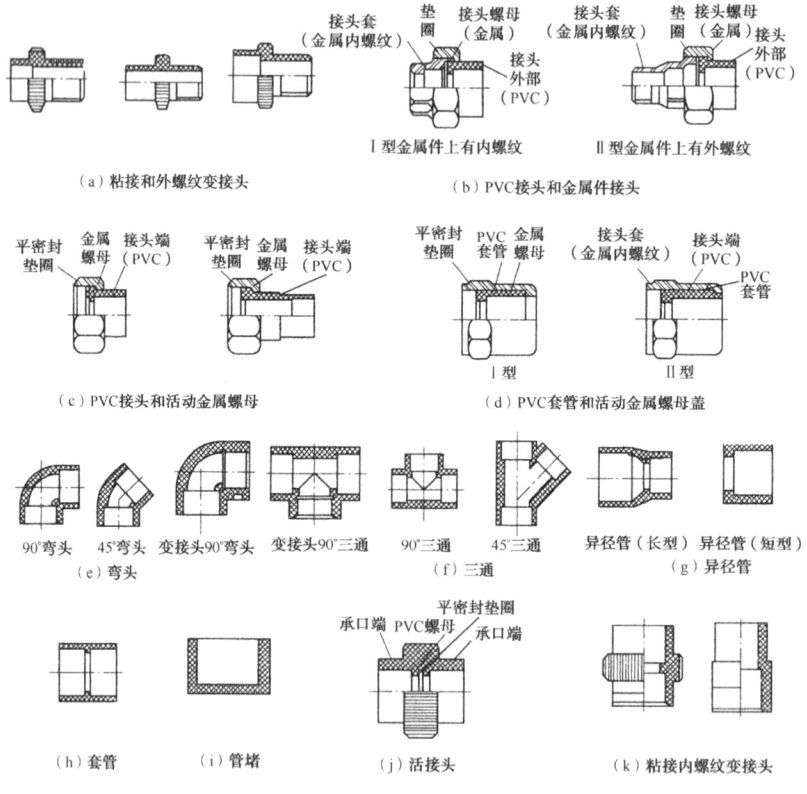

图1.11　常用的给水、排水用塑料管件

（4）给水用铝塑复合管管件。给水用铝塑复合管管件一般是用黄铜制成的，采用卡套式连接。常用的铝塑复合管管件如图 1.12 所示。

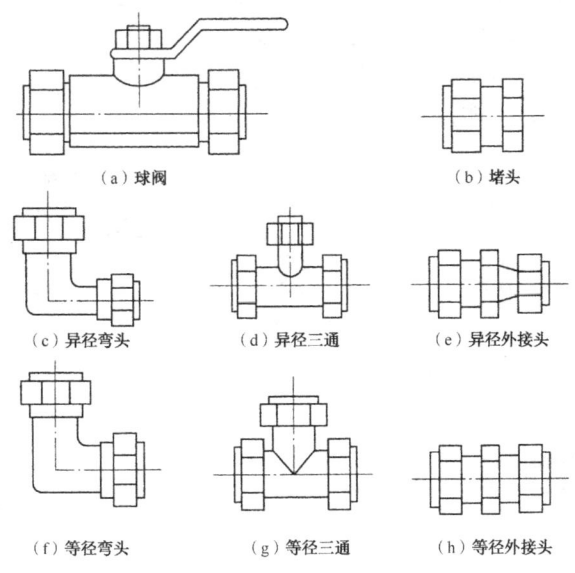

图 1.12　常用的铝塑复合管管件

3. 管道的连接方法

管道的连接方法有以下几种。

（1）螺纹连接。螺纹连接是指将在管子端部按照规定的螺纹标准加工成的带有外螺纹的管件与带有内螺纹的管件拧接在一起的连接方法。螺纹连接适用于 DN≤100 mm 的镀锌钢管和普通钢管的连接。

（2）法兰连接。法兰连接是指管道通过连接件的法兰及紧固件的螺栓、螺母的紧固，压紧中间的法兰垫片使管道连接起来的连接方法。法兰连接用于需要经常检修的阀门、水表和水泵等与管道之间的连接。法兰连接的优点是结合强度高、密封性好、拆卸及安装方便。但法兰接口耗用钢材多、工时多、价格贵、成本高。

（3）焊接连接。焊接连接是通过屯焊和氧-乙炔焊将两段管道连接在一起的连接方法，在管道安装工程中得到了广泛应用，其优点是接头紧密、不漏水、不需要配件、施工迅速，缺点是无法拆卸。

（4）承插连接。承插连接是将管道或管件的插口（小头）插入承口（喇叭口），并在其插接的环形间隙内填充接口材料的连接方法。一般铸铁管、塑料管、混凝土管都采用承插连接。

（5）卡套式连接。卡套式连接是由锁紧螺母和带螺纹管件组成的专用接头进行管道连接的连接方法，广泛应用于复合管、塑料管和 DN＞100 mm 的镀锌钢管的连接。

4. 配水附件

配水附件用于调节和分配水量，配水附件主要有以下几种。

（1）球形阀式配水水嘴。一般安装在洗涤盆、污水盆、盥洗槽上。该水嘴阻力较大，水流经此种水嘴时会改变流向，所以橡胶衬垫容易磨损，从而导致漏水。

（2）旋塞式配水水嘴。该水嘴旋转 90°即可完全开启，优点是可在短时间内获得较大流量，阻力较小；缺点是易产生水击，适用于浴池、洗衣房、开水间等处。

（3）瓷片式配水水嘴。该水嘴采用陶瓷片阀芯代替橡胶衬垫，解决了普通水嘴漏水的问题。陶瓷片阀芯是利用陶瓷淬火技术制成的一种耐用材料，能承受高温及腐蚀，有很高的硬度，光滑平整、耐磨，但价格较贵，现在广泛推荐此类产品。

（4）混合水嘴。这种水嘴是将冷水、热水混合调节为温水的水嘴，供盥洗、洗涤、沐浴等使用。

常用的配水水嘴如图 1.13 所示。

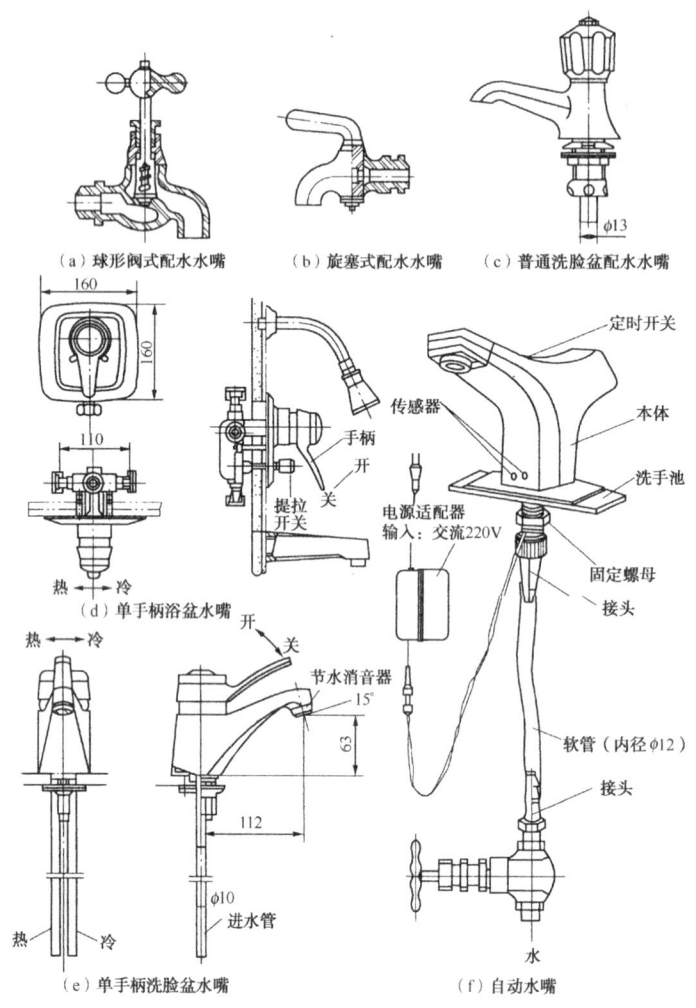

注：单位 mm，本书图中单位未有特殊标注均为 mm。

图 1.13　常用的配水水嘴

5. 控制附件

控制附件一般指各种阀门，用于开启或关闭管路、调节水量或水压、关断水流、改变水流方向等。根据其驱动方式不同可分为驱动阀门和自动阀门。

（1）闸阀。闸阀的启闭件为闸板，闸阀在管路中既具有开启和关闭水流的作用，又可以调节流量。其优点是水阻力小，安装时无方向要求；缺点是关闭不严密。闸阀示意图如图 1.14 所示；法兰式闸阀实物图如图 1.15 所示。

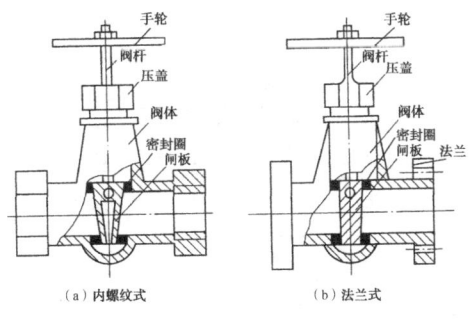

图1.14 闸阀示意图

图1.15 法兰式闸阀实物图

（2）截止阀。截止阀在管路中起开启和关闭水流的作用，但不能调节流量。其优点是关闭严密；缺点是水阻力大。安装截止阀时应注意安装方向（低进高出）。截止阀适用于热水、蒸汽等对严密性要求较高的管路。截止阀示意图如图1.16所示；截止阀实物图如图1.17所示。

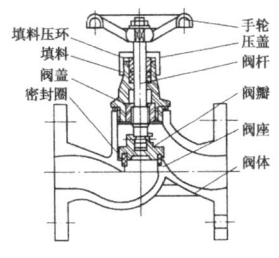

图1.16 截止阀示意图

图1.17 截止阀实物图

（3）止回阀。止回阀又称逆止阀、单向阀，是一种自动启闭的阀门，常用于阻止水倒流的管路，它的安装方向必须与水流方向一致。止回阀根据其结构形式不同可分为升降式止回阀（见图1.18）和启闭式止回阀（见图1.19）。升降式止回阀只能用于水平管道；而启闭式止回阀既可用于水平管道，又可用于垂直管道。止回阀一般用于水泵出口和其他只许介质单向流动的管路。

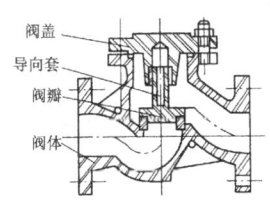

图1.18 升降式止回阀

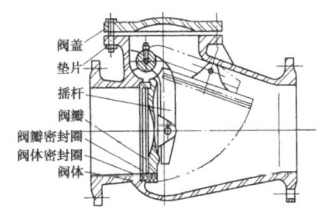

图1.19 启闭式止回阀

（4）旋塞阀。旋塞阀绕其轴线转动90°即可全开或全闭。旋塞阀具有结构简单、启用迅速、操作方便、阻力小等优点；缺点是密封面维修困难，在流体参数较高时旋转灵活性和密封性较差。旋塞阀多用于低压、小口径管及介质温度不高的管路，其示意图如图1.20所示。

（5）球阀。球阀的启用件为金属球状物，球体中部有一个圆形孔道，操纵手柄绕垂直于管路的轴线旋转90°即可全开或全闭。可在小管径管道中使用球阀。球阀具有结构简单、体积小、阻力小、密封性好、操作方便、启闭迅速、便于维修等优点；缺点是在高温时启闭较困难、水击严重、易磨损。球阀示意图如图1.21所示。

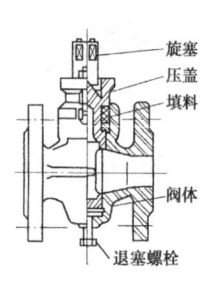

图 1.20　旋塞阀示意图

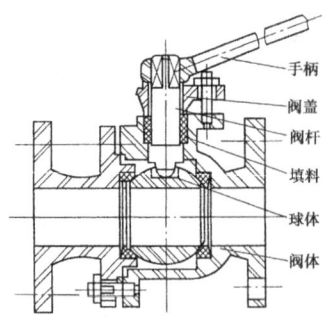

图 1.21　球阀示意图

（6）浮球阀。浮球阀是用于自动控制水位的阀门，常安装于水箱或水池上用于控制水位，保持液位恒定。其缺点是体积较大，阀芯易卡住导致浮球阀关闭不严而溢水。浮球阀示意图如图 1.22 所示。

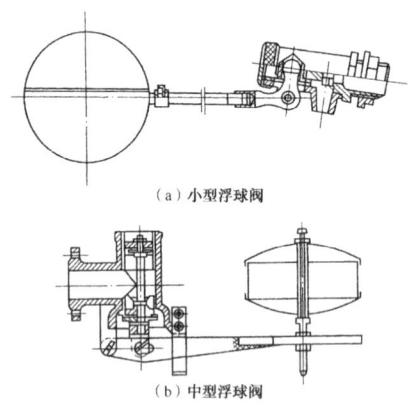

图 1.22　浮球阀示意图

（7）减压阀。减压阀是通过启闭件（阀瓣）的节流调节介质压力的阀门。根据其结构不同减压阀可分为弹簧薄膜式、活塞式、波纹管式等，常用于空气、蒸汽设备和管道上。

（8）安全阀。安全阀是防止系统和设备超压，对管道和设备起保护作用的阀门。根据其构造不同安全阀可分为杠杆重锤式、弹簧式、脉冲式。弹簧式安全阀示意图如图 1.23 所示。

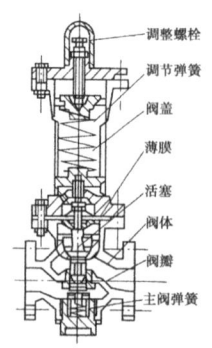

图 1.23　弹簧式安全阀示意图

（9）蝶阀。蝶阀阀板在 90°翻转范围内起调节、节流和关闭的作用，是一种体积小、构造简单的阀门，其操作扭矩小、启闭方便、体积较小。蝶阀有手柄式及蜗轮传动式两种，常用于较大管径的给水管道和消防管道上。

6. 水表

水表是用于记录用水量的仪表，其安装包括水表、阀门及配套管件的安装。

（1）水表的种类。流速式水表分为旋翼式水表和螺翼式水表，如图 1.24 所示。旋翼式水表的叶轮轴与水流方向垂直、水流阻力大、计量范围小，多为小口径水表，适用于测量较小水流量。螺翼式水表的叶轮轴与水流方向平行、水流阻力小，多为大口径水表，适用于测量较大水流量。

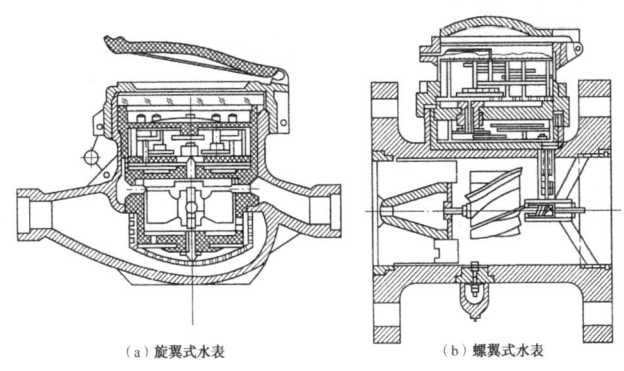

图 1.24　流速式水表

（2）水表的选用。一般当管径小于或等于 50 mm 时，应采用旋翼式水表；当管径大于 50 mm 时，应采用螺翼式水表；当测量热水时，应采用热水水表。一般应优先采用湿式水表。

物业内在不同使用性质或不同水费单价的用水系统中，应在引入管后分成各自独立给水管网，并分表计量；在住宅类物业内应安装分户水表，分户水表设在每户的分户支管上或按单元集中设于户外，同时需要在表前设阀门。

1.1.5　给水加压与调节设备

1. 水箱

水箱是用于储存和调节水量的给水设施，高位水箱也可以给系统稳压。根据用途的不同，水箱可分为给水水箱、减压水箱、冲洗水箱、断流水箱等多种类型，其形状多为矩形和圆形，制作材料有钢板、钢筋混凝土、玻璃钢和塑料等。水箱配管示意图如图 1.25 所示。

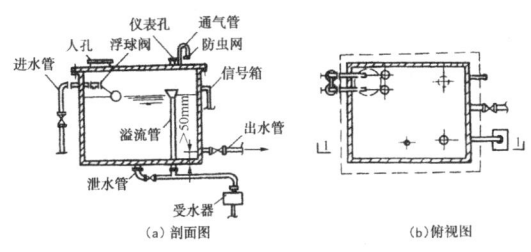

图 1.25　水箱配管示意图

（1）进水管。进水管一般由水箱侧壁接入，其中心距箱顶 150～200 mm。当水箱利用室外给水管网的压力进水时，进水管上应安装液压水位控制阀或不少于两个浮球阀，两种阀前均设置阀门。

（2）出水管。出水管内底或管口应高出水箱内底 50 mm，以防水箱底部污物进入配水管网。出水管应单独设置，其上应安装阻力较小的闸阀；如果进水、出水合用一根管道，则应在出水管上安装阻力较小的启闭式止回阀。

（3）溢流管。溢流管口应高于设计最高水位 50 mm，管径应比进水管大 1～2 号。溢流管上不得安装阀门，溢流管不得与排水系统直接连接。

（4）泄水管。泄水管的作用是放空水箱和排污，其管口由水箱底部接出与溢流管连接，管径为 40～50 mm，应在泄水管上设置阀门。

（5）水位信号装置。该装置是反映水位控制阀失灵报警的装置，可在溢流管口（或内底）齐平处设置信号管，一般由水箱侧壁接出，常用管径为 15 mm，其出口接至经常有人值班的房间内的洗涤盆上。

（6）人孔。为了便于清洗、检修，箱盖上应设人孔。

水箱制作完毕后，应进行盛水试验或煤油渗漏试验。

2. 水泵

水泵是给水系统中的加压设备。在给水系统中，一般采用离心式水泵，它具有结构简单、体积小、效率高、流量和扬程在一定范围内可以调整等优点。

（1）离心式水泵的工作原理。离心式水泵由泵壳、泵轴、叶轮、密封装置等组成，离心式水泵示意图如图 1.26 所示。离心式水泵通过离心力的作用输送和提升液体。水泵启动前，要在泵壳和吸水管中充满水，以排除泵内空气，当叶轮高速转动时，在离心力的作用下，叶轮间的水被甩入泵壳获得动能和压能。由于泵壳的断面逐渐扩大，所以水进入泵壳后流速逐渐减小，部分动能转化为压能，继而流入压水管，因此，水泵出口处的水具有较高的压力。在水被甩走的同时，水泵进口形成真空，由于大气压力的作用，吸水池中的水沿着吸水管源源不断地被压入水泵进口，流入泵体，从而实现了离心水泵连续均匀地供水。

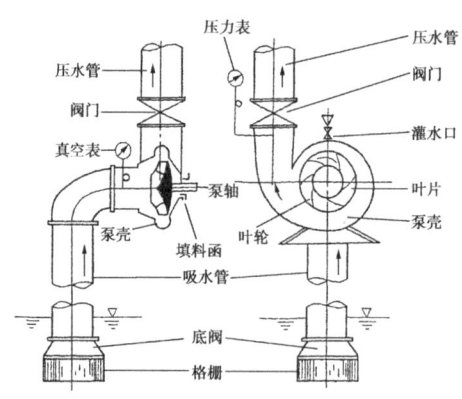

图 1.26 离心式水泵示意图

（2）水泵的基本性能参数。每台水泵都有一个表示其工作特性的铭牌。铭牌中的参数代表水泵的性能，具体包括以下几个基本性能参数。

① 流量。水泵在单位时间内输送水的体积称为水泵的流量，单位为 m^3/h 或 L/s。

② 扬程。单位质量的水在通过水泵以后获得的能量称为水泵的扬程，单位为 m。

③ 功率。水泵在单位时间内做的功，即在单位时间内通过水泵的水获得的能量，称为功率，单位为 kW，称为有效功率。

④ 效率。效率是水泵的功率与电动机加在泵轴上的功率之比，用百分数表示。水泵的效率越高，说明水泵所做的有用功越多、性能越好。

⑤ 转速。水泵的转速是指叶轮每分钟的转数，单位为 r/min。

⑥ 吸程。吸程也称允许吸上真空高度，即水泵在运转时吸水口前允许产生真空度的数值，单位为 m。

在上述基本性能参数中，流量和扬程是水泵最主要的性能参数，也是选择水泵的主要依据。

（3）水泵机组的试运行。当设备安装完毕，经检验合格后，应进行试运转以检查安装的质量。试运转前应制定运转方案，检查与水泵运行有关的仪表、开关，保证它们完好、灵活；检查电动机的转向是否符合水泵转向的要求。设备检查包括：对润滑油的补充或更换；各部位紧固螺栓是否松动或不全；填料压盖的松紧度是否适宜；吸水池的水位是否正常；盘车应灵活、正常，无异常声音；最后进行带负荷运转。水泵机组实物图如图 1.27 所示。

图 1.27 水泵机组实物图

① 检查水池（水箱）内的水是否已充满，打开水泵吸水管阀门，使吸水管及泵体充水，此时检查底阀是否严密。打开泵体排气阀排气，满水正常后，关闭水泵出水管上的阀门。

② 启动水泵运转，逐渐打开出水阀门，直至全部打开，系统正常运转。

③ 水泵运转后，应检查：填料压盖的滴水情况、水泵和电动机的振动情况、有无异常声响、记录电动机在带负荷后启动电流及运转电流的情况、观察出水管压力表的表针有无较大范围的跳动或不稳定的现象、检查出水流量及扬程的情况。

水泵试运转时，叶轮与泵壳不应相碰，进口、出口部位的阀门应灵活，轴承温升应符合要求。

1.2 室内给水系统管道的布置与敷设

1.2.1 给水系统管道的布置要求

1. 引入管的布置

一般情况下，每个物业设置一条引入管，如果物业对供水的安全性要求高或不允许间断供水，则应设置不少于两条引入管，且由物业的不同侧引入，如图 1.28 所示。如果只能由物业的同一侧引入，则相邻两条引入管的间距不得小于 10 m，并应在结点设置阀门，如图 1.29 所示。

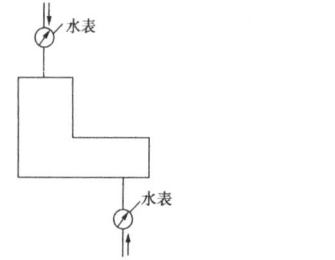

图 1.28　引入管由物业的不同侧引入

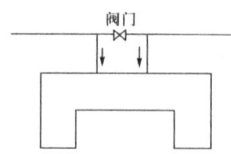

图 1.29　引入管由物业的同一侧引入

引入管的埋深主要由当地的地面荷载情况和气候条件决定。在北方寒冷地区，应埋在冰冻线以下，最小覆土厚度不得小于 0.7 m。

2. 室内给水管网布置

给水系统管道的布置与敷设应结合物业的结构、使用功能和其他系统管道综合考虑。一般应确保供水的安全可靠性，满足使用功能的要求，力求经济合理。

（1）下行上给式给水系统。给水干管布置在地下室顶棚或底层地下，由下向上供水，如图 1.30 所示。目前，此种给水系统在各种物业中的应用最为广泛。

（2）上行下给式给水系统。给水干管布置在顶层屋面下或吊顶内，由上向下供水，如图 1.31 所示。此种给水系统常用于高层物业。

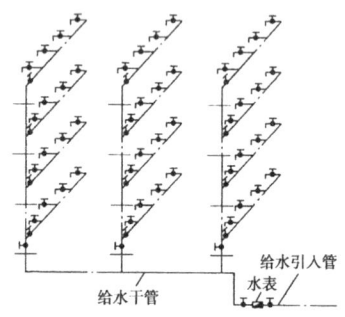

图 1.30　下行上给式给水系统

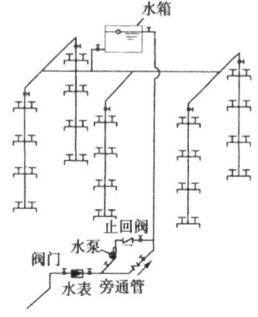

图 1.31　上行下给式给水系统

（3）环状给水式给水系统。对于对供水的安全性要求高的给水系统及要求较高的消防供水系统，必须将管网布置成环状，如图 1.32 所示。

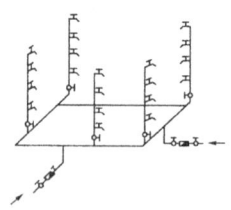

图 1.32　环状给水式给水系统

1.2.2 给水系统管道的敷设

1. 给水系统管道的敷设方式

根据物业的用途和对美观的要求不同,给水系统管道的敷设可分为明装和暗装。

(1) 明装。管道沿墙、梁、柱及楼板暴露敷设的方法称为明装。明装具有施工、维修方便,造价低等优点,但美观性差。一般适用于普通民用及公共物业、工业物业等。

(2) 暗装。管道布置在管道竖井内、吊顶内、墙上的预留管槽等内部隐藏设置处的敷设方法称为暗装。暗装美观,但造价高、维修不便,适用于高档宾馆、酒店等物业。

2. 给水系统管道敷设的基本要求

给水系统管道敷设的基本要求如下所示。

(1) 给水系统管道敷设应按照批准的工程设计文件和施工技术标准进行。修改设计应有设计单位出具的设计变更通知单,并按批准的施工方案实施。

(2) 工程使用的主要材料、成品、半成品、配件、器具和设备必须具有质量合格证,其规格、型号及性能检测报告应符合国家技术标准或设计要求。

(3) 当地下室或地下构筑物外墙有管道穿过时,应采取防水措施。对有严格防水要求的物业,必须采用柔性防水套管。

(4) 在同一房间内,相同类型的卫生器具及管道配件应安装在同一高度。明装管道成排安装时,直线部分应平行敷设。

(5) 管道穿过墙壁和楼板时,应设置金属或塑料套管。安装在楼板内的套管,其顶部应高出装饰地面 20 mm;安装在卫生间及厨房内的套管,其顶部应高出装饰地面 50 mm,底部应与楼板底面相平;安装在墙壁内的套管其两端应与饰面相平。

(6) 冷水管和热水管上、下平行安装时,热水管在上,冷水管在下;冷水管和热水管垂直平行安装时,热水管在左,冷水管在右;给水支管和装有 3 个或 3 个以上配水点的支管始端,均应安装可拆卸连接件。

(7) 各种承压系统管道和设备应进行水压试验。

1.2.3 给水系统管道的验收

给水系统管道的验收工作包括以下几个方面。

(1) 给水系统管道的水压试验必须符合设计要求。当设计未注明时,各种材质的给水系统管道的试验压力均为工作压力的 1.5 倍,但不得小于 0.6 MPa。检验方法:金属管及复合管给水系统管道在试验压力下观测 10 分钟,压力降不得超过 0.02 MPa,然后降到工作压力进行检查,各连接处应不渗漏;塑料管给水系统管道应在试验压力下稳压 1 小时,压力降不得超过 0.05 MPa,然后在工作压力的 1.15 倍稳压 2 小时,压力降不得超过 0.03 MPa,同时检查各连接处应不渗漏。

(2) 给水系统管道交付使用前必须进行通水试验并做好记录。

(3) 生活给水系统管道在交付使用前必须进行冲洗和消毒,并经有关部门取样检验,符合《生活饮用水卫生标准》后方可使用。

(4) 室内直埋给水系统管道(塑料管和复合管除外)应进行防腐处理。埋地管道的防腐层材质和结构应符合设计要求。

1.3 室内排水系统

1.3.1 室内排水系统的分类与组成

1. 室内排水系统的分类

室内排水系统的任务是收集由室内卫生设备产生的生活污水、工业废水及屋面的雨水并及时将其排至室外排水管网。

（1）生活污（废）水排水系统。该系统用于排除日常生活中冲洗便器、盥洗、洗涤和淋浴等产生的污（废）水。

（2）生产污（废）水排水系统。该系统用于排除生产过程中产生的污（废）水。根据污染程度不同可分为生产污水排水系统和生产废水排水系统。

（3）屋面雨水排水系统。该系统用于排除降落在屋面的大气降水。

2. 室内排水系统的组成

室内排水系统的组成如图1.33所示。

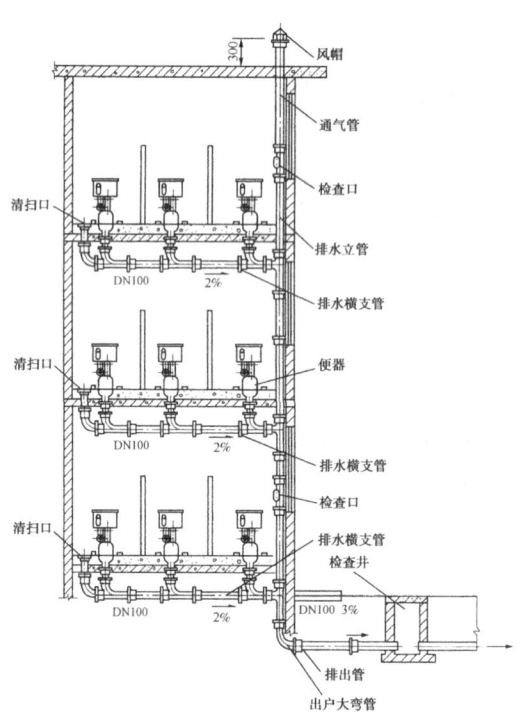

图1.33 室内排水系统的组成

（1）卫生器具。卫生器具是指物业内部用于收集并排出污水、废水的设备，如便器、洗涤盆、浴盆、盥洗槽等。

（2）排水管道。排水管道包括卫生器具排水管、横支管、立管、埋地干管和排出管等。

（3）通气系统。通气系统用于向排水管道内补给空气，使排水管道内部气压平衡，防止卫生器具水封被破坏，使水流畅通，同时将排水管道内的有毒有害气体排入大气。

（4）清通设备。由于排水系统中杂质、杂物较多，为了疏通排水管道，保证水流畅通，需要在立管上设置检查口，在横管上设置清扫口、带清扫门的 90°弯头或三通，在埋地干管上设置检查井等。

（5）污水提升设备。污水提升设备包括污水泵和空气扬水器等，用于排除地下室、人防工程、地下铁道等地下物业不能自流排到室外的污（废）水。

1.3.2 排水管材及卫生器具

生活污水管道应使用塑料管、铸铁管或混凝土管。成组洗脸盆或饮用喷水器到共用水封之间的排水管和连接卫生器具的排水短管，可使用钢管。雨水管道应使用塑料管、铸铁管、镀锌和非镀锌钢管或混凝土管等；悬吊式雨水管道应使用钢管、铸铁管或塑料管；易受震动的雨水管道应使用钢管。

塑料排水管采用硬聚氯乙烯塑料管，以聚氯乙烯树脂为主要原料，加入必需的助剂，经挤压而成，适用于输送生活污水和生产污水。排水用硬聚氯乙烯管件如图 1.34 所示。

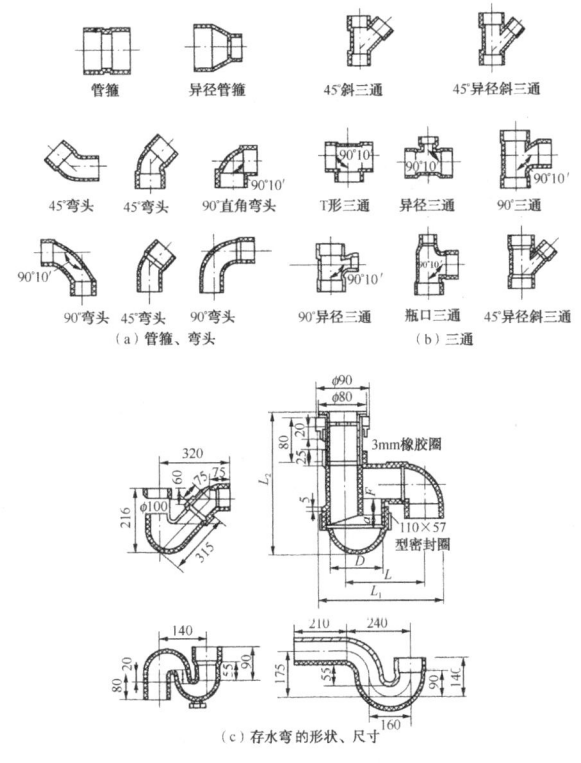

图 1.34 排水用硬聚氯乙烯管件

卫生器具是指用于收集和排除生产、生活中产生的污（废）水的设备，是室内排水系统的重要组成部分。卫生器具一般采用不透水、无气孔、表面光滑、耐腐蚀、耐磨损、耐冷热、便于清扫、有一定强度的材料制造，如陶瓷、搪瓷、生铁、塑料、复合材料等。

卫生器具根据其用途不同可分为便溺用卫生器具、盥洗和沐浴用卫生器具、洗涤用卫生器具和专用卫生器具。

1. 便溺用卫生器具

便溺用卫生器具用于收集并排除粪便污水,包括蹲式大便器、坐式大便器、大便槽、小便器和小便槽等。

(1) 蹲式大便器。蹲式大便器包括高水箱蹲式大便器、低水箱蹲式大便器和自闭式冲洗阀蹲式大便器。蹲式大便器多用于公共卫生间、医院、家庭等一般物业内。高水箱蹲式大便器安装示意图如图 1.35 所示。

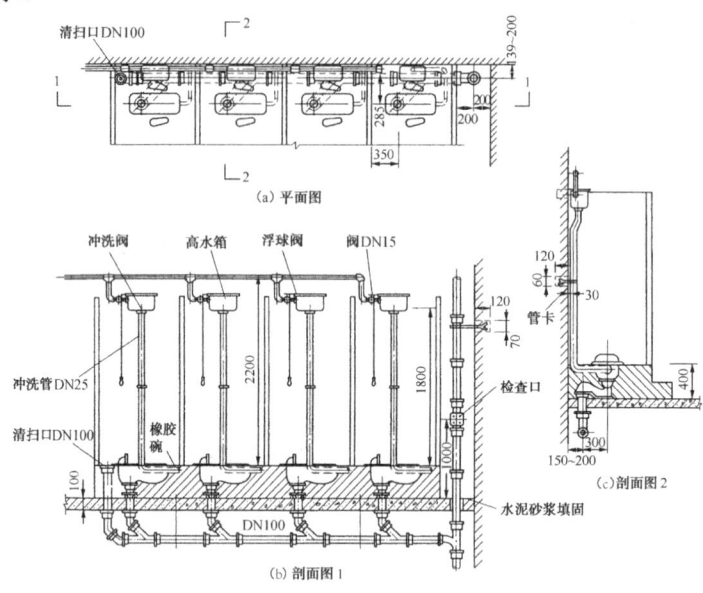

图 1.35　高水箱蹲式大便器安装示意图

(2) 坐式大便器。坐式大便器有冲洗式和虹吸式两种。坐式大便器本身带有水封,多采用低水箱冲洗,常用于住宅、宾馆等物业内,其安装示意图如图 1.36 所示。坐式大便器及低位水箱应在墙面及地面完成后进行安装。先根据水箱及坐式大便器的位置栽设墙木砖,墙木砖表面应与装饰前封面平齐,待饰面完成后,用木螺钉固定水箱和坐便器,最后安装管道。

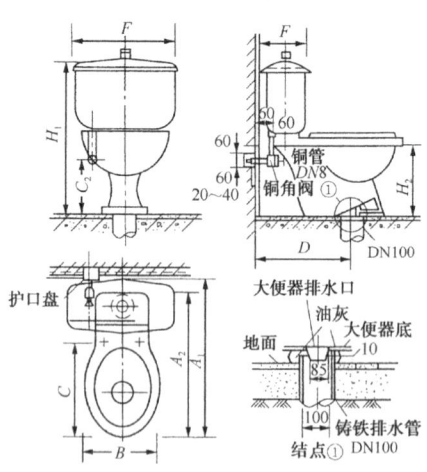

图 1.36　坐式大便器的安装示意图

（3）大便槽。大便槽多用于学校、火车站、汽车站、码头及游乐场所等人员集中的公共厕所，常采用瓷砖贴面，造价低。人便槽一般宽 200～300 mm，起端槽深 350 mm，槽的末端设有高出槽底 150 mm 的挡水坎，槽底坡度不小于 0.015，排水口设置存水弯。光电数控冲洗大便槽如图 1.37 所示。

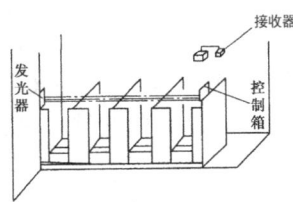

图 1.37　光电数控冲洗大便槽

（4）小便器。小便器一般设置在公共物业的男厕所，有挂式和立式两种。立式小便器用于标准高的物业，冲洗方式多为水压冲洗，其安装示意图如图 1.38 所示。

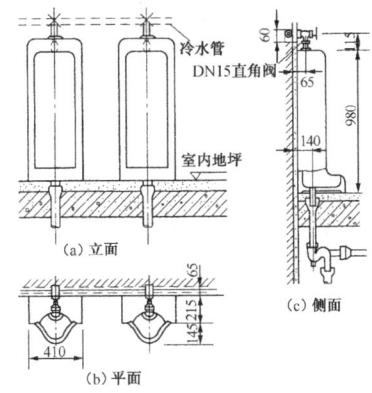

图 1.38　立式小便器的安装示意图

（5）小便槽。在同样面积下小便槽比小便器可容纳的使用人数多，且构造简单经济，多用于工业物业、公共物业、集体宿舍和教学楼的男厕所，小便槽的安装示意图如图 1.39 所示。

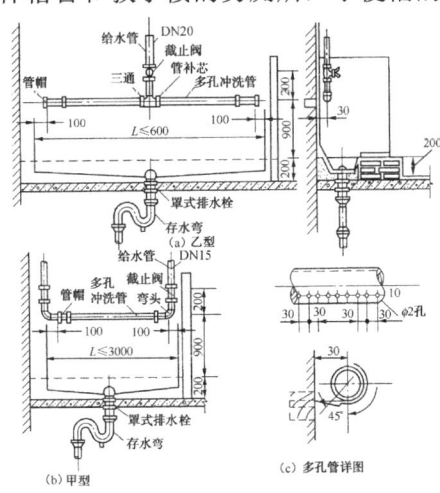

图 1.39　小便槽的安装示意图

2. 盥洗和沐浴用卫生器具

盥洗和沐浴用卫生器具包括以下几种。

（1）洗脸盆。一般用于洗脸、洗手、洗头，常设置在盥洗室、浴室、卫生间和理发室，也用于公共洗手间、医院各治疗间及厕所内洗手等。洗脸盆的安装方式包括墙架式、立柱式和台式，其安装示意图如图1.40～图1.42所示。在图1.41（a）中 A 表示长度；B 表示宽度。在图1.41（b）中 G 表示冷水管、热水管的解口高度。在图1.41（c）中 C 表示洗脸盆高度；D 表示洗脸盆底部高度；E 表示洗脸盆下水管接口高度；F 表示洗脸盆排水横支管高度；H 表示下水管离墙距离。

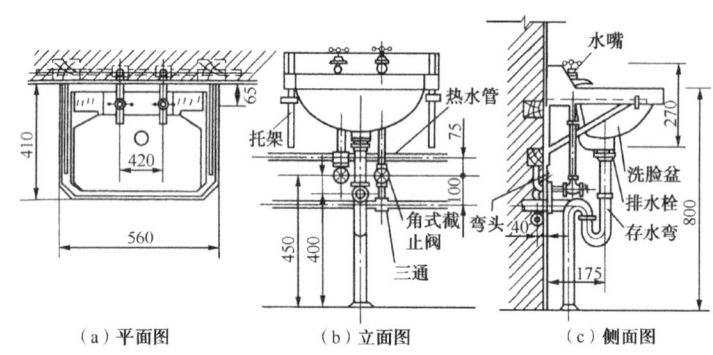

图1.40　墙架式洗脸盆的安装示意图

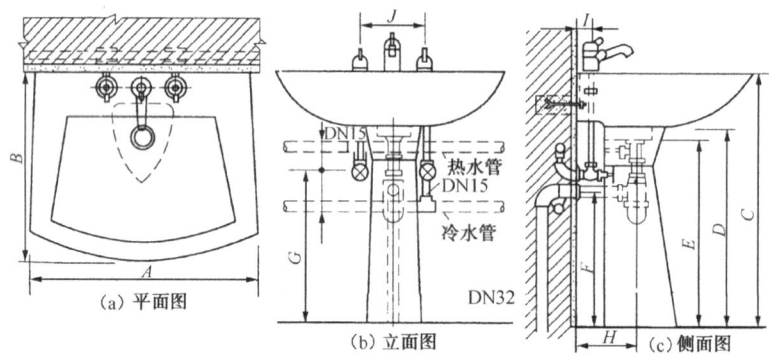

图1.41　立柱式洗脸盆的安装示意图

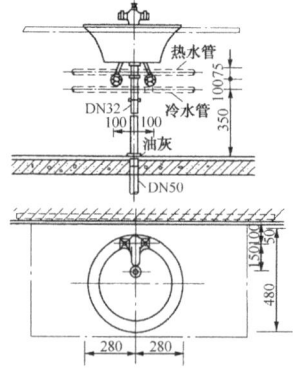

图1.42　台式洗脸盆的安装示意图

(2)盥洗槽。盥洗槽常设置在同时有多人使用的地方,如集体宿舍、教学楼、车站、码头、工厂生活间内,通常采用砖砌抹面、水磨石或瓷砖贴面现场建造。盥洗槽的平面图与剖面图如图1.43所示。

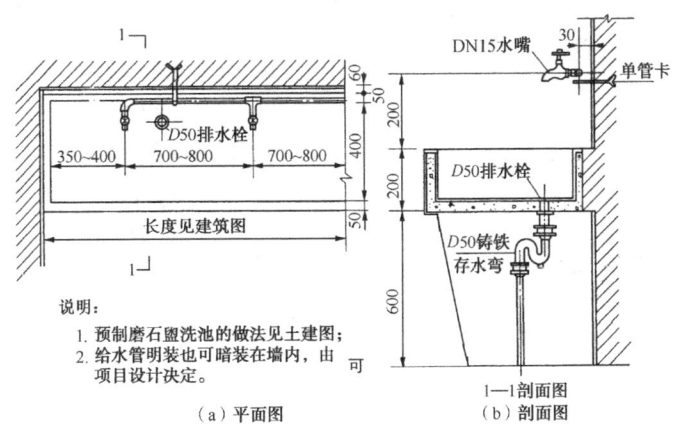

图1.43 盥洗槽的平面图与剖面图

(3)浴盆。浴盆一般用陶瓷、搪瓷、玻璃钢、塑料等制成,设置在住宅、宾馆、医院等卫生间或公共浴室内,供人们清洁身体。浴盆配有冷水、热水或混合水水嘴,并配有淋浴设备。浴盆有长方形、方形、斜边形和任意形。浴盆的安装示意图如图1.44所示。

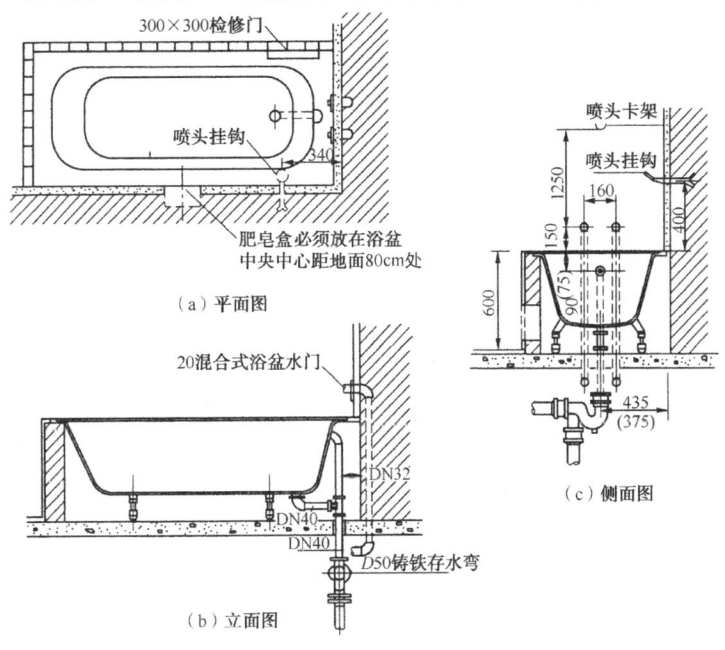

图1.44 浴盆的安装示意图

(4)淋浴器。淋浴器具有占地面积小、清洁卫生、避免疾病传染、耗水量小、设备费用低、可现场制作安装等特点,多用于工厂、学校、机关、部队的公共浴室和体育场馆内。淋浴器的安装示意图如图1.45所示。

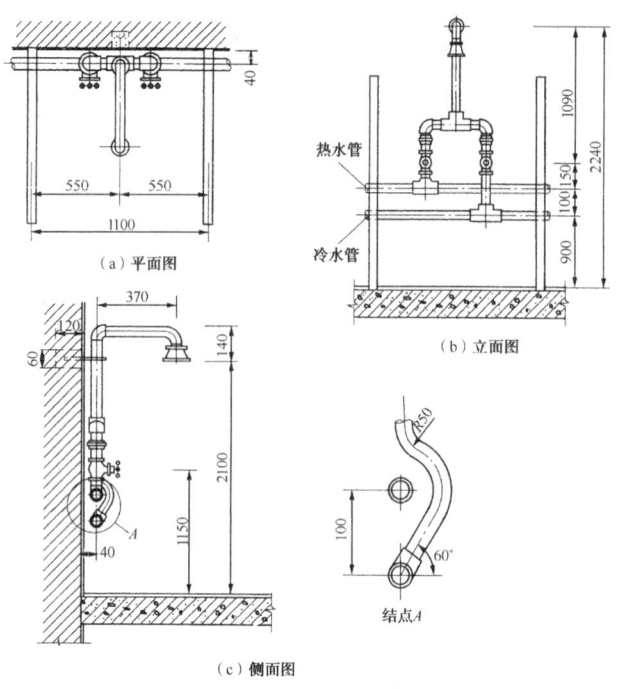

图 1.45 淋浴器的安装示意图

3. 洗涤用卫生器具

（1）洗涤盆。洗涤盆常设置在厨房或公共食堂内，用于洗涤碗碟、蔬菜等。洗涤盆的安装示意图如图 1.46 所示。洗涤盆的规格尺寸有大小之分，材质多为陶瓷或砖砌后瓷砖贴面，较高质量的洗涤盆为不锈钢制品。

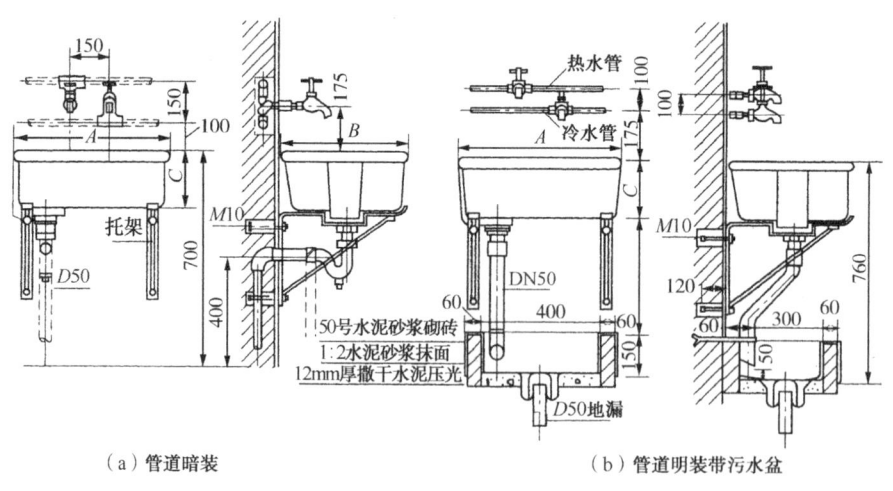

图 1.46 洗涤盆的安装示意图

（2）污水池。污水池常设置在公共物业的厕所、盥洗室内，用于洗涤拖把、打扫卫生或倾倒污水。污水池多为砖砌贴瓷砖现场制作安装，污水盆的安装示意图如图 1.47 所示。

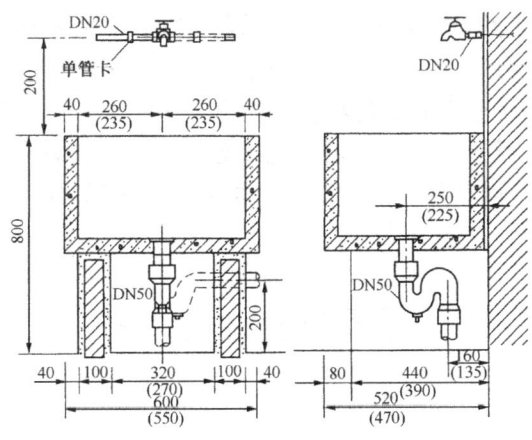

图 1.47　污水盆的安装示意图

（3）化验盆。化验盆设置在工厂、科研机关和学校的化验室或实验室内，根据需要安装单联、双联、三联鹅颈水嘴，化验盆的安装示意图如图 1.48 所示。

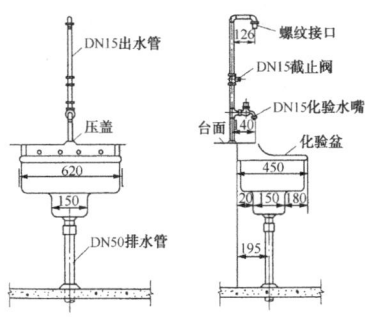

图 1.48　化验盆的安装示意图

4．专用卫生器具

专用卫生器具包括以下几类。

（1）地漏。地漏用于收集和排除室内地面积水或池底污水，由铸铁、不锈钢或塑料制成，有普通地漏和多通道地漏等多种形式，常设置在厕所、盥洗室、厨房、浴室及需要经常从地面排水的场所。普通地漏的安装示意图如图 1.49 所示。安装地漏时，地漏周边应无渗漏，水封深度不得小于 50 mm。地漏设于地面时，应低于地面 5～10 mm，地面应有不小于 0.01 的坡度坡向地漏。

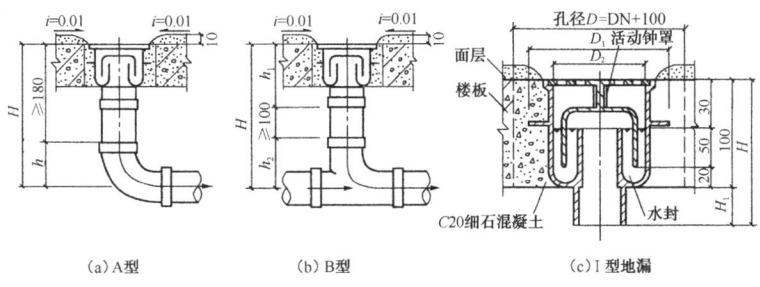

图 1.49　普通地漏的安装示意图

（2）水封装置。常用的水封装置有存水弯、水封井等。卫生器具和工业废水受水器与生活排水管道或其他可能产生有害气体的排水管道连接时，为了防止有害气体侵入室内，应在排水口以下设置存水弯，且存水弯的水封深度不得小于 50 mm。当卫生器具的构造中已有存水弯时，如坐便器、内置水封的挂式小便器、地漏等，不应再设置存水弯。存水弯有 P 形、S 形、U 形、瓶形、钟罩形、间壁形等多种形式，如图1.50所示。在实际工程中可根据安装条件选用水封装置。

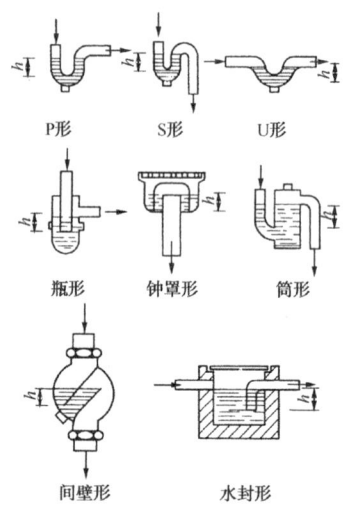

图1.50　存水弯

5. 便溺器具的冲洗装置

便溺器具的冲洗装置有以下几种。

（1）坐式大便器冲洗装置。坐式大便器冲洗装置常采用低位水箱和直接连接管道进行冲洗。手动冲洗水箱示意图如图1.51所示。

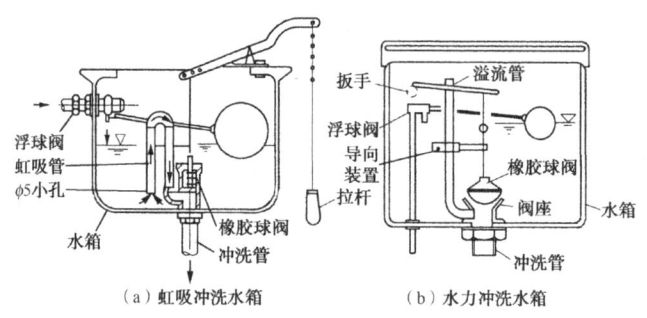

图1.51　手动冲洗水箱示意图

（2）蹲式大便器冲洗装置。蹲式大便器冲洗装置有高位水箱和直接连接给水管加延时自闭式冲洗阀。为了节约用水量，有条件时尽量设置自动冲洗水箱，其安装示意图如图1.52所示。延时自闭式冲洗阀的安装同坐式大便器的安装相同，其示意图如图1.53所示。

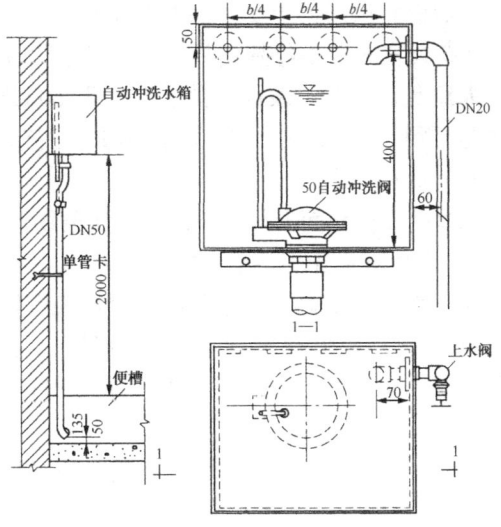

图 1.52 自动冲洗水箱的安装示意图

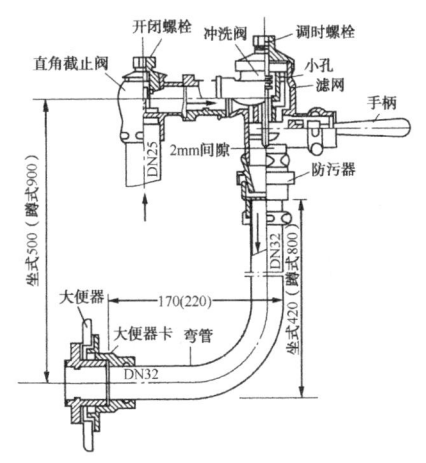

图 1.53 延时自闭式冲洗阀的安装示意图

（3）大便槽冲洗装置。大便槽冲洗装置为大便槽起端设置自动冲洗水箱或采用延时自闭式冲洗阀。

（4）小便槽冲洗装置。小便槽冲洗装置采用多孔管冲洗，多孔管的孔径为2 mm，与墙成45°安装，可设置高位水箱或手动阀。为了克服铁锈水污染封面，多孔管常用塑料管。

1.3.3 物业排水管道的敷设要求

物业排水管道的敷设要求如下所示。

（1）室内排水管道的布置应便于安装和维护管理，可以满足经济和美观的要求。自卫生器具至排出管的距离应最短，管道转弯应最小；排水立管应靠近排水量最大和杂质最多的排水点；排水管道不得布置在遇水会引起燃烧、爆炸或会损坏原料、产品和设备处；生活污水立管不得穿越卧室、病房等对卫生和安全性要求较高的房间，且不应靠近与卧室相邻的内墙；排水管道不得穿过沉降缝、伸缩缝、变形缝、烟道和风道，当受条件限制必须穿过时，应采取相应的技术措施。

（2）塑料排水立管应避免布置在易受机械撞击处，如不能避免时，应采取保护措施；同时应避免布置在热源附近，如不能避免，且管道表面受热温度大于 60℃时，应采取隔热措施；塑料排水立管与家用灶具边的净距不得小于 0.4 m；物业塑料排水管在穿越楼层、防火墙、管道井井壁时，应设置阻火圈或防火套管。

（3）排水管道一般应地下埋设或在地面上楼板下明设；如果物业对工艺有特殊要求，可以把管道敷设在管道井、管槽、管沟或吊顶内暗设，排水立管与墙、梁、柱的净距应为 25～35 mm。

（4）塑料排水管道应根据环境温度变化、管道布置位置及管道接口形式等考虑设置伸缩节，但是地下埋设或设于墙体、混凝土柱体的内管道不应设置伸缩节。当层高小于或等于 4 m 时，污水立管和通气立管应每层设置一个伸缩节；当层高大于 4 m 时，伸缩节的数量应根据管道设计伸缩量和伸缩节允许伸缩量综合确定。

（5）排出管一般敷设于地下室或地下。穿过物业基础时应预留孔洞，并设置防水套管。为了便于检修，排出管的长度不宜太长，一般自室外检查井中心至物业基础外边缘的距离不小于 3 m 且不大于 10 m。

1.4 屋面雨水系统

1.4.1 屋面雨水的排除方式

降落在屋面上的雨水，在短时间内就会形成积水，为了防止雨水的四处溢流和屋面漏水，需要将降落在屋面上的雨水迅速、及时并有组织地排至室外雨水管渠或地面。坡屋面的降水可沿檐口散排；平屋面则需要设置屋面雨水排除系统。屋面雨水排除系统分为外排水系统、内排水系统和混合式排水系统，具体应根据生产性质、使用要求、物业形式、结构特点及气候条件等进行选择。

1. 外排水系统

外排水系统分为檐沟外排水系统和天沟外排水系统。其特点是物业内不需要设置雨水管道，雨水斗不设置在屋面上，而是设置在檐沟或天沟内，在物业的外墙设置雨水立管。外排水系统的各部分均敷设于室外，室内不会由于雨水系统的设置而产生漏水、冒水现象，与厂房内各种管道无干扰。

（1）檐沟外排水系统。檐沟外排水系统又称为水落管外排水系统，落在屋面上的雨水由檐沟汇水，流入雨水斗，再经连接管至承水斗和雨落管，排至室外散水坡，最后进入室外雨水管道，属于重力流排水系统。檐沟外排水系统由于排水较分散，不利于有组织排水，适用于小型底层物业，室外一般不设雨水管渠。

（2）天沟外排水系统。天沟外排水系统是指天沟设置在两跨中间坡向端墙（山墙和女儿墙），屋面由天沟汇集雨水，雨水沿坡度排至物业两端的雨水斗，经外立管（雨落管）排至室外地面雨水口，进入室外雨水管道。天沟外排水系统属于压力流排水系统，适用于多跨厂房和大面积屋面，但是为了保证天沟坡度，需要增大垫层厚度，这可能会增大屋面负荷，需要加强天沟防水。天沟布置示意图如图 1.54 所示；天沟与雨水管的连接示意图如图 1.55 所示。

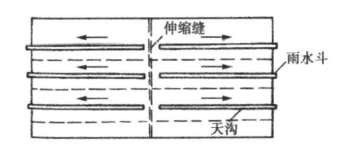

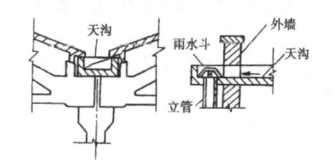

图 1.54　天沟布置示意图　　　　　　图 1.55　天沟与雨水管的连接示意图

2. 内排水系统

内排水系统是指物业内设有雨水管，屋面设有雨水斗的排水系统。内排水系统常用于多跨工业厂房、面积大又不适于设置天沟的屋面、有天窗的屋面和锯齿形屋面；对立面要求高的高层物业和不允许在外墙设置雨水立管的物业，也应采用内排水系统。内排水系统可分为敞开式内排水系统和封闭式内排水系统。

（1）敞开式内排水系统和封闭式内排水系统。敞开式内排水系统属于重力流排水系统，在该系统中，雨水经排出管进入室内普通检查井或室内明渠，该系统可接纳与雨水水质相近的生产废水，可省去废水管道，维修管理较为方便，但不能完全避免埋地管道冒水，同时，雨水排水中会夹带大量空气，易与其他地下管道和地下物业产生矛盾，可能会导致环境条件较差、施工不便。该系统适用于无特殊要求的大面积工业厂房及可以排入生产污水的场合。封闭式内排水系统属于压力流排水系统，在该系统中，雨水经排水管直接进入用管件连接的室内埋地管。该系统无开口部分，管道依靠压力排水，排水能力大，且不会引起冒水现象，但厂房需要另设生产排水管道，造价高，不便于维护管理。该系统适用于室内不允许出现冒水的物业。

（2）单斗、多斗内排水系统。单斗内排水系统一般不设置悬吊管，雨水经雨水斗流入室内雨水立管排至室外雨水管渠；多斗内排水系统设有悬吊管，多个雨水斗的雨水流入一根悬吊管，再经雨水立管排至室外雨水管渠。

（3）混合式排水系统。大型工业厂房的屋面形式复杂，对各部分的工艺要求各不相同，单一一种排水形式不能及时有效地排除屋面的雨水，必须采用几种不同形式的混合式排水系统。

在图 1.56 中，右侧为多斗敞开式内排水系统；中间为单斗封闭式内排水系统；左侧为檐沟外排水系统。该厂房的屋面雨水排除系统是由 3 种排水系统组合成的混合式排水系统，雨水从三面出口排到室外雨水管道中。

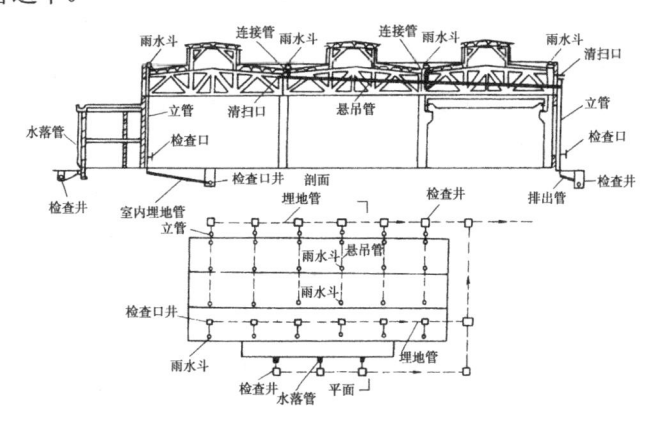

图 1.56　内排水系统

1.4.2 屋面雨水排除系统的组成、布置与敷设

1. 外排水系统的组成、布置与敷设

外排水系统的组成、布置与敷设的具体内容如下所示。

（1）檐沟外排水系统。檐沟外排水系统由檐沟、雨水斗和水落管组成。它采用重力流排水型雨水斗，雨水斗设置在檐沟内，雨水斗的间距根据雨水斗的排水负荷和服务的屋面汇水面积确定，一般情况下，雨水斗的间距为 8～16 m。排水立管又称水落管，应牢固地固定在物业外墙或承重结构上，管材应采用塑料管。沿着物业长度方向的两侧，每隔 15～20 m 设置一根 90～100 mm 的水落管，其汇水面积不超过 250 m^2；阳台上可采用直径为 50 mm 的排水管。在寒冷地区，雨水立管应布置在室内。

（2）天沟外排水系统。天沟外排水系统由天沟、雨水斗、排水立管及排出管组成。该系统属单斗压力流，应采用压力流型雨水斗，设于天沟末端。天沟应以物业伸缩缝或沉降缝为屋面分水线，在分水线两侧设置，其长度不应超过 50 m，天沟坡度不应小于 0.003，斗前天沟深度不应小于 100 mm。天沟断面多为矩形和梯形，其端部应设置溢流口。压力流排水系统应采用内壁光滑的带内衬的承压排水铸铁管、承压塑料管和钢塑复合管等，其管材工作压力应大于物业净高度产生的静水压。用于压力流排水的塑料管，其管材的抗环变形外压力应大于 0.15 MPa，且应固定在物业承重结构上。

2. 内排水系统的组成、布置与敷设

内排水系统由天沟、雨水斗、连接管、悬吊管、立管、排出管、埋地管和室内检查井组成。重力流排水系统的多层物业应采用物业排水塑料管，高层物业和压力流雨水管道应采用承压塑料管和金属管。

（1）雨水斗。屋面排水系统应设置雨水斗。不同设计排水流态、排水特征的屋面雨水排水系统应选用相应的雨水斗。雨水斗的设置位置应根据屋面汇水情况并结合物业结构承载、管系敷设等因素确定；雨水斗的设计排水负荷应根据各雨水斗的特性并结合屋面排水条件等情况确定。同时，应选用稳流性能好、泄水流量大、掺气量少、拦污能力强的雨水斗。常用的雨水斗规格为 75 mm、100 mm、150 mm。柱球式雨水斗有整流格栅，起整流作用，可以避免排水过程中形成过大的旋涡从而吸入大量的空气，迅速排除屋面雨水，同时拦截树叶等杂物。阳台、花台、供人们活动的屋面及窗井处采用平箅式雨水斗，檐沟和天沟采用柱球式雨水斗。在不能以伸缩缝或沉降缝为屋面雨水分水线时，应在缝的两侧各设置一个雨水斗；防火墙的两侧应各设置一个雨水斗。

另外，雨水斗应设置在冬季易受室内温度影响的屋顶范围内，雨水斗与屋面连接处必须做好防水处理；接入同一悬吊管上的雨水斗应设置在同一标高屋面上，接入多斗悬吊管的立管顶端不得设置雨水斗；雨水斗的出水管管径一般不小于 100 mm，但在阳台窗井等很小汇水面积处的雨水斗，可采用 50 mm 管径；晒台、屋顶花园等供人们活动的屋面上，应设置平箅式雨水斗。

（2）连接管。连接管是指上部连接雨水斗，下部连接悬吊管的一段竖向短管，其管径与雨水斗相同，但不应小于 DN100。连接管应牢固地固定在梁、桁架等承重结构上；变形缝两侧雨水斗的连接管，在合并接入一根立管或悬吊管上时，应采用柔性接头。

（3）悬吊管。悬吊管应沿墙、梁或柱间悬吊并与之固定，一根悬吊管可连接的雨水斗数量不应超过 4 个，与立管的连接应采用两个 45°弯头或一个 90°斜三通；在重力流雨水排水系统中长

度大于 15 m 的雨水悬吊管，应设置检查口，其间距不应大于 20 m，且应布置在便于维修操作处。

（4）立管。立管承接经悬吊管或雨水斗流过来的雨水，常沿墙柱明装，物业有高低跨的悬吊管，应单独接至各自立管，立管下端应采用两个 45°弯头接入排出管；一根立管连接的悬吊管不多于两根，其管径经计算确定，但不得小于悬吊管管径；在物业屋面各汇水范围内，雨水立管不应少于两根。有埋地排出管的屋面雨水排出管系，应在立管底部设置清扫口。

（5）埋地管。埋地管敷设于室内地下，承接立管的雨水并将其排至室外，埋地管的最小管径为 200 mm，最大不超过 600 mm，常用混凝土管或钢筋混凝土管。埋地管不得穿越设备基础及其他地下物业，埋设深度不得小于 0.15 m，封闭系统的埋地管应保证封闭严密不漏水；在敞开系统的埋地管起点检查井内，不得接入生产废水管道；埋地管坡度和穿越基础墙时的预留洞，可参见一般排水管道的处理方法。

（6）室内检查井。室内检查井主要用于疏通和衔接雨水排水管道。在埋地管转弯、变径、变坡、管道汇合连接处和长度超过 30 m 的直线管段上均应设置检查井，井深不小于 0.7 m，井内管顶平接，水流转角不得小于 135°；敞开系统的检查井内应设置高出管顶 200 mm 的高流槽；为了避免检查井冒水，敞开系统的排出管应先接入排气井，然后进入检查井，以便稳定水流。排出的雨水流入排气井后与溢流墙碰撞消能，流速大幅度下降，使得气水分离，水再经过整流格栅后平稳排出，分离出的气体经放气管排放。

（7）排出管。排出管指的是从建筑物内至室外检查井等的排水横管段。排水管径：大便器需要 DN100 的管径，3 个以上小便器需要 DN75 的管径，洗脸盆需要 DN32 的管径。塑料管：PVC、UPVC、PPR、PPR 稳态塑铝合金、铝塑管、玻纹管、PE 管等。金属管：镀锌管、不锈钢管、不锈钢衬塑管、薄壁不锈钢管、镀锌衬塑管、铜管、铸铁管等。

1.5 物业中水系统

由于我国水资源严重短缺，为了节约用水，物业中水系统已被我国越来越多的地区采用，并取得了明显的社会效益和经济效益。

1.5.1 中水系统

1. 物业中水的概念

物业中水包括物业内部中水和物业小区中水。物业中水系统是将物业或物业小区内使用后的生活污（废）水经适当处理后，达到规定的使用标准，再供给物业或物业小区作为杂用水（非饮用水）重复使用的供水系统，其水质介于生活饮用水和污水之间。

2. 物业中水的用途

物业中水主要是指城市污水再生利用分类中的城市杂用水类，城市杂用水包括绿化用水、冲厕用水、街道清扫用水、车辆冲洗用水及水景工程用水等。污水再生利用按用途的不同可分为农林牧渔业用水、城市杂用水、工业用水和景观环境用水等。

物业中水系统是指以物业的淋浴排水、盥洗排水、洗衣排水、屋面雨水及冷却水等为原水，经过一定的物理、化学方法的工艺处理，回用于冲洗厕所、绿化、浇洒道路及水景等的供水系统。

3. 中水系统的分类

中水系统是给水工程技术、排水工程技术、水处理工程技术和物业环境工程技术的综合，根据其服务范围的不同可分为物业中水系统、小区中水系统和城镇中水系统。

（1）物业中水系统。物业中水系统是指单幢物业的中水系统，原水取自物业内的排水，经处理达到中水水质标准后回用，可利用生活给水补充中水水量。物业中水系统框图如图 1.57 所示。物业中水系统具有投资少、见效快的特点，是目前使用最多的中水系统。

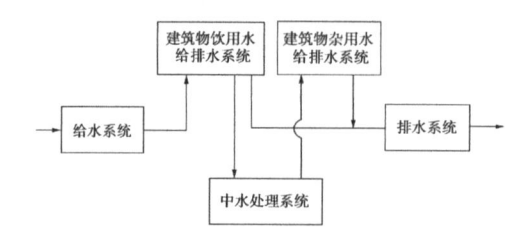

图 1.57　物业中水系统框图

（2）小区中水系统。小区中水系统框图如图 1.58 所示，适用于居住小区、大中专院校、机关单位等物业群。中水水源来自小区内各物业排放的污（废）水。室内饮用水和中水供应采用双系统分质供水，污水按生活废水和生活污水分质排放。

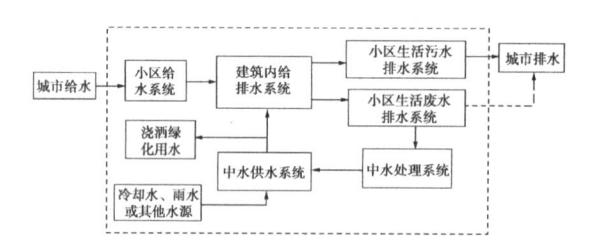

图 1.58　小区中水系统框图

（3）城镇中水系统。城镇中水系统框图如图 1.59 所示，以城镇二级污水处理厂的出水和雨水作为中水水源，经水处理站处理达到生活杂用水水质标准后，供城镇杂用水使用。此系统目前较少采用。

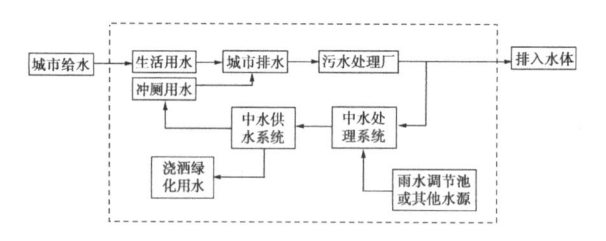

图 1.59　城镇中水系统框图

1.5.2　中水系统组成

中水系统包括中水原水系统、中水原水处理设施和中水管道系统。

1. 中水原水系统

中水原水是指被用作中水水源而未经处理的水。该系统是指收集、输送中水原水至中水处理设施的管道系统和一些附属构筑物。

2. 中水原水处理设施

中水原水处理设施包括用于截留较大漂浮物的格栅、滤网，除油池，以及去除水中有机物、无机物的混凝池、气浮池、生物转盘等。

3. 中水管道系统

中水管道系统分为中水原水集水管道系统和中水供水管道系统。中水原水集水管道系统主要是物业排水管道系统和将原水送至中水处理设施的管道系统。中水供水管道系统应单独设置，是指将处理后的中水送到用水点的管网，由引入管、干管、立管、支管及用水设备等组成。

1.5.3 物业中水系统安全防护

物业中水系统安全防护包括以下几个方面的内容。

（1）中水供水系统必须独立设置；中水供水管道应采用塑料给水管、塑料和金属复合管或其他给水管材，不得采用非镀锌钢管；中水供水系统应根据需要安装计量装置；中水管道上不得安装取水水嘴；当中水管道上装有取水接口时，必须采取严格的防止误饮、误用的措施。

（2）中水贮水池（箱）应采用耐腐蚀、易清垢的材料制作。钢板池（箱）内壁、外壁及其附配件均应采取防腐处理。

（3）绿化、浇洒、汽车冲洗应采用有防护功能的壁式或地下式给水栓。

（4）中水管道严禁与生活饮用水给水管道连接。中水管道外壁应涂浅绿色标志，水池（箱）、阀门、水表及给水栓、取水口均应有明显的"中水"标志，公共场所及绿化的中水取水口应设置带锁装置，工程验收时应逐段进行检查，防止误接。

1.6 高层物业给排水简介

我国消防车扑救火灾的最大高度约为24 m，故以24 m为高层物业的起始高度，即高度超过24 m的公共物业为高层物业；高度超过24 m的两层及两层以上的厂房、库房为高层工业物业；住宅物业中每个单元的防火面积不大，有较好的防火分隔，所以高层物业的起始高度与公共物业有所区别，高度为10层及10层以上的住宅（包括首层设置商业网点的住宅）为高层物业。

由于高层物业具有高度高、层数多、设备复杂、使用人数多的特点，从消防角度考虑又具有火种多、火势猛、蔓延快、灭火困难、人员疏散困难、经济损失大、政治影响大等特点，因此必须采取相应的给排水技术，才能保证给排水系统的正常运行。

高层物业必须采用竖向分区供水，防火设计以自救为主，要做好管道防震、防沉降、防噪声、防产生水锤等措施，管道通常暗设于设备层和管道井内。高层物业低层管道静水压力过大可能带来的问题有：下层水龙头压力过大水流喷溅，并产生噪声及振动，关阀时易产生水锤，轻则影响使用，重则破坏管道系统；上层水龙头流量过小，可能会产生负压抽吸现象，造成回流污染；下层管件和阀门易磨损；增加维修和运行费用。

所以，在物业的垂直方向按层分段，各段为一区，组成各自的给水系统。同时，尽量将给水分区的设备层与其他工程的设备层共同设置，以节省土建费用，且使各区最低卫生器具或用水设施的静水压力小于其工作压力，以免配水装置的零件损坏导致漏水。住宅、旅馆、医院的静水压力应为 0.3～0.35 MPa，办公楼应为 0.35～0.45 MPa。

高层物业的排水系统应保证水流畅通。高层物业中卫生器具多、排水量大，且排水立管连接的横支管多，当多根支管同时排水时，必将导致管道中产生较大的压力波动，使水封被破坏，污染室内空气环境。为了防止水封被破坏，保证室内空气环境，高层物业排水系统必须解决好通气问题，使管道内压力平衡、水流畅通。

由于高层物业自重大，物业沉降可能会导致出户管平坡或倒坡；吊顶内高度有限，暗装管道多，横管坡度受限制；冲洗不及时、卫生器具使用不合理，易造成管道淤积堵塞，一旦堵塞影响面大。因此，要采取一定的措施确保高层物业排水畅通。

1.6.1 高层物业给水系统

1. 高位水箱给水方式

高位水箱给水方式属于水池、水泵和水箱联合给水方式，可分为并联分区给水方式、串联分区给水方式、减压水箱给水方式和减压阀给水方式，如图 1.60 所示。高位水箱用于储存、调节本区的水量和控制水压，水箱内的水由水泵供给。

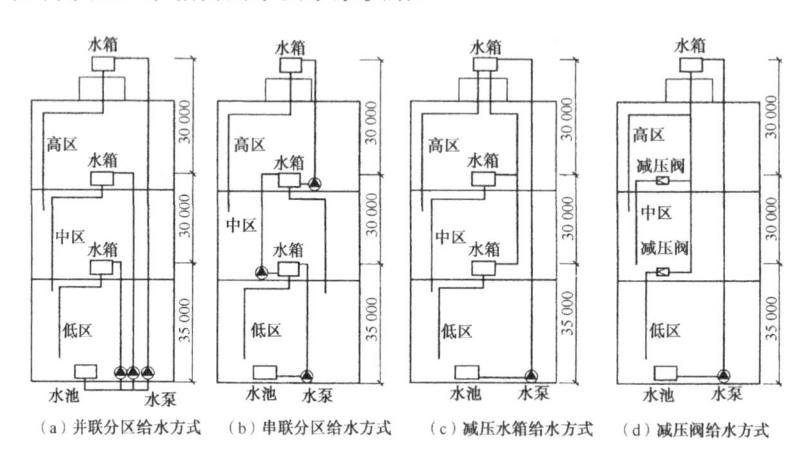

图 1.60 高位水箱给水方式

高位水箱给水方式的主要特点是：供水安全可靠、水压稳定、水泵效率高，造价和运行费用较低，但分区设置水箱会占用物业面积，增加物业结构的荷载，耗用钢材多，不易保证水质，水箱进水时易产生噪声和振动。

2. 气压给水方式

气压给水方式可分为并联分区给水方式和串联分区减压阀减压给水方式，如图 1.61 所示。气压给水方式利用气压罐代替高位水箱，气压罐既可以贮水又可以提供水压，可设置在底层，减轻物业荷载,节省物业面积,减少设备噪声,但该给水系统压力变化幅度大、效率低。目前多用于消防给水系统。

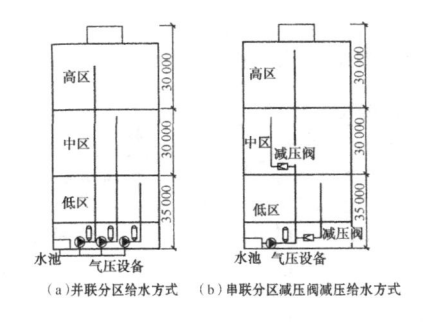

图 1.61 气压给水方式

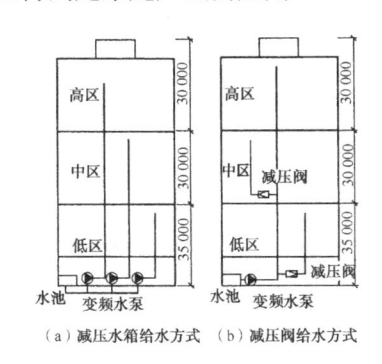

3. 变频泵给水方式

变频泵给水方式分为并联分区给水方式和减压阀给水方式。并联分区给水,即各分区分别设置变频泵;减压阀给水,即一台变频泵向各区供水,为了防止低区超压,分设减压阀,如图 1.62 所示。变频泵给水方式的主要特点是:根据用户用水量的变化,对水泵变频调速,以适应室外给水管网水量和水压的变化,水泵效率高,节约能源,占用面积小,自动化程度高,但设备造价高。目前,变频泵给水方式已得到越来越广泛的应用。

图 1.62 变频泵给水方式

1.6.2 高层物业排水系统

为了保证高层物业排水畅通和水封不被破坏,当设计排水流量超过排水立管的排水能力时,应采用双立管排水系统或特殊单立管排水系统。

1. 双立管排水系统

双立管排水系统有以下几种形式。

(1)专用通气立管排水系统。专用通气立管排水系统用于排水横管承接的卫生器具不多的高层物业,可以改善排水立管的通水和排气性能,稳定立管的气压。

(2)主通气立管和环形通气管排水系统。对于排水横管承接的卫生器具较多的高层物业,设置主通气立管和环形通气管,可以改善排水横管和立管的通水性和通气性,设置器具通气管还可以改善器具排水管的通水性和通气性。

（3）副通气立管排水系统。副通气立管仅与环形通气管相连，一般用于卫生器具较多的中低层民用物业。

几种典型的排水系统通气方式如图1.63所示。

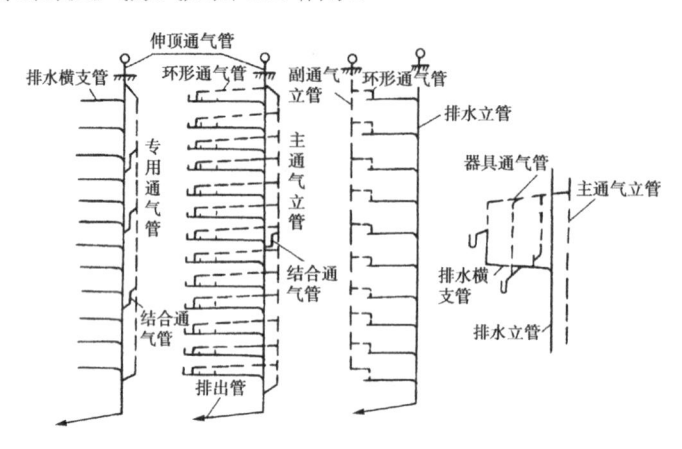

图1.63 几种典型的排水系统通气方式

2. 苏维托排水系统

苏维托排水系统属于单立管排水系统，在各层立管与横管的连接处采用气水混合器（见图1.64）接头配件，可避免产生过大的抽吸力，使立管中保持气流畅通、气压稳定；在立管底部转弯处设置气水分离器（跑气器）（见图1.65），使管内气压稳定。

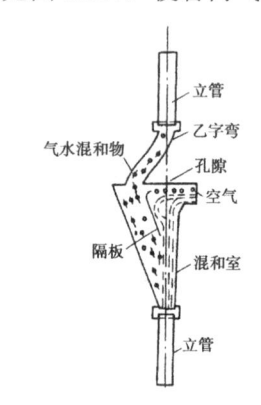

图1.64 气水混合器

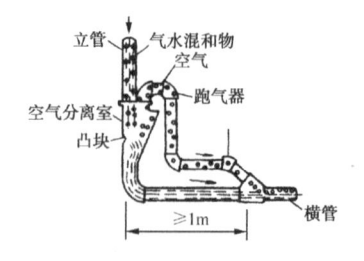

图1.65 气水分离器

3. 旋流排水系统

旋流排水系统设有两个特殊配件，在上部设置旋流器；在下部设置导流弯头，即内有导流叶片的 45° 弯头。旋流器（见图 1.66）可以使立管中的水流沿管壁旋转而下，使立管中形成气流畅通的空气芯，减小立管内的压力变化，防止水封被破坏。导流弯头（见图 1.67）设置在排水立管的底部转弯处，在导流叶片的作用下，旋向弯头对面管壁，可避免因横干管内出现水跃而封闭气流，造成过大正压。

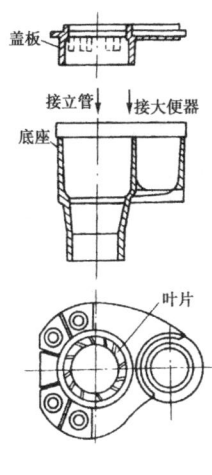

图 1.66 旋流器

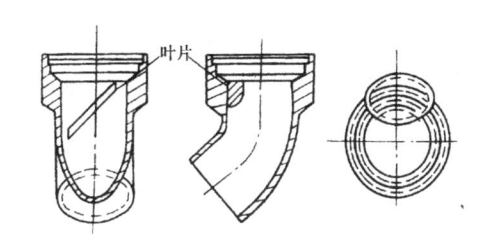

图 1.67 导流弯头

4. UPVC 螺旋排水系统

UPVC 螺旋排水系统由特殊配件偏心三通和内壁带有 6 条间距 50 mm 三角形凸起的螺旋导流线组成，如图 1.68 和图 1.69 所示，偏心三通设置在横管和立管的连接处。污水经偏心三通沿切线方向进入立管，旋流下降，立管中的污水在凸起的螺旋导流线的导流作用下，在管内形成较为稳定而密实的水膜旋流，旋转下落，使立管中心保持气流畅通，压力稳定。

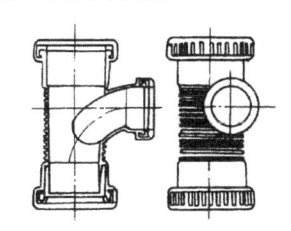

图 1.68 偏心三通

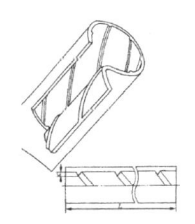

图 1.69 有凸起螺旋导流线的 UPVC 管

除了上述几种排水系统外，还有芯型排水系统、UPVC 隔音空壁管排水系统等，双立管排水系统具有运行可靠、性能好、应用广泛等优点，但具有系统复杂、管材耗量大、占用空间大、造价高等缺点；特殊单立管排水系统具有结构简单、施工方便、造价低等优点。

1.7 物业给排水系统的维护与管理

物业给排水系统能否正常运行,对人们的生活、生产有重要影响,居住小区的物业管理部门应加强对给排水系统的日常维护与管理工作,尽量减小故障概率,确保供水安全、排水畅通、排放达标。

1.7.1 给水系统的维护与管理

1. 加强档案资料管理、完善规章制度

在给水系统的维护与管理过程中,应对有关施工图纸、给水工程竣工验收资料、给水设施设备资料和系统加压及运行记录等给水系统资料进行归类,并妥善保管。

同时,要建立健全各项规章制度。明确物业管理人员的分工和职责,建立奖罚分明的奖惩体制;应定期检验水箱或水池的水质,若水质不符合国家《生活饮用水卫生标准》,则应立即检查消毒设备,对不能正常工作的消毒设备应进行修理或更换,若是水箱污染造成的水质变坏,则应清洗水箱;定期检查给水系统中的各阀门,看其是否启闭自如,能否起到控制作用,及时更换失灵的阀门,并对阀门进行清洗加油;定期对系统进行全面的外观检查,查看管道有无腐蚀,连接是否严密,支(托)架及管卡等是否牢固。维修人员应经常对管辖区的给水系统进行巡视,根据地面有无潮湿渗水判断埋地管道是否漏水;检查室内各种管道有无漏水、滴水现象;检查各种设备的运行是否正常。

另外,应设置报修电话和报修信箱,对用户报修的问题,应在规定的时限内予以解决。为了了解设备的运行情况和规律,总结运行中容易出现的问题,应对设备的运行情况记录、系统检修记录、巡回检查记录等资料予以保存,以掌握给水系统的运行、维修和更新情况,方便管理。同时应积极开展宣传教育活动,使用户正确使用给水设备、掌握简单的维修知识及如何节约用水等常识。

2. 给水系统常见故障的处理

给水系统常见故障的处理方法如下所示。

(1)水质污染。若出水浊度超标,应检查水箱的人孔盖是否盖严,通气管、溢流管的管口和网罩是否完好,水箱内是否有杂质沉淀,埋地管道是否有渗漏等现象;若细菌总数或大肠菌群数超标,还应检查消毒器的工作情况,检查水箱排水管、溢流管与排水管道是否有空气隔断,是否造成了回流污染;若出水含铁量超标,一般是钢制顶板或四壁防腐层脱落造成的。除上述水质污染现象外,还可能存在其他水质指标不合格的情况,此时可以请卫生防疫站、自来水公司等帮助查找原因,制订解决方法。当用户发现出水混浊或带颜色时,可能是水箱清洗完毕初期放水或水在管道中的滞留时间过长造成的,如果水的色度长时间超标,应对水质进行检测。

(2)给水水嘴出流量过小或过大。给水水嘴出流量过大、过急、水流喷溅的现象往往是物业底层超压所致,可加减压阀或节流阀进行调节;给水水嘴出流量过小往往是物业上面几层用水高峰期水压不足所致,可调节上下层阀门解决;若给水水嘴出流量极小,可考虑提高水泵扬程或在水箱出水管上安装管道泵。

(3)管道和器具漏水。管道接头漏水是管材、管件质量低劣或施工质量不合格造成的。因此，在竣工验收时，要对施工质量和管材进行严格检查，若发现问题应及时解决，换上质量合格的管件。螺旋升降式水嘴是以前普遍使用的配水水嘴，其漏水的主要原因是水嘴内的皮钱磨损、老化，发现漏水可及时更换皮钱，亦可更换节水又防漏的新型不锈钢制的陶瓷磨片式水嘴。

目前，在装修档次不高的物业中，进户阀门一般为铁制阀门，只有在出现问题时才偶尔使用，所以大多数进户阀门锈蚀严重，一般不敢轻易去拧，否则会出现要么拧不动，要么拧后关闭不严产生漏水的现象。防止阀门损坏漏水的措施是：建议用户每月开关一次进户阀门，并使进户阀门周围保持清洁；若进户阀门损坏应及时维修或彻底更换优质阀门，如铜质隔膜阀等。埋地管道发生漏水后表现为地面潮湿渗水，其原因一般是管道被压坏或管道接头不严，埋地管道发生漏水后应及时组织修理。

（4）屋顶水箱溢水或漏水。屋顶水箱溢水是进水控制装置或水泵失灵所致。若属于控制装置的问题，应立即关闭水泵和进水阀门进行检修；若属于水泵启闭失灵问题，则应切断电源后再检修水泵。引起水箱漏水的原因是水箱上的管道接口发生问题或是箱体出现裂缝，可通过箱体或地面是否有浸湿的现象来判断，应经常巡视，及时发现和处理问题。

1.7.2 排水系统的维护与管理

1. 排水系统的日常维护

日常维护排水系统时，首先要加强档案管理工作，对排水系统的各种档案资料进行归类并妥善保管，如排水系统设计图纸、安装要求、竣工验收资料、排水试验记录等，以便在系统出现故障时，及时查阅资料，及时检修，减少故障损失。其次要健全相关规章制度，如岗位责任制度、奖罚制度、定期检修与巡检制度、报修登记制度等，以便及时解决室内排水管道和卫生器具出现的问题。最后还要积极开展宣传教育活动，向用户宣传有关排水系统正常工作和正确使用的知识，提醒用户不得擅自改动排水管道及排水器具的位置，更不能将易堵塞管道的杂物排入下水管道等。

2. 室内排水系统的管理内容

教育小区居民不要把杂物投入下水道，定期对排水系统进行养护与清通；定期检查排水管道是否有生锈或渗漏等现象，若发现隐患应及时处理；定期检查和清扫室外排水沟渠中的淤泥和杂物，检查楼板、墙壁、地面等处有无滴水、渗水、积水等异常现象，若有问题应及时修理，以防损伤物业和影响室内卫生；每周应对厕所、盥洗室和厨房等卫生设施和管道比较集中的地方进行重点检查，并注意管道的防腐涂料是否完好，大小便池是否经常冲洗，以及用水房间的地面是否干净。

3. 室内排水系统常见故障处理

排水系统堵塞是室内排水系统的常见故障。排水系统堵塞会造成排水不畅，严重时会造成地漏、水池、便器等处溢水。排水系统堵塞的原因多为物业施工或用户装修时掉进下水道的杂物停留在管道拐弯处或排水管末端。修理时，可根据具体情况，判断堵塞物的位置，在靠近检查口、清扫口、屋顶通气管等处，采用人工或机械清通。

便器水箱漏水主要是进水浮球阀关闭不严或采用了不合格的配件所致。解决方法为更换国家推荐的合格产品。

排水管道漏水主要是管道接头不严所致，可通过更换接口垫或涂抹密封胶解决。

知识拓展　　二维码——给排水施工图

思考与练习

1. 室内给水系统由哪几部分组成？各组成部分的作用是什么？
2. 室内给水管道敷设的基本技术要求有哪些？
3. 什么是中水？中水有何用途？
4. 室内排水系统由哪几部分组成？各组成部分的作用是什么？
5. 室内排水管道敷设的基本技术要求有哪些？
6. 卫生器具分为哪几类？对卫生器具的材质有什么要求？
7. 排水系统经常出现什么故障？如何处理？
8. 高层物业给水系统要采取哪些措施？

第 2 章　物业室外给排水系统

【教学提示】

本章主要介绍室外给排水系统的组成、给排水方式和管道的敷设要求、给水泵房的维护与管理等内容。

（1）室外给排水管道的敷设。注意直埋敷设对管材和敷设的要求。

（2）室外水景工程的供水特点和设施与物业室外给水系统的区别。室外水景要采用特殊的配件，如喷头、控制阀门、潜水泵、照射灯具及光电控制设施等。游泳池有多种形式，露天式游泳池的给水和排水有其特殊性，可根据实际情况选择配套的设施。

（3）室外给水泵房的维护与管理主要包括运行管理的要求、泵房内水箱和水泵的保养与维护等内容。

【培养目标】

通过本章的学习，了解室外给排水系统的组成，掌握室外给排水方式及管道的敷设要求，掌握上述各系统管道、附件及其附属设施的敷设和安装要求及对工程验收资料的管理，掌握室外水景工程和游泳池的作用、组成及运行管理，掌握室外给水泵房的设施及常见故障的处理方法，通过技能训练提高分析和解决工程实际问题的能力。

居住室外是指由若干居住组团构成的城镇居民住宅物业区。《城市居住区规划设计规范》（GB50180—2018）将城市居住区规模划分为：居住组团，占地面积小于 100 000 m^2，居住户数为 300～800 户，居住人口数为 1 000～3 000 人；居住室外，占地面积为 1 000 000～20 000 m^2，居住户数为 2 000～3 500 户，居住人口数为 7 000～15 000 人；居住区，居住户数为 10 000～15 000 户，居住人口数为 30 000～50 000 人。

室外给排水系统管道包括住宅室外、民用物业群、室外水景工程、游泳池、室外绿化及厂区的室外给排水系统管网，是连接物业和市政给排水管网的过渡管段，在管道的布置和敷设方面有其特殊性。室外的给排水管道除了在个别情况下采用地沟敷设，大部分采用直埋敷设。其安装程序一般为：测量放线→开挖管沟→沟底找坡→沟基处理→下管→上架→管道安装→试压→回填土→夯实。

室外的工程管线种类多且复杂，室外给排水管道敷设除了要考虑自身的敷设要求，还要考虑与其他原有管线的相互关系，是一个复杂的综合工程。

2.1　室外给水系统

室外给水系统的任务是把水输送到室外各物业用水器具（或设备）及室外需要用水的公共设施处，满足它们对水质、水量和水压的要求，并保证给水系统的安全可靠和节水。室外生活给水的水质必须符合现行的《生活饮用水卫生标准》。

2.1.1 室外给水系统的组成

根据居住室外城市管网的压力情况和水源状况,可将室外给水系统分为城市管网直接给水系统和水泵加压给水系统。如果室外采用独立水源供水,还应建设独立的取水、净水和配水工程。

室外给水系统由给水水源、计量仪表、接户管、室外支管、室外干管、加压设备和贮水设备等组成。某室外干管布置图如图 2.1 所示;某居住组团内室外支管和接户管布置图如图 2.2 所示。

(1)接户管。接户管是指布置在物业周围,直接与物业的引入管和排出管连接的给排水管道。
(2)室外支管。室外支管是指布置在居住组团内道路下与接户管连接的给排水管道。
(3)室外干管。室外干管是指布置在室外道路或城市道路下与室外支管连接的给排水管道。

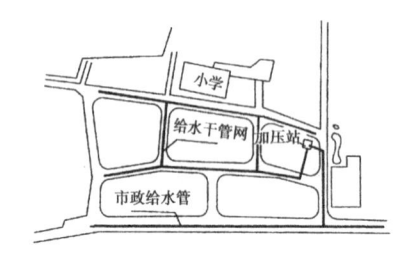

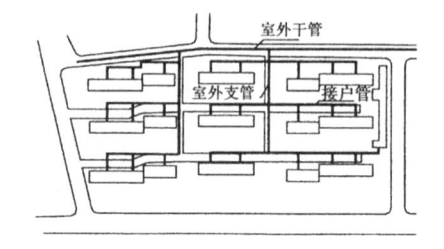

图 2.1　某室外干管布置图　　　　　图 2.2　某居住组团内室外支管和接户管布置图

2.1.2 室外给水方式

1. 城市管网直接给水

当给水水压能满足的层数或设置屋顶水箱利用夜间水压调蓄供水时,可采用城市管网直接给水。

2. 室外加压给水

当城市管网水压不能满足室外压力要求时,应采用室外加压给水方式,常见的室外加压给水方式有以下几种。
(1)水池—水泵;
(2)水池—水泵—水塔;
(3)水池—水泵—水箱;
(4)管道泵直接抽水—水箱;
(5)水池—水泵—气压罐;
(6)水池—变频调速水泵。

上述每种给水方式各有其特点,选择室外给水方式时,应充分利用城市管网的水压,优先采用城市管网直接给水方式。当采用室外加压给水方式时,也应充分利用城市管网的水压。

3. 室外给水系统的确定

室外给水系统分为生活给水系统和消防给水系统。对于低层物业和多层物业的居住室外,根据消防规范要求可不设置室内消防给水系统,室外多采用生活与生产共用的消防给水系统。多层物业和高层物业组合的居住室外应采用分区给水系统。

在只有一幢或数量不多的高层物业,且对供水压力的要求差异较大的情况下,应在每幢物业单独设置水池和水泵增压给水系统。

若室外若干幢高层物业相邻,可分片共用一套水池和水泵增压给水系统。

若室外全部是高层物业,可集中设置一套水池和水泵增压给水系统。

选用供水系统时,应根据高层物业的数量、分布、高度、性质和管理等情况,通过技术经济比较确定。

2.1.3 室外给水设计用水量

室外给水设计用水量包括居民生活用水量、公共物业用水量、绿化用水量、水景和娱乐设施用水量、道路和广场用水量、公用设施用水量、未预见用水量、管网漏水量、消防用水量。

居民生活用水是指日常生活所需的饮用、淋浴、洗涤及冲洗便器等用水。居住室外综合生活用水定额及小时变化系数如表 2.1 所示。

表 2.1 居住室外综合生活用水定额及小时变化系数

城市规模	特大城市			大城市			中小城市		
用水情况分区	最高日用水定额	平均日用水定额	小时变化系数	最高日用水定额	平均日用水定额	小时变化系数	最高日用水定额	平均日用水定额	小时变化系数
一	140~260	210~340		240~390	190~310		220~370	170~280	
二	190~280	150~240	1.8~2.0	170~260	130~210	2.1~2.3	150~240	110~180	2.2~2.5
三	170~270	140~230		150~250	120~200		130~230	100~170	

注:(1)综合生活用水是指城市居民生活用水和公共物业用水,不包括道路、绿化、市政用水及管网漏水量。

(2)特大城市是指市区和近郊区非农业人口数为 100 万及以上的城市;大城市是指市区和近郊区非农业人口数为 50 万~100 万的城市;中等城市是指市区和近郊区非农业人口数为 20 万~50 万的城市;小城市是指市区和近郊区非农业人口数不满 20 万的城市。

(3)区域划分:一区包括贵州、四川、湖北、湖南、江西、浙江、福建、广东、广西、海南、上海、云南、江苏、安徽、重庆;二区包括黑龙江、吉林、辽宁、北京、天津、河北、山西、河南、山东、宁夏、陕西、内蒙古河套以东和甘肃黄河以东的地区;三区包括新疆、青海、西藏、内蒙古河套以西和甘肃黄河以西的地区。

(4)经济开发区和特区城市,根据实际用水情况,可酌情增加用水定额。

(5)表 2.1 中日用水定额的单位均为升/(天·人)。

公共物业用水是指医院、学校、公共浴室、旅馆、洗衣房及影剧院等较大用水量的公共物业用水,其用水量标准根据物业给排水设计规范确定。浇洒道路和场地、绿化用水的用水量及浇洒次数如表 2.2 所示。

表 2.2 浇洒道路和场地、绿化用水的用水量及浇洒次数

项 目	用水量/(L·m^{-2}·次$^{-1}$)	浇洒次数/(次/天)
浇洒道路和场地	1.0~1.5	3~5
绿化用水	1.5~2.0	1~5

管网漏水量包括室内卫生器具、水箱和管网漏水量。未预见用水量包括用水量定额的增加、临时施工用水量、外来人口临时用水量等。二者可按最高日用水量的 10%~50% 计算。

消防用水量包括室内消防用水量和室外消防用水量，消防用水量仅用于核校管网计算，不属于正常用水量。

2.1.4 室外给水加压站

室外给水加压站应在居住室外单独设置，可与室外热力站合建，但其设备应相互独立，并单独管理。室外给水加压站和城市给水加压站的功能相似，但规模较小，一般由泵房、蓄水池、水塔和附属物业等组成。某室外给水加压站的布置图如图2.3所示。

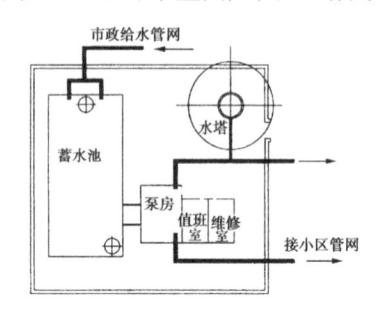

图 2.3 某室外给水加压站的布置图

室外给水加压站一般选择半地下式、矩形、自灌式泵房。泵房内有水泵机组、动力设备、吸水和压水管路及附属设备。

泵房内的水泵多选用离心泵；若扬程较高，可选用多级离心泵；若对隔震消声要求较高，可选用立式离心泵。当室外给水加压站同时担负消防给水任务时，水泵的流量应根据生活给水量和消防给水量之和考虑。

水池、水塔或高位水箱的有效容积根据生活用水调节水量、安全贮水量和消防贮水量考虑。

2.1.5 室外给水管道的布置与敷设

室外给水管道包括室外干管和居住组团内的室外支管及接户管。一般定线原则：先布置室外干管，然后在居住组团布置室外支管及接户管，并符合以下要求。

（1）室外的给水管网应布置成环状或与城镇给水管道连成环网；室外支管和接户管可布置成支状。室外支管一般不应布置在底层住房的庭院内。

（2）给水管道应尽量敷设在人行道下，以便检修和减少对道路交通的影响。给水管道应与道路中心或与主要物业的周边呈平行敷设，并尽量减少与其他管道的交叉。

（3）当管径为100～150 mm时，给水管道与物业基础的水平净距应不小于1.5 m；当管径为50～75 mm时，给水管道与物业基础的水平净距应不小于1.0 m。当生活给水管道与污水管道交叉时，生活给水管道应敷设在污水管道上面，且没有接口重叠；当给水管道敷设在污水管道下面时，给水管道的接口离污水管道的水平净距应不小于1.0 m。

（4）室外给水管道的覆土深度，应根据土壤冰冻深度、地面荷载、管材强度及管道交叉等因素确定。埋设在冰冻地区，在满足上述要求的前提下，当DN≤300 mm时，管底埋深应在冰冻线以下（DN+200）；当埋设在非冰冻地区的机动车道下时，金属管道的覆土厚度不小于0.7 m；非金属管道的覆土厚度不小于1.0～1.2 m。若在非机动车道下或道路边缘地下埋设管道，则覆土厚度为：金属管不小于 0.3 m，塑料管不小于 0.7 m。

（5）输送生活用水的管道应采用塑料管、复合管、镀锌钢管或给水铸铁管。塑料管、复合管或给水铸铁管的管材、配件，应是同一厂家的配套产品。消防水泵接合器及室外消火栓的安装位置、形式必须符合设计要求。

（6）架空或在地沟内敷设的室外给水管道，其安装要求根据室内给水管道的安装要求执行。塑料管不得露天架空敷设，必须露天架空敷设时应采取保温和防晒等措施。

（7）在埋地敷设给水管道时，应敷设在当地的冰冻线以下，若必须在冰冻线以上敷设时，应做好可靠的保温防潮措施；在无冰冻地区埋地敷设给水管道时，管顶的覆土埋深不得小于 500 mm，穿越道路部位的埋深不得小于 0.7 m。给水管道不得直接穿越污水井、化粪池、公共厕所等污染源。

（8）管道进口法兰、卡扣、卡箍等应安装在检查井或地沟内，不应埋在土壤中。给水系统中各种井室内的管道安装，如无设计要求，井壁距法兰或承口的距离为：当管径小于或等于 450 mm 时，不得小于 250 mm；当管径大于 450 mm 时，不得小于 350 mm。

（9）管网必须进行水压试验，试验压力为工作压力的 1.5 倍，不得小于 0.6 MPa。当管材为钢管、铸铁管时，在试验压力下 10 min 内压力降不应大于 0.05 MPa，然后降至工作压力进行检查，压力应保持不变，不渗不漏；当管材为塑料管时，在试验压力下，稳压 1 h 压力降不大于 0.05 MPa，然后降至工作压力进行检查，压力应保持不变，不渗不漏。

（10）镀锌钢管、钢管的埋地防腐必须符合设计要求。管材与管材之间应粘贴牢固，无空鼓、滑移、接口不严等现象。给水管道在竣工后，必须对管道进行冲洗，饮用水管道在冲洗后还要进行消毒，以满足饮用水卫生要求。

（11）管道的坐标、标高、坡度应符合设计要求。室外给水管道安装的允许偏差和检验方法如表 2.3 所示。

表 2.3　室外给水管道安装的允许偏差和检验方法

项次	项　目			允许偏差/mm	检验方法
1	坐标	铸铁管	埋地	100	拉线和尺量检查
			敷设在沟槽内	50	
		钢管、塑料管、复合管	埋地	100	
			敷设在沟槽内或架空	40	
2	标高	铸铁管	埋地	±50	拉线和尺量检查
			敷设在地沟内	±30	
		钢管、塑料管、复合管	埋地	±50	
			敷设在地沟内或架空	±30	
3	水平管纵横向弯曲	铸铁管	直段（25 m 以上）起点～终点	40	拉线和尺量检查
		钢管、塑料管、复合管	直段（25 m 以上）起点～终点	30	

（12）管道和金属支架的涂漆应附着良好，无脱皮、起泡、流淌和漏涂等缺陷。管道连接应符合工艺要求，阀门、水表的安装位置应正确。塑料给水管道上的水表、阀门等设施的重量或启闭装置的扭矩不得作用于管道上，当管径大于或等于 50 mm 时必须设置独立的支承装置。

（13）当给水管道与污水管道在不同标高处平行敷设，其垂直间距在 500 mm 以内时，管径小于或等于 200 mm 的给水管道，其管臂水平间距不得小于 1.5 m；管径大于 200 mm 的给水管道，其管臂水平间距不得小于 3 m。

（14）消防水泵结合器和消火栓的位置应明显，栓口的位置应方便操作。消防水泵结合器和消火栓采用墙壁式时，如果设计未要求，进水、出水栓口的中心距地面的安装高度应为 1.1 m，同时，其上方应设有防坠落物打击的措施。

（15）消防水泵结合器和消火栓的各项安装尺寸应符合设计要求，栓口安装高度的允许偏差为 ±20 mm；地下式消防水泵结合器的顶部进水口或地下式消火栓的顶部出水口与消防井盖底面的距离不得大于 400 mm，同时，井内应有足够的操作空间，并设置爬梯。在寒冷地区井内应做防冻保护。消防水泵结合器的安全阀及止回阀的安装位置和安装方向应正确，阀门应启闭灵活。

（16）设置在通车路面下或室外管道下的各种井室，必须使用重型井圈和井盖，井盖上表面应与路面相平，允许偏差为 ±5 mm。绿化带上和不通车的地方可采用轻型井圈和井盖，井盖上表面应高出地坪 50 mm，并在井口周围以 0.02 的坡度向外做水泥砂浆的护坡。

（17）管沟的坐标、位置，沟底的标高应符合设计要求，管沟的基层处理和井室的地基必须符合设计要求。管沟的沟底层应是原土层，或是夯实的回填土，沟底应平整，坡度应顺畅，不得有尖硬的物体、石块等。例如，当沟基为岩石、不易清除的石块或砾石层时，沟底应下挖 100～200 mm，填铺细沙或粒径不大于 5 mm 的细土，夯实到沟底标高后，方可进行管道敷设。

（18）管沟回填土，管顶上部 200 mm 以内应用砂子或无块石及冻土块的土，并且不得使用机械回填；管顶上部 500 mm 以内不得回填直径大于 100 mm 的块石和冻土块；管顶 500 mm 以上部分回填土中的块石或冻土不得集中。在管顶上部使用机械回填时，机械不得在管沟上行走。

2.2 室外排水系统

室外排水包括室外生活污水、生活废水和室外雨水。室外排水要求能够依靠重力排入城市下水管道，否则要设置排水提升设施。

室外排水系统的主要任务是接收各物业内外用水设备产生的污（废）水及室外屋面、地面的雨水，并经过相应的处理后将其排至城市排水系统或水体。室外排水系统比单幢物业的排水复杂，其服务范围介于城市排水和物业排水之间，排水量按最高日最大时流量确定，室外排水体制要适应城市排水体制的要求，要以室外排水能依靠重力排入城市下水管道为前提控制室外排水管道的埋设深度，否则要在室外排水系统设置排水提升泵站。

2.2.1 室外排水系统的种类与组成

1. 直接排入城市排水管网的排水系统

若室外排水能依靠重力排入城市下水管道，则采用直接排入城市排水管网的排水系统。该排水系统由接户管、室外排水支管、室外排水干管、雨水口、排水检查井和化粪池等组成。

2. 设有排水提升设施的排水系统

排水在管道中依靠重力从高处向低处流。当管道坡度大于地面坡度时，管道的埋深随着管线的延长会越来越大，室外排水排入城市排水管道会越困难，在地形平坦的地区更为突出。为了降低工程造价、减小埋深，应设置排水提升泵站。

3. 设有污水处理站的排水系统

若室外污水不能进入城市污水处理厂进行处理，为了使污水能达标排放，则必须设置集中污水处理站或局部处理构筑物，如化粪池、隔油池、降温池等。

2.2.2 室外排水体制

室外排水体制的选择，应根据城市排水体制及环境保护等因素进行综合比较，从而确定是采用分流制还是采用合流制。

（1）分流制。分流制指生活污水管道和雨水管道分别采用不同管道系统的排水方式。
（2）合流制。合流制指通过同一管渠接纳生活污水和雨水的排水方式。

在分流制排水系统中，雨水由雨水管道系统收集然后就近排入水体或城市雨水管道系统；污水则由污水管道系统收集，然后输送到城市或室外污水处理厂进行处理后排放。根据环境保护要求，我国新建居住室外一般采用分流制。

室外内排水需要进行中水回用时，应设分质分流排水系统，即粪便污水和生活废水（杂排水）分流，以便将生活废水（杂排水）收集起来作为中水原水。

2.2.3 室外排水提升设备和附属构筑物

1. 室外排水提升设备

室外排水依靠重力自流排除存在困难时，应考虑设置污水提升泵和污水集水池。设置排水泵房时，尽量单独建造，且距离物业 25 m 左右，同时应设置卫生防护隔离带，以免污水、污物、臭气、噪声等对环境产生影响。

污水泵房机组的设计流量按最大时流量计算，雨水泵房机组的设计流量按雨水管道的最大进水流量计算。水泵扬程根据污水、雨水提升高度和管道水头损失及自由水头计算，自由水头可采用 1.0 m 水柱。

污水泵尽量选用立式污水泵、潜水污水泵。雨水泵尽量选用轴流式水泵，且不少于两台，以适应雨水量的变化。

污水集水池的有效容积根据污水量和水泵性能的情况确定。

2. 附属构筑物

污水排放应符合《污水综合排放标准》和《污水排入城镇下水道水质标准》规定的要求后才可排放。若室外污水排放不达标，必须进行局部处理，甚至进行生物处理才能排入城市下水道，室外常见的附属构筑物有以下几种。

（1）排水检查井。排水检查井用于疏通和衔接排水管道。一般设置在排水管道转弯处、管道交汇处、坡度改变处等。
（2）雨水口。雨水口用于收集、排除地面雨水。

(3)化粪池。化粪池用于截留生活污水中的粪便，使粪便在化粪池中发酵腐化，使污水排入城市排水管道。要求化粪池到物业外墙的距离不小于 5 m，且与室外排水支管相连。

(4)隔油池。隔油池用于去除食堂、厨房等污水中的生物和植物油（易燃物）。

(5)降温池。当排放污水的温度超标时，降温池可以给污水降温。

2.2.4 室外排水管道的布置与敷设

1. 室外污水管道的布置

室外污水管道应与道路和物业的周边平行布置，路线最短，减少转弯，并尽量减少污水管道之间及污水管道与其他管线、河流及铁路之间的交叉；检查井间的管段应为直线。

室外污水管道与铁路、道路交叉时，应尽量垂直于路的中心线；干管应靠近主要排水物业，并布置在连接支管较多的一侧；管道应尽量布置在道路外侧的人行道或草地下方，不允许平行布置在铁路下方和乔木下方；应尽量远离生活饮用水的给水管道。某室外污水干管的布置图如图 2.4 所示。

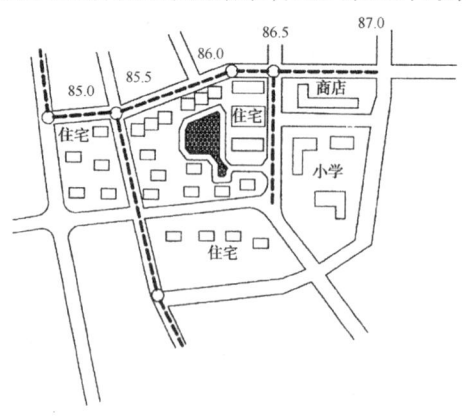

图 2.4 某室外污水干管的布置图

在敷设污水管道时，要注意在安装和检修管道时，不得互相影响；当污水管道损坏时，管内污水不得冲刷或侵蚀物业和构筑物的基础，以及不得污染生活饮用水管道；污水管道不得因机械震动损坏，也不得因气温降低使管内水流冰冻；污水管道及合流制管道与生活给水管道交叉时，污水管道及合流制管道应敷设在给水管道下方。

排水管道在车行道下的最小覆土深度不得小于 0.7 m；生活排水管道的最小覆土深度不得小于 0.3 m；生活排水管道的管底可埋设在土壤冰冻线以上 0.15 m 处。

2. 室外雨水管道的布置

室外雨水管道在平面布置上尽量利用自然地形的坡度，以最短距离靠重力排入水体或城市雨水管道。室外雨水管道应平行道路敷设并且应布置在人行道或花草地带下，以免积水时影响交通或维修管道时破坏路面。

室外雨水口是收集地面雨水的构筑物，雨水口设置不当会导致地面雨水不能及时排除或在低洼处形成积水。雨水口应设置在道路交汇处、物业单元出入口或雨水水落管附近、物业的前后空地和绿地的低洼处。雨水口沿道路设置的间距一般为 20～40 m，雨水口连接管的长度不超过 25 m。

其室外雨水干管布置图如图 2.5 所示；某组团内雨水支管和接户管布置图如图 2.6 所示。

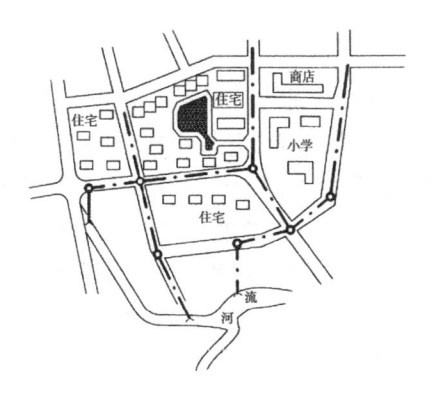

图 2.5 某室外雨水干管布置图

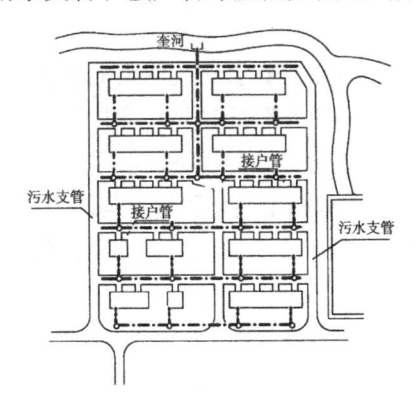

图 2.6 某组团内雨水支管和接户管布置图

3. 室外排水管道的敷设

室外排水管道敷设的具体要求如下所示。

（1）室外排水管道应采用混凝土管、钢筋混凝土管、排水铸铁管或塑料管，其规格及质量必须符合现行的国家标准及设计要求。

（2）排水管沟及井/池的土方工程、沟底的处理、管道穿井臂处的处理、回填等必须参照给水管沟及井室的规定执行。

（3）各种排水井和化粪池应按照设计给定的标准图施工，各种排水井和化粪池均应采用混凝土作底板（雨水井除外），厚度不小于 100 mm；排水管道的坡度必须符合设计要求，严禁无坡或倒坡；排水管道的坐标和标高应符合设计要求，安装的允许偏差应符合表 2.4 中的规定。

表 2.4 室外排水管道安装的允许偏差和检验方法

项 次	项 目		允许偏差/mm	检验方法
1	坐标	埋地	100	拉线尺量
		敷设在沟槽内	50	
2	标高	埋地	±20	水平仪、拉线和尺量
		敷设在沟槽内	±20	
3	水平管道纵横向弯曲	每 5 cm 长	10	拉线尺量
		全长（两井间）	30	

（4）排水管道在埋设前必须进行灌水和通水试验，排水应畅通，无堵塞，管接口无渗漏。

（5）在安装承插接口的排水管道时，管道和管件的承口应与水流方向相反。排水铸铁管的外壁在安装前应除锈，并涂抹二次石油沥青漆。

（6）排水检查井、化粪池的底板及进水管、出水管的标高，必须符合设计要求，其允许偏差为 ±15 mm。井、池的规格、尺寸和位置应正确，砌筑和抹灰应符合要求；井盖选用应正确，标志应明显，标高应符合设计要求；管基的处理和井、池的地板强度必须符合设计要求。

（7）污水局部处理构筑物。当物业内的污水未经处理不允许排入市政排水管网和水体时，需要设置污水局部处理构筑物，如化粪池、隔油池及降温池等。

2.3 室外工程管线综合布置原则

室外工程管线综合布置原则如下所示。

(1)城市工程管线综合规划中有十几种管线,但物业室外常见的工程管线主要有六种:给水管道、排水管道、电力线路、电话线路、热力管道和煤气管道。城市开发中提到的"七通一平"中的"七通"即指上述六种管道与道路贯通。道路是城市工程管线的载体,道路的走向是多数工程管线的走向和坡向的依据。六种常见管道是室外工程管线综合布置的主要研究对象,这些工程管线的设计通常由各自独立的专业设计单位承担,所以,在组团内布置给水支管、接户管和排水管时,应收集各专业(包括道路现状)的规划设计资料,并注意和其他管线的综合协调。管道在物业单侧的布置图如图 2.7 所示;管道在物业两侧的布置图如图 2.8 所示。

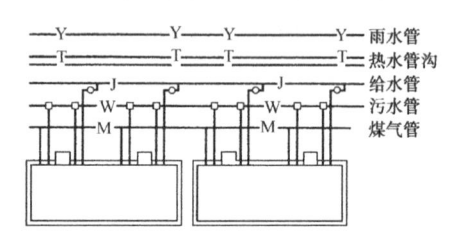

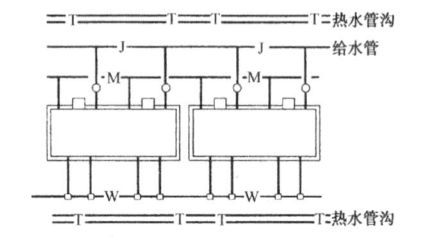

图 2.7 管道在物业单侧的布置图　　图 2.8 管道在物业两侧的布置图

(2)居住室外的室外给水管与其他地下管线之间的最小净距应符合表 2.5 中的规定。

表 2.5 居住室外地下管线(构筑物)之间的最小净距

单位:m

种　类	给水管		污水管		雨水管	
	水　平	垂　直	水　平	垂　直	水　平	垂　直
给水管	0.5~1.0	0.1~0.15	0.8~1.5	0.1~0.15	0.8~1.5	0.1~0.15
污水管	0.8~1.5	0.1~0.15	0.8~1.5	0.1~0.15	0.8~1.5	0.1~0.15
雨水管	0.8~1.5	0.1~0.15	0.8~1.5	0.1~0.15	0.8~1.5	0.1~0.15
低压煤气管	0.5~1.0	0.1~0.15	1.0	0.1~0.15	1.0	0.1~0.15
直埋式热水管	1.0	0.1~0.15	1.0	0.1~0.15	1.0	0.1~0.15
热力管沟	0.5~1.0		1.0		1.0	
乔木中心	1.0		1.5		1.5	
电力电缆	1.0	直埋 0.5 穿管 0.25	1.0	直埋 0.5 穿管 0.25	1.0	直埋 0.5 穿管 0.25
通信电缆	1.0	直埋 0.5 穿管 0.15	1.0	直埋 0.5 穿管 0.15	1.0	直埋 0.5 穿管 0.15
通信及照明电缆	0.5		1.0		1.0	

注:(1)净距指管外壁距离;管道交叉设套管时净距指套管外壁距离;直埋式热力管的净距指保温管壳外壁距离。
　　(2)电力电缆在道路的东侧(南北方向的路)或南侧(东西方向的路);通信电缆在道路的西侧或北侧;一般在人行道下方。

（3）当各种管道的平面布置与标高设计发生冲突时，应按照下列避让原则进行处理：压力管让自流管；管径小的让管径大的；易弯曲的让不易弯曲的；临时性的让永久性的；工程量小的让工程量大的；新建的让现有的；检修次数少的、检修方便的让检修次数多的、检修不方便的。

（4）管线共沟敷设应符合下列规定：热力管不应与电力电缆、通信电缆和压力管道共沟；排水管道应布置在沟底，当沟内有腐蚀性介质管道时，排水管道应位于其上方；腐蚀性介质管道的标高应低于沟内其他管线；火灾危险性属于甲、乙、丙类的液体，液化石油气，可燃气体，毒性气体和液体，以及腐蚀性介质管道，不应共沟敷设，并严禁与消防水管共沟敷设；凡有可能产生互相影响的管线，不应共沟敷设。

2.4 室外水景工程与游泳池

随着生活条件的改善，人们对居住条件和居住环境的要求越来越高，现代的居住室外需要有安全、舒适、卫生的生活环境，同时，供人们欣赏和娱乐的室外水景、游泳池也是必不可少的景观和公共设施。

2.4.1 室外水景工程

1. 水景工程的构成

水景能装饰公园、广场和庭院，美化环境；能润湿和净化空气，改善室外气候；水池中的水可兼做其他用水的水源，如消防贮水池、冷却喷水池、养鱼池和绿化用水池等。

现代电子和光学技术赋予了水景新的活力，水景与灯光、音乐、绿化和艺术雕塑之间的巧妙配合，构成了一幅五彩缤纷、华丽壮观的美景，给人们带来了清新优雅的生活环境，室外的水景受到了居民的喜爱。水景工程已经成为城市和居住室外规划设计中极为重要的内容。

典型水景工程的组成如图 2.9 所示，水景工程由土建、管道系统、造景器材和设备及光电控制装置等构成。

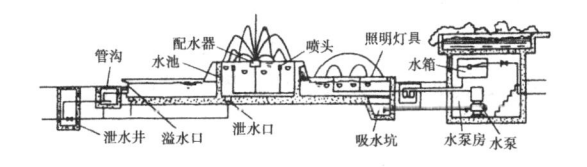

图 2.9 典型水景工程的组成

（1）土建。土建包括水泵房、水池、管沟、阀门井和泄水井等。
（2）管道系统。管道系统包括水景工程的给水管道系统和排水管道系统。
（3）造景器材和设备。造景器材和设备包括各种造景用的喷头、配水器、照明灯具和水泵机组等。
（4）光电控制装置。光电控制装置包括给水阀门、光控设施、声控设施和电气自动控制设备等。

2. 水景工程的造型和控制方式

水景工程分为固定式水景工程、半移动式水景工程和全移动式水景工程。

一般大中型水景工程采用固定式,即主要组成部分为固定设置,常见的有水池式水景工程、浅碟式水景工程和河湖式水景工程等,如图2.10～图2.12所示。

图2.10 水池式水景工程

图2.11 浅碟式水景工程

图2.12 河湖式水景工程

半移动式水景工程指水景工程中的土建部分不能移动,但水泵、喷头、照明灯具及部分配水设施可以移动,通过不同的搭配和程序控制可实现各种水景效果,如图2.13所示。

小型水景工程可采用全移动式水景工程,一般为定型生产的成套产品,可放置在大厅和庭院,甚至可摆在柜台上或橱窗中,如图2.14所示。

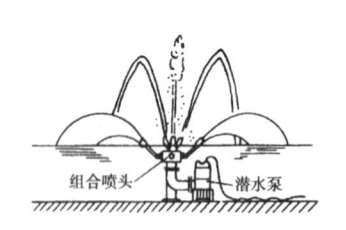

图2.13 半移动式水景工程

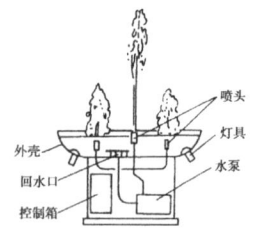

图2.14 全移动式水景工程

水景工程的造型有多种形式:镜池,水面宽阔平静,可将山石、树木映入水中,以增加景物的层次和美感;浪池,可制成细波或惊涛骇浪,具有动感,还能提升水质;漫流式,水流平跃曲直、时隐时现、水花闪烁、欢快活泼,水流穿行于山石、亭台、小桥和花木之间,给人以走进自然的感觉;叠水式,可利用假山构成飞流瀑布、洪流跌落、水雾腾涌的壮景,让人感到气势宏大;孔流(见图2.15),水柱纤细透明、活泼可爱;喷水式,包括射流水柱、气水混合水柱、膜状水流、水雾等造型;涌水式,气势庞大,激起的波纹向四周扩散,给人以赏心悦目的感觉;组合式,大中型水景工程采用各种水流造型组合搭配,其造型变幻无穷,若辅以彩灯、音乐,可构成程控彩色喷泉和音乐喷泉。组合水景造型示例如图2.16所示,常见水姿态示例如图2.17所示。

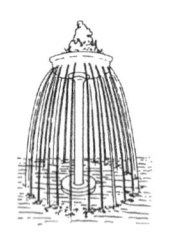

图2.15 孔流

图2.16 组合水景造型示例

(a)单种水柱组成

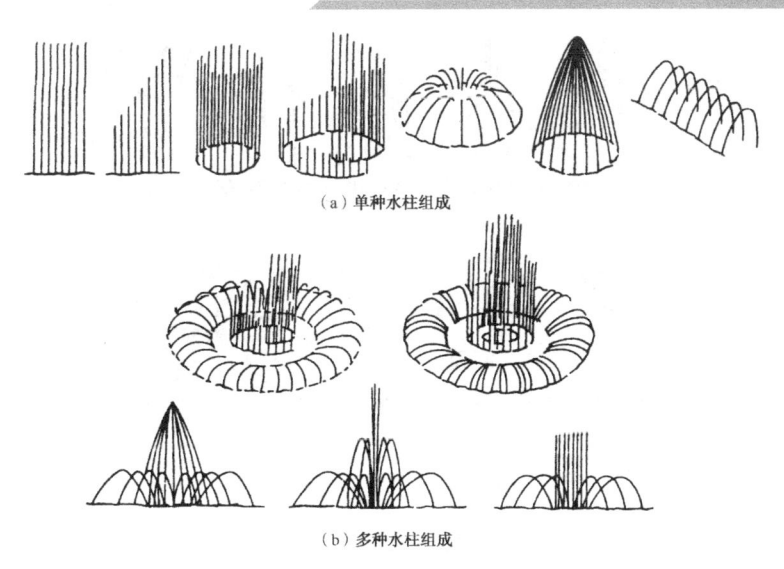

(b)多种水柱组成

图 2.17 常见水姿态示例

3. 水景的水质和水量

对水景的水质和水量有以下要求。

(1) 水质。对于兼做人们娱乐、儿童戏水的水池，其初次充水和补水的水质应符合《生活饮用水卫生标准》中的规定；对于不与人体直接接触的水池，其水质应符合现行的《景观娱乐用水水质标准》中的规定。

(2) 水量。初次充水的水量按水池的容积大小确定，充水时间按 24～48 h 充满考虑；循环水量按喷头喷水量的总和确定；补充水量，即因为风吹、蒸发、溢流、排污和渗漏等因素损失的水量，可按循环水量或水池容积的百分数确定，具体水量可参考表 2.6。

表 2.6 水量损失

水景形式	风吹损失	蒸发损失	溢流、排污损失（每天排污量占水池容积的百分比/%）
	占循环流量的百分比/%		
喷泉、水膜、冰塔、孔流	0.5～1.5	0.4～0.6	3～5
水雾	1.5～3.5	0.6～0.8	3～5
瀑布、水幕、叠流、涌泉	0.3～1.2	0.2	3～5
镜池、珠泉	—	按循环次数计算	2～4

4. 水景的器材与设备

水景具有以下几种器材与设备。

(1) 喷头。喷头是人工水景的重要部件，要求其噪声小、外形美、节能、耐腐蚀、不变形、不老化。喷头一般由铜、不锈钢、铝合金、陶瓷和塑料等材料制成。喷头的常见形式有直流式喷头、可转动喷头、旋转式喷头（水雾式喷头）、环隙式喷头、散射式喷头、吸气（水）式喷头、多股喷头、回转式喷头和多层多股球形喷头，几种常用喷头如图 2.18 所示。

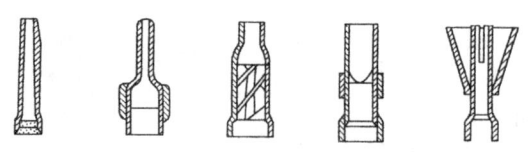

(a) 直流式喷头 (b) 可转动喷头 (c) 旋转式喷头 (d) 环隙式喷头 (e) 散射式喷头
（水雾式喷头）

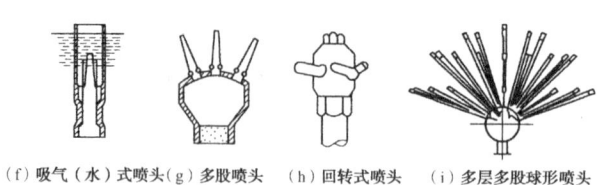

(f) 吸气（水）式喷头 (g) 多股喷头 (h) 回转式喷头 (i) 多层多股球形喷头

图 2.18　几种常用喷头

（2）水泵。中型水景工程常选用卧式或立式离心泵和管道泵，小型水景工程常选用卧式潜水泵、微型泵或管道泵。水泵的流量根据循环流量确定，水泵扬程通过计算确定。

（3）控制阀门。控制阀门是电控水景工程和声控水景工程的关键装置之一，要求其能够适时准确地控制水流的变化，并与电控信号和声控信号同步，反复动作不失误。

（4）照明灯具。照明分为陆地照射和水下照射，可采用探照灯、白炽灯和气体放电灯。白炽灯可以自动控制和频繁启动，但耗电较多；气体放电灯耗电少，但不可以频繁启动。

5. 给排水管道的布置

水景工程水池外给排水管道的布置应由水池、水源、泵房、排水口及周围环境确定。一般在水池和泵房之间设专用管廊或管沟，以便维修，管沟的地面应有一定的坡度、坡向、集水坑；水池内的管道可直接放置在池底上或埋入池底，应采用环状配管或对称配管，转弯处应采用曲率半径大的光滑弯头，以减少水压损失。

生活饮用水作为水源时，应设置补水箱或采取防止回流污染的措施。

2.4.2　室外游泳池

目前，在大中型正规物业中室外游泳池已成为不可缺少的公共设施，以供人们休闲、娱乐和健身。

1. 游泳池的类型

根据使用性质不同，游泳池可分为比赛用游泳池、训练用游泳池、跳水用游泳池、儿童游泳池和幼儿戏水池；根据经营方式不同，游泳池可分为公用游泳池和商业游泳池；根据有无屋盖，游泳池可分为室内游泳池和露天游泳池。

2. 游泳池给水系统

游泳池给水系统的水质、水温、水量及给水方式都有明确的要求。

（1）水质。游泳池的用水可由城市管网供给，也可采用满足游泳池水质要求的地下水。游泳池的水质应符合现行的《生活饮用水卫生标准》中的规定。

（2）水温。除比赛用游泳池外，一般游泳池和水上游乐池的池水设计温度根据表2.7确定。

表2.7 一般游泳池和水上游乐池的池水设计温度

序 号	池 的 类 型		池水设计温度/℃
1	室内池	比赛池	25～27
2		训练池、跳水池	26～28
3		俱乐部、宾馆内游泳池	26～28
4		公共游泳池	26～28
5		儿童池、幼儿戏水池	28～30
6		滑道池	28～29
7		按摩池	≤40
8	室外池	有加热设备	26～28
9		无加热设备	22～23

（3）水量。游泳池的初次充水量为游泳池的容积，充水时的流量按24～48 h充满计算；循环流量按游泳池的容积和池水每天循环的次数计算。游泳池和水上游乐池的补充水量如表2.8所示。

表2.8 游泳池和水上游乐池的补充水量

序 号	池的类型和特征		每日补充水量占池水容积的百分数/%
1	比赛池、训练池、跳水池	室内	3～5
		室外	5～10
2	公共游泳池、游乐池	室内	5～10
		室外	10～15
3	儿童池、幼儿戏水池	室内	≥15
		室外	≥20
4	按摩池	室内	8～10
		室外	10～15
5	家庭游泳池	室内	3
		室外	5

（4）给水方式。游泳池有多种给水方式，可根据当地水源和设施的情况决定。

① 直流给水方式。长期打开游泳池的进水阀门，连续不断地供给新鲜水，同时又连续不断地从泄水口和溢流口排走被沾污的水，每小时补充的水量应为池水容积的15%～20%，应每天清除池底和水面的污物，并对池水进行消毒。直流给水方式由给水管、给水口和阀门等组成。直流给水游泳池图示如图2.19所示。直流给水方式具有系统简单、投资少、运行费用小等优点；但具有浪费水资源，水温和水质难以保证等缺点。

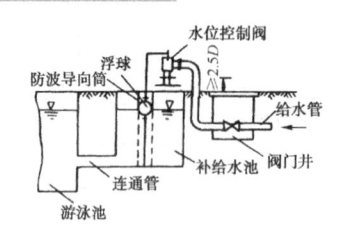

图 2.19 直流给水游泳池图示

② 定期换水方式。每隔 1～3 天将池水放空，清洗池底和池壁，再注入新鲜水，并对水进行消毒。这种给水方式具有系统简单、投资少、管理方便等优点，但水温和水质难以保证，且换水时不能使用，当前不推荐使用此方式。

③ 循环净化给水方式。游泳池的水由循环泵抽出，通过过滤、净化、加热和消毒，达到水质和水温要求后再送回游泳池重复使用。循环净化给水方式如图 2.20 所示。其具体循环方式分为对称式顺流循环方式、逆流式循环方式和混合式循环方式，如图 2.21～图 2.23 所示。这种给水方式具有节约用水、保证水质、运行费用低等优点，是目前用得最多的给水方式，但系统复杂、投资大、维护管理不方便。

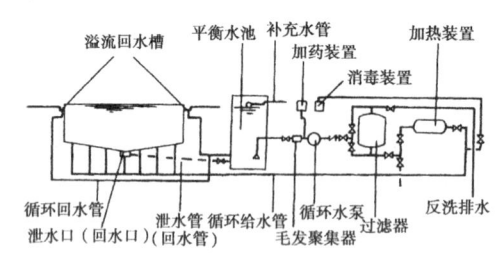

图 2.20 循环净化给水方式

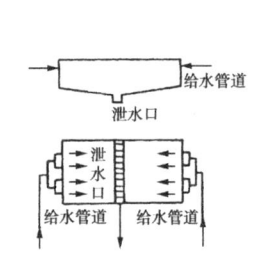

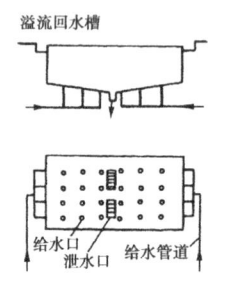

图 2.21 对称式顺流循环方式　　图 2.22 逆流式循环方式　　图 2.23 混合式循环方式

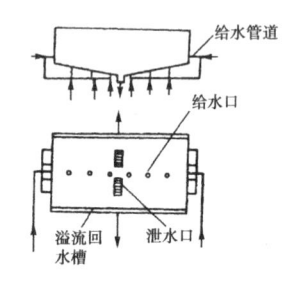

（5）池水的净化、消毒与加热。池水的净化方式分为溢流净化、循环净化和换水净化。由于池水与人体直接接触，还可能进入人体，游泳者也会带进、分泌细菌，所以为了防止病菌、病毒的传染，必须对池水进行严格的杀菌消毒，常用的消毒法为氯化消毒法。露天游泳池和以温泉水为水源的游泳池一般不进行加热。如果室内游泳池的池水温度低，应按设计热量损失选择加热设备对池水进行加热，以达到池水的温度要求。

（6）给水管道的敷设与物业给水系统基本相同，但应结合游泳池的具体情况综合考虑。

3. 游泳池排水

游泳池排水必须注意以下事项。

（1）岸边清洗水。为了防止岸边带有泥沙和污物的水进入游泳池内污染池水，应至少冲洗两次岸边，并将冲洗水排至排水沟。

（2）溢流水。游泳池设置的池岸式溢流水槽用于排除溢出的水体，溢出的水体由溢水管排除，溢水管不得与污水管直接连接，并且不得设置存水弯，以防堵塞管道。

（3）泄水。为了清洗、维修或停用游泳池，用泄水口可排空池水，此时应优先采用重力泄水，若有困难，可采用循环泵泄水。

（4）排污。为了保证池水的水质，应在每天开放前将池底的污物清除，可采用管道排污、移动式潜污泵排污、虹吸式排污及人工排污，也应利用工具或人工拣、捞的方法将池水中的漂浮物和悬浮物清除。

（5）清洗。游泳池换水时，应采用符合卫生标准的水对池底和池壁进行彻底刷洗，一般采用压力水冲洗和刷洗。

4. 游泳池的辅助设施

为了保证池水不被污染、防止疾病传播，必须设置浸脚消毒池、强制淋浴器和浸腰消毒池，还应配套设置更衣室、厕所、泳后淋浴设施、休息室及器材库等辅助设施。

2.5 室外给水泵房的维护与管理

室外给水泵房负担了整个室外的居民用水，一旦出现故障，将给居民带来很多不便，也会造成经济损失和不良的社会影响，因此，必须做好室外给水泵房的维护与管理工作。

2.5.1 室外给水泵房的运行与管理

室外给水泵房的运行与管理包括以下几方面。

（1）应定期检修水泵及其自控装置，检查电线是否老化损坏，水泵零件是否磨损，变频系统是否正常，清除事故隐患，还应定期对水泵和电动机进行清洗和加油。

（2）室外给水泵房及地下水池的全部机电设备由机电人员负责管理和监控；建立值班制度，每个班次都要认真做好值班记录。

（3）应定期保养、维修、检查室外给水泵房的机电设备，若发现故障苗头和隐患应及时解决。生活水泵的开关位置与操作程序应标明，并以书面形式贴在墙上；保证生活水泵正常运转，要制订定期检修保养计划。

（4）室外给水泵房每周打扫一次，泵及管道两周清洁一次；为了不影响泵房的正常工作，无关人员不得进入泵房。

（5）物业管理部门应设立报修电话和报修信箱，对用户报修的问题，应在规定的时限内予以解决。

2.5.2 水池、水箱的保养

1. 准备工作

为了确保水箱的水质符合标准，泵房里的水池、水箱要定期（3个月）进行清洗，要求清洗水箱的工作人员具有卫生防疫部门核发的体检合格证，并在停水的前一天通知用户，以求得业主的理解和支持；关闭水箱进水阀门，安排临时水泵、排风设备、胶皮管、水桶、铁锤及清洁用工具，打开水箱人孔盖。

2. 清洁水箱

当水箱的水位降低到一半以下时，将待清洗水箱的出水阀门关闭，打开水箱底部的排污阀进行排污，要有至少两名清洗人员，一人从人孔处沿梯子下至水箱底部，用白布将水箱四壁和底部擦洗干净，再用清水反复清洗；另一人在水箱顶部做监护人员，负责向水箱输送新鲜空气和照明，防止清洗人员余氯中毒和意外事故发生。清洗结束后，关闭水箱排污阀，打开进水阀开始蓄水，水位达到一定高度后，打开出水阀，将水箱人孔盖盖好并上锁。

清洗工作结束后，做好相关记录，并送至物业管理公司工程部备案。

2.5.3 水泵的保养与维护

水泵经常处于运转状态，常因种种故障不能正常工作。离心式水泵的常见故障、发生故障的原因及处理方法如下所示。

1. 水泵空转不上水

水泵空转可区分不同情况。

（1）因水泵的吸水管倒坡使管内存有空气并形成气塞，从而造成水泵无法连续吸水造成水泵不出水。当出现倒坡时，应调整坡度，并及时排放泵体及吸水管内的空气。

（2）吸水底阀不严或损坏使吸水管不满水，或底阀与吸水口被泥沙杂物堵塞，使底阀关闭不严。当确认是上述故障后应及时清理污物，检修底阀，若吸水底阀损坏应更换。

（3）底阀淹没深度不够也会造成水泵不上水，应增加吸水管浸在水中的深度。

（4）水池（水箱）中水位过低也会使水泵不上水，此时应检查进水系统的进水量、水压是否严重不足或浮球阀、液位控制阀等是否失灵。若发现问题应及时调整补水时间（如利用夜间低峰用水时补水），修理或更换失灵的进水阀。

2. 水泵不出水或水量过少

水泵不出水或水量过少可能是压力管阻力太大、水泵叶轮转向不对、水泵转速低于正常数值或叶轮流道阻塞等造成的。出现此故障应检查压水管，清除阻塞；检查电动机的转向并改变转向；调整水泵转速；清理叶轮流道。

3. 水泵运行中突然停止出水

水泵突然停止出水，应立即停泵检查，以免烧坏电动机。

故障原因：进水管突然被堵塞；叶轮被吸入的杂物打坏；进水口吸入大量空气。

排除方法：检查进水管，清除堵塞物；检查叶轮并更换；检查吸水池的水位及水泵的安装高度，保证有足够的水量。

4. 水泵轴承过热

在水泵运转时，水泵轴承的温升不宜超过 60℃，轴承缺油或水泵与电动机轴承不同心、轴承间隙太小、填料压得过紧均可造成轴承过热。此时，应调整同心度、加油、调整填料压盖松紧度。

5. 水泵运转震动及噪声过大

水泵同心度偏差过大时会产生较大的震动，此时应检查地脚螺栓、底座螺栓是否拧紧。对要求控制噪声和对震动要求较严格的物业应增加减震或隔震装置。

（1）橡胶隔震垫通常安装在减震平衡板下面，安装时应根据水泵的型号，按图纸要求的垫块的规格型号和数量分别垫在减震板四角及边位下，垫板必须成对支垫。

（2）采用减震盒时，其减震板必须留洞准确，预制板表面应平整。弹簧减震盒应准确平稳地摆放在减震板下的孔内，减震盒的规格型号及数量需要按照设计选定购置，不得任意变更型号和规格。减震板为钢筋混凝土预制板，加工时应严格按有关图纸的尺寸、混凝土强度等级、预留孔及预埋件的位置施工。

2.5.4 泵房设备的维修与更新管理

1. 定期维修

定期维修以专业维修人员为主，操作人员协助，对泵房设施进行日常点检和计划点检，包括对设备的运行参数、安全保护装置、易损部件及需要经常清洗更换的部件等进行点检。根据点检的结果编制维修计划，对设备进行预防性修理，包括小修、中修、大修和系统大修。

设备的计划检修不能绝对排除偶然的故障抢修和意外事故的恢复性检修等计划外维修，要认真贯彻各项操作规程和规章制度，以减少和避免计划外维修。

2. 设备更新

泵房设备使用了一定年限后，其效率会降低，能耗和维护费用也将增大，并可能导致生产事故，所以，有必要对部分设备进行更新和改造。对设备进行改造的主要途径有增加新的零件和装置，对设备结构进行局部改进，对设备的参数和容量进行适当调整等。

思考与练习

1. 室外给水系统由哪几部分组成？
2. 对室外给水管道、排水管道的布置有哪些要求？
3. 室外管线综合布置的原则是什么？
4. 室外水景工程对给水系统有什么要求？
5. 游泳池净化水的工艺流程是什么？
6. 室外给水泵房经常出现什么故障？如何处理？
7. 如何对水箱和水泵进行维护与保养？

第3章 物业室内消防与防火排烟系统

【教学提示】

（1）物业消防系统包括小区消火栓设施、室内消火栓系统和自动喷水灭火系统、高层物业消防系统的特点、非水灭火剂的消防设施、防火排烟系统及其运行管理等内容。

（2）掌握各种消防系统的灭火机理及运行工况的区别，各种消防设施的布置及适用条件，防火排烟与灭火的区别，以及高层物业易产生的问题。

【培养目标】

通过本章的学习，了解消防系统的分类和组成，了解高层物业消防系统的特点和其他非水灭火剂的适用条件；掌握消火栓消防系统和自动喷水消防系统的工况、设施和管道的布置要求，掌握消防系统各部件的作用及其使用方法，掌握高层物业消防系统的特点和防火排烟系统的工况、运行条件及系统的维护与管理。同时，通过实训可培养学生的动手能力、实践能力及分析和解决问题的能力。

室内消防系统根据灭火方式和使用灭火剂的种类不同可分为消火栓灭火系统、自动喷水灭火系统和其他使用非水灭火剂的固定灭火系统，如二氧化碳（CO_2）灭火系统、干粉灭火系统、泡沫灭火系统、蒸汽灭火系统等。

灭火剂的灭火原理可分为冷却、隔离、窒息和化学抑制 4 种。冷却、隔离和窒息为物理灭火，化学抑制为化学灭火。

消火栓灭火系统和自动喷水灭火系统的灭火原理主要是冷却降温，可用于大多数火灾；泡沫灭火系统的灭火原理是隔离，能有效扑灭烃类液体火灾和油类火灾；蒸汽灭火系统的灭火原理是窒息，通常用于石油化工、火力发电厂等处灭火，也可扑灭高温设备火灾；干粉灭火系统的灭火原理主要是化学抑制，可扑救电气设备、可燃气体和液体火灾，且灭火效果良好。

二氧化碳灭火系统的灭火原理是窒息和冷却，具有不污染保护物、灭火快、空间淹没效果好等特点，适用于大型计算机房、图书馆藏书、档案室及电信广播的重要设备机房等处的灭火。

卤代烷灭火系统的灭火原理是化学抑制，具有绝缘性能好，灭火后对保护对象不产生二次污染，不损坏设备的优点，是扑救电气设备、电子设备、贵重仪器设备火灾的良好灭火系统。

3.1 消防系统的分类及组成

3.1.1 消防系统的分类

1. 按消防系统的构成和功能分类

消防系统按构成和功能的不同可分为以下几类。

（1）室外消火栓给水系统。室外消火栓给水系统设置在物业外部，一般在物业小区内。室外消防系统既可供消防车取水,又可由消防车经水泵接合器向室内消防系统供水,弥补室内消防系统用水量不足的缺点,有助于控制和扑救室内火灾。

(2)室内消火栓给水系统。在物业内部设置的消防给水系统,主要靠室内消火栓、消防卷盘进行灭火。

(3)自动喷水灭火系统。自动喷水灭火系统是在物业内部能够自动探测火灾情况,并自动控制灭火系统喷水灭火的消防系统。

2. 按消防系统的给水压力分类

消防系统按消防给水压力不同可分为以下几类。

(1)高压消防给水系统。在高压消防给水系统中,管网内经常要保持足够的消防用水量和水压,并且当水枪布置在物业的最高处时,水枪的充实水柱仍不小于10 m。这种系统内部水压高,需要采用耐高压设备,维修管理费用较高,耗电量大。

(2)临时高压消防给水系统。管网内平时水压不高,在泵站内设置高压消防水泵,平时以低压供水,一旦发生火灾,立刻启动高压消防水泵,临时加压使管网内的压力达到高压消防给水系统的压力要求。

(3)低压消防给水系统。管网内的压力较低,一般为生活用水压力。火灾发生时,水枪所需要的压力由消防车或其他加压水泵形成。这种系统一般在小区内使用。

3. 按灭火剂分类

消防系统按灭火剂不同可分为以水、二氧化碳、蒸汽、干粉、泡沫及卤代烷为灭火剂的消防系统。

3.1.2 消防系统的组成

1. 消防供水水源

消防供水水源包括以下几种。

(1)市政给水管网。一般室外有生活、生产、消防给水管网可以供给消防用水,在消防过程中应优先选用这几种水源。

(2)天然水源。天然水源包括地表水和地下水两大类,选用天然水源时应优先选用地表水。一般情况下,当天然水源丰富,可确保枯水期最低水位时的消防用水量,且水质符合要求并距离物业较近时,可以选用天然水源。

(3)消防水池。供消防车取水的消防水池的保护半径应不大于150 m;供消防车取水的消防水池应设取水口,取水口与物业(水泵房除外)的距离应不大于15 m;供消防车取水的消防水池应保证消防车的吸水高度不超过6 m;室外消防水池与被保护物业的外墙距离应不小于5 m,且不大于100 m;消防用水与生产、生活用水合并的水池,应有确保消防用水不做其他用途的技术设施;寒冷地区的消防水池应有防冻设施。

2. 消防供水设备

消防供水设备主要包括消防水箱、消防水泵、消火栓、自动喷水设备及水泵接合器等。

3. 消防给水管网

消防给水管网主要包括进水管、水平干管、消防立管等。

3.2 消火栓给水系统

3.2.1 消火栓给水系统的组成

消火栓给水系统一般由水枪、水带、消防龙头、消防卷盘、消防管网、消防水池、高位水箱、水泵接合器及增压水泵等组成。设有消防水泵和水箱的室内消火栓给水系统如图 3.1 所示。

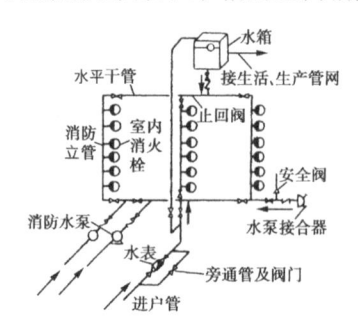

图 3.1 设有消防水泵和水箱的室内消火栓给水系统

1. 消火栓设备

消火栓设备由消防龙头、水带、水枪组成,且均安装在消火栓箱内,如图 3.2 所示。

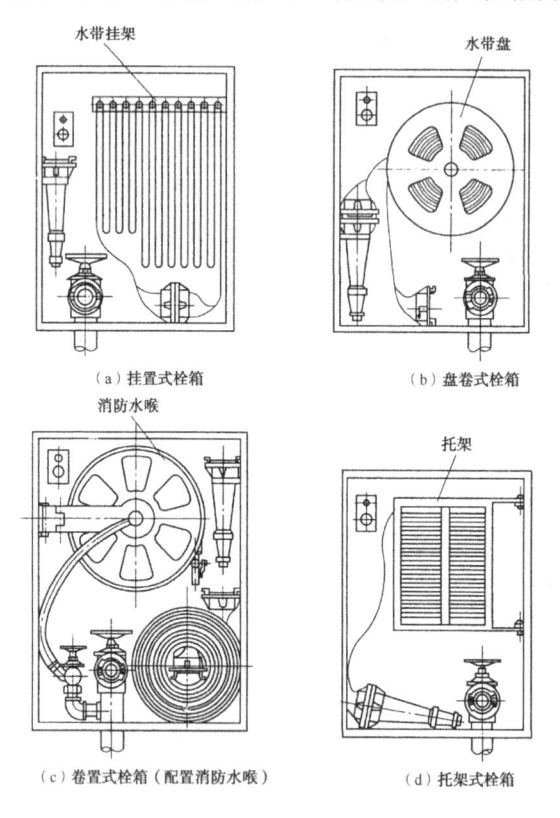

(a) 挂置式栓箱　　(b) 盘卷式栓箱

(c) 卷置式栓箱(配置消防水喉)　　(d) 托架式栓箱

图 3.2 消火栓箱

(1)水枪。水枪为锥形喷嘴,喷嘴口径有 13 mm、16 mm 和 19 mm,水枪的材质一般为铝合金。低层物业的消火栓可选用 13 mm 或 16 mm 口径的水枪,高层物业消火栓可以选用 19 mm 口径的水枪。

(2)水带。水带一般由麻线或化纤材料制成,可以衬在橡胶里,口径有 50 mm 和 65 mm,长度有 15 mm、20 mm、25 mm 和 30 mm。

(3)消防龙头。消防龙头分为单出口龙头及双出口龙头两种。单出口龙头的直径为 50 mm 和 65 mm,双出口龙头的直径为 65 mm。

2. 消防卷盘

消防卷盘是由阀门、软管、卷盘、喷枪等组成的,能够在展开卷盘的过程中喷水灭火。消防卷盘一般设置在走道、楼梯口附近的明显处且易于取用的地点,可以单独设置,也可以与消火栓设置在一起。室内消火栓与消防卷盘一起设置的安装图如图 3.3 所示。

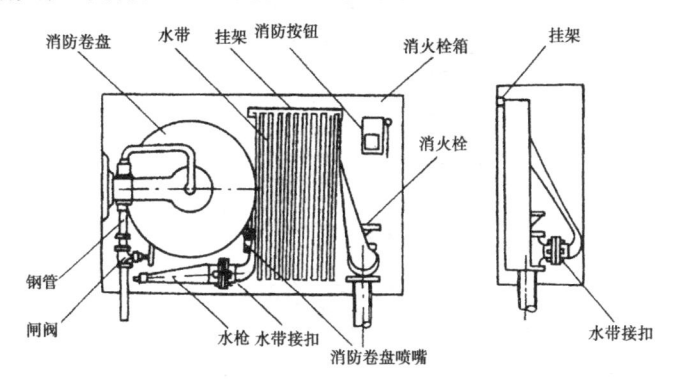

图 3.3 室内消火栓和消防卷盘一起设置的安装图

3. 水泵接合器

水泵接合器是使用消防车从室外水源取水,向室内管网供水的接口。它的作用是当室内管网供水不足时,可以通过水泵接合器用消防车为室内管网加压供水,补充消防用水量的不足。水泵接合器分为 SQ 型地上式、SQ 型地下式、SQ 型墙壁式 3 种。一般设置在消防车易于接近、便于使用、不妨碍交通的明显地点。如图 3.4 所示,在图 3.4(a)中 B_1 表示闸阀长度,B_2 表示单向阀长度,B_3 表示弯管长度,H_1 表示接口离地高度,H_2 表示接口管段高度,H_3 表示弯管高度,H_4 表示弯管总高度;在图 3.4(b)中 B_1 表示闸阀长度,B_2 表示单向阀长度,B_3 表示弯管长度;在图 3.4(c)中 H_1 表示接口离地高度,H_2 表示接口管段高度。

4. 消防管道

单独设置的消防管道一般采用非镀锌钢管或给水铸铁管。当消防系统与生活、生产给水系统合用时,消防管道应采用镀锌钢管或给水铸铁管。

5. 消防水箱

消防水箱按使用情况不同可分为专用消防水箱、生活与消防共用水箱和生活、生产、消防共用水箱 3 种。底层物业室内消防水箱(包括水塔、气压水罐)是储存扑救初期火灾消防用水的贮水设备，它不仅可以为扑救初期火灾提供水量，还可以保证扑救初期火灾时灭火设备有必要的水压。水箱的安装应设置在物业的最高处，且应为重力自流式水箱。室内消防水箱应储存 10 min 的消防用水量。

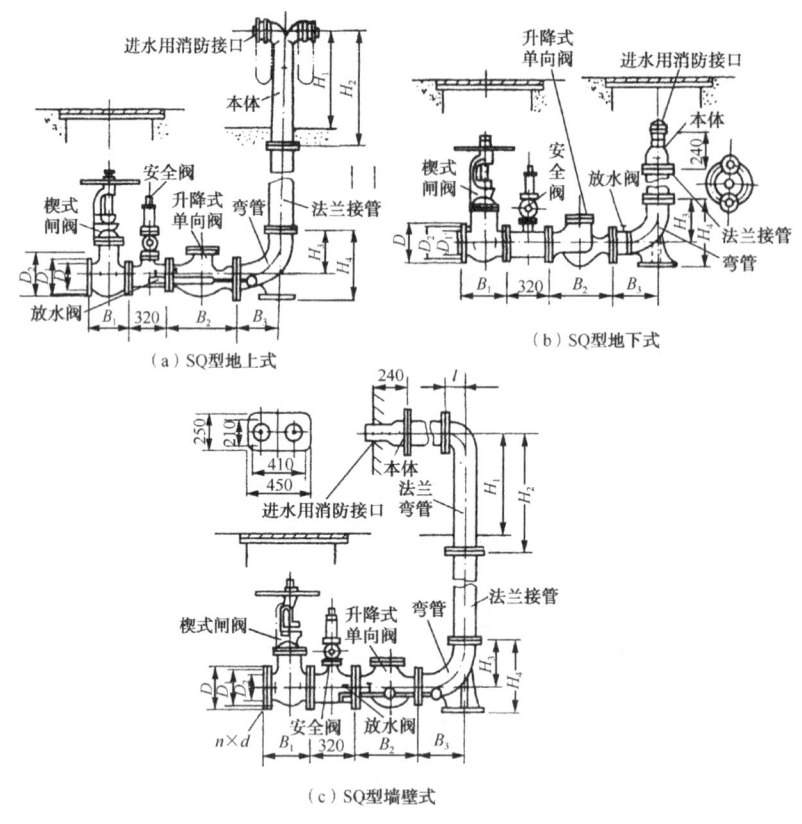

图 3.4 水泵接合器外形图

6. 消防水池

消防水池是人工建造的储存消防用水的构筑物，是天然水源、市政给水管网的一种重要补充手段。根据各种用水系统对水质的要求是否一致，可将消防水池与生活或生产贮水池合用。

3.2.2 消火栓及管道的布置

1. 消火栓的布置

消火栓的布置要求如下所示。

（1）室外消火栓的布置。室外消火栓分为地上式消火栓和地下式消火栓两种。在我国南方气候温暖的地区可采用地上式消火栓或地下式消火栓；在北方寒冷地区应采用地下式消火栓；地下式消火栓应有直径为 100 mm 和 65 mm 的栓口各一个，并有明显的标志；地上式消火栓应有一个直径为 150 mm 或 100 mm 的栓口和两个直径为 65 mm 的栓口。

室外消火栓应沿道路设置，当道路宽度超过 60 m 时，应在道路两边设置消火栓，并靠近十字路口；消火栓到路边的距离不应超过 2 m，到房屋外墙的距离不应小于 5 m；室外消火栓应设置在便于消防车使用的地点；室外消火栓应沿高层物业周围均匀布置，并且不应集中布置在物业的一侧；人防工程室外消火栓到人防工程出入口的距离不应小于 5 m；停车场室外消火栓应沿停车场周边设置。室外消火栓的保护半径不应超过 150 m，间距不应超过 120 m；在市政消火栓保护半径 150 m 以内，如果消防水量不超过 15 L/s，可不设置室外消火栓。

（2）室内消火栓的布置。室内消火栓应设置在物业中经常有人通过、明显的地方，如走廊、楼梯间、门厅及消防电梯旁等处的墙龛内，龛外应装有玻璃门，门上应标有"消火栓"标志，平时封锁，使用时击破玻璃，按下电钮启动水泵，取水枪灭火。室内消火栓的布置应保证有两支水枪的充实水柱同时到达室内任何部位，在任何情况下，均可使用室内消火栓进行灭火。

（3）消火栓的设置范围。消火栓的设置范围应满足以下要求。

① 高度不超过 24 m 的厂房、车库和高度不超过 24 m 的科研楼（存有与水接触会引起燃烧、爆炸或助长火势蔓延物品的科研楼除外）。

② 超过 800 个座位的剧院、电影院、俱乐部和超过 1200 个座位的礼堂、体育馆。

③ 体积超过 5000 m^3 的车站、码头、机场等物业，以及展览馆、商店、病房楼、门诊楼、图书馆、书库等物业。

④ 超过 7 层的单元式住宅，超过 6 层的塔式住宅、通廊式住宅，底层设有商业网点的单元式住宅。

⑤ 超过 5 层或体积超过 1000 m^3 的教学楼及其他民用物业。

⑥ 国家级文物保护单位的重点砖木或木结构古物业。

⑦ 人防工程中使用面积超过 300 m^2 的商场、医院、旅馆、展览厅、旱冰场、体育场、舞厅、电子游戏场等；使用面积超过 450 m^2 的餐厅，丙类和丁类生产车间及物品库房；电影院、礼堂；消防电梯前室；停车库、修车库。

⑧ 高层民用物业必须设置室内消防给水系统。除无可燃物的设备层外，主体物业和裙房各层均应设室内消火栓。

（4）消火栓栓口安装。栓口离地面的高度不大于 1.1 m；栓口的出水方向应向下或与设置消火栓的墙面垂直。

2. 消火栓系统管道的布置

除了特殊要求设置独立消防管网的低层物业，一般都与生活、生产给水管网结合设置；高层物业室内消防给水管网应与生活、生产给水系统分开独立设置。

（1）引入管。室内消防给水管网的引入管一般不少于两根，当一根引入管发生故障时，其余引入管应仍能保证消防用水量和水压。

（2）管网布置。为了保证供水安全，一般采用环式管网供水，保证供水干管和每根消防立管都能做到双向供水。

（3）消防立管布置。布置消防立管时应保证同层相邻两个消火栓的水枪充实水柱能同时到达被保护范围内的任何部位。每根消防立管的直径不小于 100 mm，消防立管不应通过危险区域，应设置在可以防止受到机械破坏和火灾破坏的地方。

3.3 自动喷水灭火系统

自动喷水灭火系统是一种在发生火灾时，能自动打开喷头喷水灭火并同时发出火警信号的消防灭火设施。自动喷水灭火系统应设置在人员密集、不易疏散、外部增援灭火与救生较困难、性质重要或火灾危险性较大的场所。

自动喷水灭火系统按喷头的开启形式不同可分为闭式喷头系统和开式喷头系统;按报警阀的形式不同可分为湿式自动喷水灭火系统、干式自动喷水灭火系统、预作用自动喷水灭火系统和雨淋自动喷水灭火系统等。

3.3.1 自动喷水灭火系统的分类

1. 湿式自动喷水灭火系统

湿式自动喷水灭火系统是供水管路和喷头内始终充满有压水的自动喷水灭火系统。该系统主要由闭式喷头、管道系统、湿式报警器、报警装置和供水设施等组成,如图 3.5 所示(图 3.5 中的湿式报警阀组和水流指示器如图 3.6 和图 3.7 所示)。

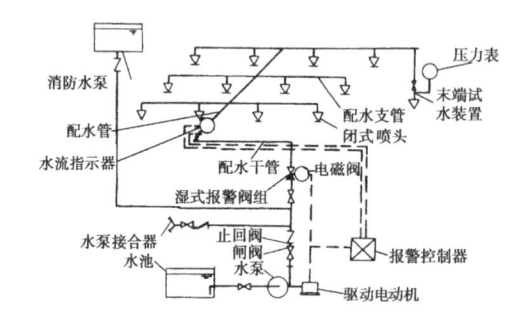

图 3.5 湿式自动喷水灭火系统组成示意图

图 3.6 湿式报警阀组　　　　图 3.7 水流指示器

当发生火灾时,一旦火点温度达到了闭式喷头的开启温度,即由闭式喷头探测火灾,喷头出水灭火,水流指示器发出电信号报告起火区域,湿式报警阀组或稳压泵的压力开关输出启动供水泵信号,完成系统的启动,以达到持续供水的目的。系统启动后,由供水泵向开放的喷头供水,开放的喷头将水按设计的喷水强度均匀喷洒,实施灭火。

湿式自动喷水灭火系统平时处于警戒状态,具有结构简单、启动时间短等优点,该系统由消防水箱或稳压泵、气压给水设备等稳压设施维持管道内充水的压力。适合在温度不低于 4℃(低于 4℃时水有冰冻的危险)并且不高于 70℃(高于 70℃时水有加剧破坏管道的危险)的环境中使用,因此绝大多数的常温场所均可采用此系统。

2. 干式自动喷水灭火系统

干式自动喷水灭火系统与湿式自动喷水灭火系统的区别是,干式自动喷水灭火系统采用干式报警阀组,在警戒状态下配水管道内充有压缩空气等有压气体,为了保持气压,需要配套设置补气设施。该系统由闭式喷头、管道系统、充气设备、干式报警阀组、报警装置和供水设施等组成，如图 3.8 所示。这种系统不受温度的限制，可用于不采暖的房间；但是该系统增加了充气设备，使系统结构更复杂，增加了维护管理的难度，并且在灭火时应先放气再喷水，灭火速度慢，效率低。

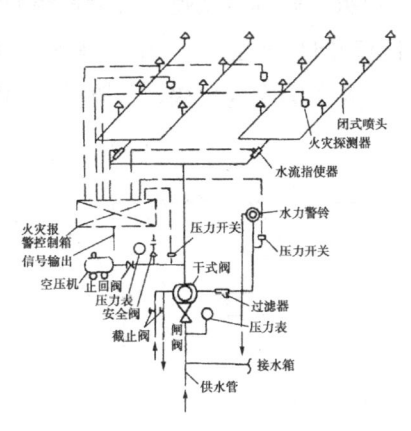

图 3.8　干式自动喷水灭火系统组成示意图

3. 预作用自动喷水灭火系统

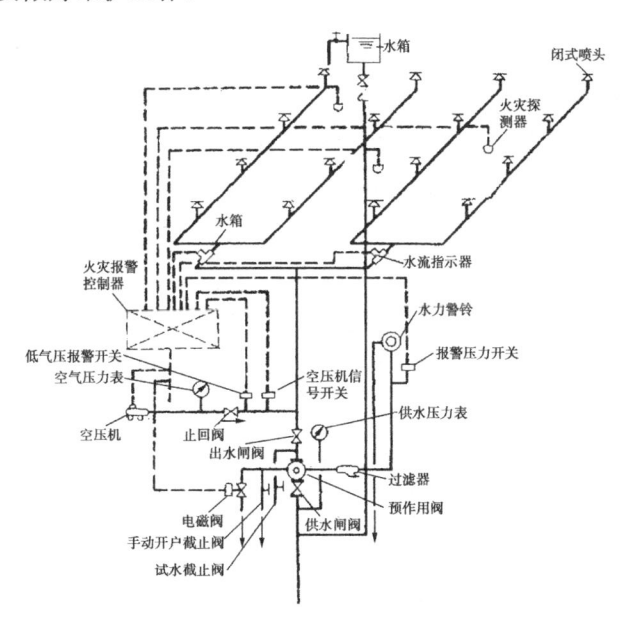

预作用自动喷水灭火系统采用预作用报警阀组，由配套使用的火灾自动报警系统启动。处于戒备状态时，配水管道为不充水的空管。利用火灾探测器的热敏性能优于闭式喷头的特点，由火灾自动报警系统开启雨淋阀后为管道充水，使系统在闭式喷头动作前转换为湿式自动喷水灭火系统。

预作用自动喷水灭火系统由火灾自动报警系统、闭式喷头、预作用阀、充气设备、管道系统、控制组件、供水设施等组成，如图 3.9 所示。本系统可用于不采暖和不允许产生水渍的物业，但系统构造复杂，需要做好维护工作。

图 3.9　预作用自动喷水灭火系统

4. 雨淋自动喷水灭火系统

当物业发生火灾时，由感温（或感光、感烟）等火灾探测器接收到火灾信号后，通过自动控制雨淋阀门、开式喷头自动喷水灭火，雨淋自动喷水灭火系统如图 3.10 所示。该系统不仅可以扑灭着火处的火源，还可以同时自动向整个被保护的面积喷水，从而防止火灾蔓延和扩大。它具有出水量大、灭火及时等优点，适用于火灾蔓延快、危险性大的物业或部位的灭火。

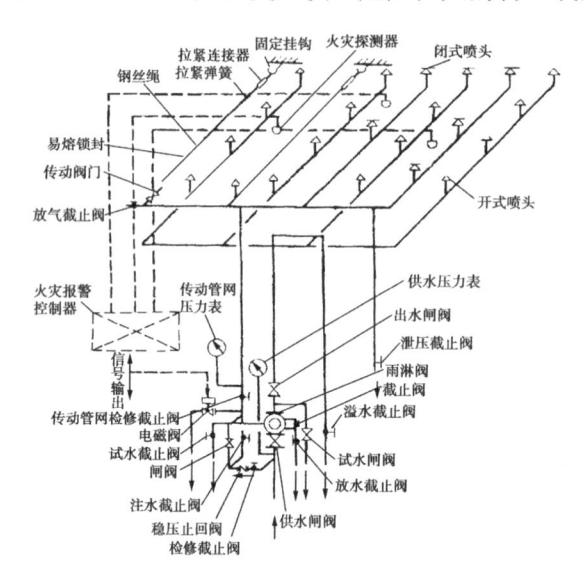

图 3.10 雨淋自动喷水灭火系统

5. 水幕系统

水幕系统不具备直接灭火的能力，它是用密集喷洒形成的水墙或水帘，或配合防火卷帘等分隔物阻断烟气和火势的蔓延，属于暴露防护系统。该系统可单独使用，用于保护物业的门、窗、洞口，或在大空间形成防火水帘起防火分隔作用。

水幕系统主要由水幕喷头、给水管网、雨淋阀及控制设备等组成，如图 3.11 所示。

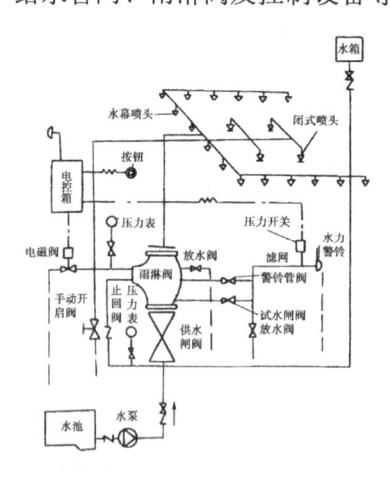

图 3.11 水幕系统

6. 水喷雾自动灭火系统

水喷雾自动灭火系统利用高压水,经过各种形式的喷雾喷头将雾状水流喷射到燃烧物上,一方面使燃烧物与空气隔绝产生窒息,另一方面进行冷却,对油类火灾对油面起乳化作用,对水溶性液体火灾起稀释作用。同时由于喷雾具有不会造成液体飞溅、电气绝缘性好的优点,在扑灭闪点高于60℃的液体火灾、电气火灾中得到了广泛的应用。变压器水雾喷头布置示意图如图3.12所示。

该系统由水源、供水设备、管道、雨淋阀组、过滤器和水雾喷头等组成,是一种向保护对象喷射水雾灭火或防护冷却的系统。

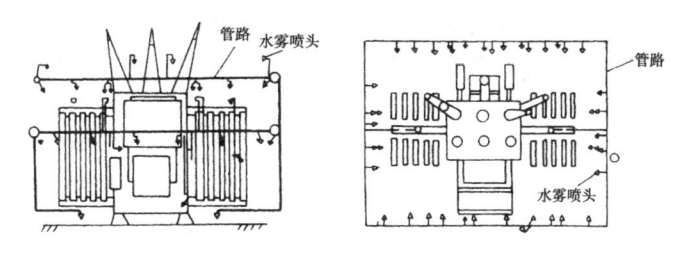

图3.12 变压器水雾喷头布置示意图

3.3.2 自动喷水灭火系统的工作原理

1. 工作原理

湿式自动喷水灭火系统工作原理流程图如图3.13所示。火灾发生时,物业内温度上升,导致湿式自动喷水灭火系统的闭式喷头温感元件爆破或熔化脱落,使喷头喷水。喷水造成报警阀上方的水压小于下方的水压,于是阀板开启,向洒水管网供水,同时部分水流沿报警器的环形槽进入延迟器、压力继电器及水力警铃等设施,发出火警信号,启动消防水泵等设施进行供水。

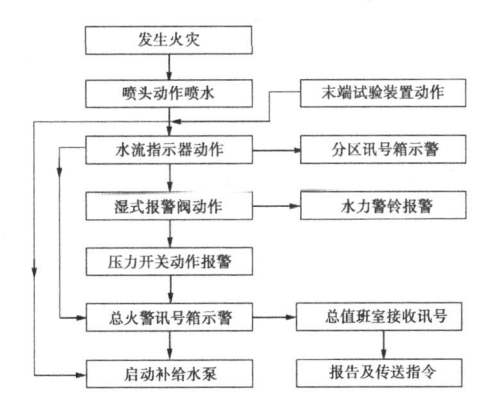

图3.13 湿式自动喷水灭火系统工作原理流程图

2. 系统组件

湿式自动喷水灭火系统包括以下组件。

(1)喷头。喷头的种类有很多,一般按喷水口是否有堵水支撑分为两类:喷水口有堵水支撑的称为闭式喷头；喷水口无堵水支撑的称为开式喷头。

闭式喷头是用耐腐蚀的铜制材料制造的，喷水口平时被控制器封闭。喷头的动作温度和色标如表3.1所示。在不同环境温度场所内设置喷头时，喷头的公称动作温度应比环境温度高30℃左右。闭式喷头是带热敏元件和自动密封组件的自动喷头，在系统中担负着探测火灾、启动系统和喷水灭火的任务，是系统中的关键组件。闭式喷头一般可以分为易熔合金洒水喷头和玻璃球洒水喷头两种。闭式喷头的喷水口由感温元件组成的释放机构封闭，当温度达到喷水的公称动作温度时，感温元件动作，释放机构脱漏，喷头开启。常用闭式喷头的特点如表3.2所示，闭式喷头的类型与构造示意图如图3.14所示。

表3.1 喷头的动作温度和色标

类　　别	公称动作温度/℃	色　标	接管直径
易熔合金洒水喷头	57～77	本色	DN15
	79～107	白色	DN15
	121～149	蓝色	DN15
	163～191	红色	DN15
玻璃球洒水喷头	57	橙色	DN15
	68	红色	DN15
	79	黄色	DN15
	93	绿色	DN15
	141	蓝色	DN15
	182	紫红色	DN15

表3.2 常用闭式喷头的特点

系　列	喷头类别	安装方式	适用场所
玻璃球洒水喷头	直立型喷头	喷头直立安装在配水管上方	上方、下方都需要保护的场所
	下垂型喷头	喷头安装在配水管下方	上方不需要保护的场所，或者管路需要隐蔽的场所
	吊顶型喷头	喷头安装在紧靠吊顶的位置	对美观要求较高的场所
	上、下通用型喷头	喷头既可朝上安装也可朝下安装	适用于上方不需要保护或者上方、下方均需要保护的场所
易熔合金洒水喷头	直立型喷头	喷头直立安装在配水管上方	上方、下方都需要保护的场所
	下垂型喷头	喷头安装在配水管下方	顶棚不需要保护的场所，每只喷头的保护面积比直立型喷头大
	干式下垂型喷头	喷头向下安装在配水支管上	适用于干式和预作用自动喷水灭火系统，或者配水管处于采暖区而喷头处于冻结区的场所
	平齐装饰型喷头	喷头安装在与吊顶齐平的位置，为了安装喷头，需要在吊顶上留一个60 mm直径的孔洞	对美观要求很高的场所
	边墙型喷头	垂直式边墙型喷头向上安装在配水管上，水平式边墙型喷头水平安装在配水管上	安装空间狭小，或层高小的走廊、房间、通道物业

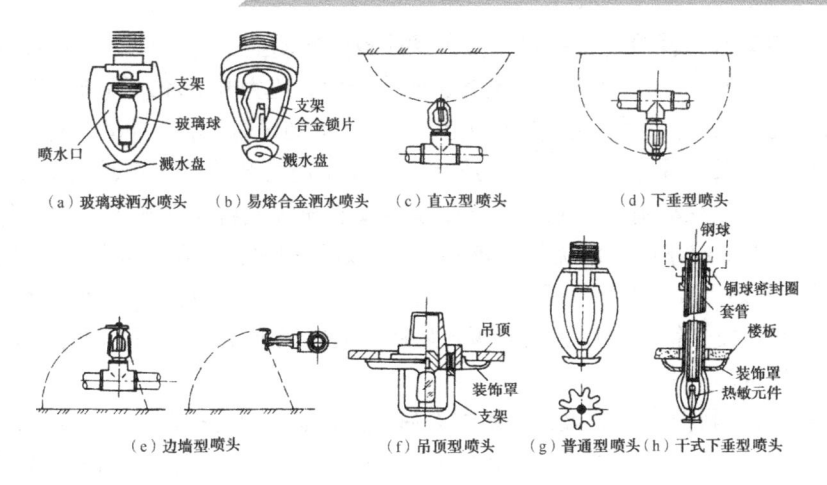

(a) 玻璃球洒水喷头　(b) 易熔合金洒水喷头　(c) 直立型喷头　(d) 下垂型喷头

(e) 边墙型喷头　(f) 吊顶型喷头　(g) 普通型喷头　(h) 干式下垂型喷头

图 3.14　闭式喷头的类型与构造示意图

开式喷头是不带热敏元件的喷头。开式喷头的喷水口是无释放机构的洒水喷头，其喷水口是敞开的，有开式洒水喷头、水幕喷头、水雾喷头 3 种。各种开式喷头按照安装形式不同可分为直立式和下垂式，按照结构不同可分为单臂式和双臂式，如图 3.15 所示。

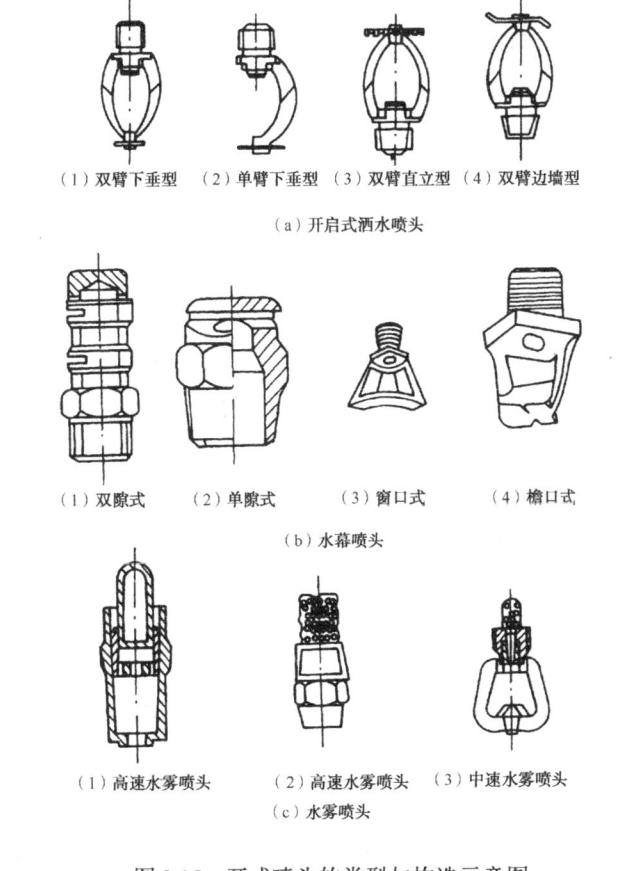

(1) 双臂下垂型　(2) 单臂下垂型　(3) 双臂直立型　(4) 双臂边墙型

(a) 开启式洒水喷头

(1) 双缝式　(2) 单缝式　(3) 窗口式　(4) 檐口式

(b) 水幕喷头

(1) 高速水雾喷头　(2) 高速水雾喷头　(3) 中速水雾喷头

(c) 水雾喷头

图 3.15　开式喷头的类型与构造示意图

（2）报警阀。自动喷水灭火系统应设置报警阀。报警阀的主要作用是开启和关闭管网水流、传递控制信号并启动水力警铃直接报警。报警阀应设置在明显、便于操作且应有排水设施的地点，距地面的高度应为 1.2 m。水流报警装置由水力警铃、压力开关和水流指示器组成。水力警铃安装在湿式自动喷水灭火系统的报警阀附近，当有水流通过时，水流冲动叶轮打铃报警；压力开关安装在延迟器和报警阀的管道上，水力警铃报警时，压力开关自动接通电动警铃报警，并将信号传至消防控制室或启动消防水泵；水流指示器安装在湿式自动喷水灭火系统各楼层的配水干管或支管上，当开始喷水时，水流指示器将电信号送至报警控制器，并指示火灾楼层。

（3）延迟器。延迟器安装在报警阀与水力警铃之间的信号管道上，用于防止水源进水管发生水锤时引起水力警铃发生错误动作。报警阀开启后，需要经过 30 s 左右，当水充满延迟器后方可冲打水力警铃报警。

（4）火灾探测器。目前常用的火灾探测器有感烟探测器、感温探测器和感光探测器。感烟探测器利用火灾发生地点的烟雾浓度进行探测；感温探测器通过起火点空气环境的温升进行探测；感光探测器通过起火点的发光强度进行探测。火灾探测器一般布置在房间或过道的顶棚下。

（5）末端试验装置。末端试验装置由试水阀、压力表、试水接头及排水管组成，设于每个水流指示器作用范围的供水最不利点，用于检测系统和设备的安全可靠性。末端试验装置的出水，应采取孔口出流的方式排入排水管道。

3.4 高层物业室内消防系统

高度为 10 层及 10 层以上的民用物业和高度为 24 m 以上的其他民用和工业物业的室内消防系统，称为高层物业室内消防系统。由于消防车的供水压力有限，因此，高层物业消防原则上应立足于自救。

3.4.1 高层物业室内消防的特点

1. 火种多、火势猛、蔓延快

由于高层物业中电气设备、通信设施、广播系统、动力设备等种类繁多，再加上人员众多、人流量大，可能引起火灾的火种多。室内的大部分装饰材料和家具均属于易燃物，容易发生火灾。高层物业中的电梯井、楼梯井、垃圾井、管道井、通风井和通风道等都是火灾蔓延的通道，一旦发生火灾，火势凶猛、蔓延速度快。

2. 灭火困难

目前消防车的供水高度不超过 24 m，再加上消防队员身负消防设备，沿楼梯快速上到一定高度后，呼吸和心跳都会超过身体的限度，因此，依靠外部力量扑灭高层物业内的火灾很困难，主要依靠室内的消防设备进行灭火。

3. 人员疏散困难

在高层物业中，含有大量一氧化碳和有害物质的烟雾，其扩散蔓延速度比火焰蔓延迅速，竖向扩散速度比横向扩散迅速，人会在几分钟内因缺氧而晕倒，从而被毒死、烧死，再加上外来人员不熟悉安全通道和出口的位置，疏散极为困难。

4. 经济损失大、政治影响大

高层物业一旦发生火灾，又不能及时扑灭，会造成大量人员伤亡和巨大的财产损失，还可能产生不良的政治影响和国际影响。因此，高层物业必须设置完善的消防设备、报警设施，以最快的速度扑灭初期火灾。目前常用的消防设备有消火栓消防设备、自动喷水灭火设备及各种洁净气体灭火设备等。

3.4.2 一般规定

高层物业必须设置室内消火栓给水系统、室外消火栓给水系统。消防用水可由给水管网、消防水池或天然水源供给。利用天然水源时应确保枯水期最低水位的消防用水量，并应设置可靠的取水设施。室内消防给水系统应采用高压或临时高压给水系统。当室内消防用水量达到最大时，其水压应满足室内最不利点灭火设施的要求。

3.4.3 高层物业室内消火栓给水系统的给水方式

当物业高度超过 50 m 或物业内最低处消火栓的静水压力超过 0.8 MPa 时，室内消火栓给水系统难以得到消防车的供水支援，为了加强供水的安全性和保证火场灭火用水，应采用分区给水方式。分区给水方式可分为以下 3 种。

（1）分区并联给水方式。其特点是分区设置水泵和水箱，水泵集中布置在地下室，各区独立运行互不干扰，供水可靠，便于维护管理，但是管材耗用较多，投资较大，水箱占用上层使用面积，如图 3.16（a）所示。

（2）分区串联给水方式。其特点是分区设置水箱和水泵，水泵分散布置，从下区水箱抽水供上区用水，设备与管道简单，节省投资，但水泵在上层，振动和噪声干扰较大，占用上层使用面积较大，设备分散维护管理不便，上区供水受下区限制，如图 3.16（b）所示。

（3）分区无水箱给水方式。其特点是分区设置变速水泵或多台并联水泵，根据水量调节水泵的转速或运行台数，供水可靠，设备集中便于管理，不占用上层使用面积，能耗较少，但是水泵的型号、数量较多，投资较大，对水泵的调节和控制较麻烦。适用于各类型高层物业与民用物业，如图 3.16（c）所示。

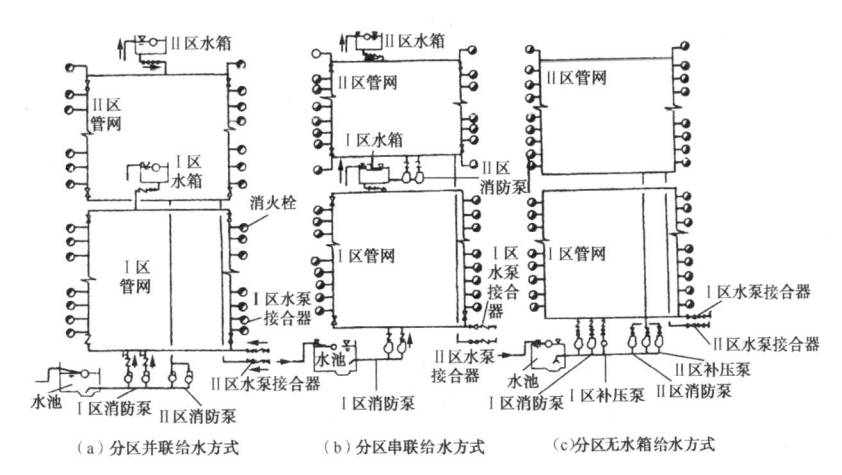

图 3.16 分区供水的室内消火栓给水方式

3.4.4 室内消火栓和自动喷水灭火系统的布置

1. 室内消火栓的布置

按照《高层民用物业设计防火规范》和《物业设计防火规范》中的规定，除了无可燃物的设备层，高层物业和裙房的各层均应设置室内消火栓，消防电梯间前室内应设置消火栓。

消火栓应设在走道、楼梯附近等明显且易于取用的地点，消火栓的间距应保证同层任何部位有两个消火栓的水枪充实水柱可以同时到达；消火栓的间距应由计算确定，且高层物业的消火栓间距不应大于 30 m，裙房的消火栓间距不应大于 50 m；消火栓的栓口离地面的高度应为 1.10 m，栓口的出水方向应向下或与设置消火栓的墙面垂直。

在同一物业内，消火栓应采用同一型号规格。消火栓的栓口直径应为 65 mm，水带长度不应超过 25 m，水枪喷嘴口径不应小于 19 mm。

室内消防给水管道应布置成环状；室内消防给水管网的进水管和区域高压或临时高压给水系统的引入管应不少于两根，当其中一根发生故障时，其余的进水管或引入管能够保证消防用水量和水压的要求。消防立管的布置，应保证同层相邻两个消火栓的水枪的充实水柱同时到达被保护范围内的任何部位。每根消防立管的直径应按通过的流量计算确定，但不应小于 100 m。18 层及 18 层以下、每层不超过 8 户、物业面积不超过 650 m² 的塔式住宅，当设两根消防立管有困难时，可设一根消防立管，但必须采用双阀双出口型消火栓。

室内消火栓给水系统应设水泵接合器，消防给水为竖向分区时，在消防车供水压力范围内的分区，应分别设置水泵接合器，水泵接合器的类型、布置和计算要求与低层物业中水泵接合器的设置要求相同。

2. 自动喷水灭火系统的布置

自动喷水灭火系统的布置要求如下所示。

（1）采用临时高压给水系统的自动喷水灭火系统，应设依靠重力供水的消防水箱，向系统供给火灾初期的用水量，并能满足供水不利楼层和部位的喷水强度。消防水箱的出水管应设止回阀，并在报警阀前接入系统管道。

（2）自动喷水灭火系统与室内消火栓系统应分别设置供水泵。每组水泵的吸水管不应少于两根，每台工作泵应设独立的吸水管，水泵的吸水管应设控制阀，出水管应设控制阀、止回阀、压力表和直径为 65 mm 的试水阀，必要时应设泄压阀。

（3）报警阀后的配水管道，不应设置其他用水设施，且工作压力不应大于 1.2 MPa。

（4）报警阀后的管道应采用内外镀锌钢管，或内外壁经过防腐处理的钢管，否则其末端应设过滤器。

（5）报警阀后的管道应采用丝扣、卡箍或法兰连接，报警阀前的管道可采用焊接。系统中管径≥100 mm 的管道，应分段采用法兰和卡箍连接。水平管道上法兰间的管道长度不应大于 20 m；高层物业中立管上法兰的距离不应跨越 3 个及 3 个以上楼层。

（6）短管及末端试水装置的连接管的管径应为 25 mm。

（7）干式自动喷水灭火系统、预作用自动喷水灭火系统、雨淋自动喷水灭火系统及水幕系统，其报警阀后配水管道的容积不应大于 3000 L。

（8）干式自动喷水灭火系统、预作用自动喷水灭火系统的供气管道采用钢管时，其管径不应小于 15 mm。

（9）自动喷水灭火系统的水平管道应有坡度，充水管道的坡度不应小于 0.002，准工作状态不充水管道的坡度不应小于 0.004，管道的坡度应坡向泄水阀。

3.5　其他常用灭火设施简介

随着我国的能源、化工、电子、轻工等工业突飞猛进地发展，规模巨大的工业、民用物业大量涌现，各种火灾频频发生，传统的灭火剂——水，对一些火灾无能为力，甚至还可能带来更大的损失。作为保护公民人身安全、公共财产和公民财产安全的各种固定灭火设施，也日益显示出其重要性。因此，针对不同性质的火灾，要采用不同的灭火方法和手段，才能有效地灭火和控制火灾。

3.5.1　二氧化碳灭火系统

二氧化碳在常温常压条件下为无色、无味的气体，不能燃烧也不助燃，达到一定的浓度时可以使人窒息。

二氧化碳的灭火机理：二氧化碳的主要灭火机理是隔绝燃烧需要的氧气，其次是冷却。灭火时，二氧化碳从储存系统中释放出来，一方面由于压力骤然下降，使二氧化碳由液态迅速变为气态，吸收周围的热量，产生冷却燃烧物的作用。释放出来的二氧化碳可以降低燃烧物周围空气中的含氧量，减小燃烧时的热产生率，当热产生率低于热散失率时，燃烧就会停止，这就是二氧化碳的窒息作用。

二氧化碳灭火系统，按储压的等级不同可分为高压系统和低压系统；按防护区的特征和灭火方式不同可分为全淹没灭火系统和局部应用灭火系统；按系统的结构特点不同可分为管网输送系统和无管网灭火系统；按管网的布置形式不同可分为均衡管网系统和非均衡管网系统。

二氧化碳灭火系统是一种物理的、没有化学变化的气体灭火系统，因为其具有不污染保护物、灭火快、空间淹没效果好等优点，所以在工业发达的国家应用相当广泛。一般可以使用卤代烷灭火系统的场合均可采用二氧化碳灭火系统，由于卤代烷灭火系统释放的氟、氯会破坏地球的臭氧层，为了保护地球环境，淘汰了灭火效率较高的卤代烷 1301 和 1211，所以二氧化碳灭火系统日益被重视，但是二氧化碳灭火系统对人有致命的危害、造价高，一般很少在民用物业中应用。

二氧化碳灭火系统由储存装置（含储存容器、单向阀、容器阀、集流管及称重检漏装置等）、管道、管件、二氧化碳喷头及选择阀组成，如图 3.17 所示。

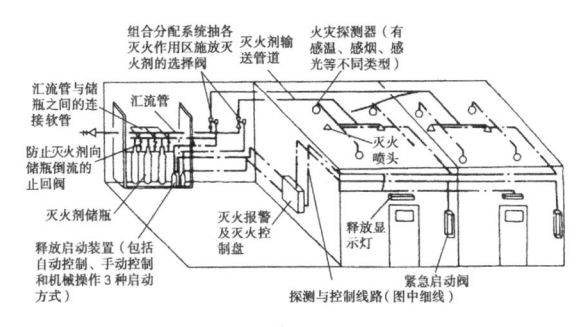

图 3.17　二氧化碳灭火系统的组成

二氧化碳灭火系统的控制程序如图 3.18 所示。

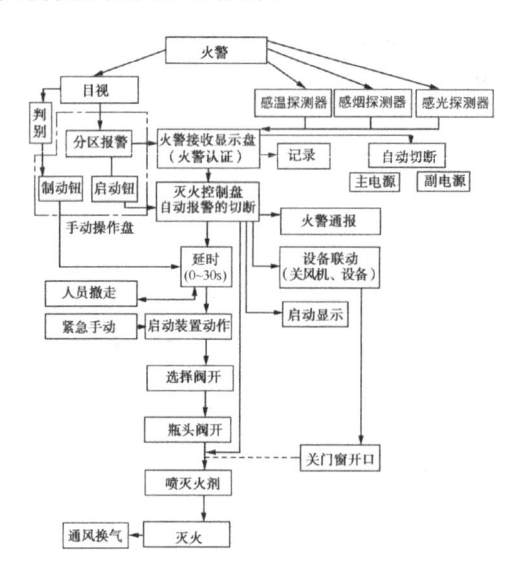

图 3.18　二氧化碳灭火系统的控制程序

当被保护的区域发生火灾时，相继会有两个探测器捕捉到火警信息并将信息输送给报警控制设备，此时，报警控制设备自行发出火灾报警信号及发送灭火指令（亦可由人目测后人为发出）。启动系统安排一个延迟过程，一般为 0~30 s，留给人们安全撤离火区。

对于全淹没灭火系统，发生灭火动作后，为了防止复燃，应保持 20 min 后才可进行通风换气。

3.5.2　蒸汽灭火系统

水蒸气是含热量较高的惰性气体。水蒸气可以冲淡燃烧区的可燃气体，降低空气中氧的含量，使燃烧窒息，有良好的灭火作用。饱和蒸汽的灭火效果优于过热蒸汽，尤其是扑灭高温设备的油气火灾，饱和蒸汽不仅可以迅速扑灭泄漏处的火灾，还不会导致设备损坏（用水扑救高温设备的火灾会造成设备破裂）。蒸汽灭火系统具有设备简单、造价低、淹没性好等优点，但不适用于体积大、面积大的火区，不适用于扑灭电器设备、贵重仪表、文物档案等处的火灾。

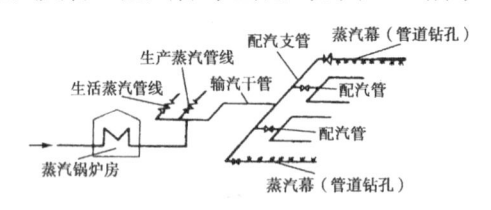

蒸汽灭火系统有固定式蒸汽灭火系统和半固定式蒸汽灭火系统两种。

固定式蒸汽灭火系统为全淹没式灭火系统，用于扑灭整个房间、舱室的火灾，使燃烧房间惰性化从而熄灭火焰，对于保护容积不大于 500 m³ 的空间灭火效果较好。固定式蒸汽灭火系统一般由蒸汽源、输汽干管、配汽支管、配汽管等组成，如图 3.19 所示。

图 3.19　固定式蒸汽灭火系统

半固定式蒸汽灭火系统用于扑救局部火灾，利用水蒸气的机械冲击力量吹散可燃气体，并瞬间在火焰周围形成蒸汽层扑灭火灾。半固定式蒸汽灭火系统由蒸汽源、输汽干管、配汽支管、接口短管等组成，如图 3.20 所示，蒸汽喷枪如图 3.21 所示。

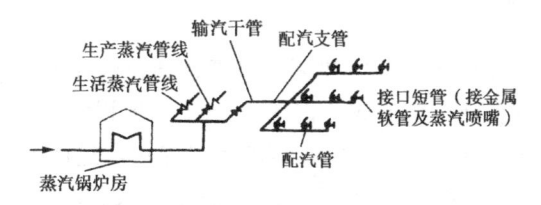

图 3.20　半固定式蒸汽灭火系统

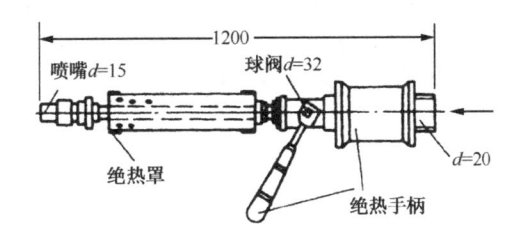

图 3.21　蒸汽喷枪

蒸汽灭火系统的设置范围：使用蒸汽的甲类、乙类厂房和操作温度等于或超过本身自燃点的丙类液体厂房；单台锅炉蒸发量超过 2 t/h 的燃油、燃气锅炉房；火柴厂的火柴生产联合机部位；有条件并适合使用蒸汽灭火系统的场所。

3.5.3　干粉灭火系统

干粉灭火系统以干粉为灭火剂。干粉灭火剂是干燥的易于流动的细微粉末，平时储存于干粉灭火器或干粉灭火设备中，灭火时靠加压气体（二氧化碳或氮气）的压力将干粉从喷嘴射出，以粉雾的形式灭火，又称为干化学灭火剂。

干粉灭火剂由基料和添加剂组成，基料起灭火作用，添加剂则用于改善干粉灭火剂的流动性、防潮性、防结块性等性能。目前品种最多、用量最大的是 BC 类干粉，即用于 B 类火灾和 C 类火灾的干粉。按成分不同干粉灭火剂可分为钠盐干粉、钾盐干粉、氨基干粉和金属干粉（用于 D 类火灾）等。干粉主要对燃烧物起化学抑制、燃爆作用，使燃烧物熄灭。灭火剂的选用应根据燃烧物的性质确定。

干粉灭火系统适用于 A 类火灾、B 类火灾、C 类火灾、D 类火灾，但大量应用的还是 B 类火灾、C 类火灾，如易燃、可燃液体和可熔化的固体火灾，可燃气体和可燃液体以压力形式喷射的火灾，各种电气火灾、木材、纸张、纺织品等 A 类火灾的明火及 D 类火灾（指金属火灾，如钾、钠等）。

干粉灭火系统的特点：灭火时间短、效率高；绝缘性能好，可扑救带电设备的火灾；对人畜无毒或低毒，不会对环境造成危害；灭火后，对机器设备的污损较小；以有相当压力的二氧化碳或氮气作为喷射动力，或以固体发射剂为喷射动力，不受电源限制；干粉能较长距离输送，干粉设备可远离火区；在寒冷地区使用时不需要防冻；不需要水，特别适用于缺水地区；干粉灭火剂长期储存不会变质。

干粉灭火系统按其安装方式的不同可分为固定式、半固定式；按喷射方式的不同可分为全淹没式和局部施用式；按其控制启动方式的不同又可分为自动启动控制和手动控制。

3.5.4 泡沫灭火系统

泡沫灭火系统以泡沫为灭火剂，其主要灭火机理是通过泡沫的隔断作用，将燃烧液体与空气隔离从而实现灭火。因为泡沫中水的成分占 96%以上，所以它同时伴有冷却和降低燃烧液体蒸发的作用，以及降低灭火过程中产生的水蒸气的窒息作用，进而熄灭火灾。

泡沫灭火剂有普通型泡沫、蛋白泡沫、氟蛋白泡沫、水成膜泡沫、成膜氟蛋白泡沫等。泡沫灭火剂的基本成分有发泡剂、稳泡剂、耐液性添加剂、助溶剂、抗冻剂及其他添加剂等。

泡沫灭火系统主要由消防泵、泡沫比例混合装置、泡沫产生装置及管道等组成。

泡沫灭火系统按发泡倍数的不同可分为低倍数、中倍数和高倍数灭火系统；按使用方式的不同可分为全淹没式、局部应用式和移动式灭火系统；按泡沫的喷射方式不同可分为液上喷射、液下喷射和喷淋喷射灭火系统。

3.6 高层物业的防火排烟

当物业内发生火灾时，烟气的危害相当严重，在火灾事故的死伤者中，大多数是由烟气的窒息或中毒造成的。在现代的高层物业中，燃烧时产生的有害气体会沿着竖向管道和楼梯通道迅速扩散到各楼层，造成人员的伤亡和财产的损失。烟气会造成人们的心理恐慌，给救助工作带来很大困难。为了防止烟气的危害，确保人员的顺利疏散，高层物业一般都设有防火排烟系统。

3.6.1 防火排烟的机理与形式

1. 防火分区和防烟分区

在高层物业的防火排烟设计中，常将物业划分为若干个防火、防烟的单元，用防火墙（或防烟墙）及防火门隔开，采取防火排烟措施，将火势和烟气控制在一定范围内，减小火灾的危害。这些防火、防烟的单元称为防火分区和防烟分区，防烟分区设计示例如图 3.22 所示。

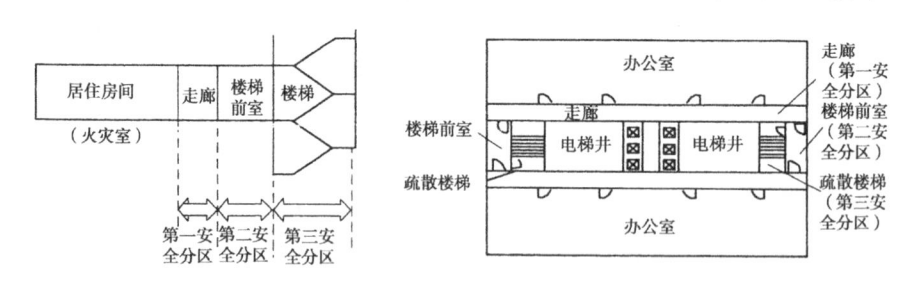

图 3.22 防烟分区设计示例

2. 烟气的扩散机理

烟气是指物质不完全燃烧时产生的固体及液体粒子在空气中的浮游状态。烟气的扩散受风压和热压等因素的影响。

风压是风吹到物业的外表面时产生的压力。在迎风面，室外压力大于室内压力，空气从室外向室内渗透；在背风面，室外压力小于室内压力，空气从室内向室外渗透。发生火灾时，失火房间的窗户会因空气受热膨胀而破裂，如果窗户在物业的背风面，风形成的负压会使烟气从窗户排向室外。反之，风的作用会使烟气迅速扩散到整个失火楼层，甚至吹到其他楼层。

热压或烟囱效应是由室内外空气的密度差和空气柱高度产生的作用力造成的。当室内温度高于室外温度时，在物业的竖井中有热空气上升，就像烟囱中的烟气一样，室内外的温差和竖井的高度越大，热压的作用也越大，高层物业的热压明显增大，烟气沿物业的竖井向上扩散，而且失火楼层越低，烟囱效应越明显。

另外，发生火灾时，空调系统的风机提供的动力及竖向风道产生的烟囱效应会使烟气和火势沿着风道扩散，迅速蔓延到风道所能到达的地方。

因此，高层物业应采取自然排烟、机械排烟等措施，通风空调系统应采取防火、防烟措施。

3. 防火排烟的形式

防火排烟的形式有以下两种。

（1）自然排烟。自然排烟是利用风压和热压做动力的排烟方式。它利用物业的外窗、阳台、竖井或专用排烟口等将烟气排出或稀释烟气的浓度，具有结构简单、节省能源、运行可靠等优点。在高层物业中，具有靠外墙的防烟楼梯间及其前室、消防电梯间前室应采用自然排烟方式，排烟口的位置应设在物业常年主导风向的北风侧。自然排风口应设于房间的上方，自然进风口应设于房间的下方，自然排烟窗、排烟口、送风口应设开启方便、灵活的装置。

（2）机械排烟。机械排烟是采取机械加压的方式，以风机产生的气体流动和压力差控制烟气的流动方向的排烟技术。使用排烟风机强制排除烟气，可以阻止烟气进入物业的安全疏散通道内，从而保证人员疏散和消防扑救的需要。

机械排烟应满足以下要求：排烟口应设在顶棚上或靠近顶棚的墙面上，并有手动和自动开启装置，平时关闭，当发生火灾时仅开启着火楼层的排烟口；防烟分区内的排烟口距最远点的水平距离不应超过 30 m，过道的排烟口应尽量布置在与人流疏散方向相反的位置；在排烟支管和排烟风机入口处应设有超过 280℃时能自行关闭的防火排烟阀；排烟风机应保证在 280℃时能连续工作 30 min，当任一排烟口或排烟阀开启时，排烟风机能自行启动；排烟风道必须采用不燃材料制作；机械排烟系统与通风、空调系统应分开设置，设有机械排烟的地下室应同时设置送风系统。设有消防控制室的房间的机械排烟控制程序如图 3.23 所示。机械排烟可分为局部排烟和集中排烟两种方式。

① 局部排烟方式是在每个需要排烟的部位设置独立的排烟风机直接进行排烟，局部排烟方式投资大，且排烟风机分散，维修管理不便，目前使用不多。

② 集中排烟方式是将物业划分为若干个区，在每个区内设置排烟风机，通过排烟管道排烟。集中排烟方式所使用的机械排烟系统由挡烟垂壁、排烟口、排烟管道、防火排烟阀、排烟风机和烟气排除口组成。

当火灾发生时，在关闭相应防火（烟）分区的防火门和开口处的防火卷帘的同时启动排烟风机，通过排烟口排烟。

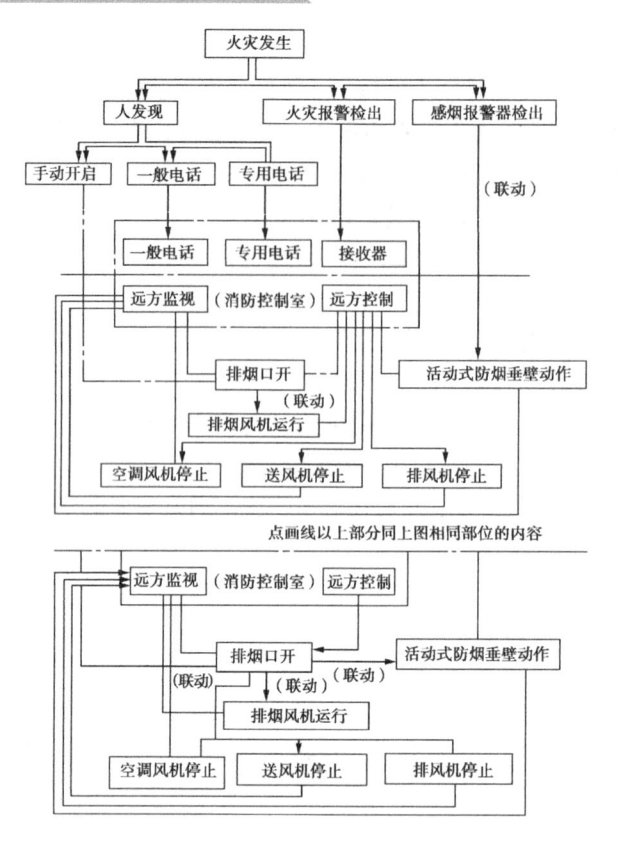

图 3.23　设有消防控制室的房间的机械排烟控制程序

4. 通风和空调系统的防火

为了防止火灾向其他防火分区蔓延，应在通风空调系统的通风管道中设置防火阀，防火阀的动作温度为 70℃，并采取一定的防火措施。防火阀应设在穿越防火分区的隔墙处、穿越机房或有火灾危险间的隔墙和楼板处、与垂直风道相连的水平风道交接处及穿越变形缝处。

通风系统所用的管道、保温材料、消声材料和胶黏剂等应采用不燃或难燃材料制作，垂直风管应设在管井内；风管内有电加热器时，风机应与电加热器连锁；空气中有易燃、易爆物时，应采用防爆型通风设备。

3.6.2　防火排烟的设备及部件

1. 防火阀

防火阀一般设于每个防火分区排烟支管与排烟主管道的连接处，由电信号开启或手动开启，当烟气温度达到 280℃时通过温度熔断器使其关闭，以防止通过排烟管道向其他区域蔓延火灾。防火阀的控制方式有热敏元件控制、感烟感温器控制及复合控制等。

防火阀阀门的关闭驱动方式有重力式、弹力驱动式（或电磁式）、电动机驱动式及气动驱动式 4 种。常用的防火阀有重力式防火阀、弹簧式防火阀、弹簧式防火调节阀、防烟防火调节阀、防火风口、气动式防火阀、电子自控防烟防火阀等，如图 3.24～图 3.31 所示。图 3.24 中 A 表示长度，B 表示高度；图 3.25 中 A 表示长度，B 表示高度；图 3.26 中 D 表示直径；图 3.27 中 A 表示长度，B 表示高度；图 3.28（a）中 A 表示长度，B 表示高度，L 表示宽度；图 3.28（b）中 ϕ 表示直径，L 表示长度；图 3.29 中 A 表示长度，B 表示高度，L 表示宽度；图 3.30 中 A 表示长度，B 表示高度；图 3.31 中 A 表示长度，B 表示高度，C 表示宽度。

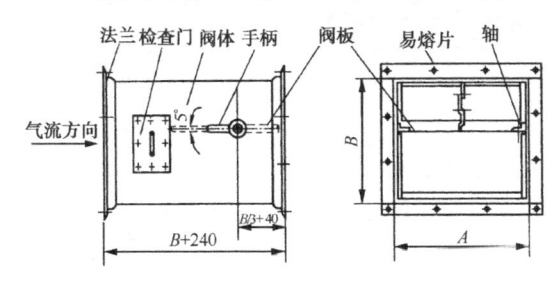

图 3.24　重力式矩形单板防火阀

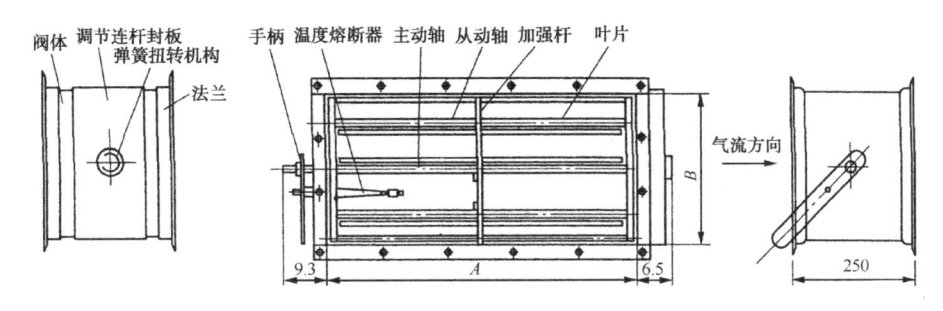

图 3.25　弹簧式矩形防火阀

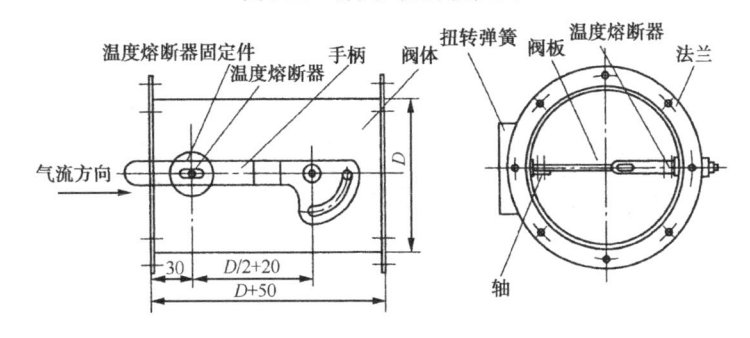

图 3.26　弹簧式圆形防火阀

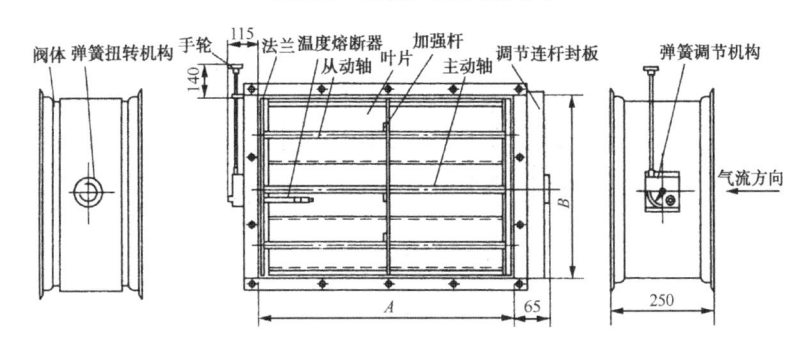

图 3.27　弹簧式矩形防火调节阀

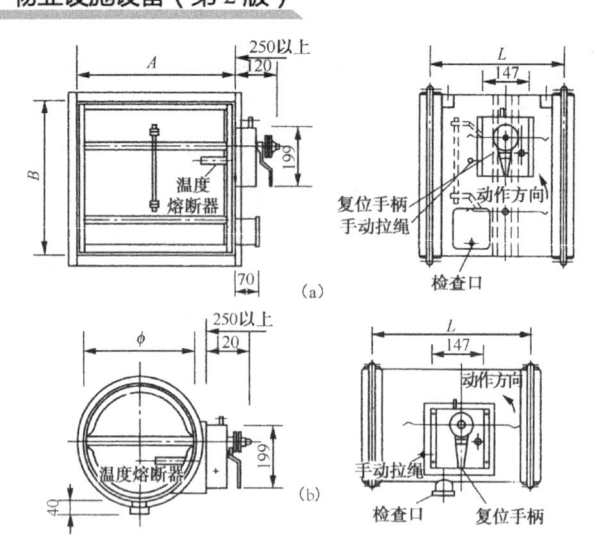

图 3.28 防烟防火调节阀

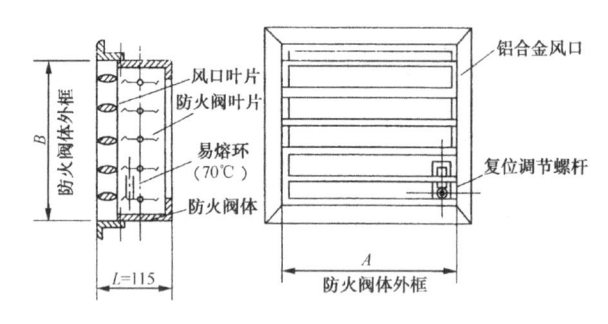

图 3.29 防火风口

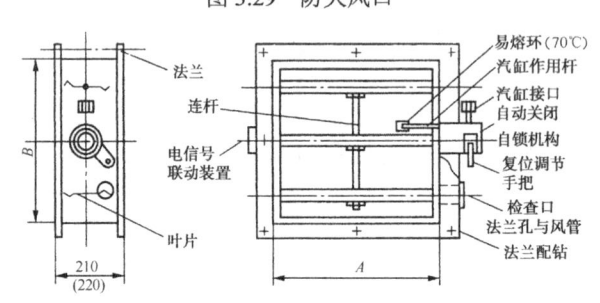

图 3.30 气动式防火阀

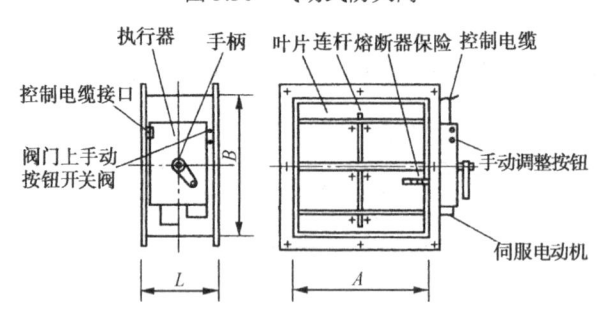

图 3.31 电子自控防烟防火阀

2. 送风口

送风口由感烟探测器控制动作，由电信号或手动开启，并且输出的动作信号与送风机联动。

3. 送风机

送风机一般采用离心风机，通过送风系统向既定地点输送室外新鲜空气，可由消防控制中心或送风口发出的电信号控制。

4. 送风管道

送风管道的制作材料与通风管道相同，可采用镀锌钢板、砖砌或钢筋混凝土现浇的矩形风道。

5. 排烟阀

排烟阀安装在排烟系统中，平时呈关闭状态，发生火灾时，通过控制中心的信号控制执行机构，实现阀门在弹簧力或电动机转矩作用下的开启。设有温感器装置的排烟阀开启后，在火灾达到动作温度时动作，阀门在弹力作用下关闭，阻止火灾沿排风管道蔓延。排烟阀按控制方式可分为电磁式和电动式两种。

6. 排烟口

排烟口设于排烟房间的顶棚或墙壁上，分为关闭式和开放式两种。

7. 排烟风机

排烟风机由消防控制中心或排烟口、排烟阀发出的电信号控制，可采用普通离心风机或专用排烟轴流风机，烟温较低时可连续运转，烟温为 280℃时仍能正常工作 30 min。

8. 排烟管道

由于排烟管道可能有烟气或火苗吸入，因此要使用耐火材料制作，并且要有一定的绝热能力。

9. 排烟防火阀

排烟防火阀一般设于每个防火分区排烟支管与排烟主管道的连接处，由电信号或手动开启，烟气温度达到 280℃时通过温度熔断器使其关闭，以防止火灾通过排烟管道蔓延。

10. 挡烟设施

为了提高排烟效果，充分发挥排烟口的作用，要使用挡烟设施阻止烟气扩散，常采用挡烟垂壁、挡烟隔墙及挡烟梁等，挡烟垂壁示意图如图 3.32 所示。

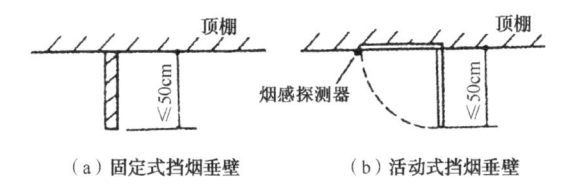

图 3.32 挡烟垂壁示意图

3.7 消防系统与防火排烟系统的管理与维护

消防系统和防火排烟系统在完工投入使用以后应对系统进行管理与维护。

1. 消火栓给水系统的管理与维护

在使用消火栓的过程中,应防止系统锈蚀、碰伤或损坏,应保持系统干燥、清洁,并且隔一段时间进行一次全面检查与维修,主要包括以下内容。

(1) 消火栓和消防卷盘供水闸阀有无渗漏现象。

(2) 消火栓内各附件是否齐全良好,消防卷盘的转动是否灵活;消防部件的外观是否有破损、涂层是否脱落,消火栓箱门的玻璃是否完好。

(3) 报警按钮、指示灯及控制线路是否正常。

(4) 消火栓、供水阀门及消防卷盘等所有转动部位应定期加润滑油。

(5) 定期用顶层试验消火栓进行试验。

2. 自动喷水灭火系统的管理与维护

在使用自动喷水灭火系统的过程中,应对系统所用的水源和水压、消防水泵的工作情况、报警系统的工作状态及干式系统的自动充气装置的工作状态进行日常检查,保证火灾发生时系统能正常运行。

除日常检查外,还需要对系统中的设备、设施进行定期检查。定期检查的项目主要有:喷头的清洁情况;报警阀的状态;供水管路是否腐蚀渗漏,湿式系统管路中的水是否定期排空、冲洗;消防水箱、高位水池及压力罐的工作状态;火灾探测报警装置和压力开关、水流指示器的工作状态。一旦发现故障,应及时更换或维修。

自动喷水灭火系统的维护包括以下内容。

(1) 系统的管理与维护应由专业人员执行,执行人员应有消防管理培训合格证。

(2) 每年对水源的供水能力进行一次测定。

(3) 每月检查一次消防水池、水箱、气压水罐,若发现故障应及时处理。

(4) 消防用水的水温不应低于5℃,防止结冰。

(5) 每两年应维修一次贮水设备,进行修补和重新刷漆。

(6) 消防水泵应每天运转一次。每月检查一次喷头的外观,若发现故障喷头应及时更换。

(7) 每年进行一次可靠性评价,并对日常管理维护、修理情况进行总结。

(8) 一切控制阀门应用铅封固定在规定的状态。报警阀附件应齐全,水压表、气压表应指示正确,水流指示器和报警控制阀能正常报警。每两个月对水流指示器进行一次试验,检查其能否及时报警。

3. 通风与防火排烟系统的管理与维护

通风与防火排烟系统的管理要建立以下规章制度。

(1) 岗位责任制。岗位责任制规定配备人员的职责范围和要求。

(2) 巡回检查制度。巡回检查制度明确定时检查的内容、路线和应记录的项目。

(3) 交接班制度。交接班制度明确交接班的要求、内容及手续。

（4）设备维护保养制度。规定设备和仪表的检查、保养周期，检查的内容和要求等。

（5）清洁卫生制度。清洁卫生制度要明确人员的配备和要求等。

（6）安全保卫和防火制度。

（7）制定安全操作规程。

通风及防火排烟系统的维护包括灰尘清理、巡回检查、仪表检验和系统检修。

要经常清洗、更换过滤器，并且不得污染滤料，安装过滤器时要严密不漏风；对于循环使用的泡沫塑料滤料，要在干净的环境中进行清洗和晾干，并测定其效率，对于不合格的过滤器应及时更换；要经常打扫风机箱，定期上漆防锈，保持通风系统洁净，必要时对风管内部进行打扫；对消声器的材料要定期进行清洗或更换，保持材料干净；经常检查堵漏，减少系统漏风，定期测定空气的含尘量。

巡回检查的内容包括：风机、水泵和电动机的声音是否正常，轴承的温度是否正常，传动带的松紧度是否合适；风机箱和风管内的防锈油漆是否脱落，水阀门是否严密、开关是否灵活；管道及设备保温是否损坏，风道阀门是否正常工作；仪表动作是否正常，电器导线的接头是否松动、发热。对发现的问题要做到心中有数，及时解决问题，并采取必要的补救措施，确保系统正常运行。

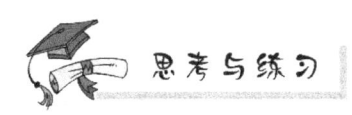

思考与练习

1．以水为灭火剂的消防系统有哪几类？各自的工作原理是什么？
2．室外消火栓给水系统有何作用？如何布置？
3．室外消火栓给水系统按水压可分为哪几类？
4．室内消火栓给水系统由哪几部分组成？
5．消火栓的布置有何要求？
6．高层物业消火栓系统分区供水有哪几种形式？
7．常用的自动喷水灭火系统有哪几种？
8．自动喷水灭火系统的主要组件有哪些？其作用是什么？
9．自动喷水灭火系统的管道布置有何要求？
10．水喷雾自动灭火系统有何特点？适用条件是什么？
11．二氧化碳灭火系统有何特点？适用条件是什么？
12．蒸汽灭火系统的适用条件是什么？
13．干粉灭火系统的特点是什么？
14．泡沫灭火系统的灭火机理是什么？
15．高层物业为什么要防火排烟？
16．防火排烟的常用设备有哪些？
17．消防系统在使用过程中应怎样管理与维护？

第4章 物业通风与空调系统

【教学提示】

（1）通风与空调系统的概念、分类、基本图式、系统组成及应用。通风系统按照处理房间空气方式的不同可分为排风和送风，按照通风动力的不同可分为自然通风和机械通风；空调系统按照空气处理设备集中程度的不同可分为集中式、半集中式、分散式。

（2）空调制冷系统包括制冷装置、冷冻水系统和冷却水系统。制冷装置按制冷原理不同可分为压缩式制冷机和吸收式制冷机。

（3）通风与空调系统的检测、试运行、调试、运行管理及常见故障的排除。

【培养目标】

通过本章的学习，掌握通风与空调系统的分类、组成及工艺流程，掌握空调冷水机组的工作原理及空调水系统的构成，掌握空调系统的维护管理及常见故障的排除方法，了解通风与空调系统的试运行及系统调试。

在现代物业中，通风起着改善室内空气条件、保护人们身体健康、提高生产效率的重要作用；通风也是保证生产正常进行和提高产品质量的重要手段。工业通风的主要任务是控制生产过程中产生的粉尘、有害气体及高温、高湿气体，创造良好的生产环境和保护大气环境。

空调是空气调节的简称，是高级的通风。空气调节的任务是通过技术手段保持具有一定要求的空气环境，应用于工业生产和科学实验过程的空调一般称为工艺性空调，而应用于以人为主的环境中的空调则称为舒适性空调。

总之，通风与空气调节在生活和生产中的应用越来越广泛，人们对空气环境的要求也越来越高，具有很大的研究价值与实用价值。

4.1 通风与空调系统的分类及组成

通风，就是更换室内空气，向室内输送符合卫生标准的新鲜空气，将室内被污染的空气直接或经处理后排到室外，从而维持室内良好的空气环境，满足人们生活或生产的需要。通风的目的是为人们提供生命所需的氧气，冲淡 CO_2 及异味，促进房间内的空气流动，排出房间内产生的余热、粉尘及有害气体等。

空调，是按照人们生活或生产工艺的要求，对空气的温度、湿度、洁净度、空气速度、噪声、气味等进行控制并提供足够的新鲜空气的工程技术。物业设置空调的目的是通过控制环境的温度和湿度满足人们对舒适的要求；控制房间的空气流速及洁净度满足特殊工艺对空气质量的要求。

4.1.1 通风系统的分类及组成

1. 通风系统的分类

按照处理房间中空气方式的不同,通风系统可分为送风和排风。所谓送风就是将室外的新鲜空气送入房间,以改善房间内的空气质量;排风是将房间内被污染的空气直接或经处理后排到室外。

按通风系统的作用范围不同,通风分为局部通风和全面通风。局部通风是为了改善房间局部区域的工作条件而进行的通风换气;全面通风是为了改善整个空间空气质量而进行的通风换气。按通风系统工作动力的不同,通风可分为自然通风和机械通风。自然通风借助风压和热压进行通风换气;机械通风依靠机械动力(风机)进行通风换气。

(1)自然通风。自然通风是借助室内外压差产生的风压和通过室内外温差产生的热压进行通风换气的。自然通风可利用物业内设置的门窗进行通风换气,是一种既经济又有效的措施。因此对室内空气的温度、湿度、洁净度、气流速度等参数无严格要求的场合,应优先考虑自然通风。风压作用下的自然通风如图4.1所示。在物业的迎风面空气的流动受到阻碍,将风的动压转化为静压,迎风面压力高于大气压力;在物业的背风面和迎风面形成涡流,且其压力低于大气压力。压差的存在,造成了室内空气的流动。热压作用下的自然通风如图4.2所示。因室内有热源加热使室内温度升高,空气密度减小,热空气从物业的上部出去;同时密度较大的室外空气从下部门窗补充进来,形成空气流动。热压的大小与室内外温差和物业高度有关,物业高度越大、温差越大,热压就越大,则通风效果越好。

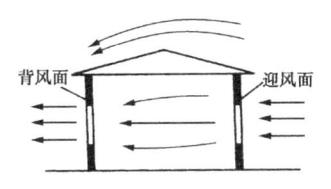

图4.1 风压作用下的自然通风 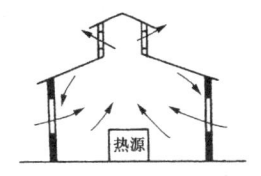　　　　图4.2 热压作用下的自然通风

(2)局部机械排风系统。局部机械排风系统如图4.3所示。为了减小生产过程中产生的有毒、有害气体及粉尘对室内空气环境的污染,在有害物产生地安装局部排风罩,将含有有害物质的空气一起吸入排风罩内,经风管、风帽及排风处理装置排到室外。这种处理空气的方式可以将房间内局部区域产生的污浊气体直接排走,以防止污浊气体向室内其他空间扩散。

(3)局部机械送风系统。室外新鲜空气通过进风口进入,经送风机、送风管道、送风口送到工人的活动区域,以改善工人的劳动条件,提高劳动生产率。这种处理方式适用于大面积空间、工作人员稀少的场合,如图4.4所示。

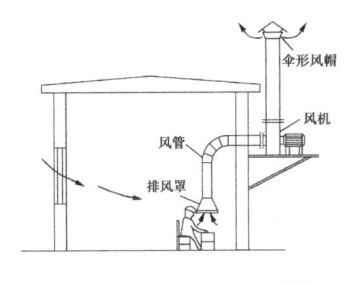

图4.3 局部机械排风系统 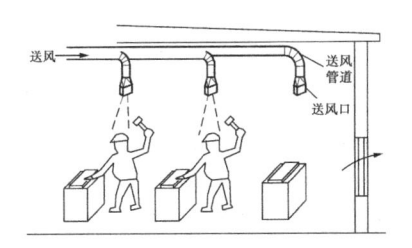　　　　图4.4 局部机械送风系统

（4）全面机械通风系统。全面机械通风系统可以对整个控制空间进行通风换气，这种通风方式实际是将室内污浊的空气稀释，从而使整个控制空间的空气质量达到容许的标准，同时将室内被污染的空气直接或经处理后排到室外。因此，其通风量及通风设备较大，投资及维护管理量大，只有局部通风不适用时才考虑全面机械通风。

① 全面机械送风系统如图 4.5 所示。图 4.5 中室外空气经百叶窗进入空气处理室，由过滤器除去空气中的灰尘，再由空气加热器加热到所需温度，然后由旁通阀调节送风温度，经风机送入风道，再分布到室内各处。

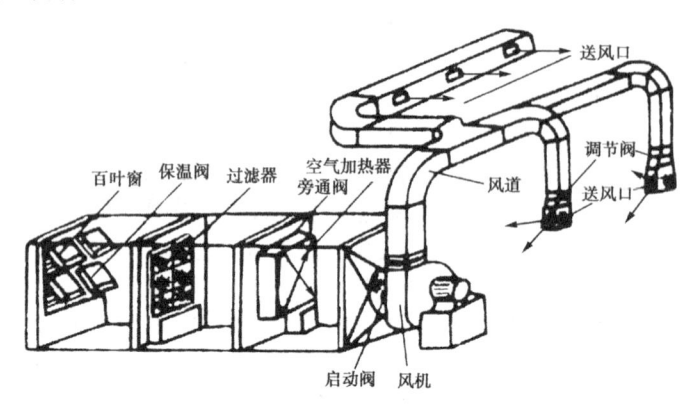

图 4.5　全面机械送风系统

② 全面机械排风系统如图 4.6 所示。全面机械排风系统由百叶窗、空气处理设备（如过滤器、空气加热器等）、通风机（离心式、轴流式、贯流式）、风道和送风口等组成。

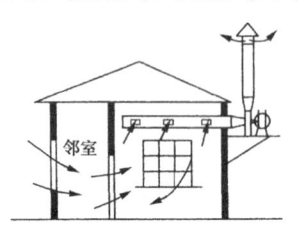

图 4.6　全面机械排风系统

2. 通风系统的组成

通风系统一般包括风管、风管部件、风管配件、风机及空气处理设备等。风管部件指各类风口、阀门、排气罩、消声器、检查测定孔、风帽、吊托支架等；风管配件指弯管、三通、四通、异径管、静压箱、导流叶片、法兰及法兰连接件等。

（1）吸风口。吸风口将被污染的空气吸入排风管道，其形式有吸风罩、吸风口、吹吸罩等。

（2）排风管道及管件。排风管道及管件用于输送被污染的空气。

（3）排风机。利用排风机提供的机械动力强制排出被污染的空气。

（4）风帽。风帽可以将被污染的空气排入大气，防止空气倒灌或防止雨水灌入管道部件。

（5）空气净化处理设备。当被污染的空气中的有害物浓度超过卫生许可标准时，排放前需要进行净化处理，常用的装置是除尘器。

4.1.2 空调系统的分类及组成

1. 空调系统的分类

空调系统有多种分类方法，通常有以下几种。

（1）按对室内环境的要求分类。空调系统可分为恒温恒湿空调、舒适性空调和净化空调。

① 恒温恒湿空调。为了保证产品质量和设备仪器的正常使用，要求空调房间内的空气温度和相对湿度恒定在一定数值范围内，这些房间的空调通常采用恒温恒湿空调。例如，机械精密加工车间、计量室等。

② 舒适性空调。体育场、宾馆、办公楼等物业，不要求房间内空气的温度和湿度恒定，随着室外气温的变化，室内空气的温度、湿度允许在一定范围内变化。这些以夏季降温为主要设计参数的空调称为舒适性空调。

③ 净化空调。电子工业精密仪器的生产加工车间不仅需要保持一定的温度、湿度，还需要有一定的洁净度，此处应采用净化空调。

（2）按空气处理设备的设置情况分类。空调系统可分为集中式空调系统、半集中式空调系统和全分散式空调系统。

① 集中式空调系统。所有的空气处理设备均设置在一个集中的空调机房内，通过一套送风系统为多个空调房间输送经处理后的空气。此系统处理空气量大，有集中的冷源、热源，运行可靠，便于管理和维修，但机房和风管占地面积大。

② 半集中式空调系统。除了有集中的空调机房，半集中式空调系统还有分散设置在空调房间的二次空气处理装置（又称末端装置），如风机盘管、诱导器等。集中的空调机房内的空气处理设备将来自室外的新鲜空气处理后送入空调房间（新风系统），分散设置的末端装置可满足不同空调房间对空气温度、湿度的不同要求。

③ 全分散式空调系统。此系统又称为局部机组，它的特点是空气处理设备、冷源、热源、风机等集中设置在一个壳体内，形成了结构紧凑的空调机组，可按需要灵活布置在空调房间内。常用的全分散式空调系统有窗式空调器、立柜式空调器和壁挂式空调器等。

（3）按负担室内负荷所采用介质的种类分类。空调系统可分为全空气系统、全水系统、空气-水系统和制冷剂系统。

① 全空气系统。全空气系统指空调房间所有负荷全部由经过处理的空气承担的空调系统。集中式空调系统为全空气系统。由于空气比热小，所以空气用量大，系统风道截面大，占用空间多。全空气系统如图4.7（a）所示。

② 全水系统。全水系统指空调房间所有冷热负荷全部依靠水做介质的空调系统。不设新风的独立的风机盘管系统属于全水系统。由于水的比热比空气大，所以节省物业空间，但不能解决通风换气问题，一般不单独作用。全水系统如图4.7（b）所示。

③ 空气-水系统。空气-水系统指系统中一部分冷热负荷由集中处理的空气承担，另一部分负荷由水承担的空调系统。此系统综合了全空气系统和全水系统的优点，既节省了物业空间，又解决了通风换气的问题。风机盘管加新风系统和有盘管的诱导器系统均属此类系统。空气-水系统如图4.7（c）所示。

④ 制冷剂系统。制冷剂系统指房间负荷由制冷剂和空调机组组合在一起的小型空气处理设备承担的空调系统，全分散式空调系统属于此类系统。此系统冷源、热源利用率高，占用物业空间小，常用于局部空调机组，如图 4.7（d）所示。

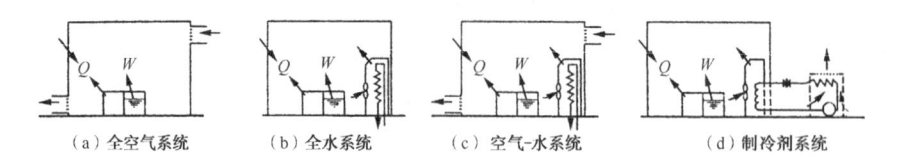

（a）全空气系统　（b）全水系统　（c）空气-水系统　（d）制冷剂系统

图 4.7　空调系统按负担室内负荷所采用介质的种类分类示意图

（4）按处理空气的来源分类。空调系统可分为全新风系统、混合式系统和封闭式系统。

① 全新风系统。全新风系统处理的空气全部来自室外新鲜空气，室外新鲜空气经处理后送入室内，然后全部排至室外。全新风系统常用于不允许利用回风的场合，如图 4.8（a）所示。

② 混合式系统。混合式系统也称有回风式系统。系统处理的空气一部分来自室外新风，另一部分来自空调房间的回风，既满足了卫生要求，又经济合理，如图 4.8（b）所示。

③ 封闭式系统。封闭式系统处理的空气全部来自空调房间，经济性好，但卫生效果差，因此这类系统主要用于无人员停留的密闭空间，如图 4.8（c）所示。

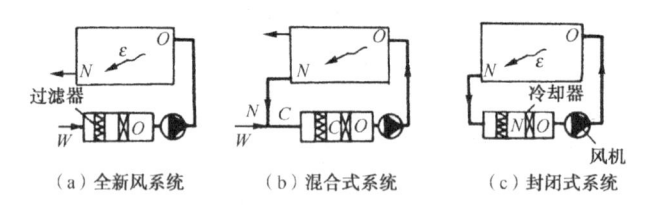

（a）全新风系统　（b）混合式系统　（c）封闭式系统

N—室内空气　W—室外空气　C—混合空气　O—冷却器后空气状态

图 4.8　空调系统按处理空气的来源分类示意图

2. 空调系统的组成

空调系统由空气处理设备、空气输送设备、空气分配装置、冷热源及自控调节装置组成。其中，空气处理设备主要指表冷器、喷水室、加热器、加湿器等；空气输送设备主要指风机、送风管、回风管、排风管及其部件等；空气分配装置主要指各种送风口、回风口、排风口；冷热源是指锅炉房（安装锅炉及附属设施的房间）和冷冻站（安装冷冻机及附属设施的房间）。常用的冷冻机有冷水机组和压缩冷凝机组。不同种类的空调系统，其系统组成也各不相同。

（1）分散式空调系统。分散式空调系统又称为局部式空调系统，该系统由空气处理设备、风机、制冷设备、温控装置等组成，上述设备集中安装在一个箱体内，由厂家集中生产，现场安装，因此这种系统可以不用风道。常用的有窗式空调器和立柜式空调机组、分体壁挂式空调器等。分散式空调系统如图 4.9 所示。

（2）集中式全空气系统。集中式全空气系统包括单风道系统和双风道系统。单风道系统主要由集中设置的空气处理设备、风机、风道及阀部件、送风口、回风口等组成。该系统适用于各房间负荷变化情况类似的物业，如办公楼、宾馆等。集中式二次回风空调系统如图 4.10 所示，图 4.10 中的喷淋室可代替表冷器的功能，二者可选其一。双风道系统由集中设置的空气处理设备、送风机、热风道、冷风道、阀部件及混合箱、温控装置等组成。冷风、热风分别送入混合箱，通过室温调节器控制冷热风的混合比例，从而保证各房间的温度独立控制。该系统适用于对空调参数要求不同的用户或房间，但初期投资大、运行费用高、风道断面占用空间大。

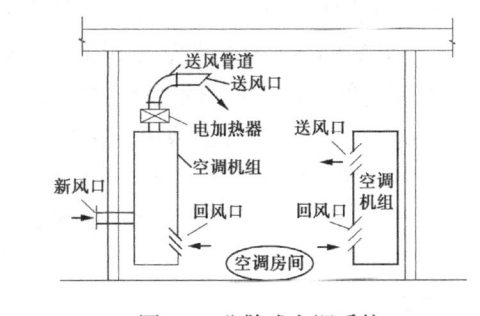

图4.9 分散式空调系统

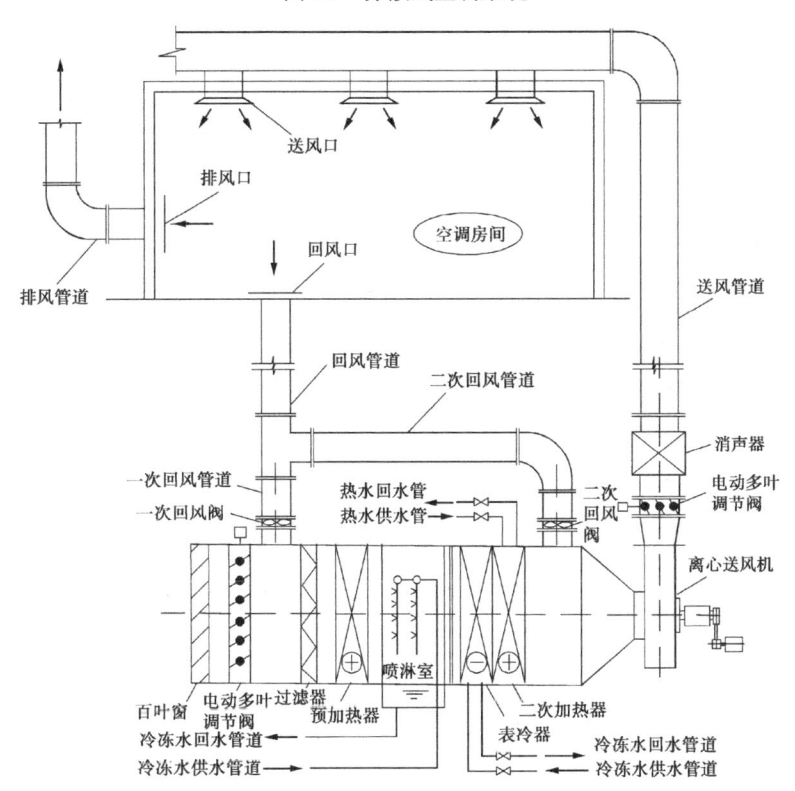

图4.10 集中式二次回风空调系统

（3）半集中式空调系统。半集中式空调系统包括诱导式空调系统和风机盘管加新风系统。

① 诱导式空调系统是诱导器加新风的混合系统。诱导式空调系统由新风调节阀、过滤器、加热器、喷淋室、表冷器、预加热器、送风机、送风管、诱导器、冷水机组、消声器、冷却水泵、冷却塔、一次水泵、热交换器、热媒、二次水泵等组成，如图4.11所示。该系统中新风通过集中设置的空气处理设备处理，经风道送入设置于空调房间的诱导器中，再由诱导器喷嘴高速喷出，同时吸入房间内的空气，使这两部分空气在诱导器内混合后送入空调房间。

空气-水诱导式空调系统中诱导器带有空气再处理装置即盘管，可通入冷水、热水，对诱导进入的二次风进行冷热处理。冷水、热水可通过冷源或热源提供。与集中的全空气系统相比，风道断面尺寸较小，容易布置，但设备价格高，初期投资较高，维护量大。

② 风机盘管加新风系统是由风机盘管机组和新风系统组成的混合系统。该系统由集中的空气处理设备、风道、送风机、风机盘管机组、空调水管、冷热源等组成。新风由集中的空气处理设备处理，通过风道、送风口送入空调房间或与风机盘管处理的回风混合后一并送入；室内空调负荷由集中式空调系统和放置在空调房间内的风机盘管系统共同承担。

风机盘管机组的盘管内通入热水或冷水用于加热或冷却空气，热水和冷水又称为热媒和冷媒，因此，机组水系统至少应装设供水管、回水管各一根，即做成双管系统。若冷媒、热媒分开供应，还可做成三管系统或四管系统。盘管内热媒和冷媒由热源和冷源集中供给。因此这种空调系统既有集中的风道系统，又有集中的空调水系统，初期投资较大，维护工作量大。目前在高级宾馆、饭店等物业中广泛采用此系统。

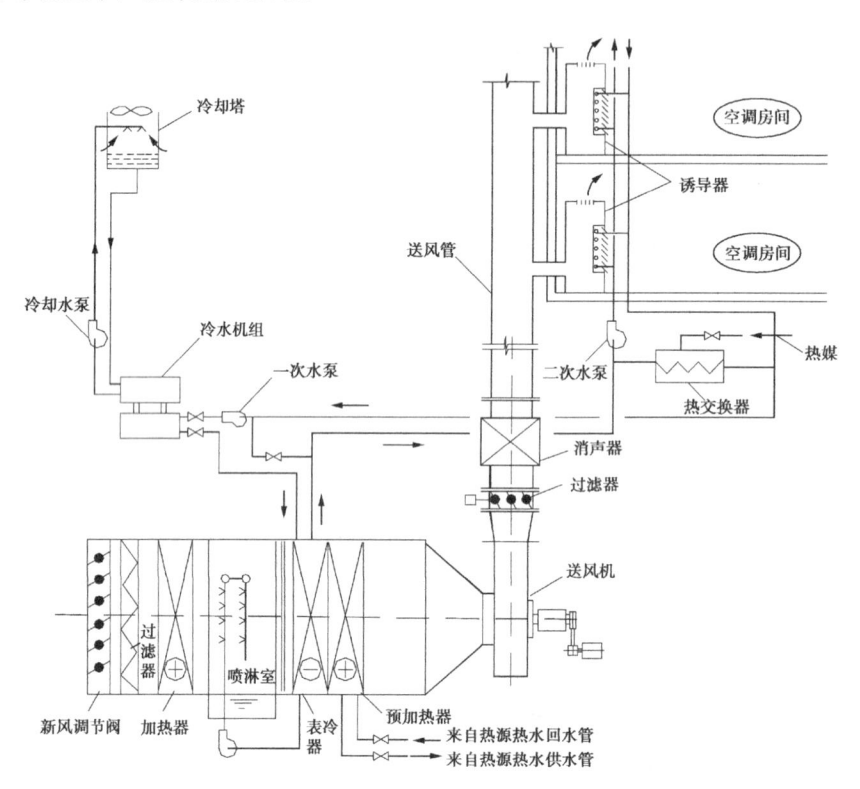

图4.11 诱导式空调系统图

4.2 常用通风系统与空调系统的主要设备

4.2.1 通风系统的主要设备

1. 风机

风机是输送空气的动力设备。通风系统与空调系统中的风机分为离心式风机和轴流式风机。

（1）离心式风机。离心式风机由叶轮、机壳、风机轴、进风口和电动机等组成，如图4.12所示。其工作原理是借助叶轮旋转时产生的离心力使气体获得压能和动能，迫使空气在风道内流动。它的特点是风压高、噪声低。风机在运转时产生的结构振动和噪声，对通风空调的通风效果不利。为了消除或减少噪声和保护环境，应采取减振措施。一般在设备底座、支架与楼板或基础之间设置减振装置，减振装置的支撑点一般不少于4个。风机传动机构外露部分及直通大气的进出口必须装设防护罩（网）或采取其他安全措施。

（2）轴流式风机。轴流式风机由叶轮、机壳、电动机和机座等组成，如图4.13所示。其工作原理是当叶轮在机壳中转动时，由于叶轮有斜面形状，空气随着叶轮转动，会沿轴向推进。其优点是风压低、体积小、电耗小，但是风量较大。轴流式风机多安装于风管中间、墙洞内或单独安装于支架上。在风管内安装的轴流式风机与在支架上安装的风机相同，将风机底座固定在角钢支架上，支架按照设计标高及位置固定于物业结构上。

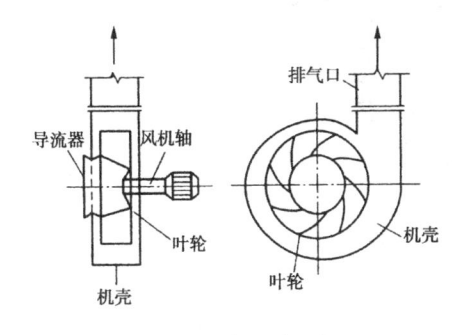

图4.12　离心式风机

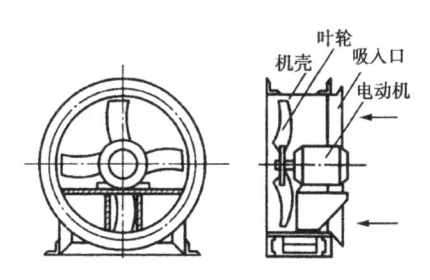

图4.13　轴流式风机

2. 除尘器

除尘器可去除排风中的粉尘，使排风中的粉尘浓度降低到排放标准以下。通风工程中常用的除尘器有重力沉降室、旋风除尘器和湿式除尘器等。

（1）重力沉降室。重力沉降室如图4.14所示，它是一种粗净化的除尘设备，适用于捕集大粒径的粉尘。

（2）旋风除尘器。旋风除尘器如图4.15所示，适用于锅炉房内的烟气除尘，具有结构简单、体积小、维修方便、除尘效率高等特点，可多台并联使用。

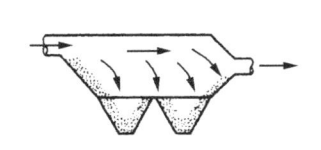

图4.14　重力沉降室

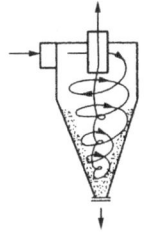

图4.15　旋风除尘器

（3）湿式除尘器。湿式除尘器是利用粒径的可湿性使尘粒与液滴或液膜接触而分离出来，具有构造简单、造价低、占地少、效率高、可净化有害气体等特点。

4.2.2 空调系统的主要设备

1. 空气净化设备

在空调系统中，空气过滤器是净化空气的主要设备。空气净化处理即通过空气净化设备去除空气中的悬浮尘埃。

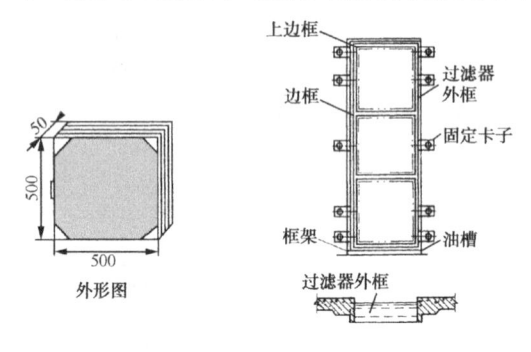

（1）金属网格浸油过滤器。金属网格浸油过滤器由多层波形金属网格叠置而成，沿空气流动方向网格孔径逐渐缩小，在网格上涂有黏性油类物质，空气通过时灰尘被粘住，网格越密、层数越多，其过滤效果越好，但气流阻力也越大。金属网格浸油过滤器如图 4.16 所示。

图 4.16　金属网格浸油过滤器

（2）袋式过滤器。袋式过滤器一般做中效过滤器。采用多层不同孔隙率的无纺布做滤料，将其加工成布袋形状，袋口固定在角钢上，角钢安装在框架上，袋式过滤器如图 4.17 所示。

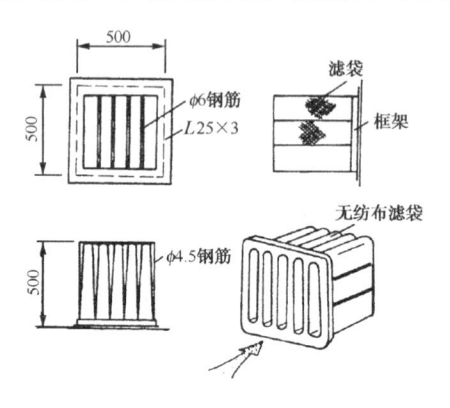

图 4.17　袋式过滤器

（3）干式过滤器。干式过滤器是利用各种纤维作为滤料组装而成的空气过滤器，常用的滤料有合成纤维、玻璃纤维纸等，如图 4.18 所示。

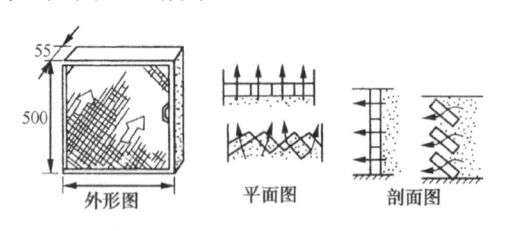

图 4.18　干式过滤器

2. 空气的加湿与减湿设备

空气的加湿与减湿设备属于集中式空调设备。

（1）喷水室。喷水室可以对空气进行加热、冷却、加湿、减湿等多种处理，是一种多功能的空调设备。喷水室有卧式和立式两种，喷水室的结构图如图 4.19 所示。

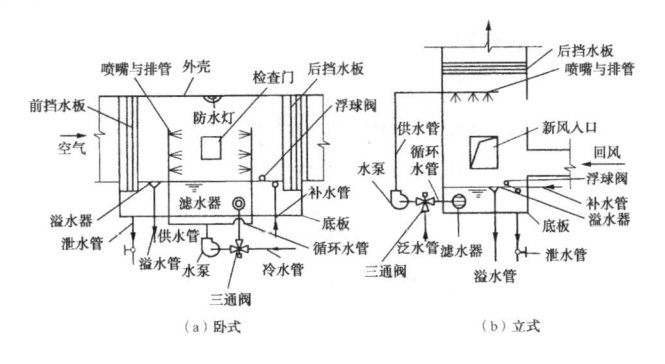

图 4.19　喷水室的结构图

（2）蒸汽加湿喷管。蒸汽加湿喷管如图 4.20 所示，喷管外设保温套管是为了避免凝结水进入喷管。蒸汽进入喷管前，先经干燥室干燥，以保证喷出"干燥"的蒸汽。

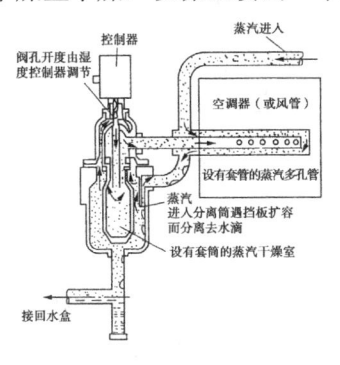

图 4.20　蒸汽加湿喷管

（3）电热加湿器。电热加湿器分为电热式加湿器和电极式加湿器。前者直接对水加热汽化从而实现加湿；后者是电流直接从水中通过，对水加热汽化从而实现加湿，电极式加湿器如图 4.21 所示。

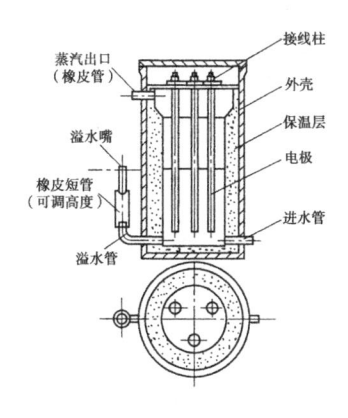

图 4.21　电极式加湿器

（4）冷冻除湿机。冷冻除湿机是利用制冷的方法除去空气中水分的设备。它由压缩机、蒸发器、冷凝器和送风机等组成，如图4.22所示。当需要处理的湿空气通过蒸发器时，由于蒸发器的表面温度低于空气的露点温度，不仅能使空气降温，还会析出凝结水，达到减湿的目的。

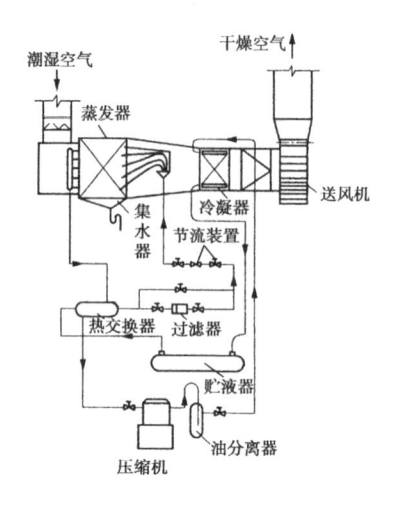

图4.22　冷冻除湿机

（5）固体吸湿剂。固体吸湿剂有两种类型，一类是具有吸附性能的多孔性材料，如硅胶，它吸湿后材料的形态不发生改变；另一类是具有吸收能力的固体材料，如氯化钙，它吸湿后材料的形态会发生改变从而失去吸湿能力。

3. 表面式换热器

表面式换热器属于集中式空调设备。它让媒质通过金属管道对空气进行加热或冷却，冷媒或热媒不与空气接触。通热媒的称为加热器，通冷媒的称为表冷器。

当换热器通热水进行加热处理时，可实现等湿加热过程；当通冷冻水进行冷却处理时，换热器表面温度高于空气露点温度可实现等湿冷却过程，低于空气露点温度可实现减湿冷却过程或湿冷过程。

表面式换热器常采用肋管辅以肋片的形式，如图4.23所示。

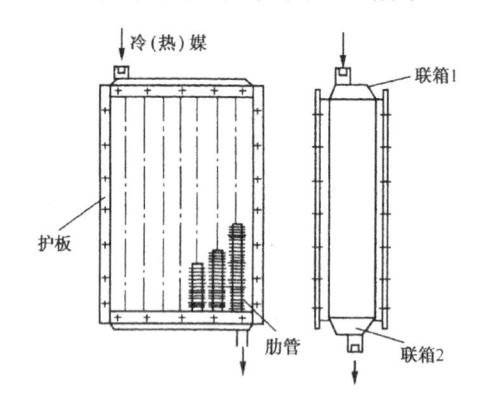

图4.23　表面式换热器

4. 风机

风机是空调系统的主要动力设备。常用的风机有离心式风机、轴流式风机和贯流式风机。贯流式风机一般用在风机盘管上。

5. 消声和减振设备

消声措施包括减少噪声的产生和在系统中设置消声器。

为了减少噪声的产生，可采取选用低噪声风机、电动机采用直接传动方式、控制空气流速、采用减振基础、风机进出口采用柔性连接等措施。

风机在运转时产生的结构振动和噪声，对通风空调的效果不利。为了消除或减少噪声和保护环境，应采取减振措施。一般在设备底座、支架与楼板或基础之间设置减振装置，减振装置的支撑点一般不少于 4 个。减振设备有弹簧减振器，常用的有 ZT 系列阻尼弹簧减振器、JD 型和 TJ 型弹簧减振器等；JG 系列橡胶剪切减振器，用橡胶和金属部件组合而成；JD 型橡胶减振垫。各种减振器的安装示意图如图 4.24 所示。

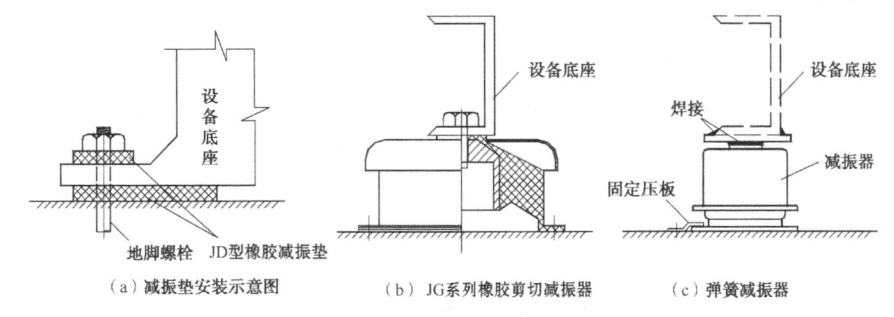

图 4.24 各种减振器的安装示意图

消声器的形式有很多，按消声原理不同可分为以下几种。

（1）阻性消声器。阻性消声器由多孔松散吸声材料制成，靠微孔内空气的黏滞作用吸收声能，如图 4.25（a）所示。

（2）共振消声器。共振消声器靠外界噪声与弹性振动系统的固有频率相同时发生共振来消耗声能，减小噪声，如图 4.25（b）所示。

（3）抗性消声器。气流通过截面突变的风道时，抗性消声器使声波向声源方向反射回去从而起消声作用，如图 4.25（c）所示。

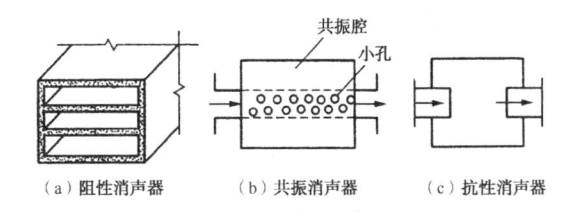

图 4.25 消声器的构造示意图

6. 窗式空调机

窗式空调机是一种直接安装在窗台上的小型空调机，属于局部空调设备。窗式空调机使用全封闭冷冻机，以氟利昂为制冷剂，可冬季供热、夏季制冷。窗式空调机安装简单、噪声小、不需要水源，连接 220 V 的电源即可工作，热泵式窗式空调机（风冷式）如图 4.26 所示。

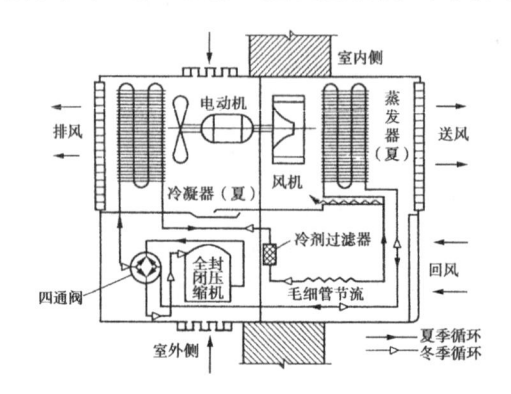

图 4.26　热泵式窗式空调机（风冷式）

7. 分体式空调机

分体式空调机属于壁挂式局部空调设备，由室内机、室外机、连接管和电源线等组成。室内机为长方形，挂在墙上，后面有凝结水管接至下水道；室外机内含有制冷设备、电动机、气液分离器、过滤器、电磁继电器、高压开关和低压开关等；室内机和室外机通过紫铜高压气管和低压气管连接。分体式空调机如图 4.27 所示。

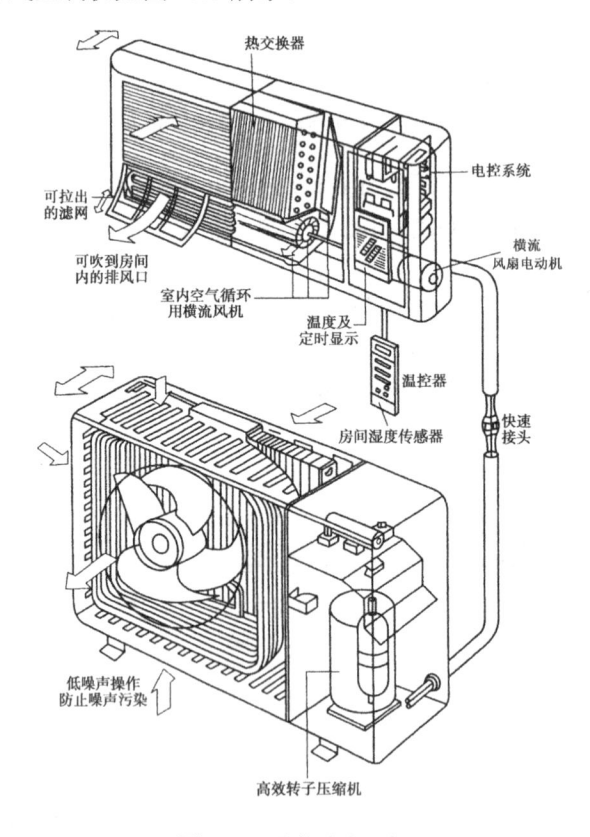

图 4.27　分体式空调机

8. 风机盘管

风机盘管属于空调房间内的半集中式空调设备，其形式有很多，立式明装的风机盘管结构图如图 4.28 所示。

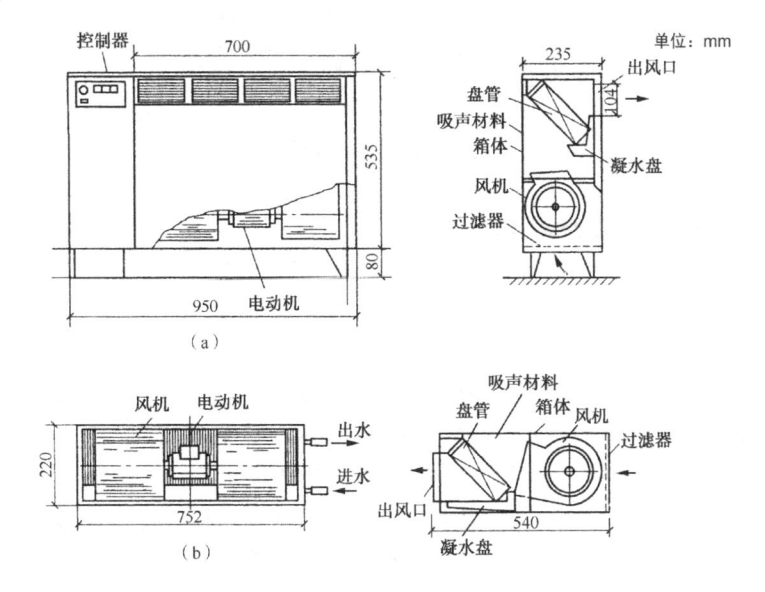

图 4.28　立式明装的风机盘管结构图

9. 诱导器

诱导器属于空调房间送风的一种特殊半集中式空调设备，由静压箱、喷嘴和冷却盘管等组成，诱导器结构图如图 4.29 所示。经集中处理的新风由诱导器的喷嘴高速喷出，其内部形成负压，吸入室内空气，一次空气和室内空气混合后经二次盘管处理后送入空调房间。

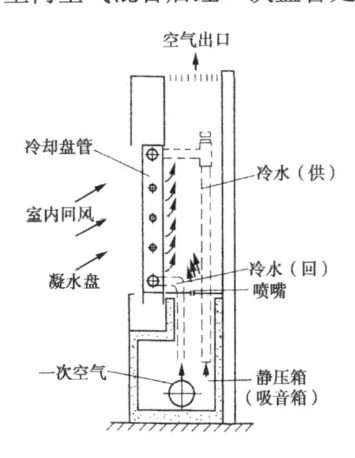

图 4.29　诱导器结构图

10. 电加热器

电加热器一般用于恒温恒湿机组上或集中空调机的末端加热装置上，电加热器结构图如图 4.30 所示。

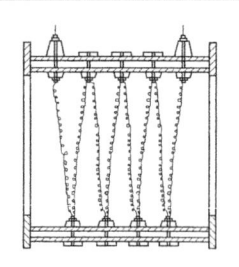

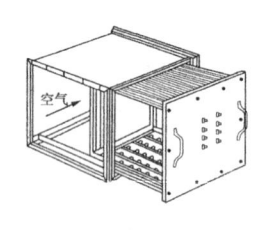

图 4.30　电加热器结构图

4.2.3　空气的输送与分配设备

1. 风管

风管的详细介绍如下所示。

(1) 风管的材料。风管的材料应表面光洁、质量轻、便于加工和安装，并且具有足够的强度、刚度和耐腐蚀性能。常用的风管材料有金属板材和非金属板材两大类，其中，金属板材包括普通钢板、镀锌钢板、不锈钢、铝板等，一般的通风空调管道可采用 0.5~1.5 mm 厚的钢板，有防腐及防火要求的场合可选用不锈钢和铝板；非金属板材包括塑料复合钢板、塑料板、玻璃钢等。塑料板因其光洁耐腐蚀有时用于洁净空调系统中；玻璃钢板材耐腐蚀强度好，常用于带有腐蚀性气体的通风系统中。通风空调管道及阀部件大多根据工程需要现场加工制作，可根据工程的不同要求加工成圆形和矩形。

(2) 风管的布置。风管包括送风管、回风管、新风管和排风管等。风管的布置应注意少占空间，不影响操作，便于安装、调节和维修。为了便于和物业配合，风管一般采用矩形截面，布置风管时应尽量缩短管线、减少分支管线、避免复杂的局部构件，如三通、弯头、四通等。空调管道一般采用暗装，工业通风管道一般采用明装。风管的布置应与土建、生产工艺及其他工种配合。

(3) 风管的连接。风管最主要的连接方式是法兰连接，除此之外还可采用无法兰连接的形式，即抱箍式无法兰连接、承插式无法兰连接和插条式无法兰连接。

(4) 风管支架。风管支架一般用角钢、扁钢和槽钢制作而成，其形式有吊架、托架和立管卡子等。各种风管支架的形式如图 4.31 所示。

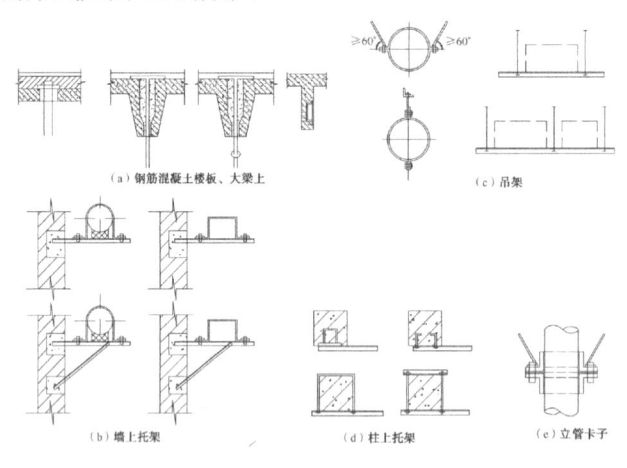

图 4.31　各种风管支架的形式

(5) 风管的检测。风管系统安装完成后，必须进行强度及严密性检测，合格后方能交付下一道工序。风管检验以主管、干管为主。风管的强度试验，须在1.5倍工作压力下进行，若风管接口处无开裂，则风管强度试验合格。风管的严密性检测方法有漏光检测法和漏风检测法两种。

2. 室外进风、排风装置

（1）室外进风装置。室外进风装置有设于外围结构墙上的采气口和独立设置的进风塔两种。进风口的底部到室外地面的距离不应小于2 m，进风口处应设置用木板或薄钢板制作的百叶窗；进风塔可做成独立的物业，室外进风装置如图4.32所示。

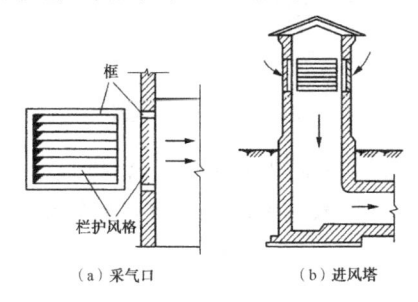

图 4.32　室外进风装置

（2）室外排风装置。室外排风装置常做成排风塔形式装于屋顶上，要求排风口高出屋面1 m，并高出和远离进风口，室外排风装置如图4.33所示。

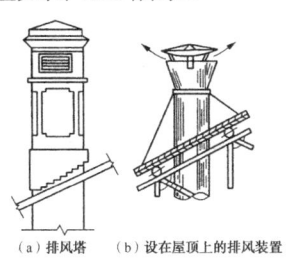

图 4.33　室外排风装置

3. 室内送风、排风口

室内送风、排风口有百叶风口、空气分布器和排气罩等。

（1）百叶风口。百叶风口如图4.34所示。百叶格的作用是使空气在整个风口流通断面上均匀分布，双层百叶风口还可以调节空气流量和气流方向。此风口可安装在风管上或镶入墙中与墙内管道连接。

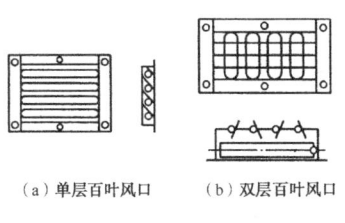

图 4.34　百叶风口

（2）空气分布器。空气分布器如图4.35所示，可作为工业厂房中的送风口。矩形空气分布器有3个送风面，在实际使用中可根据情况减少送风面。矩形空气分布器适用于风速不大、要求空气分布均匀的部位；旋风送风口适用于工作地点不固定的局部送风系统。

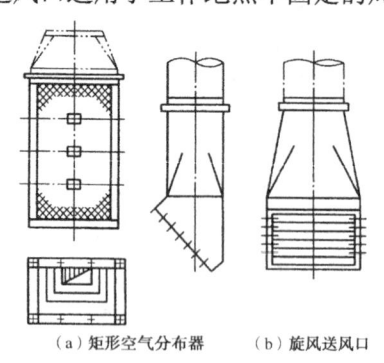

(a) 矩形空气分布器　　(b) 旋风送风口

图 4.35　空气分布器

（3）排气罩。排气罩是局部排风系统的重要部件。将排气罩安装在有害源附近，通过风机在罩口形成的负压使有害物质在没有扩散到室内之前将其捕集起来，再通过管道排走，保护室内空气环境，排气罩如图 4.36 所示。

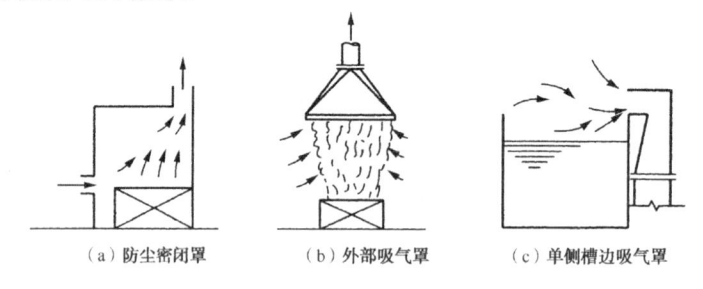

(a) 防尘密闭罩　　(b) 外部吸气罩　　(c) 单侧槽边吸气罩

图 4.36　排气罩

4. 散流器

散流器是由上向下送风的一种送风口，一般暗装在顶棚上送风管的端部。散流器用于低速空调系统，可分为辐射形散流器、轴向送风散流器、线形送风散流器、平送散流器、下送散流器、孔板送风口、喷射式送风口、多用型送风空气分配器等形式，典型散流器如图 4.37 所示。

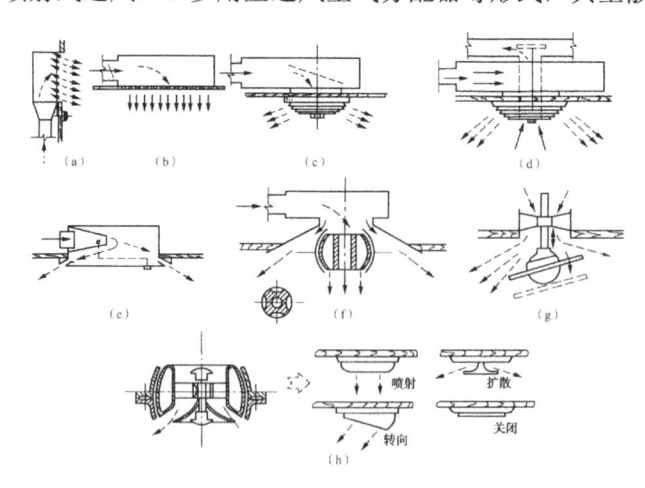

图 4.37　典型散流器

5. 风道阀门

风道阀门有以下 5 种样式。

（1）蝶阀。蝶阀分为圆形、方形和矩形，调节方式有手柄式和拉链式，它由短管、阀门和调节装置组成，如图 4.38 所示。

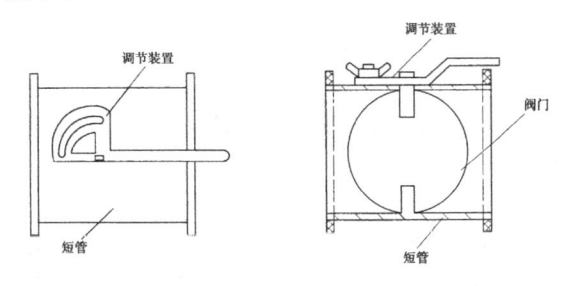

图 4.38　蝶阀

（2）止回阀。止回阀设于风机出口，防止风机停止运转后气流倒流，如图 4.39 所示。

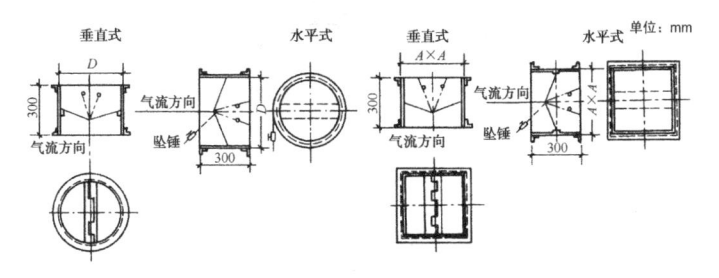

图 4.39　止回阀

（3）插板阀。插板阀用于调节风量，除尘系统多用斜插板阀，斜插板阀的结构如图 4.40 所示。

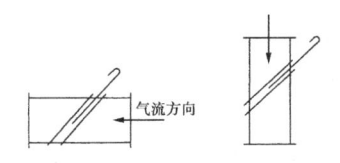

图 4.40　斜插板阀的结构

（4）调节阀。调节阀设在风管中用于调节风量，其结构如图 4.41 所示。

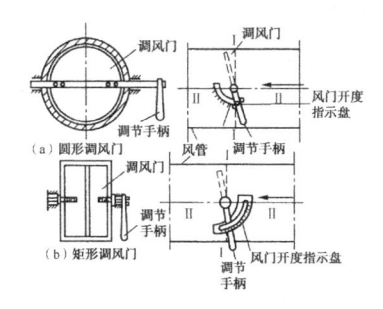

图 4.41　调节阀的结构

（5）防火阀。防火阀用于发生火灾时关闭送风管道，详见第 3 章。

4.3 空调制冷系统

空调制冷系统通过制备冷冻水向空调系统提供冷量，是空调系统的"冷源"，它由制冷装置、冷冻水系统和冷却水系统组成。

4.3.1 制冷装置

制冷装置是空调制冷系统的核心设备，常用的制冷装置有压缩式制冷机、吸收式制冷机等。

1. 压缩式制冷机

压缩式制冷机主要由压缩机、冷凝器、膨胀阀和蒸发器组成，并用管道将其连接成一个封闭的循环系统，制冷剂在系统中经过压缩、冷凝、节流和蒸发 4 个热力过程，压缩式制冷机的工作原理示意图如图 4.42 所示。

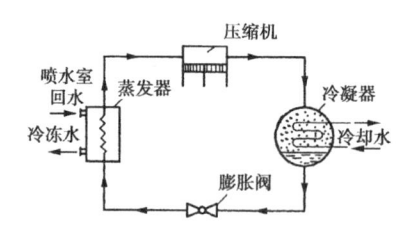

图 4.42 压缩式制冷机的工作原理示意图

压缩式制冷机的工作原理：压缩机将蒸发器内产生的低温、低压的制冷剂蒸汽吸入汽缸内，压缩成高温、高压的制冷剂蒸汽后排入冷凝器；在冷凝器内，高温、高压的制冷剂与冷却水（或空气）进行热交换，将热量传给冷却水而本身由蒸汽凝结为液体；自冷凝器排出的高压液体，经膨胀阀节流变成低温、低压的液体后进入蒸发器；在蒸发器中，低温、低压的制冷剂液体的热量被冷却介质（如冷冻水）吸收（单位时间吸收的热量为制冷量），蒸发成为低温、低压的制冷剂蒸汽，制冷剂蒸汽再被压缩机吸回；如此周而复始地循环，完成制冷任务。但实际制冷过程并不那么简单，还需要一些辅助设备，如油分离器、空气分离器、贮液器、干燥过滤器、自动控制件等。氨制冷系统还配有集油器和紧急泄氨器等。

压缩式制冷机按驱动方式不同可分为活塞式、涡旋式、螺杆式和离心式。

压缩式制冷机按使用的制冷剂不同，可分为氟利昂制冷系统和氨制冷系统。氨的制冷能力强、价格低、试漏检查容易，能溶解于水，是一种极好的环保型制冷剂，但有强烈的刺激性气味，有毒，与空气混合达到一定比例时容易发生爆炸；氟利昂毒性小、不燃烧、不爆炸、热工性能好，是一种安全的制冷剂，但对大气臭氧层有破坏作用。

2. 吸收式制冷机

吸收式制冷机主要由发生器、冷凝器、蒸发器和吸收器 4 部分组成，其工作原理示意图如图 4.43 所示。

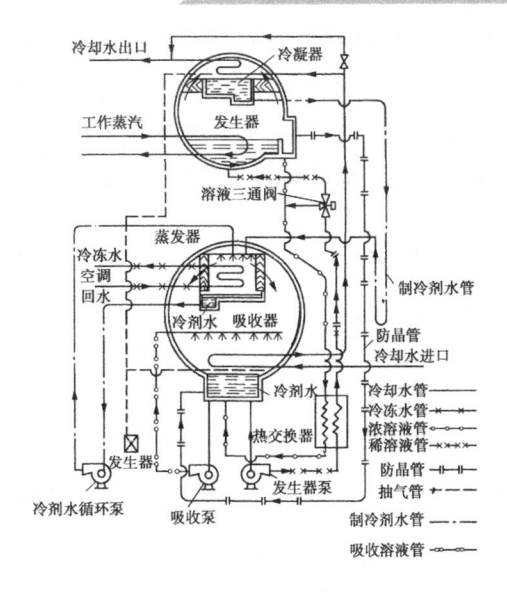

图 4.43 吸收式制冷机的工作原理示意图

吸收式制冷机以溴化锂为吸收剂，以水为制冷剂，它利用溴化锂水溶液在常温下（特别在温度较低时）吸收水蒸气的能力很强，而在高温下又能将吸收的水分释放出来的特性，通过水在低压下蒸发吸热实现制冷的目的。

制冷剂在蒸发器内吸收空调回水的热量，即制冷过程，而自身汽化形成水蒸气，水蒸气进入吸收器中被浓溴化锂水溶液吸收，吸收水蒸气的溴化锂水溶液浓度变小后，被送到发生器内加热浓缩，在加热过程中，溶液中的水重新汽化成水蒸气，再通过冷凝器将水蒸气冷凝成水形成制冷剂，经过节流装置又进入蒸发器中，再进行汽化吸热，如此循环制备出空调冷冻水。但应注意，作为制冷剂的水在实现制冷循环的过程中都在高度真空条件下进行。

4.3.2 冷冻水系统

冷冻水系统是指向用户供应冷量的空调水管系统，负责将制冷装置制备的冷冻水输送到空气处理设备中，是中央空调系统的一个重要组成部分，一般可分为开式系统和闭式系统。

1. 开式系统

开式系统即开式管路循环系统的简称，也称为重力式回水系统，如图 4.44 所示。当空调机房和冷冻站有一定高度差且距离较近时，回水借重力自流回冷冻站；使用壳管式蒸发器的开式回水系统，需要设置回水池。由于开式系统有贮水池或喷水室，所以使水在系统中循环流动时，要与大气或被处理的空气接触，并且会引起水量的变化。

开式系统常采用定流量系统，其特点是需要设置冷水箱和回水箱，系统流量大，制冷装置采用水箱式蒸发器，用于喷水室冷却系统。

2. 闭式系统

闭式系统即闭式管路循环系统的简称，也称为压力式回水系统，水封闭在管路中循环流动，如图 4.45 所示。为了使水在温度变化时有体积膨胀的余地，闭式系统均需要在系统的最高点设置膨胀水箱，膨胀水箱的膨胀管一般接到冷冻水循环泵的入口上，也有接在集水器或回水主管上的。由于闭式系统在系统最高点设置了膨胀水箱，整个系统充满水时，冷冻水循环泵的扬程只需要克服系统的流动阻力，因此冷冻水循环泵的运行费用少。

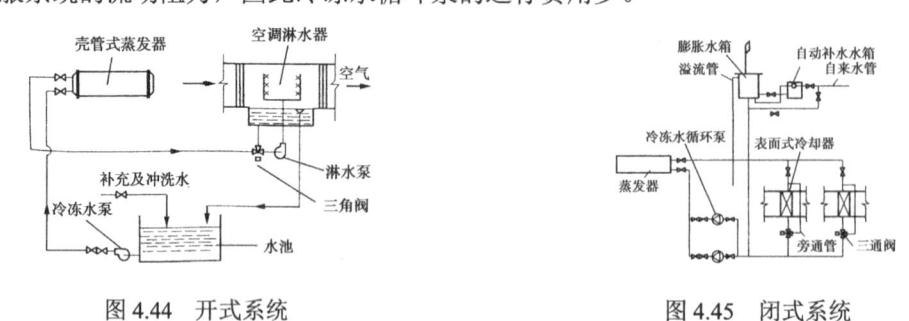

图 4.44　开式系统

图 4.45　闭式系统

闭式系统常采用变流量系统，其特点是水和外界空气接触少，可减缓对管道的腐蚀，制冷装置采用壳管式蒸发器，常用于表面式冷却器的冷冻水系统。

为了保证闭式系统的水量平衡，在送水总管和回水总管之间设有自动调节装置，当供水量减少而管道内压差增大时，使一部分冷水直接流至回水总管内，以保证制冷装置和冷冻水循环泵的正常运行。

3. 高层物业空调水系统

高层物业空调水系统一般采用两个水系统，即高区系统和低区系统，其冷热源有以下两种形式。

（1）高区、低区合用同一冷热源。低区使用冷水机组或锅炉直接供冷或供热，设备层设置的热交换器作为高区、低区的分界设备。低区冷冻水或热水作为换热器的一次水，高区水系统采用经热交换后的二次水，高区、低区合用冷热源的系统如图 4.46 所示。

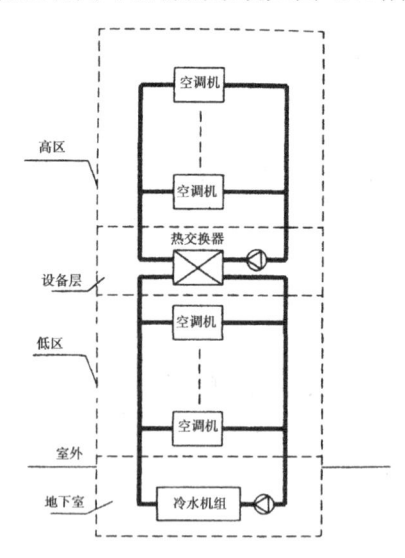

图 4.46　高区、低区合用冷热源的系统

（2）高区、低区独立设置冷热源。高区、低区分别使用各自的冷水机组，互不影响，如图 4.47 所示。这种系统克服了使用换热器存在的传热温差问题，但楼中间设置冷水机组，增加了物业荷载，机组运行噪声和振动较大。

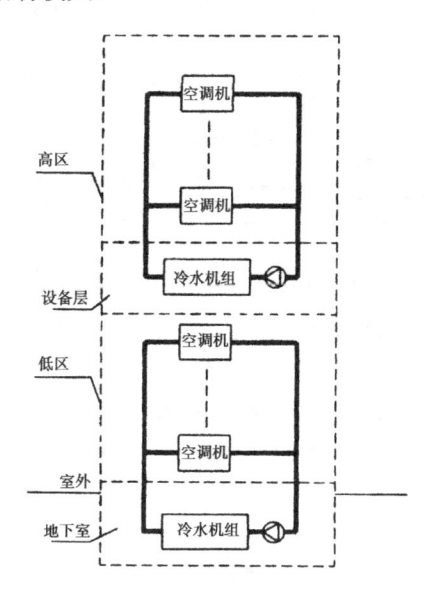

图 4.47　高区、低区独立设置冷热源的系统

4.3.3　冷却水系统

冷却水系统是冷水机组必须设置的系统，主要由冷水机组或空调机组的冷凝器、供回水管道、冷却水泵和冷却塔组成。该系统的作用是将冷凝器放出的热量扩散到室外大气中去。冷却水系统按供水方式不同可分为直流供水系统和循环冷却水系统。

1. 直流供水系统

直流供水系统将井水、河水或自来水直接打入冷凝器中，升温后的冷却水直接排入河道或下水道，不再重复使用。这种系统设备简单、管理方便，但耗水量大。

2. 循环冷却水系统

循环冷却水系统是将通过冷凝器后的温度较高的冷却水用冷却水泵打入冷却塔，经过降温处理后，再送入冷凝器循环使用的冷却系统。冷却塔按通风方式不同可分为以下两种：

（1）自然通风冷却。它使用冷却塔或冷却喷水池，靠自然通风使冷却水降温。

（2）机械通风冷却。它使用风机通风、冷却塔或喷射式冷却塔使冷却水降温。

空调用冷水机组工作流程图如图 4.48 所示，从冷凝器出来的温度较高的冷却水进入冷却塔喷淋，被冷却塔上的风机抽进来的空气冷却，水温降低，而热湿空气排至大气。冷却水由冷却水泵送回冷凝器循环使用。从蒸发器出来的冷冻水（冷媒）则送至各房间内的风机盘管机组处，作为风机盘管的冷源。

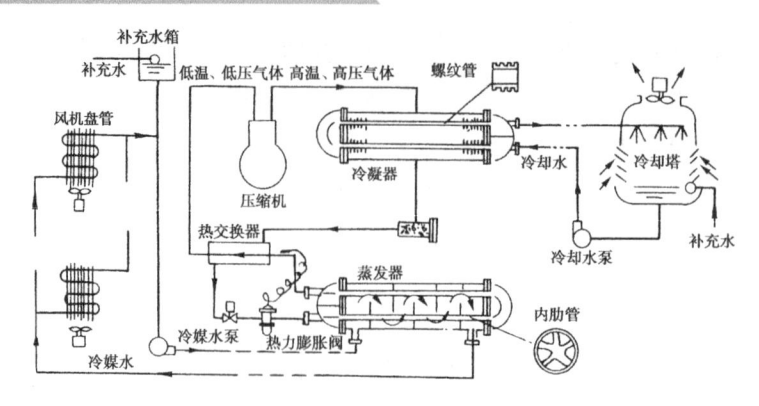

图 4.48　空调用冷水机组工作流程图

圆形机械通风冷却塔构造图如图 4.49 所示。从冷凝器送出的冷却水，经冷却水泵送至冷却塔底部的进水口，进入布水器，将水喷洒下来，然后流经冷却塔内设置的填料层，以增加水与空气的接触面积。塔顶风扇可加速水的蒸发，以加强冷却效果。冷却后的水进入冷却塔底部的水槽，通过连接管道及循环水泵抽回冷水机组冷凝器，完成循环。冷却水进出口的温差一般为 3～5℃，进水温度为 28℃，出水温度为 32℃。

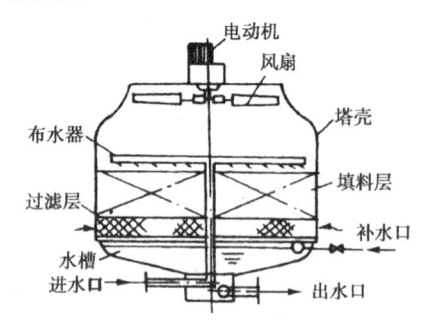

图 4.49　圆形机械通风冷却塔构造图

目前在国内外普遍采用冷水机组作为空调系统的冷源，冷水机组具有安装方便、占地面积小、操作方便、自动化程度高等特点。

4.4　通风与空调系统的检测及调试

4.4.1　检测及调试的目的和内容

通风与空调系统安装完毕后，在系统正式使用前，必须进行系统的试运转与调试。其目的是检查通风与空调系统的制作安装质量是否能达到预期效果，保证系统正常使用。通过对通风与空调系统进行检测及调试，一方面可以发现系统设计、施工质量和设备性能等方面的问题，另一方面也为通风与空调系统经济合理地运行积累资料。

通风与空调系统安装完毕后，按照《通风与空调工程施工及验收规范》的规定应对系统中风管、部件及配件进行测定和调整，简称调试。系统调试包括设备单机试运转及调整、无负荷联合试运转的测定与调试。无负荷联合试运转的测定与调试包括通风机风量、风压和转数的测定；系统与风口风量的平衡；制冷系统压力、温度的测定等技术数据应符合相关技术文件的规定；空调系统冷热源的联合试运转等。

4.4.2 单机试运转

通风与空调系统的通风机、水泵、空调机、制冷机、冷却塔、带有动力的除尘器及过滤器等安装完毕后，按规定都要进行单机试运转。

单机试运转前应将机房打扫干净，清除空调机及管道内的污物，以免其进入空调房间或破坏设备；核对风机和电动机的型号、规格及皮带轮的直径是否符合设计要求；检查设备本体与电动机轴是否在同一轴线上；地脚螺栓是否拧紧；设备与管道之间的连接是否严密；手动检查各转动部位的转动是否灵活；电动机等电器装置接地是否可靠等。若发现问题应及时解决。

各种设备试运转应按照规定进行。运转后检查设备减震器有无位移现象，轴承连接处有无过大升温，若轴承温升过大，则需要检查原因，及时排除故障，为无负荷联合试运做好准备。

4.4.3 无负荷联合试运转

在单机试运转合格的基础上可以进行无负荷联合试运转，一般按以下程序进行。

（1）无负荷联合试运转前的准备工作。首先应当熟悉整个通风空调系统的全部设计图纸、设计参数、设备技术性能和系统工作流程。

（2）检测各种自动计量元件和执行机构的工作是否正常，测定参数是否满足要求。

（3）风管系统的风量平衡。系统各部位的风量应按设计要求的数值进行平衡，可通过调节阀进行风量调整。调试时可从系统末端开始，逐步调到风机，使各分支管的风量与设计风量相等或接近。系统平衡后，各送风口、回风口、新风口、排风口的实测风量与设计风量的偏差应在10%以内，新风量与回风量之和应近似等于送风量之和，总送风量应略大于回风量与排风量之和。

（4）多台冷却塔并联运行时，各冷却塔的进水量、出水量应达到均衡一致。

（5）无负荷联合试运转。空调系统带冷热源的正常联合试运转时间不少于8小时；通风除尘系统连续试运转的时间不少于2小时。

（6）空调室内噪声应符合设计规定的要求。

4.4.4 通风与空调系统的调试

通风与空调系统在交工前，应进行带负荷的效能测定与调试。带负荷综合效能的测定与调试应由建设单位负责，由设计、施工单位配合进行。

空调系统调试的内容包括：室内温度及相对湿度的测定与调整；室内气流组织的测定与调整；室内噪声及静压的测定与调整；送回风口空气状态参数的测定与调整；空气调节机组性能参数及各功能段性能的测定与调整；对气流有特殊要求的空调区域的气流速度的测定；防火排烟系统测试、模拟状态下安全正压变化测定及烟雾扩散试验等。

4.5 通风与空调工程的验收

1. 提交资料

施工单位在进行无负荷联合试运转合格后,应向建设单位提交以下资料。
(1) 设计修改的证明文件、变更图和竣工图。
(2) 主要材料、设备仪表、部件的出厂合格证或检验资料。
(3) 隐蔽工程验收记录。
(4) 分部分项工程质量评定记录。
(5) 制冷系统试验记录。
(6) 空调系统无负荷联合试运转记录。

2. 竣工验收

竣工验收由建设单位组织,由质量监督部门及安全、消防等部门逐项验收,待验收合格后,将工程正式移交给建设单位管理使用。

3. 综合效能测试

通风与空调系统应在人员进入室内,工艺设备投入正常运转的状态下进行带负荷的联合试运转,即综合效能试验,以检测各项参数是否满足设计要求。该项工作由建设单位组织,施工单位和设计单位配合完成,如果发现问题,应查找原因,分清责任,采取处理措施。

4.6 空调系统的管理与维护

对空调系统的管理与维护包括运行管理和日常维护。运行管理是指使空调在节能、合适的状态下工作时,应如何确定运行方案。日常管理是指物业管理公司如何处理空调系统运行过程中出现的问题,以最大限度地发挥空调系统的使用功能。

4.6.1 空调系统的运行管理

空调系统的运行管理主要是对系统的运行进行调节。由于空调系统要全年运行,室内本身的热、湿负荷是变化的,室外的气象参数一年四季也大不相同,空调系统不可能都按满负荷运行,为了保证室内温度、湿度满足要求,必须根据负荷的变化进行运行调节。

集中式空调系统的运行调节可根据不同的情况采用露点控制法、温度调节法、湿度调节法和风量调节法进行调节;风机盘管空调系统采用局部运行调节,如采用调节水量、调节风量等方法进行调节。空调系统的运行应注意以下几个环节。

(1) 开车前的检查。开车前要做好运行准备工作,检查风机、水泵等运转设备有无异常,冷热水温度是否合适,给测湿仪表加水,打开系统的阀门,并检查供水、供电、供气设施是否正常。

(2) 室内、室外空气参数的测定。主要测定室内、室外空气的温度和湿度,因为室内、室外的气象参数决定空调系统的运行方案。

（3）开车。开车是指启动风机、水泵、换热设备及制冷机组等空调设备，向空调房间送风。启动设备时，为了防止因启动电流过大而跳闸，设备不能同时启动，一般顺序是先启动送风机，后启动回风机，再打开电加热器等设备，并观察各种设备的运行情况。

（4）运行。开车后空调系统便投入正式运转，应按规定认真做好运行记录，值班人员要坚守岗位，巡视机房中各种设备的运行情况及各种仪表的显示情况，分析系统是否按运行方案运行，若发现问题应及时处理、及时报告。

（5）停车。停车就是停止空调系统的运行，关闭各种空调设备。操作时应先关闭加热器，再关闭回风机，最后停送风机。值班人员检查无异常情况后，方可离开。

4.6.2 空调系统的维护

空调系统的维护主要包括空调机房和设备、制冷机房和设备的维护，维护的主要内容包括灰尘清理、巡回检查、仪表检测和系统检修4个方面。空调系统的灰尘主要来源于新风、漏风、风管内积尘及回风从室内带出来的灰尘等，运行人员要及时进行清理，防止空气被污染。

1. 空调机组的维护

空调机组的维护主要包括空调机组的检查及清扫，一般在停机时进行。主要检查机组内过滤网、盘管、风机叶片及箱底的污染、锈蚀程度和螺栓的紧固情况，要进行彻底揩拭清扫，并在运转处加注润滑油，若部件损坏应及时更换。

内部检查后进行单机试车，同时检查电流、电动机温升、设备的振动及噪声等是否正常。单机试车结束后进行运行试车，注意送风、回风的温度是否正常，各种阀门、仪表的运行是否正常。

2. 风机盘管的维护

对于空气过滤器，要根据其表面污垢的情况进行清洗，一般每月用水清洗一次；盘管要根据肋片管表面的污垢情况和传热管的腐蚀情况进行清洗，一般每半年清洗一次；风机可根据叶轮沾污灰尘及噪声情况进行清洗，一般每半年清理一次叶轮；滴水盘可根据其排水情况进行清洗，一般每半年清扫一次防尘网和水盘；风管可根据实际情况进行修理。

3. 换热器的维护

要对换热器表面翅片进行清洗和除垢，可采用压缩空气吹污、手工或机械除污或化学清洗等方法。

4. 风机的检修

风机的检修包括小修和大修。小修包括清洗轴承、紧固螺栓、调整皮带松紧度和联轴器间隙、更换润滑油及密封圈等；大修包括对设备进行解体清洗检查、更换轴承和叶轮等。

5. 制冷机组的维护

目前，蒸汽压缩式冷水机组的自动化程度较高，且有自动安全保护措施。在维护管理过程中，要注意制冷剂的泄漏问题，氟利昂对大气臭氧层有很大的破坏作用，氨类制冷剂易燃易爆，因此要防止制冷剂泄漏,在氨制冷机房中要有可靠的安全措施,如事故报警装置、事故排风装置等。溴化锂吸收式机组在运行时易结晶,机组内真空度易破坏,运行管理复杂,要制订专门的维护保养计划。

6. 冷却塔的维护

冷却塔要保证水流分布均匀,配水器要定期清洗去除污垢及其他杂质,以防堵塞;保证冷却塔内的气流分布均匀,水垢和冰冻现象都会引起气流不畅,减少进风量,影响冷却效果;结冰的部位通常是在冷却塔的进风口、百叶窗处、填料的边缘及底部;应采取定期清除填料中的水垢和污物、加大水流量的同时风机停止运行等措施来预防;冬季应采取防冻措施,如设置电加热装置,冷却塔不用时排净塔内存水。

4.6.3 空调系统的常见故障及排除方法

空调系统在使用过程中经常出现一些故障,其原因多数是操作调整不当和安装不合理,也有少数是产品质量问题。

1. 空调机的常见故障

空调机的常见故障有以下几种。
(1)风机零件损坏或因电气故障不能启动或运转不正常。
(2)盘管肋片损坏导致冷却或加热效果变差。
(3)风管断裂或损坏。
(4)空调冷冻水管破裂。
(5)制冷剂泄漏导致制冷效果变差。
(6)水冷式冷凝器因冷却水量不足导致冷却不充分。

2. 窗式空调机的常见故障及排除方法

窗式空调机的常见故障及排除方法如表 4.1 所示。

表 4.1 窗式空调机的常见故障及排除方法

故障名称	原因分析	排除方法
空调机不能启动	电源没接通或保险丝断开	重新合闸或更换保险丝
	停电或电压不正常	检查照明灯是否亮,确认是否停电
制冷效果不好	空气过滤网、冷凝器和蒸发器上灰尘污物过多	将空气过滤网、冷凝器和蒸发器上的灰尘污物清除干净
	门窗没关上	关闭门窗
	温控拨钮的位置不合适	重新调整温控拨钮的位置
	阳光直射室内	采用窗帘等遮阳措施

3. 分体式空调机的常见故障及排除方法

分体式空调机的常见故障及排除方法如表 4.2 所示。

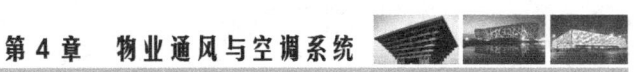

表 4.2　分体式空调机的常见故障及排除方法

故 障 名 称	原 因 分 析	排 除 方 法
空调机不能启动	继电器触点故障、电容器击穿、导线短路	根据检查结果进行修理或更换
	电源电压太低	使用稳压器
	房间要求温度与空调机允许使用的温度范围不一致	重新选用空调机
空调机的制冷或制热效果不好	室内负荷过大	围护结构进行必要的保温
	空气过滤网、冷凝器和蒸发器上的灰尘污物过多	将污物清除干净、平时保持清洁
	室内机前有障碍物影响空气流动、室外机通风条件不好	将障碍物移走、使室内气流畅通
	有制冷剂泄漏	查出漏点，先放出系统制冷剂方可修补，修好后经抽空、干燥，再向系统灌入一定量的制冷剂
空调机有异常杂音和振动	压缩机进气阀、排气阀损坏，产生敲击声	更换进气阀、排气阀
	压缩机底脚螺栓松动	拧紧底脚螺栓
	继电器接触面有灰尘	清除继电器表面灰尘或更换继电器
	风机叶轮松动，有摩擦声	调整并紧固叶轮

思考与练习

1．给出通风、空调的定义。
2．通风系统分为哪几类？
3．空调系统分为哪几类？
4．局部机械排风系统由哪几部分组成？
5．集中式空调系统由哪几部分组成？
6．比较半集中式空调系统与集中式空调系统有何不同？
7．简述集中式空调系统的常用设备。
8．对空气加湿的方法有哪些？
9．制冷系统由哪些子系统组成？它们在制冷系统中有什么作用？
10．简述蒸汽压缩式制冷的原理。
11．集中式空调系统试运行的程序是什么？
12．空调系统的调试包括哪些内容？
13．空调系统的运行管理包括哪些内容？
14．空调系统的维护包括哪些内容？
15．空调系统经常出现哪些故障？如何排除？

第 5 章　物业供暖系统

【教学提示】

本章主要向读者介绍物业供暖系统的组成、分类，热力站的构成、供热管道的敷设方式、供暖工程图的种类和识图方法，以及供暖系统的日常维护工作。

（1）供暖系统一般由热源、管网和散热设备组成。

（2）供暖系统有多种分类。按介质的不同可分为热水供暖系统、蒸汽供暖系统和热风供暖系统；按供水、回水方式的不同，可分为单管系统和双管系统。蒸汽供暖系统按压力的不同可分为低压蒸汽供暖系统和高压蒸汽供暖系统；按凝结水回水方式的不同可分为重力回水式蒸汽供暖系统和机械回水式蒸汽供暖系统；按蒸汽干管布置的不同可分为上供式供暖系统、中供式供暖系统、下供式供暖系统；按照立管的布置特点不同可分为单管式供暖系统和双管式供暖系统。在民用物业中，低温水供暖系统适用性较广，应用更普遍。

（3）热力站的构成。其主要设施包括换热器、循环水泵、水箱、除污器及各种仪表等。

（4）供热管道的敷设方式。供热管道的敷设方式分为地沟敷设、直埋敷设和架空敷设。其中，地沟敷设又分为通行地沟敷设、半通行地沟敷设和不通行地沟敷设；架空敷设又分为高支架敷设、中支架敷设和低支架敷设。

（5）供暖系统的日常维护工作。供暖系统的日常维护工作包括热源、管网的维护和热用户的管理。

【培养目标】

通过本章的学习，了解供暖系统的分类、蒸汽供暖的特点、热力站的构成，掌握供暖系统的组成及各组成部分的作用，掌握低温水供暖系统的工作原理和小区供暖管道的敷设要求，掌握供暖系统维护管理的内容和常见故障的处理方法。

5.1　供暖系统的分类与组成

5.1.1　供暖系统的分类

1．按供热范围分类

供暖系统按供热范围不同可分为以下 3 类。

（1）局部供暖系统。热源、供热管道和散热设备都在供暖房间内的供暖系统称为局部供暖系统，如火炉、电暖气等，该供暖系统适用于局部小范围的供暖。

（2）集中供暖系统。集中供暖系统是由一个或多个热源通过供热管道向某一地区的多个热用户供暖的供暖系统。

（3）区域供暖系统。由一个区域锅炉房或换热站提供热媒，热媒通过区域供热管网输送至城镇的某个生活区、商业区或厂区热用户的散热设备称为区域供暖系统。该供暖系统属于跨地区、跨行业的大型供暖系统。这种供暖系统的作用范围大、节能、对环境污染小，是城市供暖的发展方向。

2. 按热媒分类

供暖系统按热媒不同可分为以下 3 类。

（1）热水供暖系统。以热水为热媒，将热量带给散热设备的供暖系统称为热水供暖系统。热水供暖系统又分为低温热水供暖系统（水温低于或等于 100℃）和高温热水供暖系统（水温大于 100℃）。住宅及民用物业多采用低温热水供暖系统，设计供回水温度为 95℃/70℃。热水供暖系统按循环动力不同还可分为自然循环系统和机械循环系统。

（2）蒸汽供暖系统。以蒸汽为热媒的供暖系统称为蒸汽供暖系统。蒸汽供暖系统分为高压蒸汽供暖系统（气压大于 70 kPa）和低压蒸汽供暖系统（气压不大于 70 kPa）。

（3）热风供暖系统。热风供暖系统是以空气为热媒，将热量带给散热设备的供暖系统，可分为集中送风系统和暖风机系统。

5.1.2 供暖系统的组成

人们在日常生活和社会生产中需要大量的热能，而热能的供应是通过供热系统完成的。一个供热系统包括热源、热循环系统和散热设备 3 部分，供暖系统的基本构成如图 5.1 所示。

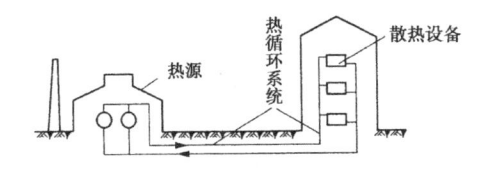

图 5.1 供暖系统的基本构成

（1）热源。热源指热媒的来源，目前广泛采用的热源是锅炉房和热电厂等。

（2）热循环系统。输送热媒的室外供热管线称为供热管网。热源到热用户散热设备之间的连接管道称为供热管，经散热设备散热后返回热源的管道称为回水管。

（3）散热设备。散热设备指安装在直接使用或消耗热能的热用户内的设备，如各种散热器、辐射板和暖风机等。此外，还有为了保证供暖系统正常工作而设置的辅助设备，如膨胀水箱、循环水泵、补水泵、排气装置、除污器等。

根据供热系统 3 个部分的相互位置关系，供热系统可分为局部供热系统、集中供热系统和区域供热系统，区域锅炉房集中供热系统如图 5.2 所示。

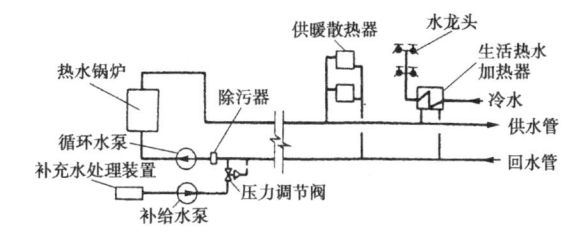

图 5.2 区域锅炉房集中供热系统

5.2 低温水供暖系统

5.2.1 低温水供暖系统的组成

低温水供暖系统是目前广泛使用的供暖系统，分为自然循环热水供暖系统和机械循环热水供暖系统。

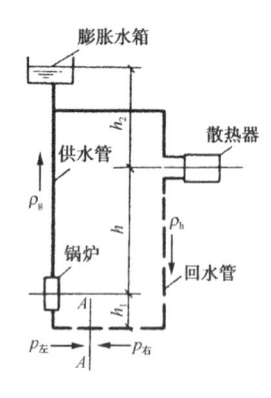

1. 自然循环热水供暖系统

自然循环热水供暖系统由热源（锅炉）、散热器、供水管、回水管和膨胀水箱等组成。

自然循环热水供暖系统工作原理图如图 5.3 所示。在图 5.3 中：h_1 表示锅炉与回水管的高度；h_2 表示供水横干管与散热器的高度；h 表示散热器与锅炉的高度；ρ_g 表示供水压力；ρ_h 表示回水压力；A—A 表示断面；$P_右$、$P_左$ 分别表示 A—A 断面右侧和左侧的水柱压力。膨胀水箱位于系统的最高处，它的容量必须能容纳系统中的水因加热而增大的体积，同时可作为系统的最高排气点。

图 5.3 自然循环热水供暖系统工作原理图

自然循环热水供暖系统在运行前，先将系统充满水，水在锅炉中加热，密度减小，热水沿供水管进入散热器，热水在散热器中放热冷却后，密度增大，热水沿回水管返回锅炉重新加热，密度差形成了水流的动力。

为了方便水的流动和气体的排出，供水干管应具有一定的坡度。通常干管的坡度为 0.005，支管的坡度也不小于 0.01。

自然循环热水供暖系统的特点是不设水泵，依靠供水、回水的密度差和散热器与锅炉中心线的高差使水循环。这种系统的作用半径小、管径大，由于不设水泵，所以工作时不消耗电能、无噪声且维护管理也比较简单，其作用半径不应超过 50 m。

2. 机械循环热水供暖系统

机械循环热水供暖系统由锅炉、供水管、散热器、回水管、循环水泵、膨胀水箱、排气装置、控制附件等组成。机械循环单管上供下回式热水供暖系统如图 5.4 所示。

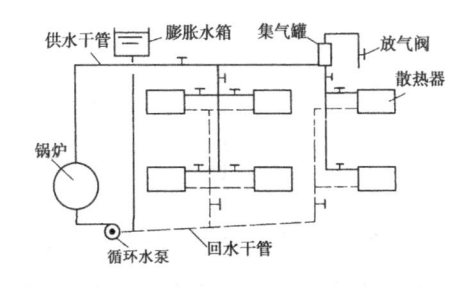

图 5.4 机械循环单管上供下回式热水供暖系统

机械循环热水供暖系统在运行前，先打开给水管上的阀门，向系统内充水，此时系统内的空气从排气装置排出；系统充满水后，开动锅炉，水在锅炉中被加热后，沿总立管、供水干管、供水立管进入散热器，放热后沿回水干管由循环水泵送回锅炉。

循环水泵通常设于回水管上，为系统中的热水循环提供动力。膨胀水箱设于系统的最高处，它的作用是容纳系统中多余的膨胀水和给系统定压，膨胀水箱的连接管连接在循环水泵的吸入口，可以使整个系统处于正压工作状态，避免系统中的热水因汽化而影响其正常循环。为了顺利地排除系统中的空气，供水干管应按水流方向设有向上的坡度，并在供水干管的最高处设排气装置。

机械循环热水供暖系统的循环动力由循环水泵提供，系统作用半径大、供热的范围大、管道中热水的流速大、管径较小、启动容易、应用广泛，但是系统运行耗电量大、维修量也大。目前集中供暖系统多采用这种形式。

5.2.2 热水供暖系统的形式

1. 垂直式系统

垂直式是指将垂直位置相同的各散热器用立管进行连接的方式。按散热器与立管的连接方式可分为单管系统和双管系统；按供水干管、回水干管的位置不同可分为上供下回式和下供下回式两种。

（1）双管系统。双管系统各层散热器都不设单独的供水管和回水管，热水平行地分配给所有散热器，从散热器流出的回水均直接回到锅炉。其中，上供下回双管式供暖系统的供水干管布置在所有散热器的上方，回水干管布置在所有散热器的下方，上供下回双管式供暖系统如图 5.5 所示。上供下回双管式供暖系统的特点是各组散热器均为并联连接，每组散热器可进行单独调节，但易产生"上热下冷"的现象。下供下回双管式供暖系统与上供下回双管式供暖系统不同，其供水干管与回水干管均布置在所有散热器的下方，下供下回双管式供暖系统如图 5.6 所示。这种系统同样具有散热器可单独调节的特点，可消除"上热下冷"的现象，但排气较困难。

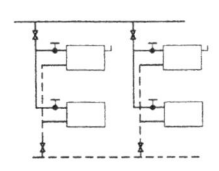

图 5.5 上供下回双管式供暖系统

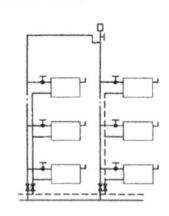

图 5.6　下供下回双管式供暖系统

（2）单管系统。上供下回单管式供暖系统有垂直单管顺流式和垂直单管跨越式两种。各层散热器串联于立管上，和散热器相连的立管只有一根，而各立管并联于干管之间，热水按顺序逐次进入各层散热器，然后经底层回水管返回。

与双管系统相比，单管系统的优点是系统简单、节省钢材、安装方便、造价低、上下层温差较小；单管系统的缺点是下层散热器片数目多（因进入散热器的水温低）、占地面积大、无法调节单组散热器的散热量，适用于学校、办公楼及集体宿舍等公共物业，垂直单管系统如图 5.7 所示。

（a）垂直单管顺流式　　　（b）垂直单管跨越式

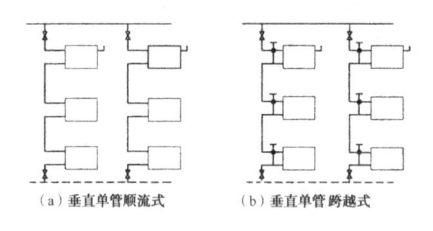

图 5.7　垂直单管系统

2. 水平式系统

水平式系统分为顺流式和跨越式两种。它具有系统简单、省管材、造价低、穿越楼板的管道少、施工方便等优点，但其排气困难、无法调节个别散热器的放热量，必须在每组散热器上安装放风门，一般适用于单层工业厂房、大厅等物业。

（1）顺流式。水平串联顺流式系统如图 5.8 所示。该系统的散热器首尾相接，前一组散热器的出水为后一组散热器的进水。

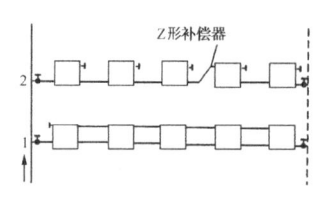

图 5.8　水平串联顺流式系统

（2）跨越式。水平串联跨越式系统如图 5.9 所示。该系统中前一组散热器的回水与供水混合作为后一组散热器的供水。

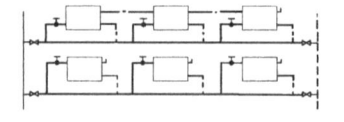

图 5.9　水平串联跨越式系统

3. 同程式与异程式供暖系统

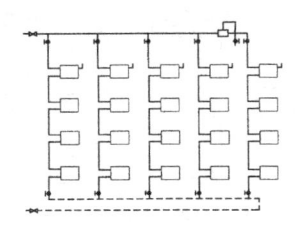

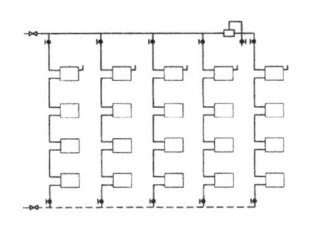

同程式供暖系统与异程式供暖系统的具体介绍如下所示。

（1）同程式供暖系统。热水在各环路所走路程相等的系统称为同程式供暖系统，如图 5.10 所示。同程式供暖系统的供热效果较好，但工程的初投资较大。

图 5.10　同程式供暖系统

（2）异程式供暖系统。热水在各环路所走路程不相等的系统称为异程式供暖系统，如图 5.11 所示。异程式供暖系统的造价低、投资少，但易出现"近热远冷"水平失调的现象。

图 5.11　异程式供暖系统

4. 高层物业热水供暖系统的形式

随着物业高度的增加，供暖系统内的静水压力也在增加，而散热设备、管材的承压能力是有限的。因此，当物业高度超过 50 m 时，应竖向分区供暖，为了减轻垂直失调现象，一个垂直单管供暖系统所供的层数不应大于 12 层，上层系统应采用隔绝式连接。

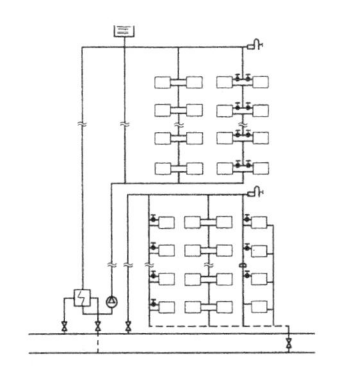

（1）分层式热水供暖系统。分层式热水供暖系统在垂直方向上分成两个或两个以上相互独立的系统，如图 5.12 所示。该系统高度的划分取决于散热器、管材的承压能力及室外供热管网的压力。下层系统通常直接与室外管网连接，上层系统通过加热器与外网隔绝式连接。这种供暖系统是目前最常用的一种形式。

图 5.12　分层式热水供暖系统

（2）双线式热水供暖系统。垂直双线式单管热水供暖系统如图5.13所示。它由竖向的Ⅱ形单管式立管组成，其散热器常用蛇形管或辐射板式结构。各层散热器的平均温度基本相同，有利于避免系统垂直失调，对于高层物业，其优点更明显。但是立管的阻力小，易产生水平失调。

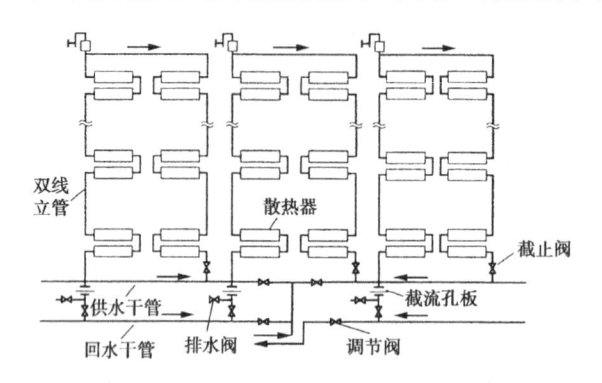

图5.13 垂直双线式单管热水供暖系统

（3）单管、双管混合式热水供暖系统。单管、双管混合式热水供暖系统将散热器在垂直方向上分为几组，每组采用双管形式，组与组之间用单管连接，如图5.14所示。该系统避免了垂直失调现象，且某些散热器可以局部调节，既有单管的特点，又有双管的特点。

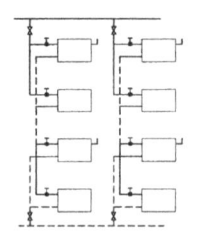

图5.14 单管、双管混合式热水供暖系统

5.2.3 管材与管道敷设

1. 供暖管道与管材

供暖管道采用材料及设备的规格、型号应符合设计要求；DN≤32 mm 的普通钢管（支管）使用丝接，应采用配套的管件；DN＞32 mm 的管道（干管），应采用焊接连接。所有管道的接口不得置于墙体内或楼板内。

2. 供暖管道的敷设要求

敷设供暖管道时，应遵循以下要求。

（1）室内供暖管道的敷设方式分为明装和暗装两种。管道沿墙、梁、柱外直接敷设称为明装；管道隐蔽敷设称为暗装。除了在对美观装饰方面有较高要求的房间内采用暗装，一般采用明装，如一般民用物业、公共物业及工业厂房。对剧院、礼堂、展览馆、宾馆，以及某些有特殊要求的物业可采用暗装，暗装室内美观，但造价高、维修困难。

（2）供暖系统的入口装置是指室内、室外供热管道连接的部位，设有压力表、温度计、循环管、旁通阀和泄水阀等。当供暖管道穿过基础、墙或楼板时，应按规定尺寸预留孔洞。热水供暖系统的入口装置示意图如图 5.15 所示。

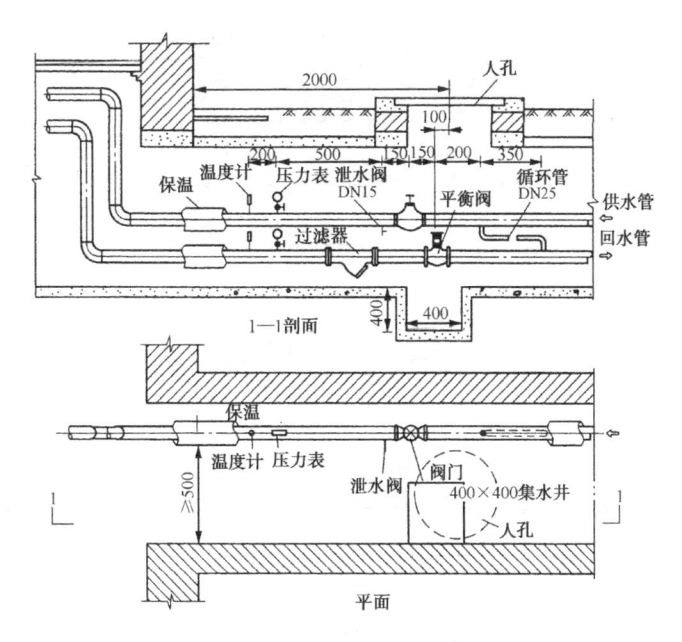

图 5.15　热水供暖系统的入口装置示意图

（3）干管做分支时，水平分支管应用羊角弯与立管连接，干管与立管的连接如图 5.16 所示。

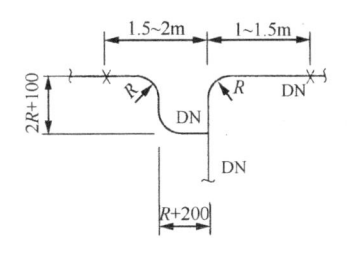

图 5.16　干管与立管的连接

（4）明装立管可布置在房间窗间墙或房间的墙角处，对于有两面外墙的房间，由于两面外墙的交接处温度最低，极易结露冻结，因此在房间的外墙转角处应布置立管。楼梯间的供暖管路和散热器冻结的可能性较大，因此，楼梯间的立管尽量单独设置，以防冻结后影响其他立管的正常供暖。立管安装在管道竖井内时，要求在沟槽内部抹灰，沟槽、管井应每层用隔板隔开，以减少因沟槽、管井中空气对流而形成的立管热散损失。

（5）在上供下回式供暖系统中，供水干管设在物业顶部的设备层内或吊顶内，要求不高的物业可敷设在顶层的天花板下。应在供暖管道的最高点设放气装置，最低点设泄水装置。回水干管或凝水干管一般敷设在地下室顶板之下或底层地面以下的地沟内。室内管沟一般为半通行地沟或不通行地沟，其净高一般为 1.0～1.2 m，净宽不小于 0.6 m。

（6）明装敷设在房间地面上的回水干管或凝结水管道过门时，需要设置过门地沟或门上绕行管道，便于排气和泄水。热水供暖系统回水干管过门如图 5.17 所示，此时应注意坡度，便于排气。蒸汽供暖系统，必须设置空气绕行管，凝水干管过门如图 5.18 所示。

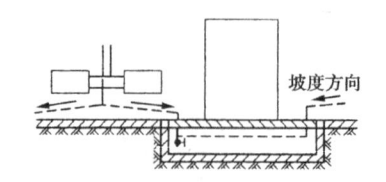

图 5.17　热水供暖系统回水干管过门

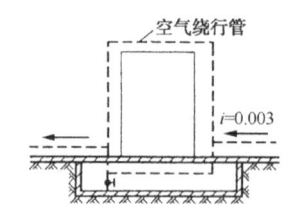

图 5.18　凝水干管过门

（7）管道穿越内墙及穿越楼板时应加套管，套管应固定在结构中。

3. 试压与冲洗

试压与冲洗是系统安装过程中不可缺少的环节。

（1）试压。系统安装完毕，应进行水压试验，低压蒸汽供暖系统，应以系统顶部工作压力的 2 倍进行水压试验，同时系统底部压力不小于 250 kPa。试验结束后，应将试验用水全部排空。

（2）冲洗。水压试验合格后，对系统进行清洗，清除系统中的污泥、铁锈等杂物，保证系统运行时介质流动畅通。清洗时，先将系统灌满水，然后打开泄水阀门，系统中的水连同杂物一起排出，反复多次，直到排出的水清澈透明为止。

5.3　蒸汽供暖系统

5.3.1　蒸汽供暖系统的组成

蒸汽供暖系统分为低压蒸汽供暖系统和高压蒸汽供暖系统。

蒸汽供暖系统一般由蒸汽锅炉、分汽缸、减压阀、蒸汽管道、散热器、疏水器、凝结水管、凝结水箱和凝结水泵等组成。

1. 低压蒸汽供暖系统

低压蒸汽供暖系统常采用上供下回双管式系统。上供下回双管式低压蒸汽供暖系统示意图如图 5.19 所示。由于蒸汽沿管道流动时向管外散失热量，因此会有一部分蒸汽凝结成水，称为沿途凝水。为了排除这些沿途凝水，在管道内最好使凝结水与蒸汽同向流动，即蒸汽干管应沿蒸汽的流动方向有向下的坡度。一般情况下，沿途凝水经蒸汽立管进入散热器，然后排入凝水管。必要时，在蒸汽干管上可设置专门的排除沿途凝水的排水管。

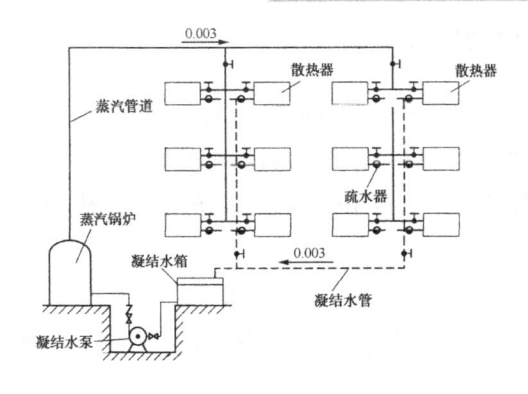

图 5.19　上供下回双管式低压蒸汽供暖系统示意图

为了保证散热器可以正常工作，应及时排除散热器中存在的空气，蒸汽供暖系统的散热器上要安装自动排气阀，位置在距散热器底 1/3 处，如图 5.20 所示。

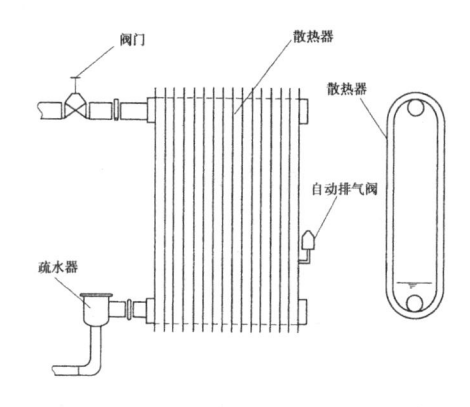

图 5.20　低压蒸汽供暖的散热器

蒸汽供暖系统的回水管始端必须设有疏水器，其作用是阻止蒸汽通过，是一种只允许凝结水通过的装置。在低压蒸汽供暖系统中，最常用的是恒温式疏水器和热动力式疏水器。

2. 高压蒸汽供暖系统

高压蒸汽由室外管网引入，在物业入口处设有分汽缸和减压装置。减压阀前的分汽缸是供生产用的，减压阀后的分汽缸是供暖用的，分汽缸的作用是调节和分配各物业所需的蒸汽量；而减压阀可以降低蒸汽的压力，并能稳定阀后的压力以保证供暖的要求。

上供下回式高压蒸汽供暖系统如图 5.21 所示，与低压蒸汽供暖系统相同，高压蒸汽供暖系统也有上供下回式、下供下回式、单管式、双管式等形式。

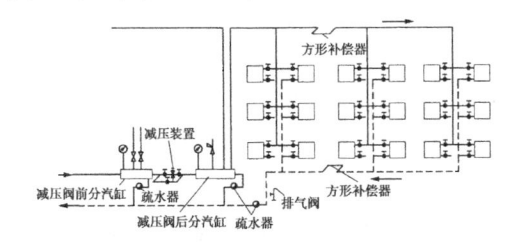

图 5.21　上供下回式高压蒸汽供暖系统

5.3.2 蒸汽供暖系统的特点

与热水供暖系统相比蒸汽供暖系统具有以下特点。

(1) 蒸汽供暖系统的热惰性小,即系统的加热和冷却过程都很快。

(2) 蒸汽供暖系统所需的蒸汽流量小,本身重力产生的静压力也很小,节省电能,散热器、管材及工程的初投资少。

(3) 蒸汽供暖系统的散热器表面温度高,易烫伤人,散热器表面的灰尘剧烈升华,卫生、安全条件不好,因此,蒸汽供暖系统适用于会议厅、影剧院等物业,不适用于医院、幼儿园、学校等物业。

(4) 蒸汽的"跑、冒、滴、漏"等现象严重,热损失大。

(5) 由于蒸汽供暖系统间歇工作,管道内时而充满蒸汽,时而充满空气,管道内壁氧化腐蚀严重,因此,蒸汽供暖系统比热水供暖系统寿命短。

5.4 热风供暖系统

热风供暖系统所用热媒为室外新鲜空气、室内循环空气或二者的混合气体。一般热风供暖系统只采用室内再循环空气,属于闭式循环系统。若采用室外新鲜空气应结合物业通风考虑。

在热风供暖系统中,首先对空气进行加热处理,然后送到供暖房间散热,以维持或提高室内温度。加热设备常采用空气加热器,它由蒸汽或热水通过金属壁传热使空气获得热量,也可用高温烟气加热空气,SRL 型空气加热器外形图如图 5.22 所示。在图 5.22 中:A_1 表示内板长度;A_2 表示板距长度;A_3 表示外板长度;B_1 表示内板高度;B_2 表示板距高度;B_3 表示外板高度;C 表示厚度。

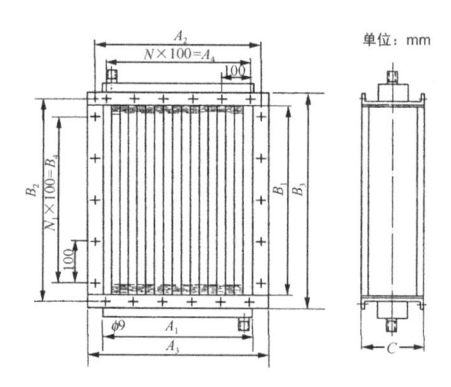

图 5.22 SRL 型空气加热器外形图

在室内空气再循环的热风供暖系统中,常采用暖风机供暖方式。暖风机是由通风机、电动机和空气加热器组合而成的联合机组,可独立作为供暖设备用于各类厂房中。暖风机的安装台数由散热量计算确定,一般不少于 2 台。

NA 型暖风机外形图如图 5.23 所示,它用蒸汽或热水加热空气。暖风机可直接装在供暖房间内，蒸汽或热水通过供热管道输送到暖风机内的空气加热器中，加热室内的循环空气，热空气经暖风机出口处的百叶孔板送出。

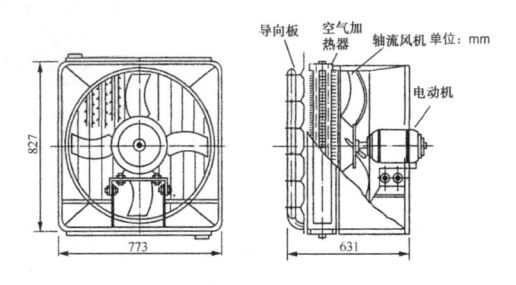

图 5.23　NA 型暖风机外形图

在布置暖风机时，暖风机不宜靠近人体或直接吹向人体，多台暖风机的射流要互相衔接，使空气在供暖房间形成环流，射程内不得有高大设备或障碍物阻挡空气流动。

热风供暖系统具有热惰性小、兼有通风换气作用、能迅速提高室温的优点，但是噪声比较大，适用于体育馆、戏院及大面积的工业厂房等物业。通常采用暖风机或与送风系统相结合的热风供暖方式。

5.5　供暖设备

供暖设备设于供暖系统中，用于向房间提供热量，以补偿房间的热量损失，使室内保持一定的温度。供暖设备包括散热器和辅助设备两部分。

5.5.1　散热器

在供暖系统中，散热器是在供暖房间内的放热设备，它将热媒携带的热能以传导、对流、辐射等方式传递给房间，以补偿房间的热量损失，维持室内正常工作和生产所需的温度，达到供暖的目的。

对散热器的要求是传热能力强、单位体积内散热面积大、耗用金属少、成本低、具有一定的机械强度和承压能力、不漏水、不漏气、外表光滑、不积灰、易于清扫、体积小、外形美观、耐腐蚀、使用寿命长。

散热器的种类有很多，常用散热器有铸铁散热器和钢制散热器。

1. 铸铁散热器

铸铁散热器是目前使用最多的散热器，它具有耐腐蚀、使用寿命长、热稳定性好、结构简单等特点，但金属耗量大，安装和运输劳动量大。

工程中常用的铸铁散热器有翼形散热器和柱形散热器两种。

（1）翼形散热器。翼形散热器有圆翼形散热器和长翼形散热器两种。翼形散热器的制造工艺简单、价格低。圆翼形散热器如图 5.24 所示。它是一根管子外面带有许多圆形肋片的铸铁件，在其两端有法兰与管道连接。长翼形散热器如图 5.25 所示。它的外表面具有许多竖向肋片，外壳内部为扁盒状空间，可以由多片组装成一组散热器。

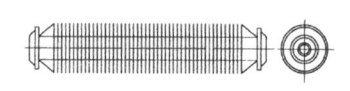

图 5.24　圆翼形散热器

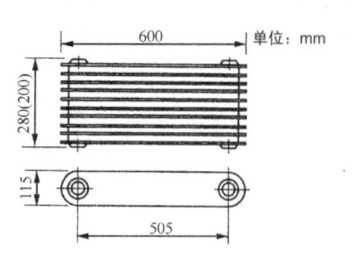

图 5.25　长翼形散热器

（2）柱形散热器。柱形散热器是呈柱状的单片散热器，其外表光滑、无肋片，每片各有几个中空的柱相连通。根据散热面积的需要，可将多片散热器组装成一组。该散热器主要有二柱、四柱、五柱 3 种类型，如图 5.26 所示。柱形散热器的传热性能较好、易清扫、耐腐蚀性好、造价低，但是施工安装较复杂，组片接口多。

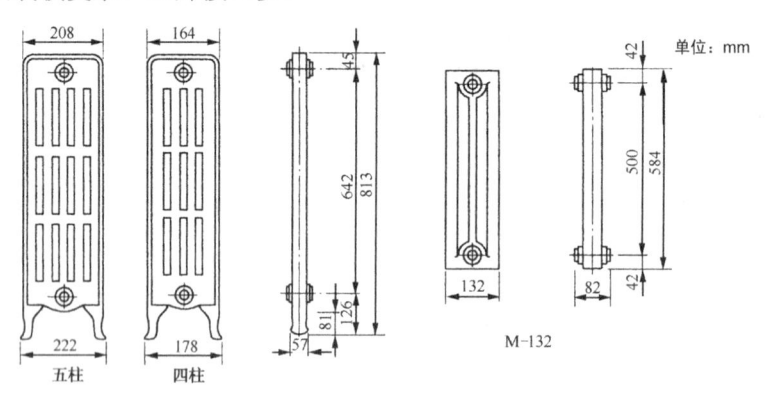

图 5.26　柱形散热器

2. 钢制散热器

钢制散热器耐压强度高、外形美观整洁、金属耗量少、占地较少、便于布置，但是易受腐蚀、使用寿命较短，不适用于蒸汽供暖系统和潮湿及有腐蚀性气体的场所，主要有钢串片散热器、钢制板式散热器、钢制柱形散热器及钢制扁管形散热器四大类。

（1）钢串片散热器。钢串片散热器如图 5.27 所示，它由钢管、钢串片、联箱、放气阀及管接头组成。钢串片散热器的特点是重量轻、体积小、承压高、制造工艺简单，但是造价高、耗钢材多、水容量小、易积灰尘。

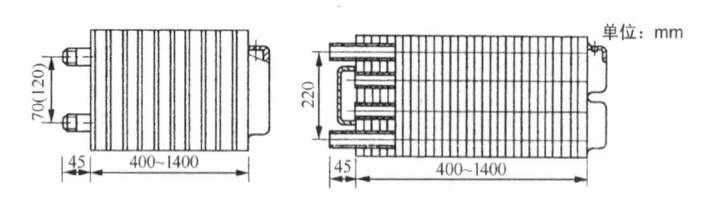

图 5.27　钢串片散热器

（2）钢制板式散热器。钢制板式散热器如图 5.28 所示，在图 5.28 中：L 表示宽度；H 表示高度；H_1 表示上下管接头；H_2 表示对流孔高度；B 表示厚度。它由面板、背板、对流片和进出管接头等部件组成。钢制板式散热器具有传热系数大、美观、重量轻、安装方便等优点，但是热媒流量小、热稳定性较差、耐腐蚀性差、成本高。

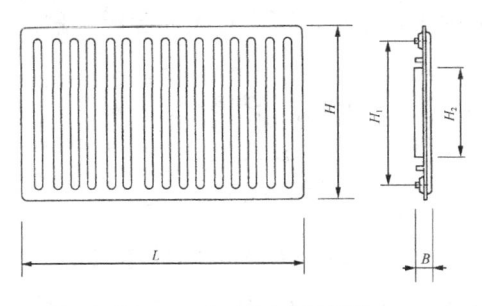

图 5.28　钢制板式散热器

（3）钢制柱形散热器。钢制柱形散热器是用普通冷轧钢板制成的，有三柱和四柱两种类型，如图 5.29 所示。这种散热器的水容量大、热稳定性好、易于清扫；但是造价高、金属热强度低。

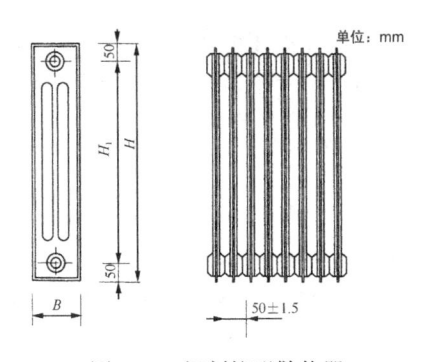

图 5.29　钢制柱形散热器

（4）钢制扁管形散热器。钢制扁管形散热器采用扁管作为散热器的基本单元，将数根扁管叠加焊接在一起，在两端加上联箱形成扁管单板散热器，如图 5.30 所示。这种散热器的水容量大、热稳定性好、易于清扫；但造价高、金属热强度低。

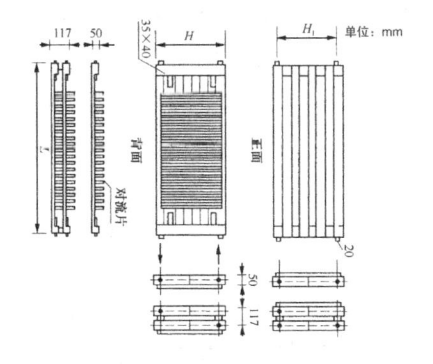

图 5.30　钢制扁管形散热器

3. 散热器的安装

安装散热器时，需要注意以下事项。

（1）散热器单组水压试验。散热器试压时，用工作压力的 1.5 倍试压，试压不合格的需要重新组对，直至合格。散热器单组试压装置如图 5.31 所示。试压时直接升压至试验压力，稳压 2～3 min，逐个接口进行外观检查，不渗不漏即合格，渗漏者应标出渗漏位置，拆卸重新组对，再次试压。散热器单组试压合格后，可进行表面除锈，刷一道防锈漆，刷一道银粉漆。

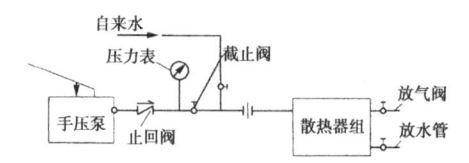

图 5.31　散热器单组试压装置

散热器组对的连接零件称为汽包对丝，使用的工具称为汽包钥匙，如图 5.32 所示。柱形散热片、辐射对流散热片组对时，用短钥匙；长翼形散热片组对时，用长钥匙（长度为 400～500 mm）。组对应在木制组对架上进行。

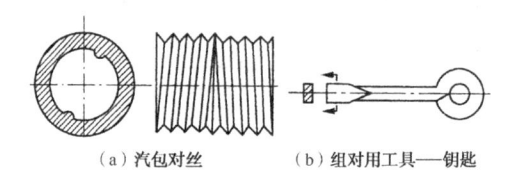

图 5.32　汽包对丝及钥匙

（2）散热器的布置。散热器应布置在外窗下，当室外冷空气从外窗渗透进室内时，散热器散发的热量会将冷空气直接加热，人处在暖流区域会感到舒适。为了防止散热器冻裂，散热器不应布置在无门斗或无前厅的大门处，对带有壁龛的暗装散热器，在安装暖气罩时，应考虑有良好的对流和散热空间，并留有检修的活门或可拆卸的面板；散热器一般应明装，布置简单。

对内部装修要求较高的民用物业可采用暗装。托儿所和幼儿园应暗装或加防护罩。铸铁散热器的组装片数不应超过下列数值：二柱（M132 型）——20 片；四柱（柱形）——25 片；长翼形——7 片。

（3）散热器的组对。散热器的组对一般应在供暖系统安装一开始就进行，主要包括散热器的组对、单组水压试验、跑风门安装、支管安装、刷漆等。散热器的组对材料有汽包对丝、汽包垫、丝堵和补芯。铸铁散热器在组对前，应先检查其外观是否有破损、砂眼、规格型号是否符合图纸要求等。然后将散热片内部清理干净，并用钢刷将对口处丝扣内的铁锈刷净，按正扣向上，依次码放整齐。

散热片通过钥匙用汽包对丝组合而成；散热器与管道连接处通过补心连接；散热器不与管道连接的端部，用散热器丝堵堵住。落地安装的柱形散热器应由中片和足片组对，14 片以下两端装足片；15～24 片装 3 个足片，中间的足片应置于散热器正中间。

（4）散热器的安装。散热器的安装应在土建内墙抹灰及地面施工完成后进行，安装前应按图纸提供的位置在墙上画线、打眼，并将进行过防腐处理的托钩安装结实。同一房间内的散热器的安装高度要一致；挂好散热器后，再安装与散热器连接的支管。

5.5.2 辅助设备

1. 水泵

供暖系统要设置循环水泵和补水水泵。

循环水泵用于保证供暖系统的正常运行并提供动力;由于各种原因,供暖系统的运行要损失部分水量,应设置补水水泵给系统补水。

2. 膨胀水箱

在热水供暖系统中,水被加热后体积会膨胀,为了容纳这部分膨胀水量,系统要设膨胀水箱;当系统温度降低,热媒体积收缩或者系统水量漏失时,又需要由膨胀水箱将水补给系统。在自然循环热水供暖系统中,膨胀水箱还起排出系统中空气的作用,所以它连接在总供水立管上部;在机械循环系统中,利用膨胀水箱给系统定压,并防止水汽化,膨胀水箱设置在系统最高点以上 600 mm 处,且其膨胀管连接到水泵吸入口附近的回水干管。

膨胀水箱上一般有以下配管。

(1)膨胀管。在机械循环热水供暖系统中,与系统回水干管相连接,是供暖系统的水进入膨胀水箱和从膨胀水箱补水的管道。

(2)循环管。当膨胀水箱有可能冻结时,为了防止膨胀水箱冻结设置了循环管。它的作用是与膨胀管配合,使膨胀水箱中的水在两管内产生微弱的循环,防止膨胀水箱冻结。在系统中,一般将它连接在膨胀管连接点前 3.0 m 左右处。

(3)检查管。也称信号管,通常引到锅炉房洗涤盆等容易观察及操作的地方,末端装有阀门,可以随时打开检查系统中的充水情况。

(4)溢流管。当膨胀水箱中水量过多时,通过溢流管排出,溢流管也可以用于排除系统中的空气。

(5)排污管。在膨胀水箱排污和检修放水时使用,设在水箱底部。

膨胀水箱用钢板焊接而成,有圆形和矩形两种。膨胀水箱应设在统一供暖系统中最高物业的顶部,通常放在闷顶内。另外,直接利用城市热网或区域供暖管网的工程,各系统可不另设膨胀水箱。小区锅炉房已有膨胀水箱的外网,单体物业也不必另设膨胀水箱。膨胀管、溢流管、循环管上均不得安装阀门。膨胀水箱及其配管与系统的连接示意图如图 5.33 所示。

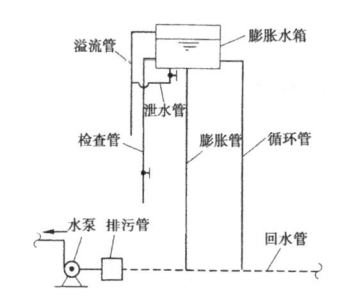

图 5.33 膨胀水箱及其配管与系统的连接示意图

3. 排气装置

在热水供暖系统中,排气装置用于排出管道、散热设备中的不凝性气体,以免形成空气塞,破坏水循环,造成系统局部不热。

（1）集气罐的安装。集气罐用直径为 100～250 mm 的钢管制成，有立式集气罐和卧式集气罐两种，如图 5.34 所示。集气罐顶部连有直径为 15 mm 的放气管，管子的另一端引到附近卫生器具上方，并在管子末端设阀门定期排除空气。安装集气罐时应注意：集气罐应设于供暖系统供水干管末端最高处，并使供水干管逆坡以利于排气。

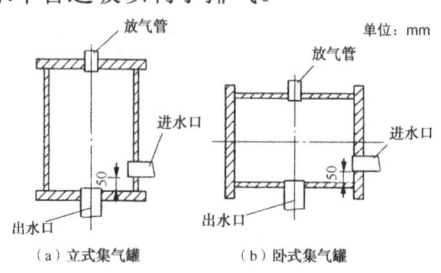

图 5.34 集气罐

（2）手动排气阀。手动排气阀如图 5.35 所示，它适用于公称压力 $P \leqslant 600$ kPa，工作温度 $t \leqslant 100$ ℃的热水或蒸汽供暖系统的散热器上，它以手动方式排除空气。

（3）自动排气阀。自动排气阀靠水对浮体的浮力，通过自动阻力和排水机构使排气孔自动打开或关闭，达到排气的目的，如图 5.36 所示。它安装方便、体积小巧、避免了人工操作管理的麻烦，在热水供暖系统中被广泛采用。

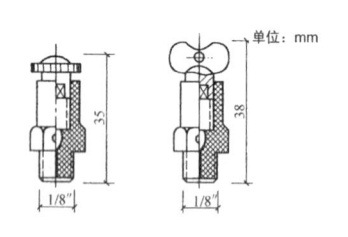

图 5.35 手动排气阀

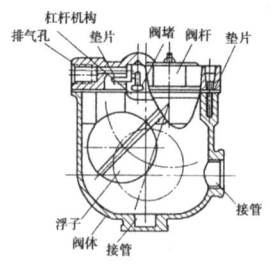

图 5.36 自动排气阀

4. 疏水器

在蒸汽供暖系统中，散热设备及管网中的凝结水和空气通过疏水器自动而迅速地排出，同时阻止蒸汽逸漏。

疏水器按其工作原理不同可分为机械型疏水器、热动力型疏水器和恒温型疏水器。

（1）浮桶式疏水器。浮桶式疏水器属于机械型疏水器，它依靠蒸汽和凝结水的密度差工作，如图 5.37 所示。

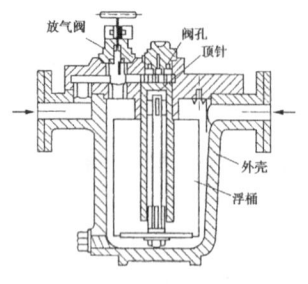

图 5.37 浮桶式疏水器

（2）热动力型疏水器。热动力型疏水器是利用相变原理靠蒸汽和凝结水热动力学特性的不同工作的，如图 5.38 所示。

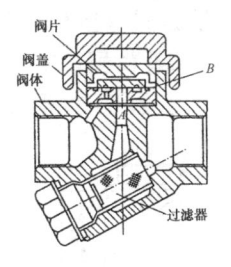

图 5.38　热动力型疏水器

（3）恒温型疏水器。恒温型疏水器是利用蒸汽和凝结水的温度差引起恒温元件变形而工作的，如图 5.39 所示。

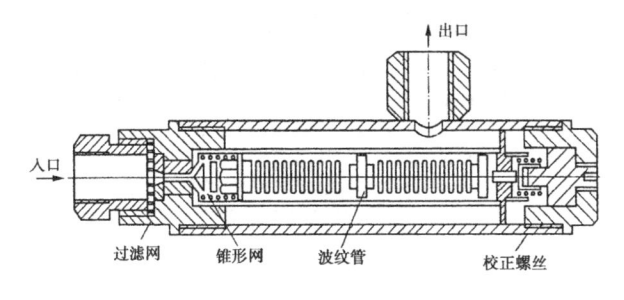

图 5.39　恒温型疏水器

5. 除污器

除污器的作用是截留、过滤管网中的污物和杂质，以防造成管路堵塞，一般安装在用户入口的供水管道上或循环水泵之前的回水总管上。

除污器结构图如图 5.40 所示，是圆筒形钢制筒体，有卧式和立式两种。其工作原理：水由进水管进入除污器内，水流速度突然减小，使水中污物沉降到筒底，较清洁的水由带有大量小孔（起过滤作用）的出水管流出。

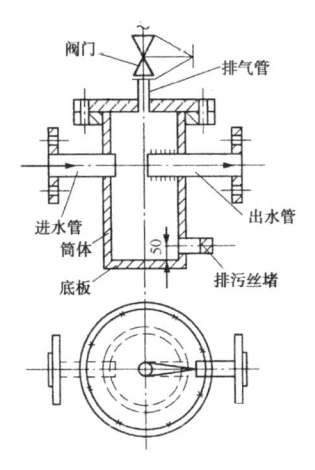

图 5.40　除污器结构图

6. 补偿器

在供暖系统中,平直管道的两端都被固定不能自由伸长时,管道会因伸长而弯曲,管道的管件有可能因弯曲而破裂。管道伸缩的补偿方式有自然补偿和补偿器补偿两种形式。

(1)方形补偿器。方形补偿器属于自然补偿器,多为现场加工用无缝钢管煨制而成的,安装方便、补偿能力大、不需要经常维修、应用较广。方形补偿器有4种基本形式,如图5.41所示。

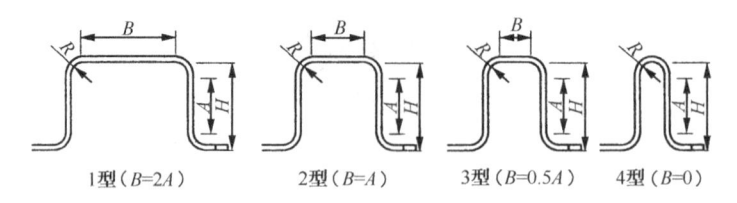

图 5.41　方形补偿器

(2)套管式补偿器。套管式补偿器具有补偿能力大、占地面积小、安装方便、水流阻力小等优点,但需要经常维修、更换填料,以免漏气漏水。套管式补偿器如图5.42所示,其安装位置应设在靠近固定支架处,补偿器的轴心与管道轴心应在同一直线上。

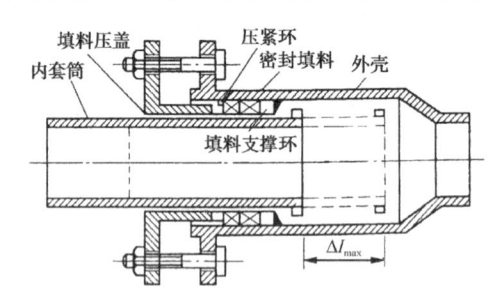

图 5.42　套管式补偿器

5.6　分户计量及地板辐射热水供暖系统

分户计量热水供暖系统,即一户一阀式供暖系统,是物业节能的重要手段之一,是近些年新建住宅普遍采用的一种供暖形式。

5.6.1　分户计量热水供暖系统

分户计量热水供暖系统的热媒采用了一户一阀控制,用热量采用热量表计量,是供暖节能的重要手段之一,它方便了供暖系统的运行管理。热量表原理图如图5.43所示,其中,热量表计量用户的用热量,并作为供暖费收缴的依据,它由流量计、温度传感器和积分仪组成。流量计测量供水或回水的流量并以脉冲的形式传送给积分仪,温度传感器测量供水与回水之间的温差,积分仪根据这些数据算出供暖系统消耗热量的值。

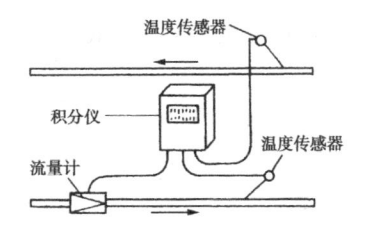

图 5.43　热量表原理图

室内供暖系统的形式可布置成水平单管串联式供暖系统，如图 5.44（a）所示。该系统竖向无立管，室内美观，但需要设排气阀，不能分室控制温度。

水平单管跨越式供暖系统如图 5.44（b）所示，它可以实现分室控制温度。

章鱼式供暖系统如图 5.44（c）所示，它的管线埋地敷设，不影响室内美观和装修，可以实现分室控制温度，调节性能也优于单管供暖系统，但耗用管材较多。管材可采用交联聚乙烯管、聚丁烯管或铝塑复合管等。

（a）水平单管串联式供暖系统　　（b）水平单管跨越式供暖系统

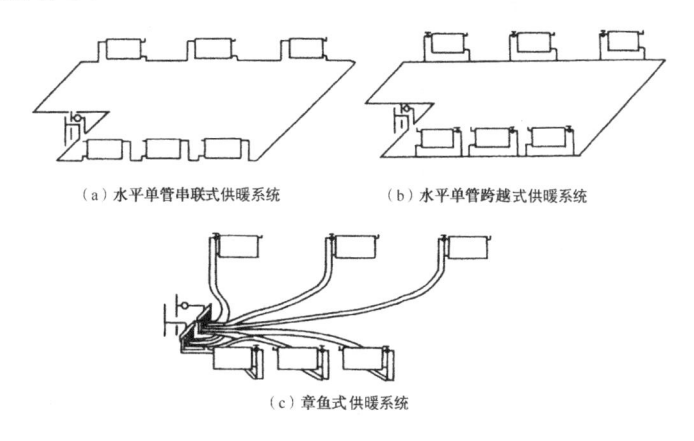

（c）章鱼式供暖系统

图 5.44　分户计量的供暖系统

注：图中〇为热量表，阀门为温控阀。

5.6.2　地板辐射热水供暖系统

地板辐射热水供暖系统是分户供暖的一种形式，也是现在用得越来越多、最舒适的供暖方式。

1. 地板辐射热水供暖系统的组成

地板辐射热水供暖系统一般由温控阀、分水器、集水器、除污器、保温层、铝箔层和盘管等组成。

2. 地板辐射热水供暖系统的设计要求

地板辐射热水供暖系统的结构如图 5.45 所示。在钢筋混凝土地板上先用水泥砂浆找平，再铺聚苯或聚乙烯泡沫作为保温层，板上部再覆一层夹筋铝箔层，在铝箔层上敷设加热盘管，并以卡钉将盘管与保温层固定在一起，然后浇筑 40～60 mm 厚细石混凝土作为埋管层。

地板辐射热水供暖系统适用的热媒温度≤65℃（最高水温 80℃），供水、回水温差为 8～15℃。

管材选用交联聚乙烯管时,其工作压力≤0.8 MPa;管材选用铝塑复合管时,其工作压力≤2.5 MPa。

系统安装时,用卡钉将加热盘管在地面固定牢固,地下管不得有接头,安装完毕后,及时对系统进行水压试验。

3. 地板辐射热水供暖系统的特点

与散热器对流供暖相比地板辐射热水供暖具有以下特点。①节约能耗,可将热效率提高20%~30%左右;②在辐射强度和温度的双重作用下,能形成比较舒适的热环境;③室内美观,不需要安装散热器和连接散热器的支管和立管,增加了室内的使用面积;④可实现国家节能标准提出的"按户计量,分室调温"的要求。采用地板辐射供暖的地面适于铺设大理石、地砖、复合地板等,不得采用用钉固定的普通地板,以免打穿地下加热盘管造成漏水。

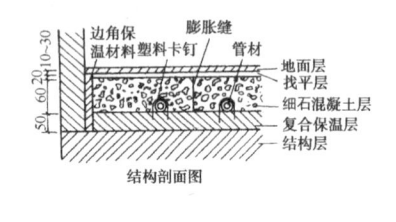

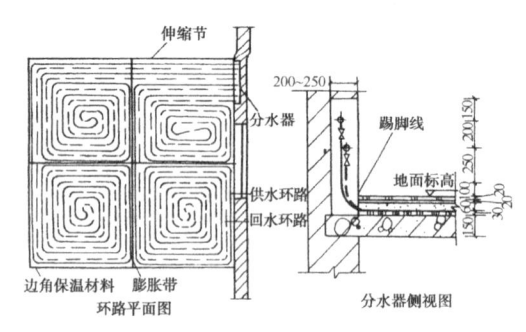

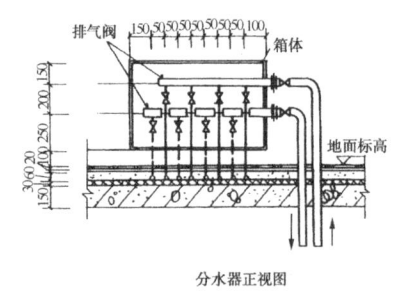

图 5.45 地板辐射热水供暖系统的结构

5.7 供暖系统的运行管理与维护

供暖系统是冬季寒冷地区物业必备的供暖设施,也是物业设备管理的内容之一,其目的就是使物业在供暖期内能正常供暖,为人们提供一个舒适的生活、学习和工作的环境。

5.7.1　供暖系统的试运行与调节

供暖系统正式运行前要进行水压试验，水压试验合格后方可进行试运行与初调节。

1. 供暖系统的试运行与初调节

供暖系统试运行与初调节的具体要求如下所示。

（1）系统冲洗。系统冲洗可排除管道和设备内的砂石、焊渣及细小杂质等。

（2）通热水运行。将管网及设备充满水，检查正常后开始加热。首先打开管网阀门，接通热源，逐渐升至设计温度，外网循环正常后，再打开用户管道，先远后近逐个进行。

（3）初调节。在管网和用户都维持正常压力的条件下，调节阀门使各环路阻力平衡，散热器均匀散热，以保证各房间都能达到设计温度。

2. 供暖系统的运行与调节

为了使供暖系统适合室外气温、风向、风速等气象条件的变化，必须对系统进行调节。

运行与调节分为集中调节和局部调节。集中调节指调节从热源输出的热媒流量和温度以改变输送的总热量，可调节单个参数，也可同时调节两个参数；局部调节指利用单组散热器支管上的阀门改变热媒流量，以调节散热量。

5.7.2　供暖系统的常见故障与处理

1. 供暖管道的泄漏

因管道压力过大、腐蚀、外力及人为等因素，使室外管道及附件产生破裂和渗漏，这是供暖系统常见的故障。一经发现该故障，首先要关闭泄漏处前、后的上水与下水的阀门，然后排泄管道内的存水，更换破损的管道或附件，再开启阀门，运行系统。

2. 供暖管道的堵塞

因供暖管道的堵塞造成室内外供暖管道及室内散热器不热，是供暖系统常见的技术故障，主要有以下几种原因。

（1）气堵。在热水供暖系统中，气堵表现为上层散热器不热，一旦管道中存留了空气，将会堵塞这段管道的流通断面，严重时可能形成气塞，使部分管道中的水停止流动，散热器不能散热。在蒸汽供热系统中，凝水管中若存有空气，凝水就不能顺利返回，影响系统的正常运行。一般处理方法是正确选择集气罐的位置，打开放气阀放出空气。

（2）栓塞。栓塞是管道及水质产生的污垢沉淀造成管道堵塞，减少了管道的热媒流量，使系统出现不热的故障。一般处理方法是开启除污器，冲刷管道污垢或人工清掏污垢，使供暖管道畅通。

（3）冻结。发现冻结要及时处理，否则容易使管道或散热器破裂。冻结的主要处理方法是用火烤化冻结的管道或更换冻结的管道。

3. 上层散热器过热、下层散热器不热

上层散热器过热、下层散热器不热的原因是供暖系统产生了垂直水力失调，导致上层散热

器的热媒流量过多,而下层散热器的热媒流量过少,此时应关小上层散热器支管上的阀门,开大下层散热器支管上的阀门。

4. 上层散热器不热

上层散热器不热的原因是上层散热器保存了空气,此时应及时排出散热器中的空气;另一种原因是上层散热器缺水,这时应启动补水水泵给供暖系统补水。

5. 各立管上散热器的温差太大

各立管上散热器的温差太大的原因是供暖系统产生了水平水力失调,导致部分立管热媒流量过大,而另一部分立管热媒流量过小。这时应将温度高的散热器的立管阀门关小,同时将温度低的散热器的立管阀门开大。

6. 一组散热器中单片散热器片不热

这种一组散热器中单片散热器片不热的故障一般出现在支管同侧进出散热器的末端散热片上。一种原因是末端散热片存有空气,导致部分或整片不热,此时应及时排出散热片中的空气;另一种原因是散热片下部出水口被系统中的杂质或污物堵塞,导致水在散热片中不循环,这时应拆下散热器的丝堵,进行疏通并排出杂质和污物。

5.7.3 供暖系统的维护与管理

1. 室外管网的维护

室外管网应定期进行检查并修复变形的管道支架;修复保温层,减少热量损失和防止管内水冻结;防止管道因热应力和压力过大使管道破裂,如果出现管道破裂的情况,要及时关闭阀门,更换破损的管道,并及时排出地沟内的积水。

要在必要处设置排污器,定期排出沉淀杂质,疏通管道,防止管道堵塞;若管道内存有空气也会产生断面堵塞,要定期检查排气设备,定期排气,排除气堵塞,使管网正常运行;在停热期做好管道及附件设备的防腐处理,以延长供热系统的使用寿命。

2. 室内管网的维护

定期检查管道连接处,检查各种阀门和连接管件是否泄漏,若发现泄漏应及时关闭阀门,排出系统内的水,以便及时维修。

若发现室内管网局部不热,要考虑是否有气堵或是管内有污垢堵塞,并及时排气和清垢,使系统正常工作。

要巡视并观察室内的温度变化,及时调节系统(分为集中调节、局部调节和个体调节),使用户散热设备的散热量与用户的热负荷变化相适应,防止室内温度过高或过低。

停热期间要做好暖气片的污垢清掏工作,为下一个供暖期做好准备。

3. 热源的维护

锅炉房是城镇供暖系统的热源,是供暖系统的中心,也是日常维护的重点;热力站是物业小区的热源,它会直接影响小区的供暖效果。

要制定锅炉房或热力站的各项规章制度，包括安全操作制度、水质处理制度、交换班制度等。

锅炉房内有锅炉本体和维护锅炉正常工作的各种设备，有运煤除渣的、送引风的、除尘的、除氧的、排污的水泵和阀门及各种电气仪表等设备。它们是锅炉房维护工作的重点，只有保养好这些设备，使其正常工作，整个供暖系统才能正常运行。

热力站的各种附件包括水箱、循环水泵、除污器、压力表、温度表、安全阀、水位表和水位报警器等，这些部件日常维护的好坏，关系到供暖系统的安全问题。要保持这些仪表、阀门的灵敏度，保障锅炉房内的给水系统与排水系统的通畅，做好水质的软化和除氧处理，防止设备、管道结垢和腐蚀，保证锅炉热力站安全工作并延长其使用寿命，使供热系统更经济地运行。

4．用户管理

用户管理是指对用户室内散热设备的运行情况的检查、维护，供暖费用的收取，以及对用户设备使用的指导。主要包括以下内容。

（1）用户家庭装修需要变动散热器的位置、数量或型号时，应取得物业管理人员的同意。

（2）遇到供暖故障时与物业管理公司联系。

（3）指导用户如何采取保温措施、合理供暖以达到节约能源的目的。

知识拓展　二维码——供暖施工图

　　　　　二维码——小区供热管道的敷设

思考与练习

1．单管供暖系统和双管供暖系统有何区别？
2．机械循环热水供暖系统由哪些部分组成？
3．试述蒸汽供暖系统与热水供暖系统的区别。
4．散热器布置应注意哪些事项？
5．常用的散热器有哪些？
6．膨胀水箱的作用是什么？它由哪些管路组成？
7．机械循环热水供暖系统包括哪些系统形式？
8．叙述热力站的作用及其组成。
9．散热设备主要有几种类型，各有什么优缺点？
10．说明供暖管道穿越墙壁和楼板的方法。
11．简述小区供暖管道的敷设方法。
12．供暖系统的运行与管理包括哪些内容？
13．供暖系统常出现的故障是什么？如何排除？

第6章 物业室内热水与燃气供应系统

【教学提示】

本章主要介绍物业室内热水供应系统、燃气供应系统及燃气系统施工图的识读和燃气供应系统的维护与管理。

（1）热水供应系统的主要内容包括热水供应系统的组成与分类及各组成部分的作用，热水的加热方式和供应方式；由于水温不同对管网及附件的特殊要求，对饮用水供应的特殊要求，以及对太阳能热水器的布置要求；热水管道的敷设与室内给水管道的敷设方法基本相同，注意由于水温不同产生的差别，主要是因为热胀冷缩带来的影响和管道材质对水温的适应性。

（2）燃气供应系统主要包括燃气系统的种类和组成、燃气系统的试验、物业民用燃气管道、表前阀门的安装、燃气灶前阀门的安装、燃气计量表的安装、燃气软管的连接和燃气灶的设置；燃气管道的敷设分为埋地敷设和户内管道沿墙明设两种；室外燃气系统安装包括燃气管道安装和燃气管道附件安装（如阀门、补偿器、排水器等）；燃气管道的试验包括吹洗、强度试验和严密性试验。

（3）燃气供应系统的维护与管理。保证系统的正常供气、阀门开关灵活、燃气计量准确；保证燃气管道及其设备严密、不漏气，保证系统的安全运行。

【培养目标】

通过本章的学习，掌握热水供应系统和燃气供应系统的组成、工作原理和管道的敷设要求；熟悉燃气设施的维护和使用；了解热水供应系统和燃气供应系统的组成工况和验收方法。

6.1 室内热水供应系统

室内热水供应系统指水的加热、储存和输配的总称，其任务是满足物业内人们在生产和生活中对热水的需求。

6.1.1 热水供应系统的组成与分类

1. 热水供应系统的分类

热水供应系统可分为以下两类。

（1）局部热水供应系统。局部热水供应系统的供水范围小、热水分散制备，一般靠近用水点设置小型加热设备供给一个或几个用水点使用，系统简单、维护管理方便灵活，但热效率低、制热水成本高，如小型电热水器、小型燃气热水器、太阳能热水器等，适用于单元式住宅、医院、诊所等热水点分散的物业。

（2）集中热水供应系统。集中热水供应系统具有供水范围大、加热器及其他设备集中、可集中管理、加热效率高、热水制备成本低、占地面积小、设备容量小等特点，但系统复杂、管线长、投资较大，适用于住宅、高级宾馆、医院等公共物业和工业物业。集中热水供应系统由热源、热媒管网、热水输配管网、循环水管网、热水储存水箱、循环水泵、加热设备及配水附件等组成，如图 6.1 所示。锅炉产生的蒸汽经热媒管送入水加热器将冷水加热，凝结水流回凝水箱，再由凝结水泵打入锅炉加热成蒸汽。由冷水箱向水加热器供水，水加热器中的热水由配水管送到各用水点。为了保证热水的温度，补偿配水管的热损失，需要设热水循环管。

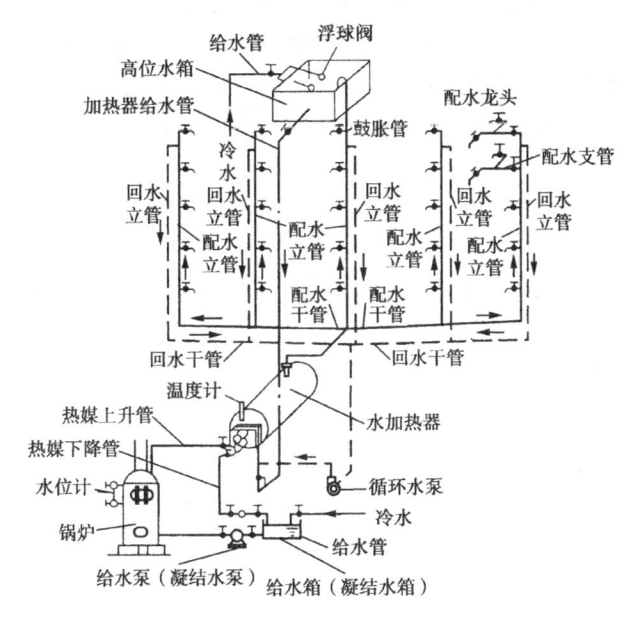

图 6.1 集中热水供应系统组成示意图

2. 热水供应系统的组成

热水供应系统由以下几部分组成。

（1）热媒循环管网（第一循环系统）。热媒循环管网由热源、水加热器和热媒管网组成。锅炉产生的蒸汽经热媒管网送入水加热器，加热冷水后变成凝结水回到凝结水箱，由凝结水泵将凝结水送入锅炉重新加热成蒸汽，如此循环完成水的加热。

（2）热水配水管网（第二循环系统）。热水配水管网由热水配水管网和循环管网组成。配水管网将在加热器中加热到一定温度的热水送到各配水点，冷水由高位水箱或给水管网补给；支管和干管设循环管网，用于使一部分水回到加热器重新加热，以补偿热量损失，避免热水温度的降低。

（3）附件和仪表。为了满足热水供应系统中控制和连接的需要，常使用的附件包括各种阀门、水龙头、补偿器、疏水器、自动温度调节器、温度计、水位计、膨胀罐和自动排气阀等。

3. 热水水温和水质要求

生活用热水的使用温度与使用对象、气候条件和生活习俗有关。生活用热水的水温一般为 25~60℃，水加热器的出水温度一般不超过 75℃。

热水供应系统管道和设备的腐蚀和结垢是应考虑的主要因素，它关系到管道和设备的使用年限和维修费用。腐蚀由溶解氧引起，水垢主要与水的硬度有关，因此，必须对水的硬度指标加以控制。

生活用热水应符合我国的《生活饮用水卫生标准》中的要求；生产用热水应满足工艺要求。

6.1.2 热水的加热方式和供应方式

热水的加热方式可分为直接加热方式和间接加热方式。

直接加热方式也称一次换热，利用燃气、燃油、燃煤为燃料的热水锅炉将冷水直接加热到所需温度，或者将蒸汽或高温水通过穿孔管或喷射器直接与冷水接触混合制备热水。该种方式仅适用于有高质量的热媒、对噪声要求不严格，或定时供应热水的公共浴室、洗衣房、工矿企业等用户。

间接加热方式也称二次换热，利用热媒通过水加热器将热量传给冷水，将冷水加热到所需热水温度，而热媒在整个加热过程中与被加热水不直接接触。这种加热方式噪声小，不会污染被加热的水，运行安全可靠，适用于要求供水安全稳定、噪声低的旅馆、住宅、医院、办公楼等物业。

6.1.3 管材、附件和加热设备

1. 管材、附件

热水供应系统的管道应采用塑料管、复合管、镀锌钢管和铜管，管道及附件的安装与给水系统相同。这些管材的主要优点是卫生指标优良，适用于温度不低于80℃的介质，能保证水质、质量轻、施工方便，但价格较贵。

2. 加热设备

加热设备常用以蒸汽或高温水为热媒的水加热设备。

（1）容积式水加热器。容积式水加热器内设换热管束并具有一定的贮热容积，既可加热冷水又可储备热水，常用热媒为饱和蒸汽或高温水，有分立式和卧式两种形式，容积式水加热器结构图如图 6.2 所示。容积式水加热器的主要优点是具有较大的储存和调节能力，被加热的水流速低，压力损失小，出水压力平稳，水温较稳定，供水较安全。但该加热器的传热系数小、热交换效率较低、体积庞大。

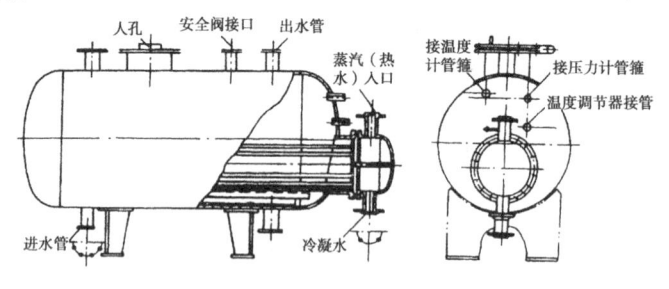

图 6.2 容积式水加热器结构图

（2）快速式水加热器。在快速式水加热器中，热媒与冷水通过较高速度流动，属于紊流加

热，提高了热媒对管壁及管壁对被加热水的传热系数，提高了传热效率，由于热媒不同，有汽-水、水-水两种类型。加热导管有单管式、多管式、波纹板式等多种形式。

（3）半即热式水加热器。半即热式水加热器是带有超前控制，具有少量贮水容积的快速式水加热器。

（4）自动温度调节器。当需要控制水加热器出口的水温时，常采用直接式或间接式自动温度调节器，它实质上由阀门和温包组成，温包放在水加热器热水出口管道内，通过感受温度自动调节阀门的开启及开启度的大小，阀门放置在热媒管道上，自动调节进入水加热器的热媒量，其结构示意图如图 6.3 所示，其安装示意图如图 6.4 所示。

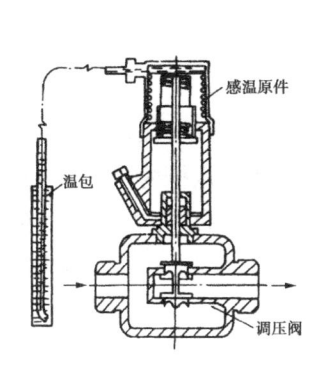

图 6.3　自动温度调节器的结构示意图 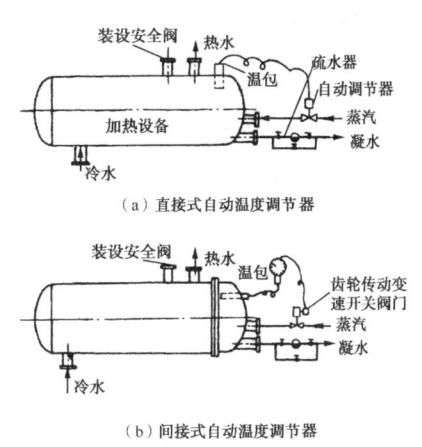　　图 6.4　自动温度调节器的安装示意图

6.1.4　热水供应系统管网的布置与敷设

1. 热水管网的布置

热水管网的布置可采用下行上给式循环系统或上行下给式循环系统，如图 6.5 和图 6.6 所示，布置时应注意因水温高引起的体积膨胀、管道保温、伸缩补偿、排气、防腐等问题，其他与给水系统的要求相同。

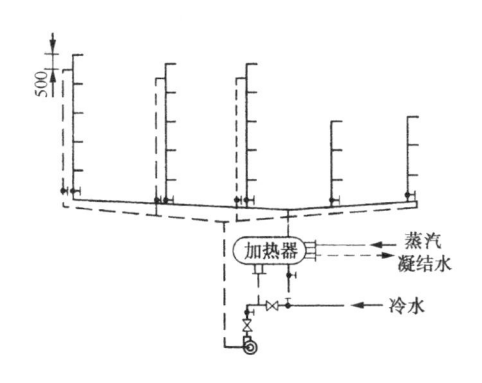

图 6.5　下行上给式循环系统 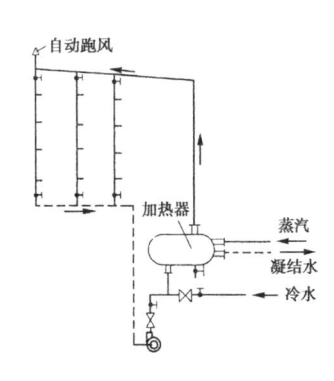　　图 6.6　上行下给式循环系统

（1）上行下给式热水管网，水平干管可布置在顶层吊顶内或专用技术设备层内，并设有与水

流方向相反且不小于 0.003 的坡度，并在最高点设自动排气装置。

（2）下行上给式热水管网，水平干管可布置在地沟内或地下室顶部，不允许埋地敷设。对线膨胀系数大的管材要特别重视直线管段的补偿，应有足够的补偿器，并利用最高配水点排气，方法是在配水立管最高配水点下 0.5 m 处连接循环回水立管。

（3）热水横管均应设置与水流方向相反的坡度，要求坡度不小于 0.003，管网最低处设泄水阀门，以便维修。热水管与冷水管平行布置时，热水管在上、左，冷水管在下、右。

（4）对公共浴室的热水管道布置，常采用开式热水供应系统，并将给水额定流量较大的用水设备的管道与淋浴配水管道分开设置，以保证淋浴器的出水温度稳定。多于 3 个淋浴器的配水管道，应布置成环形，配水管不应变径，且最小管径不得小于 25 mm。

（5）对工厂和学校的浴室可采用单管热水供应系统，并采取稳定水温的措施。

2. 热水管网的敷设要求

热水管网的敷设要求如下所示。

（1）室内热水管网的敷设可分为明装和暗装两种形式。明装管道尽可能敷设在卫生间、厨房墙角处，沿墙、梁、柱暴露敷设。暗装管道可敷设在管道竖井或预留沟槽内，塑料热水管应暗装。

（2）室内热水管道穿过物业顶棚、楼板及墙壁时，均应加套管，以免因管道热胀冷缩损坏物业结构。穿过可能有积水的房间地面或楼板时，套管应高出地面 50~100 mm，以防止通过套管缝隙向下流水。

（3）在配水立管和回水立管的端点，从立管接出的支管、3 个或 3 个以上配水点的配水支管及居住物业和公共物业中每一户或单元的热水支管上，均应设阀门，以便调节流量和检修。

（4）为了防止加热设备内水倒流被泄空造成安全事故和防止冷水进入热水系统影响配水点的供水温度，热水管道中水加热器或贮水器的冷水供水管、机械循环的第二循环回水管和冷热水混水器的冷、热水供水管上应设止回阀，热水管道上止回阀的位置如图 6.7 所示。

（5）当需要计量热水总用水量时，可在水加热设备的冷水供水管上装冷水表，对于成组和个别用水点可在专供支管上装设热水水表，有集中供应热水的住宅应装设分户热水水表。热水立管与水平干管的连接处，应考虑加设管道装置，如补偿器、乙字弯管等，热水立管与水平干管的连接方法如图 6.8 所示。

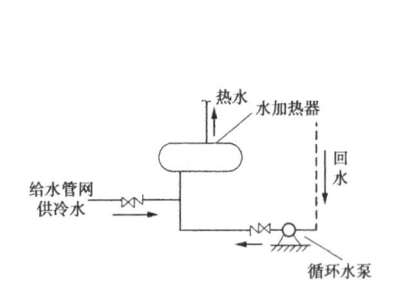

图 6.7　热水管道上止回阀的位置

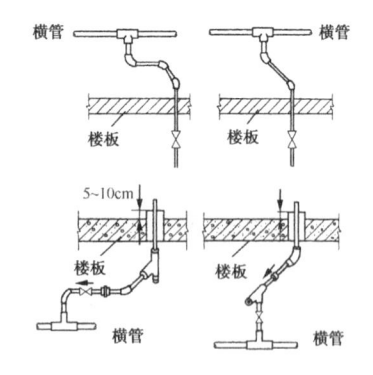

图 6.8　热水立管与水平干管的连接方法

（6）热水管道安装完毕后，管道保温之前应进行水压试验。试验压力应符合设计要求。当设计未注明时,水压试验的压力应为系统顶点的工作压力加 0.1 MPa,同时顶点的试验压力不小于 0.3 MPa。检验方法:钢管或复合管道系统在试验压力下 10 min 内的压力降不大于 0.02 MPa,然后降至工作压力检查,压力应不降,且不渗不漏;塑料管道系统在试验压力下稳压 1 h,压力降不得超过 0.05 MPa,然后在工作压力 1.15 倍状态下稳压 2 h,压力降不得超过 0.03 MPa,连接处不渗漏为合格。热水供应系统竣工后必须进行冲洗。

(7)为了减少热损失,热水配水干管、贮水罐及水加热器等均须保温,常用的保温材料有石棉灰、蛭石及矿渣棉等,保温层厚度应根据设计确定。

6.1.5 饮水供应系统

饮水供应系统是现代物业中给水的一个重要组成部分。随着人们生活水平的不断提高,室内的卫生设施也日趋完善,对饮用水的水质要求也越来越高。随着《饮用净水水质标准》的实施,目前饮用水供应也逐步走向正规。

为了满足人们对饮用水的要求,制备饮用水的方法也越来越多。目前,许多城市的居住小区已经将一般生活用水和饮用水分开供应,并安装了饮用净水系统。

1. 饮水供应系统的类型

常见饮水供应系统的类型如下所示。

(1)开水供应系统。开水供应系统多用于办公楼、旅馆、学生宿舍和军营等物业。
(2)冷饮水供应系统。冷饮水供应系统一般用于大型商场和娱乐场所、工矿企业的生产车间等。
(3)饮用净水供应系统。饮用净水供应系统多用于高级住宅。

采用哪种饮水供应系统主要依据人们的生活习惯和物业的性质及使用要求确定。

2. 饮水标准

饮水须符合以下标准。

(1)饮水定额。饮水定额及小时变化系数可根据物业的性质、地区的气候条件及生活习俗的不同,根据表 6.1 选用。表 6.1 中所列数据适用于开水、温水、饮用净水及冷饮水,注意制备冷饮水时其冷凝器的冷却用水量不包括在内。

表 6.1 饮水定额及小时变化系数

物业名称	单 位	饮水定额/L	小时变化系数/K
热车间	每人每班	3~5	1.5
一般车间	每人每班	2~4	1.5
工厂生活间	每人每班	1~2	1.5
办公楼	每人每班	1~2	1.5
集体宿舍	每人每日	1~2	1.5
教学楼	每个学生每日	1~2	2.0
医院	每张病床每日	2~3	1.5
影剧院	每个观众每场	0.2	1.0
招待所、旅馆	每个客人每日	2~3	1.5
体育馆(场)	每个观众每日	0.2	1.0

注:小时变化系数指开水供应时间内的变化系数。

（2）饮水水质。各种饮水水质必须符合现行《生活饮用水水质标准》中的规定，作为饮用的温水和冷饮水，还应在接至饮水装置之前进行必要的过滤或消毒处理，以防止饮水在储存和运输过程中的再次污染。

（3）饮水温度。对于开水，应将水烧至100℃后持续3 min，计算温度采用100℃，饮用开水是目前我国采用较多的饮水方式；对于温水，计算温度采用50～55℃，目前我国采用较少；对于生水，一般为10～30℃，国外采用较多，国内一些饭店、宾馆提供这样的饮水系统；对于冷饮水，国内除工矿企业夏季劳保供应和高级饭店之外，较少采用，目前一些星级宾馆、饭店中直接为客人提供瓶装矿泉水等饮用水。

3. 饮水制备

饮水制备主要有以下几种方法。

（1）开水制备。开水可通过开水炉将自来水烧开制得，这是一种直接加热方式，常采用的热源为燃煤、燃油、燃气和电等；另一种方法是利用热媒间接加热制备开水。这两种都属于集中制备开水的方式。目前在办公楼、科研楼、实验室等物业中，常采用小型电热器，灵活方便，可随时满足饮水需求。有的设备可同时制备开水和冷饮水，较好地解决了由气候变化引起的不同需求，使用前景较好。这些都属于分散制备开水的方式。

（2）冷饮水制备。冷饮水的品种较多，主要有以下几种。

① 自来水烧开后再冷却至饮水温度；
② 自来水经净化处理后再经水加热器加热至饮水温度；
③ 自来水经净化后直接供给用户或饮水点；
④ 天然矿泉水取自地下深部循环的地下水；
⑤ 蒸馏水是通过水加热汽化，再将蒸汽冷凝得到的；
⑥ 饮用净水是通过对水的深度处理制取的；
⑦ 活性水是用电场、超声波、磁力或激光等将水活化得到的；
⑧ 离子水是自来水经过过滤、吸附、离子交换、电离和灭菌等处理，分离出的碱性离子水供饮用，而离子水供美容。净水制备工艺流程示意图如图6.9所示。

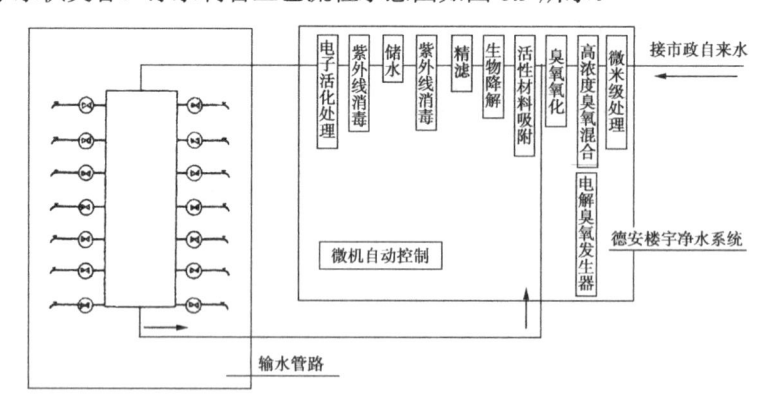

图6.9 净水制备工艺流程示意图

4. 饮水的供应方式

饮水的供应方式有以下几种。

（1）开水集中制备集中供应。在开水间集中制备，人们用容器取水饮用，如图6.10所示。

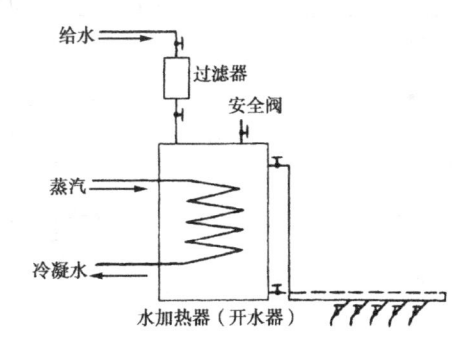

图6.10 集中制备开水

（2）开水统一热源分散制备分散供应。在物业中将热媒输送至每层，再在每层设开水间制备开水。

（3）开水集中制备分散供应。在开水间统一制备开水，通过管道输送至开水取水点，系统对管道的材质要求较高，常用耐腐蚀、符合食品级卫生要求的不锈钢管、铜管等管材，以保证水质不受污染。

（4）冷饮水集中制备分散供应。对自来水进行过滤或消毒处理后集中制备，通过管道输送至饮水点，冷饮水供应系统如图6.11所示，饮水器如图6.12所示。这种供应方式适用于中小学、体育场（馆）、车站及码头等人员集中的公共场所。

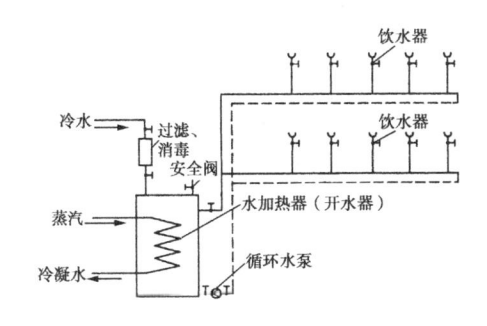

图6.11 冷饮水供应系统　　图6.12 饮水器

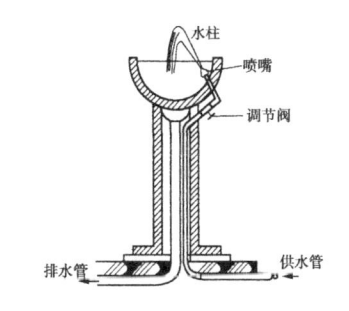

目前，人们对高质量的饮用水的需求越来越大，我国正在推广直饮水工程建设，某物业饮用净水处理工艺示意图如图6.13所示，其管道系统示意图如图6.14所示。

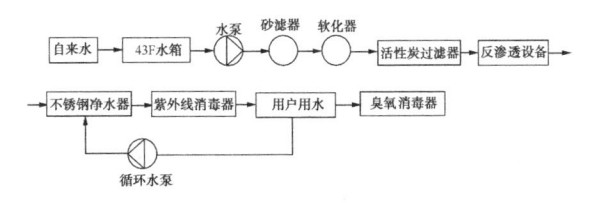

图6.13 某物业饮用净水处理工艺示意图

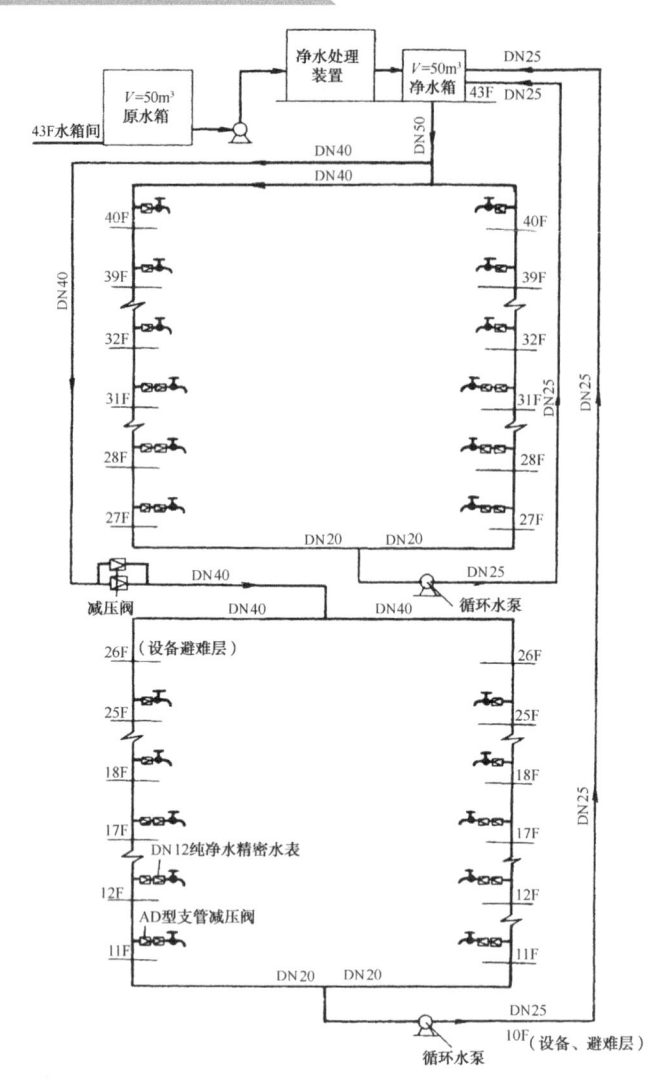

图 6.14　某物业饮用净水管道系统示意图

6.1.6　太阳能热水器

随着能源短缺和环境污染日趋严重，人们需要寻找新的可再生和无污染的能源，太阳能作为一种取之不尽、用之不竭且无污染的能源越来越受到人们的重视。利用太阳能集热器集热，是太阳能利用的一个主要方面，它具有结构简单、维护方便、使用安全、费用低等特点。

1. 太阳能热水器的工作原理

利用太阳能做热源制备生活热水，既可以节约能源又可以保护环境。太阳能热水器系统可分为非循环系统、自然循环系统与强制循环系统。一般家用热水器、集热面积<30 m² 的热水供应系统采用自然循环系统，集热面积≥30 m² 的热水供应系统采用强制循环系统或非循环系统（直流定温放水）。强制循环系统的循环水泵流量 $Q=1\sim 2$ L/（min·m²），扬程应足以克服管道的摩擦阻力，一般取 2~5 m。

集热器是太阳能热水器的核心部分,由真空集热管和反射板构成,目前采用双层高硼硅真空集热管为集热元件,优质进口镜面不锈钢板作反射板,使太阳能的吸收率大于92%,同时具有一定的抗冰雹冲击的能力,使用寿命可大于十五年。

贮热水箱是太阳能热水器的重要组件,其构造与热水供应系统的热水箱相同。贮热水箱的容积按每平方米集热器的采光面积配置热水箱的容积计算。

太阳能热水器的安装使用要求:应全年使用,平均日产40～65℃的热水量Q_W=40～60 L/(d·m²)(采光面积);集热器应尽量朝正南方位布置;集热器与地面的倾角$\alpha=\phi+(5°\sim10°)$(ϕ为当地纬度);集热器管路系统要考虑溢流、排气和泄水,循环管路的最高点设自动排气阀,最低点设泄水阀;集热器与物业须有可靠连接,设在屋面上时应向该物业结构提供其荷载要求。

2. 太阳能热水器的组成

太阳能热水器主要由集热器、贮热水箱、反射板、支架、循环管、给水管、热水管、泄水管等组成,如图6.15所示。

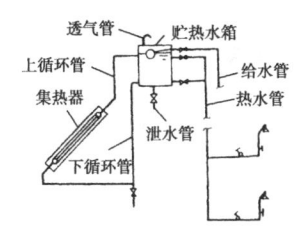

图6.15 太阳能热水器的组成

太阳能热水器常布置在平屋顶上、顶层阁楼上,倾角合适时也可设在坡屋顶上,如图6.16所示。对于家庭用太阳能热水器也布置在向阳晒台栏杆和墙面上,如图6.17所示。

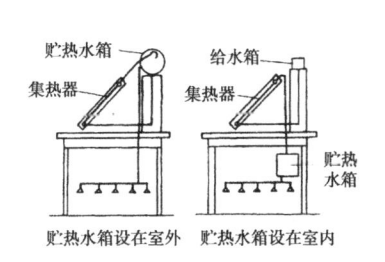

图6.16 在平屋顶上布置的太阳能热水器 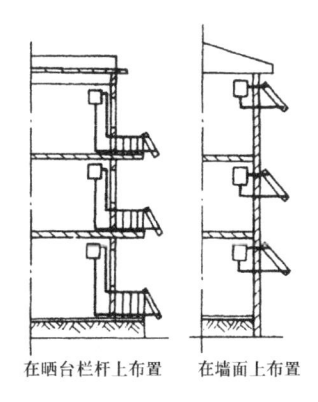　　图6.17 在晒台栏杆和墙面上布置的太阳能热水器

3. 水压试验

在安装太阳能集热器的玻璃前,应对集热器的排管和上、下集管进行水压试验,试验压力为工作压力的1.5倍。检验方法是在试验压力下10 min内压力不降,且不渗不漏。

6.2 燃气供应系统

室内燃气供应系统的安装包括燃气管道、燃气设备和燃气用具的布置、敷设和安装，以及管道的试压和吹扫等内容。

6.2.1 燃气的种类

各种气体燃料通称为燃气。燃气是由可燃成分和不可燃成分组成的混合气体，燃气的可燃成分有 H_2、CO、H_2S、CH_4 和各种 C_mH_n 等，不可燃成分有 N_2、CO_2、H_2O、O_2 等。

燃气的种类有很多，按其来源的不同可分为天然气、人工燃气、液化石油气和生物气。

气体燃料具有热能利用率高、燃烧温度高、清洁卫生、便于输送、对环境污染小等优点。但燃气和空气混合到一定比例时，遇到明火会发生燃烧或爆炸，燃气还具有强烈的毒性，容易引起中毒事故。因此，必须充分考虑燃气的安全问题，防止发生燃气泄漏引起的失火和人身中毒事故。

6.2.2 室内燃气管道系统的组成

室内燃气管道系统由引入管、燃气管网、管件、附属设备、用户支管、燃气表和燃气用具等组成，如图 6.18 所示。

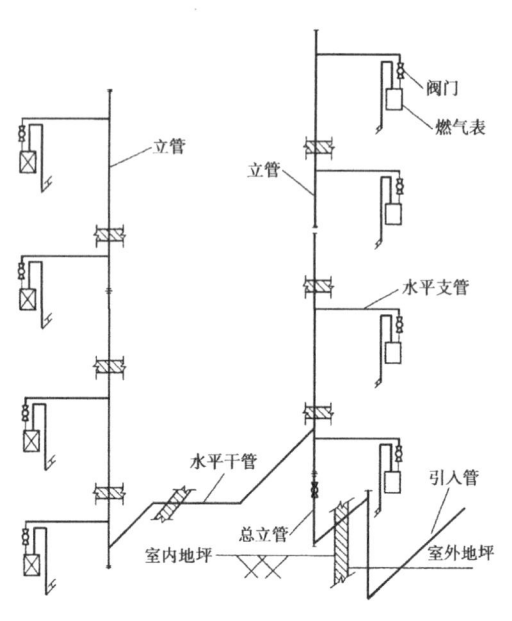

图 6.18 室内燃气管道系统

6.2.3 燃气供应系统的附属设备及燃气用具

为了保证燃气管网的安全运行和检修的需要，需要在管道的适当位置设置阀门、补偿器、排水器、放散管、燃气计量表及燃气用具等设施。对于地下管网，其附属设备要安装在闸井内。

1. 阀门

阀门用于启闭管道通路和调节燃气的流量。常用的阀门有闸阀、旋塞阀、截止阀和球阀等。当室内燃气管道的 DN≤65 mm 时采用旋塞阀；当 DN＞65 mm 时采用闸阀。室外燃气管道一般采用闸阀，截止阀和球阀主要用于天然气管道。

室内燃气管道在下列位置时应设阀门：引入管处、每个立管的起点处、从室内燃气干管或立管接至各用户的支管上（可与表前阀门合设 1 个）、用气设备前和放散管起点处；点火棒、取样管和测压计前。闸阀须安装在水平管道上，其他阀门不受这一限制，但对于有驱动装置的截止阀必须安装在水平管道上。

2. 燃气计量表

燃气计量表是计量燃气用量的仪表。根据其工作原理不同可分为容积式燃气计量表、速度式燃气计量表和差压式燃气计量表等多种形式。

干式皮膜式燃气计量表是目前我国民用物业室内最常用的容积式燃气计量表，其外形如图 6.19 所示。这种燃气计量表有一个方形金属外壳，外壳内有皮革制的小室，中间以皮膜隔开，分为左、右两部分，燃气进入表内，可使小室左、右两部分交替充气和排气，借助杠杆和齿轮传动机构，上部度盘上的指针可指示出燃气用量的累计值。

住宅物业应每户安装一只燃气表，集体、营业、专业用户、每个独立核算单位最少应安装一只燃气表；燃气表应安装在通风良好，环境温度高于 0℃，并且便于抄表及检修的地方。

燃气表安装必须平正，下部应有支撑；安装过程中不准碰撞、倒置、敲击燃气表，不允许有铁锈杂物、油污等物质掉入表内；应按计量部门的要求定期进行校验，以检查计量是否有误差。

燃气表金属外壳上部两侧有短管，左接进气管，右接出气管；高位表表底距地净距不得小于 1.8 m；中位表表底距地净距为 1.4～1.7 m；低位表表底距地净距不小于 0.15 m；燃气表和燃气用具的水平距离应不小于 0.3 m，表背面距墙面净距为 10～15 mm。一只干式皮膜式燃气表一般只在表前安装一个旋塞阀。

安装在过道内的干式皮膜式燃气表，必须按高位表安装。

燃气计量表的安装示意图如图 6.20 所示。

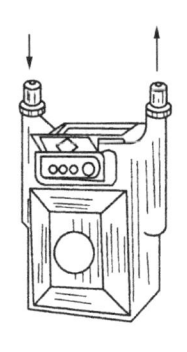

图 6.19　干式皮膜式燃气计量表 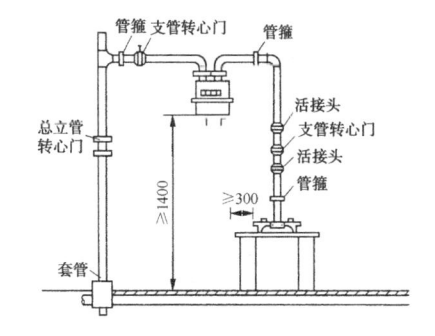　　　　图 6.20　燃气计量表的安装示意图

3. 补偿器

补偿器是用于调节管段伸缩量的设施，常用于架空管道和需要进行蒸汽吹扫的管道上。常

用的补偿器有波形补偿器和橡胶-卡普隆补偿器，其结构图如图 6.21 和图 6.22 所示。在图 6.21 中，d 表示内径；D 表示外径。

在埋地燃气管道上，多采用钢制波形补偿器，橡胶-卡普隆补偿器多用于通过山区、坑道和多地震地区的中、低压管道上。

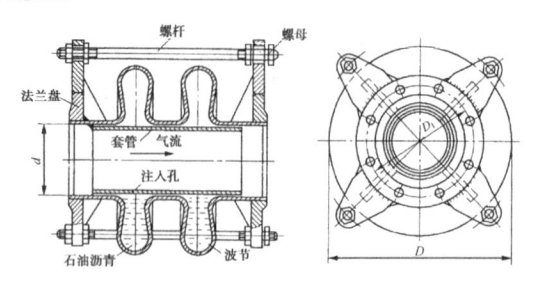

图 6.21 波形补偿器的结构图

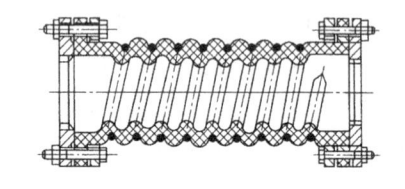

图 6.22 橡胶-卡普隆补偿器的结构图

4．排水器

排水器用于排除燃气管道中的凝结水和天然气管道中的轻质油。根据燃气管道中的压力不同，排水器可分为不能自喷的低压排水器和能自喷的高、中压排水器。

低压排水器用于管道内压力低，排水器中的油和水依靠手动抽水设备排出，其结构如图 6.23 所示；高、中压排水器用于管道内压力高，当打开排水管旋塞阀时，排水器中的油和水会自行喷出，为了防止剩余在排水管内的水在冬季冻结，另设有循环管，利用燃气的压力将排水管中的水压回下部的集水器中，高、中压排水器的结构如图 6.24 所示。

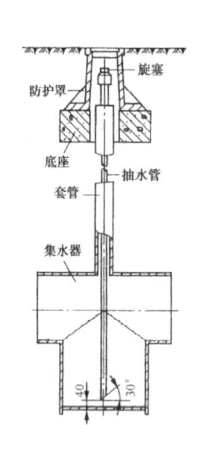

图 6.23 低压排水器

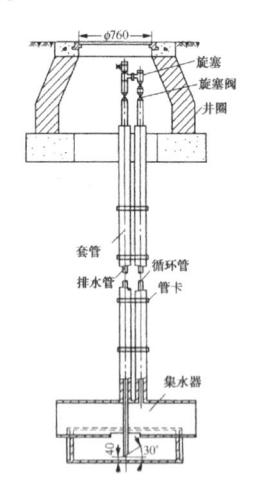

图 6.24 高、中压排水器

5. 放散管

放散管一般安装在闸井阀门前，用于排放燃气管道中的空气或燃气。在管道投入运行时利用放散管排除燃气系统内的空气，防止系统内形成爆炸性的混合气体；在管道或设备检修时，利用放散管排除系统内的燃气。住宅和公共物业的立管上端和最远燃具前水平管末端应设 DN 不小于 15 mm 的放散用堵头。

6. 闸井

闸井用于设置地下燃气管道上的阀门，100 mm 单管闸井结构图如图 6.25 所示。

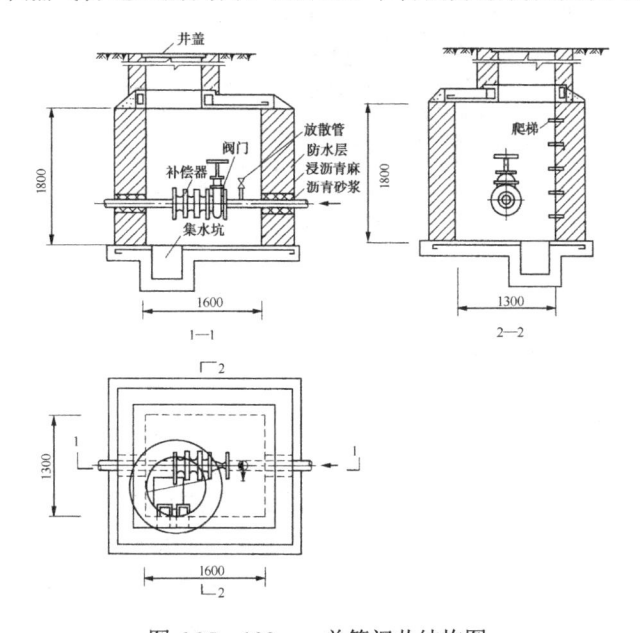

图 6.25　100 mm 单管闸井结构图

7. 厨房燃气灶

厨房燃气灶分为单眼燃气灶和双眼燃气灶。厨房燃气灶一般由炉体、工作面及燃烧器 3 部分组成，双眼燃气灶结构图如图 6.26 所示。单眼燃气灶是一个火眼的燃气灶。目前常用的是双眼燃气灶，配有不锈钢外壳，并装有自动打火装置和熄火保护装置。

带有烟道和炉膛的燃气用具，不准在炉膛内排放置换的混合气体。燃气用具如果一次点火不成功，应关闭燃气阀门，过几分钟后再二次点火。

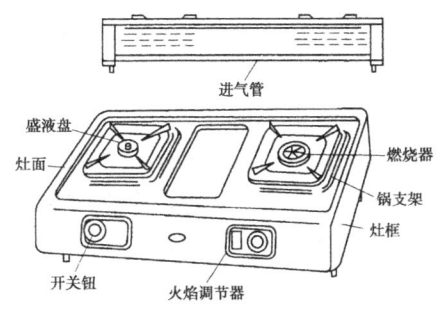

图 6.26　双眼燃气灶结构图

烤箱燃气灶属于厨房炊具，由外壳、保温层和内箱构成，如图 6.27 所示。内箱包以绝热材料用于减少热损失，箱内设有承载物品的托网和托盘，顶部有排烟口，外玻璃门上装有温度指示器。

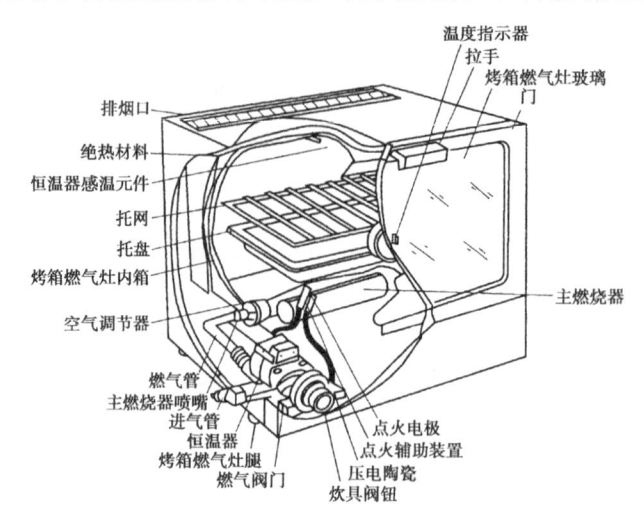

图 6.27 烤箱燃气灶

选择燃气用具时应注意燃气的种类。目前，市场上出售的燃气用具适用于燃气和石油液化气，它们的外观相同，但内部的燃气喷嘴结构不同，燃烧效果也大不相同。

家用燃气用具的安装场所应符合设计要求。用户要有具备使用燃气条件的厨房并通风良好，一旦燃气泄漏能及时排出室外。燃气灶应设在通风和采光良好的厨房，一般要靠近不易燃的墙壁放置，灶具背后与墙的净距不小于 150 mm，侧面与墙或水池的净距不小于 250 mm；在公共厨房内当几个灶具并列安装时，灶与灶之间的净距不小于 500 mm。

当燃气用具和燃气表之间连接时，其连接管道的直径不小于 15 mm，并应装一个活接头；燃气灶用软管连接时，应采用耐油胶管，软管与燃气管道接口，软管与灶具接口应用专用固定卡固定，管长度不得超过 2 m，并且不得有接口，中间不得有接头和三通分支，软管的耐压能力应大于 4 倍工作压力，软管不得穿墙、门和窗。

安装燃气灶的房间为木质墙壁时，应进行隔热处理；燃具应水平放置在耐火台上，灶台高度一般为 700 mm；灶具应安装在光线充足的地方，但应避免穿堂风直吹。

8. 燃气热水器

燃气热水器是一种局部供应热水的加热设备，按其构造不同可分为直流式燃气热水器和容积式燃气热水器两种。

直流式燃气热水器一般带有自动点火和熄火保护装置，冷水流经带有翼片的蛇形管时，被热烟气加热到所需温度的热水供生活用。目前，直燃式热水器由于产品质量和安全的原因，已在许多地区禁止使用。

容积式燃气热水器是能储存一定容积热水的自动水加热器，如图 6.28 所示。

燃气热水器应安装在操作、检修方便且不易被碰撞的地方，燃气热水器与对面墙之间应有不小于 1 m 的通道；燃气热水器不得直接设在浴室内，可设在厨房或其他房间内；设置燃气热水器的房间体积不得小于 12 m³，房间高度不得低于 2.5 m，应有良好的通风；燃气热水器的燃烧器距地面的高度应有 1.2~1.5 m，以便于操作和维修；燃气热水器应安装在不燃的墙上，与墙的净距应大于 20 mm，与房间顶棚的距离不小于 600 mm；燃气热水器上部不得有电力明线、电力设备和易燃品。

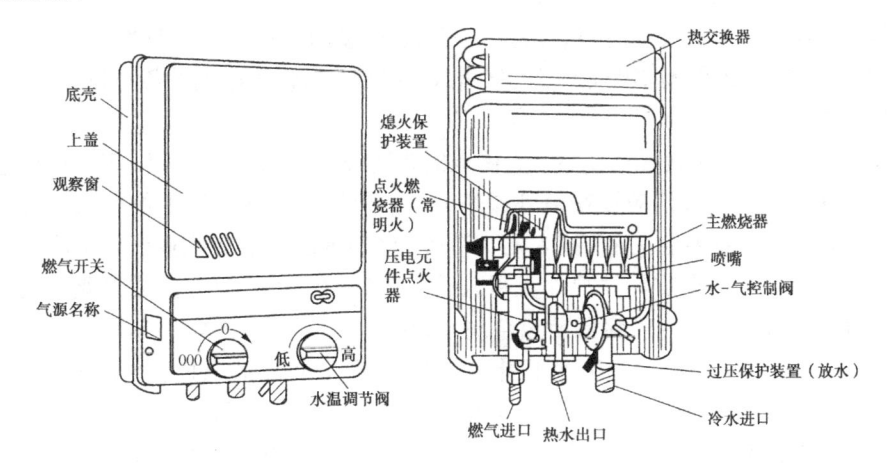

图 6.28 容积式燃气热水器

为了防止一氧化碳中毒，应保持室内空气的清新度，提高燃气的燃烧效果，对使用燃气用具的房间必须采取一定的通风措施，在房间墙壁上面及下面或者门扇的底部及上部设置不小于 0.02 m² 的通风窗，或在门与地面之间留有不小于 300 mm 的间隙，燃气热水器安装示意图如图 6.29 所示。

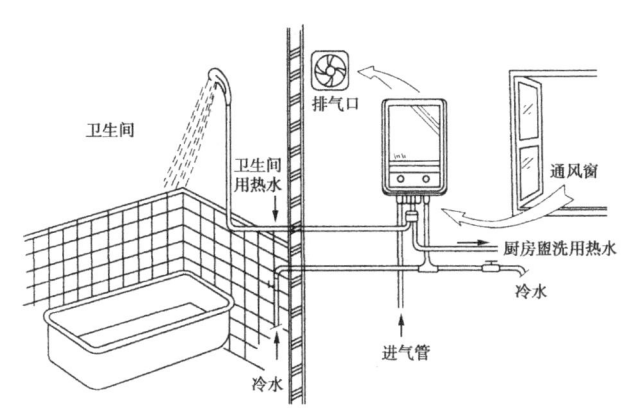

图 6.29 燃气热水器安装示意图

6.2.4 燃气管道的敷设要求

室内燃气管道敷设包括燃气引入管和室内燃气管网的布置、燃气管道的试压和吹扫，应符合城镇燃气规范的相关要求。

1. 管材

居民住宅室内低压燃气管道应采用低压流体输送用镀锌焊接钢管，若公称直径小于或等于 50 mm，也可采用牌号为 TP2 的铜管；民用燃气管道应明设，螺纹连接；当物业有特殊要求时，可暗设，但必须方便安装和检修；管径大于 50 mm 的燃气管道亦可采用焊接。

2. 燃气引入管敷设

燃气引入管敷设的具体要求如下所示。

（1）燃气引入管不得敷设在卧室、浴室、厕所、电缆沟、暖气沟、烟道、垃圾道、风道、配电室、变电室及易燃易爆品仓库等处，当燃气引入管必须穿过设有用电设备的卧室、浴室时，必须设在套管内。

（2）燃气引入管应尽量设在厨房内，有困难时也可设在走廊或楼梯间、阳台等便于检修的非居住房间内。燃气引入管阀门应设在室外操作方便的位置；设在外墙上的引入管阀门应设在阀门箱内；阀门的高度，室内应在 1.5 m 左右，室外应在 1.8 m 左右。物业设计沉降量大于 50 mm 以上的燃气引入管，可根据实际情况加大引入管穿墙处的预留洞尺寸，或采取引入管穿墙前水平或垂直弯曲两次以上及引入管穿墙前设金属软管接头或波纹补偿器等措施。

（3）输送湿燃气的引入管一般由地下引入室内，当采取防冻措施时也可由地上引入室内；在非采暖地区或输送干燃气且管径不大于 75 mm 时，可由地上直接引入室内。

（4）引入管穿墙或基础进入物业后，应尽快出室内地面，不得在室内地面下水平敷设；穿越物业基础、承重墙及管沟时应设在套管内，燃气引入管敷设如图 6.30 所示；套管的内径一般不得小于引入管外径加 25 mm，套管与引入管之间的缝隙应用柔性防腐防水材料填塞。

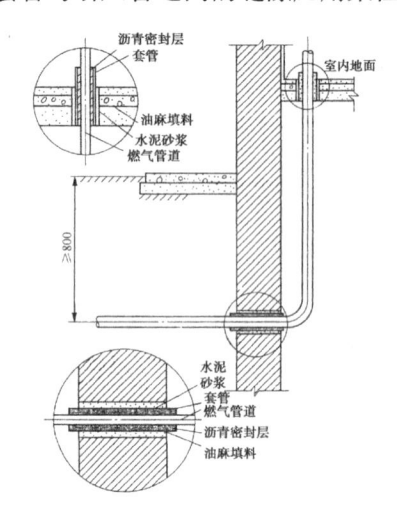

图 6.30　燃气引入管敷设

3. 室内燃气管道敷设

室内燃气管道的具体敷设要求如下所示。

（1）室内水平干管严禁穿过防火墙；室内水平干管的安装高度不得低于 1.8 m，到顶棚的距离不得小于 150 mm。输送干燃气的水平管道可不设坡度，输送湿燃气的管道其敷设坡度应不小于 0.002，特殊情况下不得小于 0.0015。

（2）燃气立管应设在厨房、开水间、走廊、阳台等处；当燃气立管由地下引入室内时，燃气立管在第一层处设阀门，阀门一般设在室内。

（3）燃气立管穿楼板处和穿墙处应设套管，套管的内径应比管道外径大 25 mm，套管应高出地面至少 50 mm，底部与楼板平齐，套管内不得有接头，套管与管道之间的间隙应用沥青和油麻填塞。穿墙套管的两边应与墙的饰面平齐，管内不得有接头。

（4）立管与物业内窗洞的水平净距，中压管道不得小于 0.5 m，低压管道不得小于 0.3 m。燃气立管应明设，可与给排水管、冷水管、可燃液体管、惰性气体管等设在同一个便于安装和检修的管道竖井内，但不得与电线、电气设备或进风管、回风管、排气管、排烟管及垃圾道等共用一个竖井。

（5）由燃气立管引出的用户支管应明装，敷设在过道的管段不得装设阀门和活接头，在厨房内，其安装高度不低于 1.7 m，敷设坡度不小于 0.002，并由燃气表分别坡向立管和燃气用具。

4．高层物业燃气管道的敷设要求

高层物业燃气管道的具体敷设要求如下所示。

（1）物业沉降的影响。因为高层物业自重大，沉降量显著，易在引入管处造成破坏，可在引入管处安装伸缩补偿接头，引入管的铅管补偿接头如图 6.31 所示。铅管前应安装阀门，设有闸井，便于维修。

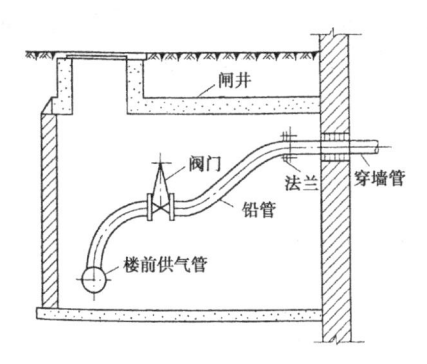

图 6.31　引入管的铅管补偿接头

（2）附加压力的影响。为了满足燃气用具的正常工作，克服高程差引起的附加压力影响，可采取在燃气总立管上设分段调节阀、竖向分区供气、设置用户调压器等措施。

（3）热胀冷缩的影响。高层物业燃气立管长、自重大，需要在立管底部设置支墩，为了补偿由于温差产生的胀缩变形，需要将管道两端固定，管中间安装吸收变形的挠性管或波纹管，燃气立管的补偿装置如图 6.32 所示。

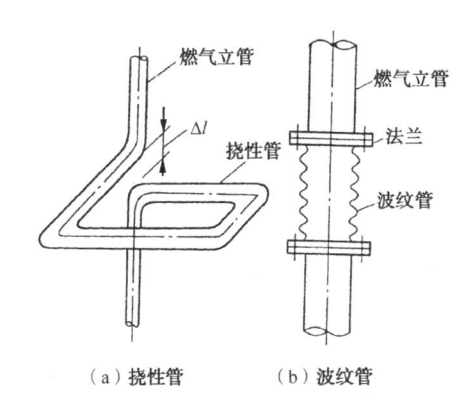

（a）挠性管　　（b）波纹管

图 6.32　燃气立管的补偿装置

5. 室内燃气管道的试压、吹扫

室内燃气管道只进行严密性试验。试验范围自调压箱起至灶前倒齿管止或自引入管上总阀起至灶前倒齿管接头止。试验介质为空气,试验压力(带表)为 5 kPa,稳压 10 min,压降值不超过 40 Pa 为合格。

严密性试验完毕后,应对室内燃气管道系统进行吹扫。吹扫时可将系统末端用户燃烧器的喷嘴作为放散口,一般用燃气直接吹扫,但吹扫现场严禁火种,吹扫过程中应使房间通风良好。

6.3 燃气供应系统的维护与管理

城市燃气供应是城市的基础设施之一,关系到国计民生、千家万户,因此必须保证系统的正常供气,阀门开关灵活,燃气计量准确;另一方面,由于燃气是易燃、易爆和有毒的危险气体,所以必须保证燃气管道及其设备严密、不漏气,避免发生燃气中毒和爆炸事故,保证系统的安全运行;此外,要做好燃气用户的安全教育工作,保证燃气用户能熟练掌握燃气用具的操作方法,熟悉安全操作规程,以免发生操作事故。

6.3.1 室内燃气系统维护与管理的内容

室内燃气系统维护与管理的具体内容如下所示。

(1)燃气设施的检查和报修。可采用巡回检查和用户报修相结合的方法,以便及时了解系统的运行状况,发现和处理燃气设备的故障。

(2)燃气设施的保养和维修。燃气设施的保养和维修可以减少管道设备的机械损坏和自然损坏,提高燃气的安全可靠性,延长中修和大修的周期,应对室内燃气管道和设备进行保养和维修。

(3)安全用气宣传。应通过各种方式宣传燃气安全使用知识,自觉保护好室内燃气设施。

(4)室内燃气设施的安全管理。燃气和设备的使用、销售等方面,必须严格执行国家颁布的《城市燃气管理规定》,切实做好管理。

6.3.2 室内燃气管道及部件的维护

室内燃气管道及部件的维护内容如下所示。

(1)室内燃气管道的外观检查。从外观上检查管道的固定是否牢固,管道是否有锈蚀或机械损伤,管卡、托钩是否正确。

(2)室内燃气管道漏气的检查和处理。当室内出现异味时,要意识到有可能是燃气系统漏气,应对燃气管道进行泄漏检查,用肥皂水涂抹怀疑漏气点,如果出现连续起泡,则可明确该处漏气,注意必须严禁用明火查找漏气点。找到漏气点后,可用湿布将其包好扎紧或将漏气点的阀门关闭,并尽快报告燃气公司进行处理。

(3)燃气表的养护。应按计量部门的要求定期对燃气表进行校验,以检查燃气表的计量是否有误差。地区校验采用特制的标准喷嘴或标准表进行。

6.3.3 室内燃气安全

1. 室内燃气作业的注意事项和安全措施

室内燃气作业的注意事项和安全措施如下所示。

（1）作业人员要熟悉燃气系统的情况，严格遵守操作规程。

（2）室内燃气设施维修，通常不允许带气作业，要关闭引入管总阀门，并将管道中的燃气排到室外，作业过程中要加强室内的通风换气。

（3）未经主管部门批准，不准对已供气的燃气管道采用电气焊作业。

（4）维修结束后，用燃气置换管道中的空气时，作业范围内及周围严禁一切火种。置换时的混合气体不准在室内排放，要用胶管接出排到室外，并注意环境和风向，避免发生人员中毒或其他事故。

（5）室内管道重新供入燃气后，在没有放散合格前，不允许在燃气灶上点火试验，应从管道中取气样，在远离作业现场的地方点火试验。

（6）带有烟道和炉膛的燃气用具，不允许在炉膛内排放置换的混合气体。燃气用具如果一次点火不成功，应关闭燃气阀门，过几分钟再二次点火。

（7）引入管的清通和总入口阀的检修是危险的带气作业，要严格遵守操作规程。

2. 用户使用燃气的注意事项

用户使用燃气的注意事项如下所示。

（1）用户要有具备使用燃气条件的厨房，禁止厨房和居室并用；燃气灶不能同取暖炉并用；厨房必须通风，一旦燃气泄漏能及时排出室外。

（2）使用燃气的厨房不允许堆放易燃易爆物品。在燃气设施上禁止拴绑绳索、吊挂物品，以免造成燃气泄漏。

（3）点燃燃气灶时，要有人在旁看守，防止沸水溢出将火浇灭。使用小火时防止被风吹灭。

（4）要经常检查燃气胶管是否老化、破损，若有此情况，应及时更换新管。

（5）用完燃气后关闭燃气灶开关，并将燃气表后的阀门关闭。

（6）带有自动点火的灶具一次点不着时，应立即关闭灶具开关，不得将开关打开时间过长以免燃气泄漏。点燃灶火后要观察火焰的燃烧是否稳定、正常，若火焰燃烧不正常应调节风门。

（7）教育儿童不要随意乱动燃气灶具开关，更不要在有燃气设施的房间内玩火。

（8）燃气泄漏时，应立即打开门窗。及时处理发现的泄漏点，对处理不了的情况应立即报告燃气公司或有关部门采取措施。

知识拓展　二维码——燃气系统施工图

思考与练习

1．室内热水供应系统由哪几部分组成？
2．热水的加热方式有哪几种？
3．热水系统的常用管材和附件有哪些？

4. 热水管道的敷设有哪些要求？
5. 对饮水有哪些要求？
6. 如何制备饮水？
7. 太阳能热水器的工作原理是什么？
8. 太阳能热水器由哪几部分组成？
9. 燃气有哪几类？各有何特点？
10. 室内燃气管道的敷设有哪些要求？
11. 如何安装燃气用具？
12. 如果发现室内有燃气味道应如何处理？
13. 如何注意燃气的使用安全？

第 7 章　物业供配电系统

【教学提示】

本章主要介绍物业的三类用电负荷，变配电所的总体布置和线路的敷设方式。
（1）常用低压电器的结构及用途；物业用电负荷的分类；低压配电箱的布置；低压配电方式及线路的敷设方式等内容。
（2）物业供配电系统的管理与维护。

【培养目标】

通过本章的学习，了解物业的三类用电负荷、低压配电的 3 种方式、配电箱的使用与维护，以及变配电所的总体布置；掌握线路的敷设方式等。

7.1　物业供配电

7.1.1　物业用电负荷的分类

按照物业用电负荷的可靠性和因停电在政治、经济上造成损失的大小，物业用电负荷分为三级。

1. 一级负荷

一级负荷断电将带来以下严重后果。
（1）断电将造成人身伤亡。
（2）断电将造成重大政治影响。
（3）断电将造成重大经济损失。
（4）断电将造成公共场所的秩序严重混乱。

2. 二级负荷

二级负荷断电将会带来以下较严重后果。
（1）断电将造成较大政治影响。
（2）断电将造成较大经济损失。
（3）断电将造成公共场所秩序混乱。

3. 三级负荷

三级负荷是指不属于一级负荷和二级负荷的物业用电负荷。
如果是高层物业供电系统，可按以下情况分级：消防用电设备、应急照明、消防电梯为一级负荷；客用电梯、供水系统、公用照明为二级负荷；居民用电等其他用电设备为三级负荷。对负荷的要求：一级负荷需要采用两个以上的独立电源供电，同时还必须增设应急电源；二级负荷需要采用两个独立电源供电；三级负荷对供电无特殊要求。

7.1.2 低压配电方式

低压配电方式是指低压干线的配电方式，主要有放射式配电、树干式配电和环式配电。

1. 放射式配电

放射式配电的特点是发生故障时互不影响，供电可靠性较高，但在一般情况下，其有色金属消耗量较多，采用的开关设备也较多，且系统的灵活性较差。这种配电方式多用于对供电可靠性要求较高的物业，特别适用于对大型设备供电。

2. 树干式配电

树干式配电的特点正好与放射式配电相反，系统灵活性好，采用的开关设备少，在一般情况下，其有色金属的消耗量少。但干线发生故障时，影响范围大，所以供电可靠性较低。树干式配电比较适用于供电容量小，而分布较均匀的用电设备，如小型加热炉等。

3. 环式配电

环式配电的可靠性高，任一段线路发生故障或检修时，都不会造成供电中断，或者只是暂时中断供电，只要完成切换电源的操作，就能恢复供电。环式配电，可以使电能损耗和电压损耗减少，既节约电能，又容易保证电压质量。但它的保护装置及其整体配合相当复杂，如配合不当，容易发生错误动作，反而扩大故障停电范围。实际上，低压环式配电和高压环式配电一样，大多数也采取"开口"方式运行。

在低压配电系统中，往往是几种配电方式的组合，依具体情况而定。不过在正常环境的物业内，当大部分用电设备的容量不是很大且无特殊要求时，应采用树干式配电，这主要是因为树干式配电比放射式配电更经济，且有成熟的运行经验。

7.1.3 线路的敷设方式

线路的敷设方式有普通导线敷设和电缆敷设两种。

1. 普通导线敷设

普通导线敷设有明敷和暗敷，由于普通导线敷设的造价低、取材方便、分支容易、便于维修，所以它是物业供电的主要方式（这里主要指 10 kV 及以下线路）。

普通导线敷设主要由导线、电杆、横担、金具、绝缘子、拉线盘、卡盘及底盘等组成。

进户线装置由进户杆或进户支架、绝缘子、进户线和进户管组成。安装进户线装置时要遵循以下要求。

（1）一般要求进户杆采用混凝土杆，进户点应高于 2～7 m。

（2）安装在进户杆横担上的绝缘子之间的距离应大于 150 mm。

（3）进户线的截面积应满足：铜线不小于 2.5 mm²，铝线不小于 10 mm²，中间不得有接头。

（4）进户线到物业的距离：到物业凸出部分的距离不应小于 150 mm；到阳台或窗户的水平距离不应小于 800 mm；到上方窗户或阳台的垂直距离不应小于 800 mm；到下方阳台的垂直距离不应小于 2 500 mm。

（5）进户线套管为钢管时，其厚度不小于 2.5 mm；为硬线管时，其厚度不小于 2 mm；管子伸出墙外部分应做防水弯头。

2. 电缆敷设

电缆供电不影响环境，比较安全，尽管造价较高，但是许多物业仍采用电缆供电。常用的电缆分为两大类，即电力电缆和控制电缆。

（1）电缆敷设方式。电缆敷设方式较多，要求也各不相同，常见的有以下几种。

① 沟内敷设。一般电缆沟设在地下，由砖砌成或由混凝土灌注而成。沟壁上预埋电缆支架，电缆固定在支架上。电缆沟上一般用钢筋混凝土盖板盖住。

② 排管敷设。这种方式按照电缆根数的多少预制好水泥管块，再用水泥砂浆浇注成一个整体，然后将电缆穿入管中。

③ 明敷设。根据不同需要可采用垂直敷设和水平敷设，垂直敷设和水平敷设又分为在钢索上悬吊敷设和在电缆支架上敷设两种。电缆在钢索上悬吊或水平敷设时的固定点距离：电力电缆在 0.75 m 以内，控制电缆在 0.6 m 以内。电缆在钢索上垂直敷设时的固定点距离：电力电缆在 1.5 m 以内，控制电缆在 0.75 m 以内。电缆在电缆支架上敷设时的支架间距：水平敷设的电力电缆为 1 m，控制电缆为 0.8 m；垂直敷设的电力电缆为 1.5 m，控制电缆为 1 m。电缆与热力管道之间的净距不小于 1 m，与其他管道之间的净距不小于 0.5 m。

（2）电缆连接要求。电缆的连接有终端和中间接头，具体制作方法见有关工艺标准。

（3）直埋电缆施工程序。直埋电缆施工按以下程序进行：选电缆→放线定位及挖电缆沟→挖电缆沟并做好铺设电缆准备→敷设电缆→覆盖。一般情况直埋电缆的深度不小于 0.7 m，在农田中则不小于 1 m；电缆在拐弯、接头、交叉、进出物业地段，应设明显的方位标桩。

（4）电缆试验。电缆敷设完毕后，为了确保送电安全，要对电缆进行检查和试验。

① 测定绝缘电阻。当被测电缆的工作电压大于 1 kV 时，选用 2.5 kV 的摇表；当被测电缆的工作电压小于 1 kV 时，选用 1 kV 的摇表。接线方式：测三芯电缆时，其他两相和铅包一同接地，摇表转速摇到 120 r/min 左右，持续稳定 1 min 后，读出数值。当电缆长度小于 250 m，电源电压小于等于 1 kV 时，绝缘电阻大于 10 MΩ；当电源电压小于等于 3 kV 时，绝缘电阻大于 200 MΩ；当电源电压为 6~10 kV 时，绝缘电阻大于等于 400 MΩ。

② 耐压试验。电缆一般做直流耐压试验，通过试验主要检查和判断电缆是否有干枯、气泡及机械损伤等问题。试验时间为 10 min。试验电压：油浸纸绝缘电缆为 6 倍额定电压，橡皮绝缘电缆为 4 倍额定电压。

③ 泄漏试验。电缆的泄漏试验一般采用高压整流设备给电缆施加电压，通过微安表测试其泄漏电流。在试验过程中，分别取 0.25、0.5、0.75 倍的试验电压，并在每处停留 1 min，读出泄漏电流值。最后，在最大试验电压下进行耐压试验，并在 1 min 及 5 min 时读取泄漏电流值。一旦电缆绝缘有问题，泄漏电流将会急剧上升，这样可使电缆的缺陷暴露出来，从而采取有效措施。

7.2 变配电室

7.2.1 低压配电箱（盘）

低压配电箱（盘）是直接向低压用电设备分配电能的控制、计量箱，根据控制和计量的要求，低压配电箱可以安装不同的电器，如漏电保护开关、低压断路器、电度表及各类开关插座等。低压配电箱是配电系统中使用较多的设备，也是经常出现故障的设备，应正确安装和使用低压配电箱，以保障安全，减少或避免电气伤害事故的发生。

1. 低压配电箱的使用和维护

低压配电箱的箱门要上锁，要有专人负责，以防止非电气工作人员操作，而且每个月要检查和维修一次低压配电箱。检查和维修人员必须是持有技术岗位证书的专业电工；必须按制度规定穿绝缘鞋、戴绝缘手套；必须使用电工专用绝缘工具。在检查和维修各种低压配电箱时，应将前一级相应的电源断开，并悬挂停电专用标示牌，一般情况下不得带电操作，以防发生危险。各种低压配电箱的常规操作顺序如下。

（1）送电操作顺序：分配电箱→开关箱。
（2）断电操作顺序：开关箱→分配电箱。

如果出现紧急情况，可按实际情况决断。这里之所以规定了常规操作顺序，是为了避免影响其他设备，确保安全。

在施工现场，当停止作业1h以上时，应将动力开关箱断电上锁。要经常查看配电箱的进出线是否承受外力，是否被浸污，是否被金属锐器划破绝缘外层，配电箱内电器的主要螺钉是否松动，动力设备是否有缺相运行的声音，等等。

人是配电箱的使用与维护的关键。要对新上任的电工进行岗位培训和安全操作考核，要求他们熟悉各种电器的性能，特别是新型产品的特性，学会判断各种异常声音。遇到不确定如何处理的问题时，切忌贸然从事，一定要及时报告，避免设备"带病"运行。

2. 使用配电箱时的主要安全措施

使用配电箱时，要采取以下安全措施。
（1）坚持电气工作人员持证上岗，非电气工作人员不准进行任何电气部件的更换或维修。
（2）定期对配电箱进行安全检查，至少每月检查一次或每季度复检一次。
（3）配电箱内各种电器和导线的对地绝缘要良好，不得有破损、硬伤。
（4）严格遵守有关安全运行的各种规章制度。

7.2.2 物业的变配电所

物业的变配电是指物业所需电能的供应和分配，是由电力系统供给和分配的，由发电厂、电力网、变配电所和电能用户组成的一个发电、输电、变配电和用电的整体。

物业的变配电所是变换电压和分配电能的场所，又称为变配电站，是电力系统中非常重要的部分。变配电所分为升压变配电所和降压变配电所两大类。升压变配电所可以将低电压变换为高电压，一般建在发电厂；降压变配电所可以将高电压变换到一个合理的电压等级，一般建在靠近用电负荷中心的地点。

1. 变配电所的总体布置

变配电所总体布置的具体内容如下。

（1）对变配电所总体布置的要求。为了操作和检修的安全，变配电所的总体布置应满足以下要求。

① 便于运行维护和检修。值班室一般应尽量靠近高压配电室，如值班室与高压配电室靠近有困难，则值班室要通过走廊与高压配电室相通。

② 要考虑运行的安全。变压器室的大门应避免朝向露天仓库。在炎热地区，变压器室应避免朝西开门，最好朝北开门。变配电所各室的大门都应朝外开，紧急情况时有利于人员外出和处理事故。

③ 便于进出线。如果是架空进线，则高压配电室应位于进线侧。变压器低压出线一般采用矩形螺母线，因此，变压器的安装位置（户内变配电所的变压器室），一般应靠近低压配电室。

④ 注意节约用地和物业费用。当变配电所有低压配电室时，值班室可以与低压配电室合并。但这时低压配电室的正面或侧面离墙的距离应大于或等于 3 m。

⑤ 高压电力电容器组应安装在单独的高压电容器室内，该室一般邻近高压配电室；而低压电力电容器柜则可安装在低压配电室内。

⑥ 应适当考虑变配电所本身扩展的余地，且不妨碍物业的发展。

（2）变配电所的总体布置方案。变配电所的总体布置方案应因地制宜、合理设计。应通过对几个方案的技术经济进行比较最后确定变配电所的总体布置方案。

2. 变配电所的配电结构

变压器室的结构形式取决于变压器的型号、容量、放置方式、主接线方案、进出线的方式和方向等因素，并且要考虑运行维护的安全及通风、防火等问题；考虑到今后的发展，变压器室应有更换大一级容量变压器的可能性。为了保证变压器可以安全运行及防止变压器失火时故障蔓延，规定每台三相油浸式变压器应安装在单独的房间内，变压器的外壳与变压器室四壁的距离应不小于国家有关规定的标准。变压器室的物业属于一级耐火等级，其门窗应使用阻燃材料。变压器室门的大小，一般按变压器推进面的外壳尺寸外加 0.5 m 考虑。室内只设通风窗，不设采光窗。进风窗应设在变压器室门的下方，并防止小动物进入。出风窗应设在变压器室的上方。变压器室通风的面积，根据变压器的容量、进风温度及变压器中心标高至出风窗中心标高的距离等确定。

变压器室的布置方式，按变压器的推进方向不同可以分为宽面推进式和窄面推进式。

变压器室的地坪，按变压器的通风要求不同可以分为地坪抬高和地坪不抬高两种形式。变压器室地坪抬高时，通风散热好，但物业费用高。容量小于等于 800 kVA 的变压器室地坪，一般不抬高。

3. 高低压配电室和值班室的结构

高低压配电室和值班室的自身结构有以下特定的要求。

（1）高低压配电室的结构形式。高低压配电室的结构主要取决于高低压开关柜的形式和数量，要充分考虑运行维修的安全和方便，留有足够的维护通道，同时要照顾到今后的发展，留有适当数量的备用开关柜（屏）位置，但占地面积不宜过大，物业费用不宜过高。高压配电室物业的耐火等级不应低于二级。当高压配电室的长度大于 7 m 时，应设两个门，并且设在室的两端，门要向外开。低压配电室物业的耐火等级不应低于三级。当低压配电室的长度大于 8 m 时，应设两个门，并且设在室的两端，门也要向外开。高低压配电室都应考虑通风和自然采光，但应防止小动物进入，以免造成事故。

（2）值班室的结构形式。值班室的结构要结合变配电所的总体布置全盘考虑，要有利于运行维护，并保证安全。值班室应有良好的自然采光，采光窗宜朝南，总面积不宜小于 12 m^2。在采暖地区，值班室应有采暖设施，采暖设计温度为 18℃。在蚊虫较多的地区，值班室应装纱窗、纱门。值班室通往外面的门（除了通向高低压配电室的门）应向外开。

4. 变配电所的电气安装图

电气安装图也称电气施工图，它是设计单位提供给施工单位进行电气安装的技术图纸，也是使用单位进行竣工验收及运行维护和检修的重要依据。

变配电所的电气安装图包括变配电所一次系统主接线图、变配电所平面图和剖面图、变配电所二次系统电路图和安装接线图，以及无标准图样的构件安装大样图和高压隔离开关等，高压隔离开关安装图如图 7.1 所示。

图 7.1　高压隔离开关安装图

7.3　电工基本知识

7.3.1　电路的基本概念

在物业施工中我们会遇到各种各样的电路，如照明电路、电梯电路、闭路电视电路等。

1. 电路的概念

电路分为实际电路和电路模型（电路图）。实际电路指用实际元器件连接成的闭合回路。电路图是指线路中的元器件用电器符号表示连接成的闭合回路。

2. 电路的组成

无论是简单电路还是复杂电路，都由电源、负载、输电导线和控制装置等组成。对于电源而言，负载、输电导线和控制装置称为外电路，电源内部的部分称为内电路。

3. 电路的状态

电路一般有 3 种状态：通路状态、断路状态和短路状态。

（1）通路状态。通路是电源与负载接成闭合回路的状态。

（2）断路状态。断路是电源与负载没有接成闭合回路的状态。

（3）短路状态。短路是电源未经过负载直接由导线连接成闭合回路的状态。

4. 电路的基本物理量

电路的基本物理量有电流、电压等。

（1）电流。电流是电荷的定向移动，习惯上将正电荷的运动方向规定为电流的方向。按照电流的方向和大小不同可分为直流电流和变动电流。在国际单位制中，电流的单位是安培，简称安，符号为 A。一个周期内电流的平均值为零的变动电流称为交变电流、交流电流。

（2）电压。电压不仅有方向也有大小，按照方向和大小的变化情况不同可分为直流电压和变动电压。方向和大小都随时间变化的电压称为直流电压；一个周期内电压的平均值为零的变动电压称为交变电压、交流电压。电压的单位是伏特，简称伏，符号为 V。

（3）功率。电流在单位时间内做的功为电功率，简称功率。在国际单位制中，功率的单位为瓦特，简称瓦，符号为 W。

（4）电能。在实际应用中，常用到电能这个物理量，电能的单位常用千瓦小时（kW·h）或度表示，1kW·h 的电能通常称为一度电。

（5）电阻。电荷在电场力作用下沿输电体进行定向运动时要受到阻碍作用，这种阻碍电荷运动的作用称为输电体的电阻，用符号 R 表示。电阻的单位是欧姆（Ω）。

7.3.2 三相交流电

三相制是指以 3 个频率相同而相位不同的电动势作为电源的供电体系，这 3 个电动势的最大值和频率相同，但相位上互差 120°。三相交流电路是指由 3 个单相交流电路组成的电路系统。

三相制得以广泛应用，主要是它与单相制相比具有许多优点。单相交流电路的瞬时功率随时而变，而对称三相交流电路总的瞬时功率恒定，三相电动机比单相电动机的性能平稳可靠；在输送功率相同、电压相同和距离、线路损失相等的情况下，采用三相制输电比单相制节约材料。

1. 三相交流电的产生

三相交流电由三相交流发电机产生。用于产生对称三相交流电动势的电源称为对称三相交流电源。

2. 三相交流电源的连接

三相交流电源的连接方式有星形连接和三角形连接两种，星形连接用得最为广泛。

（1）三相交流电源的星形连接。如果把三相发电机绕组的末端连接在一起，成为一个公共点 N，这种连接方式称为星形连接，如图 7.2 所示。公共点 N 称为中点或零点，A、B、C 三端与输电线连接，输送电能到负载，这 3 根输电线称为相线，俗称火线。从中点 N 引出的导线称为中线，俗称零线。三相四线制可以为负载提供两种电压。

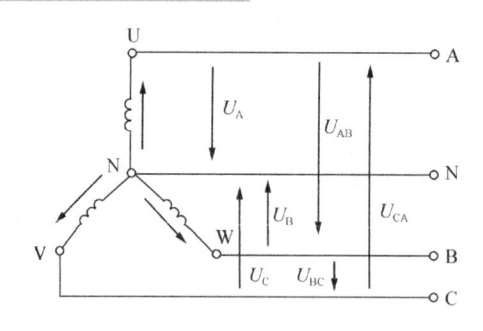

图 7.2　电源的星形连接

例如，当相电压等于 220 V 时，线电压等于 380 V。能同时得到两种三相对称电压是三相四线制电源供电的优点之一。既有动力又有照明的三相四线制的低压配电线路，如图 7.3 所示，连接到照明负载的是一根相线和一根中线，电压是相电压。三相电源的星形连接还有一种不引出中线的方式，构成三相三线制电源，为负载提供一种电压，即三相对称的相电压。

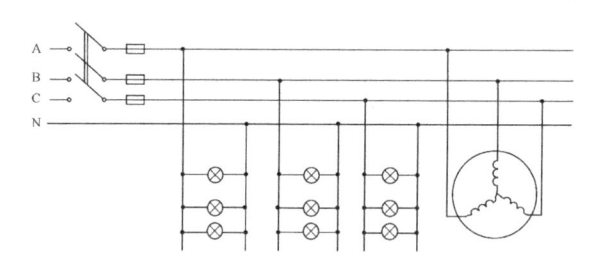

图 7.3　动力和照明共用的配电线路

（2）三相交流电源的三角形连接。三角形连接时，电源仅能提供一种电压，线电压的有效值等于相电压的有效值，如图 7.4 所示。

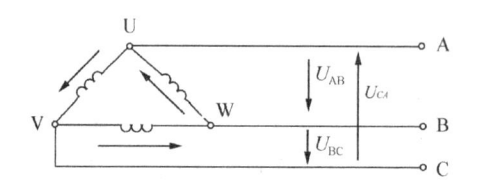

图 7.4　电源的三角形连接

7.3.3　变压器

变压器是根据电磁感应原理，将某一种电压、电流的交流电能转变成另一种电压、电流的交流电能的静止电气设备。物业用电设备所需的电源电压各不相同，如常用的三相异步电动机，其额定电压为 380 V，单相异步电动机或照明电压一般为 220 V。因发电厂输出的电压一般为 6.3 kV、10.5 kV，最高不超过 20 kV，而电能要经过很长的输电线才能送到物业用电设备，为了减少在输送过程中线路上的电能损失，目前主要采用高压输电，即将电压升到 10 kV、35 kV、110 kV、220 kV、330 kV、500 kV 等级的高电压或超高电压，所以，为了输配电和用电的需要，要使用升压变压器或降压变压器，将同一交流电压变换成同频率的各种不同电压等级，以满足各类物业用电设备的需要,干式变压器如图 7.5 所示。

图 7.5　干式变压器

1. 变压器的结构

变压器主要包括铁芯和绕组两大部分。

(1)铁芯。铁芯是变压器的基本组成部分,变压器的一次绕组、二次绕组都绕在铁芯上。铁芯的作用是在交变的电磁转换中,提供闭合的磁路,让磁通绝大部分通过铁芯构成的闭合回路,所以变压器的铁芯多采用硅钢片叠压而成。

(2)绕组。绕组由绝缘铜线或铝线绕制而成,有同心式和交叠式两种。

2. 变压器的工作原理

变压器的工作原理示意图如图 7.6（a）所示,原绕组的匝数为 N_1;副绕组的匝数为 N_2;输入电压为 u_1;输入电流为 i_1;输出电压为 u_2;输出电流为 i_2;负载为 Z_L。在电路中,变压器用图 7.6（b）表示,变压器的名称用字母 T 表示。在一定的输出电压范围内,从副绕组上抽头,可以输出不同的电压,得到多输出变压器。

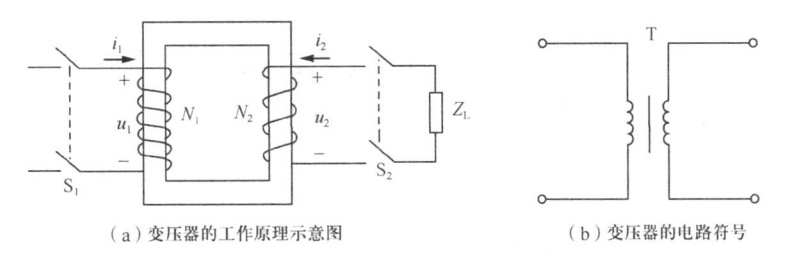

（a）变压器的工作原理示意图　　（b）变压器的电路符号

图 7.6　变压器的工作原理图及电路符号

3. 变压器的主要额定值

变压器运行的依据是铭牌上的额定值。额定值是制造厂根据设计或试验数据,对变压器正常运行状态所做的规定值。

(1)额定容量 S_N（单位为 va 或 kva）。指在额定运行状态下可以输送的容量(视在功率)。

(2)额定电压(单位为 V 或 kV)。原边额定电压是指根据绝缘强度,变压器长时间运行所能承受的工作电压。副边额定电压是指原边加额定电压,副边线圈开路(空载)时的端电压。三相变压器的额定电压一律指线电压。

(3)额定电流(单位为 A)。指变压器在额定容量和允许温升条件下,长时间通过的电流。三相变压器的额定电流一律指线电流。

7.3.4 电动机

电动机分为直流电动机和交流异步电动机，是实现电能和其他形式的能相互转换的装置。交流异步电动机分为单相交流异步电动机和三相交流异步电动机。三相交流异步电动机具有结构简单、制造方便、价格低廉、运行可靠、维修方便等一系列优点。

1. 三相交流异步电动机的结构

三相交流异步电动机主要由定子和转子两大部分组成，另外还有端盖、轴承及风扇等部件，如图 7.7 所示。

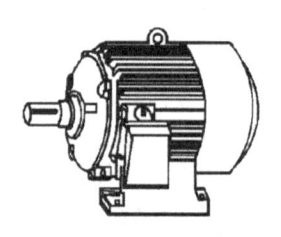

图 7.7 三相交流异步电动机的外形

（1）定子。三相交流异步电动机的定子由定子铁芯、定子绕组和机座等组成，如图 7.8（a）所示。机座两端的端盖用于支撑转子轴，并在两端设有轴承座。

（2）转子。转子包括转子铁芯、转子绕组和转轴，如图 7.8（b）所示。转子铁芯是由厚度为 0.5 mm，外圆周围冲有槽的硅钢片叠成的。叠压后压装在转轴上，一般为斜槽，并嵌入转子导体。

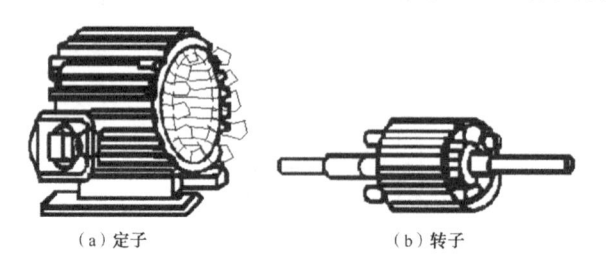

（a）定子　　　　　　（b）转子

图 7.8 三相交流异步电动机的结构

2. 三相交流异步电动机的工作原理

三相交流异步电动机的定子绕组中通入对称三相交流电后，会在电动机内部产生一个与三相电流的相序方向一致的旋转磁场。这时，静止的转子导体与旋转磁场之间存在相对运动，切割磁感线产生感应电动势，因转子绕组是闭合的，所以转子绕组中会有感应电流通过。载流的转子绕组受到旋转磁场的电磁力作用，相对转轴产生电磁转矩，使转子按旋转磁场的方向转动，其转速略小于旋转磁场的转速 n_0，所以三相交流异步电动机称为"异步"电动机。

如果改变通入定子绕组中任意两相交流电的相序后，旋转磁场就会反向，三相交流异步电动机就随之反转。

3. 三相交流异步电动机的启动、调速与制动

以下是三相交流异步电动机的启动、调速与制动的具体内容。

（1）三相交流异步电动机的启动。三相交流异步电动机接上电源后，转速由零开始运转，直至稳定运转状态的过程，称为启动。三相交流异步电动机的启动要求：启动电流小、启动转矩足够大、启动时间短。笼型三相交流异步电动机的启动方法有直接启动（全压启动）和降压启动两种。

① 直接启动。把三相交流异步电动机的三相定子绕组直接加上额定电压的启动方法称为直接启动。此方法启动最简单、投资少、启动时间短、启动可靠，但启动电流大。是否采用直接启动取决于电源的容量及启动的频繁程度。

② 降压启动。降压启动的主要目的是限制启动电流，但问题是在限制启动电流的同时，启动转矩也会受到限制，因此它只适用于在轻载或空载情况下启动。最常用的启动方法有Y-△换接启动（Y表示星形连接，△表示三角形连接）和自耦补偿器启动。对容量较大或正常运行时接成星形连接而不能采用三角形连接启动的笼型三相交流异步电动机常采用自耦补偿器启动。

（2）三相交流异步电动机的调速。为了符合提高效率或节能的要求，在工作过程中有时需要调速。三相交流异步电动机的调速方法有变极调速、变频调速和变转差率调速。

（3）三相交流异步电动机的制动。所谓制动是指要使三相交流异步电动机产生一个与旋转方向相反的电磁转矩（制动转矩），可见三相交流异步电动机制动状态的特点是电磁转矩方向与转动方向相反。三相交流异步电动机常用的制动方法有能耗制动、反接制动和回馈制动。

4．三相交流异步电动机的铭牌和技术数据

使用三相交流异步电动机时，需要注意其铭牌和技术数据。

（1）铭牌。每台三相交流异步电动机在出厂前，机壳上都钉有一块铭牌，如图7.9所示，它是一个最简单的说明书（主要包括型号、额定值、接法等）。

三相交流异步电动机			
型号	Y280M-2	功率	90kW
电压	380V	电流	164A
接法	Y	转速	2970r/min
频率	50Hz	绝缘等级	B
工作方式	S1	防护等级	IP44
重量	551kg	效率	0.92
××电动机股份有限公司　2006年×月×日			

图7.9　Y系列三相交流异步电动机的铭牌

（2）技术数据。要正确使用三相交流异步电动机，必须要看懂铭牌上的技术数据。

5．三相交流异步电动机的选择

三相交流异步电动机的容量是根据它的发热情况进行选择的。在容许温度以内，三相交流异步电动机绝缘材料的寿命约为15～25年。如果经常超过容许温度发热，绝缘老化会使三相交流异步电动机的使用年限缩短。一般来说，超过允许的温度大于8℃，使用年限就要缩短一半。

6. 三相交流异步电动机的接线

三相交流异步电动机的接线主要是指接线盒内的接线。电动机的定子绕组是三相交流异步电动机的电路部分，由三相对称绕组组成，3个绕组按一定的空间角度依次嵌放在定子槽内。三相绕组的首端分别用 U_1（D_1）、V_1（D_2）、W_1（D_3）表示，对应的尾端用 U_2（D_4）、V_2（D_5）、W_2（D_6）表示。为了便于变换接法，三相绕组的6个线头都引到了电动机的接线盒内，如图7.10（a）所示。

根据电源电压的不同和电动机铭牌的要求，电动机三相定子绕组可以接成三角形[见图7.10（b）]或星形[见图7.10（c）]两种形式。

（a）接线盒　　（b）三角形连接　　（c）星形连接

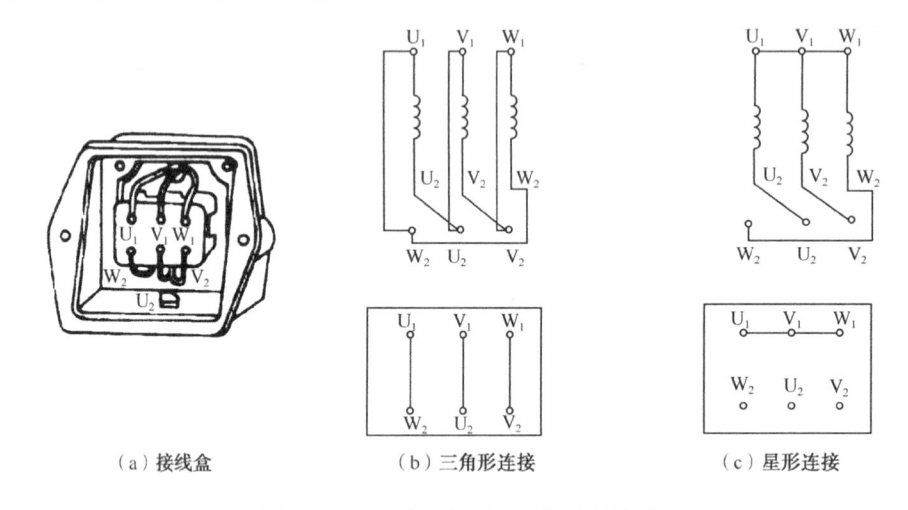

图7.10　三相交流异步电动机外部接线

7. 三相交流异步电动机的使用注意事项

使用三相交流异步电动机时需要注意以下事项。

（1）对停机时间较长的三相交流异步电动机，使用前应认真、细致地进行全面检查。特别是要检测相间和对地的绝缘电阻。一般中小型三相交流异步电动机的绝缘电阻不应小于 0.5 MΩ，否则，表明三相交流异步电动机有绝缘受潮或有短路，应烘干处理或者拆开检修。

（2）对运行中的三相交流异步电动机，要遵守操作规程并注意安全，要对其工作电流、声音、异味、温度等情况进行监测，若有异常，应及时进行处理或停机检查。

（3）三相交流异步电动机的日常维护和清洁。三相交流异步电动机是否能正常运行和减少故障、延长寿命，很大程度上取决于平时的维护和保养。

7.3.5　常用低压电器

常用低压电器是根据外界特定的信号和要求，自动或手动接通和断开电路，断续或连续地改变电路参数，在实现电能的产生、输送、分配和应用中，起着切换、控制、保护和调节等作用，广泛应用于电力输配、电力拖动和自动控制系统中。电器按电压不同可分为高压电器和低压电器。

1. 常用低压电器的种类

常用低压电器有以下几种。

（1）接触器。接触器是用于频繁地远距离接通或断开交直流主电路及大容量控制电路的控制电器，交流接触器的结构如图 7.11 所示。接触器利用电磁吸力和弹簧反作用力配合动作，使触点闭合和断开，具有失电压保护、控制容量大、可远距离控制等特点。按其触点通过的电流种类不同，接触器可分为交流接触器和直流接触器两种。

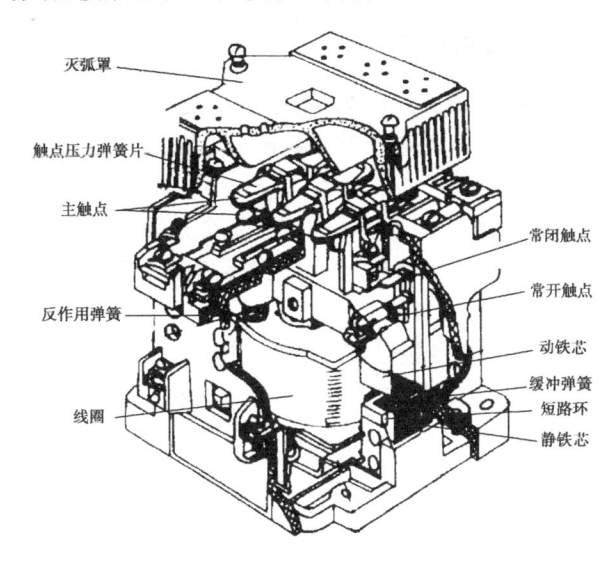

图 7.11 交流接触器的结构

（2）继电器。继电器是根据电流、电压、温度、时间和速度等信号的变化来接通和断开小电流电路的自动控制元器件，分为热继电器、时间继电器、中间继电器、速度继电器、电流继电器和电压继电器等。

① 热继电器。热继电器的作用是对电动机进行过载保护，以免电动机温升过高、使绝缘老化或绕组烧坏。热继电器有 JRl4、JRl6、JR20 和 JRSl 等系列。

② 时间继电器。时间继电器接收信号后，触点能够按设定时间延时动作。根据延时动作的不同原理，时间继电器有空气阻尼式、电磁式、电动式和晶体管式等，如 JS3、JS11、JSl4、JS20、JS23 等系列。

（3）主令电器。在电气控制系统中，用于发布指令的低压操纵电器称为主令电器。常用的主令电器有控制按钮、行程开关、万能转换开关和主令控制器等。

① 控制按钮。控制按钮是一种手动的、具有自动复位功能的主令电器，用于短时间接通和断开 5A 以下的小电流电路。控制按钮按用途和触点的结构不同可分为停止按钮（动断按钮）、启动按钮（动合按钮）和复合按钮（动合和动断组合按钮）3 种。

② 主令控制器。主令控制器是用于频繁地按顺序操纵多个控制回路的主令电器，用它通过接触器实现控制电动机的启动、制动、调速和反转。常用的主令控制器有 LKl、LK5、LK6 和 LKl4 等系列。

（4）断路器。断路器是指能接通、断开线路正常承载电流，也能在规定的异常电路条件下（如短路）在一定时间内接通、断开承载电流的机械式开关电器。低压断路器主要用于交流

1200 V、直流 1500 V 及以下电路中，是低压配电系统中的主要电气元件。低压断路器主要用于保护交直流低压电网内的电气设备，使之免受过电流、短路、欠电压等不正常情况的危害，同时也可用于不频繁启动的电动机操作或转换电路。低压断路器一般由触点系统、灭弧室、自由脱扣机构、操作机构、各种脱扣器和基础构件等组成。常用的断路器有万能式断路器和塑料外壳式断路器等。

（5）熔断器。熔断器是一种保护电器，当电流超过规定值并经过足够长的时间后，使熔体熔化，断开接入的电路，对电路和设备起短路或过载保护作用。

2. 常用低压电器的选择、使用和维修

为了保证电力系统良好、可靠地工作，必须根据控制要求正确选择和使用低压控制电器。若选择或使用不当，将导致各种故障，严重时会损坏电气设备。为此，要求掌握低压控制电器的选择原则和使用方法。

（1）接触器的选择。接触器的选择需要考虑以下几个方面。

① 类型的选择。根据被控制电动机或负载电流的类型进行选择，交流负载应使用交流接触器，直流负载应使用直流接触器。

② 额定电压的选择。一般选择接触器触点的额定电压大于或等于负载回路的额定电压。

③ 主触点额定电流的选择。接触器主触点的额定电流应大于或等于电动机或负载的额定电流。由于电动机的额定电流与其额定功率有关，因此也可根据电动机的额定功率进行选择。

④ 线圈电压的选择。一般应使接触器的线圈电压与控制回路的电压等级相同。

⑤ 辅助触点的选择。接触器辅助触点的额定电流、数量和种类应能满足控制线路的要求，如不能满足，则可选用中间继电器来扩充。

（2）热继电器的选择。热继电器的选择需要考虑以下几个方面。

① 类型的选择。一般都选用两相结构的热继电器；当三相电源严重不平衡、工作环境恶劣或遇无照看的电动机时，可选用三相结构的热继电器；对于三角形连接的重要电动机，可选用带断相保护装置的热继电器。

② 额定电流的选择。应根据电动机或负载的额定电流选择热继电器和热元件的额定电流，一般热元件的额定电流应等于或稍大于电动机的额定电流。

③ 整定电流的选择。热继电器的整定电流应与电动机的额定电流相等。当电动机拖动的是冲击性负载、电动机启动时间较长或电动机拖动的设备不允许停电时，热继电器的整定电流可比电动机的额定电流高 1.1～1.5 倍。

（3）主令电器的选择。控制按钮主要根据使用场合、触点类型、数量和所需颜色选择。行程开关根据动作要求和触点的数量选择。万能转换开关根据用途、所需触点的切换方式和额定电流选择。主令控制器根据额定电流和所需控制电路数选择。

（4）熔断器的选择。熔断器的选择需要考虑以下几个方面。

① 根据使用场合的短路电流大小，选用不同结构形式和相应分断能力的熔断器。

② 作为电动机保护用熔断器应考虑电动机的启动电流，一般熔断器的额定电流为电动机额定电流的 2～2.5 倍。

③ 选用 RS 型快速熔断器对硅半导体器件做保护时，一般熔断器的额定电流为器件额定电流的 1.57 倍，在电气传动系统中取 0.8～1 倍。

7.4 物业供配电系统的管理与维护

7.4.1 物业供配电系统的管理

1. 配备专业的管理人员

经有关部门验收合格后的供配电设备，应根据管理供配电设备的种类和数量分别配备专业技术人员对其进行管理。

2. 建立供电设备档案

住宅区或高层楼宇以每幢楼为单位收集和整理有关技术资料，建立和健全供配电设备的档案。档案内容主要包括各类图纸、数据、记录和报告等。

3. 明确供电系统的产权分界

供电系统产权分界的目的是分清供电系统维护的范围和事故的责任，《全国供用电规则》中对维护管理与产权分界的规定如下所示。

（1）低压供电，以供电接户线的最后（第一）支持物为分界点，支持物属于供电局。

（2）10 kV 及以下的高压供电，以用户墙界外或配电室前的第一断路器或进线套管为分界点，第一断路器或进线套管的维护责任由双方协商确定。

（3）35 kV 及以上的高压供电，以用户墙界或用户变电站外第一基电杆为分界点，第一基电杆属于供电局。

（4）若采用电缆供电，本着便于维护和管理的原则，由供电局与用户协商确定。

（5）产权属于用户的线路，以分支点或以供电局变配电所外第一基电杆为分界点，第一基电杆的维护管理责任由双方协商确定。

4. 供电系统管理

为了使供电系统能安全、可靠地运行，在日常管理过程中应强制执行相关规定。

（1）负责供电运行和维修的人员必须持证上岗，并配备专业人员。

（2）建立严格的配送电运行制度和电气维修制度，加强日常维护检修。

（3）建立 24 小时值班制度，做到发现故障及时排除。

（4）保证公共使用的照明灯、指示灯、显示灯和园艺灯的良好状态。电气线路符合设计和施工技术要求，线路负荷要满足业户需要，确保变配电设备安全运行。

（5）停电、限电提前出安民告示，以免造成经济损失和意外事故。

（6）对临时施工工程及住户装修要有用电管理措施。

（7）对电表安装、抄表、用电计量及公共用电进行合理分配。

（8）若发生特殊情况，如火灾、地震和水灾时，要及时切断电源。

（9）禁止乱拉、乱接供电线路，严禁超载用电，如确实需要，必须取得主管人员的书面同意。

（10）建立各类供电设备档案，如设备信息卡等。

5. 供电设备运行中的巡视管理

供电设备运行中的巡视管理是根据公司工程部制定的运行巡视管理规范，由值班人员定期对设施设备进行巡视、检查。

（1）运行巡视制度主要考虑巡视的间隔次数并按规定填写《运行巡视记录表》。

（2）运行巡视的内容包括变配电室巡视和线路巡视，在巡视过程中若发现问题和故障应及时进行处理。

（3）在巡视过程中发现问题时应考虑个人的能力，处理问题时应严格遵守物业管理公司制定的《供配电设备设施安全操作标准作业规程》和《供配电设备设施维护保养标准》中的规定。

6. 发电机房管理

发电机房应根据相关的规程严格管理，柴油机组操作人员必须熟悉设备，严格按照规程操作。

7. 配电房管理

配电房是安装配电设备、设施的物业，如设备出现事故，后果将十分严重，因此配电房中的全部机电设备，由机电班负责管理和值班，停送电由值班电工操作，非值班电工禁止操作，无关人员禁止进入配电房，非管理处人员必须办理书面许可才能进入。配电房的日常管理应严格执行相关规定。

8. 配电室交接班管理

配电室交接班管理的要求如下所示。

（1）接班人员应提前 10 min 到达工作岗位，以便及时做好接班准备，了解设备的运行情况，准确无误地做好接班手续。

（2）接班人员生病、有酒意或精神不振者不得接班；若有值班人员缺勤，应报告主管领导。

（3）交接班双方事先做好准备，必须按照下列内容进行交接。

① 运行记录、事故记录及设施记录、工作票、操作票、主管部门的通知及运行图纸等应正确齐全。

② 工具、设备用具、仪器、消防设备及钥匙等应齐全完整，室内外应干净整齐。

③ 在交接班时发生事故或执行重大操作时，应由交班人员处理完毕后方可交接，接班人员要协助处理。

④ 以上手续办好之后，双方应在记录本上签字。

⑤ 双方签字之后，表示交接班手续已办妥，正式生效；未履行交接班手续的值班人员不可离开工作岗位。

7.4.2 物业供配电系统的维护

物业供配电系统的维护是指为保证物业供配电系统的正常运行而对供配电设备、设施的维护和供配电线路的维护。

1. 供配电设备、设施的维护

供配电设备、设施的维护目的是消除事故隐患，防止供配电设备、设施出现较大故障，供配电设备、设施的维护由值班电工负责实施。按照《机电设备管理工作条例》中的规定，应定时对供配电设备、设施进行维护。

2. 供配电线路的维护

供配电线路的维护包括架空线路维护和电缆线路维护。架空线路应进行经常的维护,其基本措施是巡视检查,若发现问题应及时处理。电缆线路维护一般要求维护人员先了解电缆的走线方向、敷设方式及电缆头的位置等基本情况。架空线路维护和电缆线路维护应根据相应的巡视项目进行。巡视检查中发现的问题也应进行记录并及时报告处理。

思考与练习

1. 低压配电有哪些方式?
2. 线路敷设分为哪几类?
3. 低压配电箱的使用注意事项有哪些?

第 8 章　物业电气照明系统

【教学提示】

（1）电光源的类型：热辐射光源、气体放电光源。
（2）常用灯具的种类；照明供电系统的组成。
（3）室内照明线路的敷设方式；照明配电箱的安装方式；灯开关、插座、断路器、漏电保护器、接触器、电流互感器、电压互感器、继电器的安装形式。
（4）电气照明常见故障与维护。

【培养目标】

通过本章的学习，掌握电光源的种类和用途，掌握灯具的种类和选用，了解照明供电线路的布置和敷设、配电箱的安装，掌握控制电器的安装，了解照明电路短路、断路及漏电的原因，掌握电气照明常见故障的维护等内容。

电气照明是一门综合技术，它不仅应用了光学和电学方面的技术成果，还涉及物业学、生理学和美学等方面的知识。电气照明灯光稳定、易于调节、经济安全，是现代人工照明中应用最广泛的照明方式。电气照明主要利用电光源组成的灯具进行照明。

8.1　电光源与灯具的选用

8.1.1　电光源的种类与用途

电光源是电气照明系统中的必备光源，常用的电光源按其发光原理可分为两大类，即热辐射光源和气体放电光源。

1．热辐射光源

热辐射光源是利用电流的热效应，将具有耐高温、低挥发性的灯丝加热到白炽化程度，从而产生可见光的。常用的热辐射光源有白炽灯、卤钨灯等。

（1）白炽灯。白炽灯即普通灯泡。白炽灯主要由灯头、灯丝、玻璃壳组成，如图 8.1 所示。灯头分为插口式灯头和螺口式灯头，功率大的白炽灯一般采用螺口式灯头，因为螺口式灯头在电接触和散热方面比插口式灯头的好。灯丝一般都用高熔点、低挥发的钨丝制成。玻璃壳用普通玻璃制作，当玻璃颜色不同时，灯光颜色也会不同。白炽灯的构造简单、成本低、使用方便、显色性好、容易调光。但是白炽灯的发光效率低，消耗电能的 90%左右变为热能，故玻璃壳内的温度很高，在使用过程中应防止水溅到灯泡上，以免玻璃壳炸裂。白炽灯对电压的变化比较敏感，电压升高 5%，白炽灯的使用寿命约降低一半，电压降低 5%，光通量约降低 15%。使用时白炽灯上标注的额定电压必须与电网的供电电压相符。白炽灯的额定电压一般为220 V和36 V。白炽灯的灯丝加热迅速，故能瞬时启动。白炽灯的灯丝热惰性较大，频闪效应不显著。灯丝的冷态电阻比热态电阻小得多，在起燃瞬间，电流较大，因此，一个开关不宜控制过多的白炽灯。白炽灯是纯电阻性负载，在使用过程中，灯丝因不断挥发而逐渐变细，灯丝挥发出来的钨沉积在玻璃壳内，会使灯泡发黑，发光效率下降，有效寿命缩短。白炽灯的寿命一般只有1000 h。装卸白炽灯时，应先断开电源，不要用潮湿的手去装卸带电的灯泡。螺口式灯头的接线、相线（火线）应接在中心触点的端子上，中性线（零线）应接在螺纹的端子上，灯头的绝缘外壳不应有损伤或漏电现象。灯头离地的安装高度应符合以下要求。

① 在潮湿、危险场所，室内不低于2.5 m，室外不低于3 m（在墙上安装时应不低于2.5 m）。

② 在一般场所，应不低于2 m，若急需将灯适当放低时，应不低于1 m，但在吊灯线上应加绝缘套管，高度为距地面2 m以上。

（2）卤钨灯。卤钨灯是一种新型的热辐射光源。卤钨灯由白炽灯改进而来。卤钨灯主要由电极、灯丝、石英灯具组成，如图8.2所示。灯管内抽成真空后充以少量的氩气和微量的卤素碘或溴，灯丝温度为2 600～3 200℃，灯管温度为250℃。由于灯管尺寸小，机械强度高，充入的惰性气体压力较高，利用卤素与钨的循环作用使灯丝蒸发的一部分钨重新附着在灯丝上，以补偿钨的蒸发损失，这样就可以有效地抑制灯丝的挥发，所以与白炽灯相比，卤钨灯具有体积小、光通量稳定、光效高、光色好、使用寿命长等特点。但卤钨灯价格高，安装必须保持水平，倾斜角不得大于±4°。由于卤钨灯的灯丝温度高，所以卤钨灯比白炽灯辐射的紫外线多。卤钨灯的灯管管壁温度高，故不能与易燃物接近，也不允许人工冷却。卤钨灯耐振性差，不宜在有振动的场所使用，也不宜做移动式局部照明。卤钨灯要配专用的照明灯具，一般用于一些特定场合。

图8.1　白炽灯 　　　　　　　　　　　图8.2　卤钨灯

2．气体放电光源

气体放电光源是利用电场对气体的作用使气体电离，电子、离子撞击荧光粉产生可见光的。常用的气体放电光源有荧光灯、高压汞灯、高压钠灯和金属卤化物灯等。

（1）荧光灯。荧光灯由整流器、灯管、启辉器和灯座等组成，有普通型荧光灯和紧凑型荧光灯，如图8.3所示。荧光灯的优点是光色好、光效高（光效是相同瓦数白炽灯的2～5倍）、节电、表面温度低、使用寿命长（使用寿命一般为2 000～10 000 h）。荧光灯的缺点是有频闪效应、附件多、不宜频繁开关。新型荧光灯采用了电子整流器，取代了老式的铁芯线圈整流器和启辉器，可以使荧光灯无频闪、启动电压宽、更节电、灯管寿命更长。荧光灯的使用场合非常广泛，主要用于家庭、学校、商店等各类物业的室内照明。

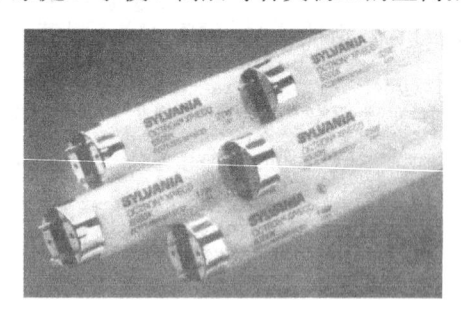

(a) 普通型荧光灯　　(b) 紧凑型荧光灯

图 8.3　荧光灯

(2) 高压汞灯。高压汞灯也称高压水银灯，主要由灯头、石英放电管和玻璃外壳等部件组成，如图 8.4 所示。将石英放电管抽真空后，充入一定量的汞和少量的氩气，管内有钨制成的主电极和辅助电极。工作时高压汞灯管内有较高的压力，因此称为高压汞灯。玻璃外壳的内壁涂有荧光粉。高压汞灯分为普通型和反射型。反射型高压汞灯在其玻璃外壳内壁上部涂有铝反射层，具有定向反射功能，使用时不用安装灯罩。高压汞灯有较高的光效、使用寿命也较长、亮度高、耐振，但显色性较差。高压汞灯的安装可以是垂直、水平或任意角度，但以垂直安装为好。使用外整流器的高压汞灯必须按规格选用。高压汞灯的玻璃外壳温度很高，配用灯具时应考虑散热问题，否则会影响灯泡的性能和使用寿命。玻璃外壳破损后，灯仍能点亮，但有大量紫外线射出，会灼伤人眼和皮肤。高压汞灯的优点是省电、耐振、使用寿命长、发光强；缺点是启动慢，需要 4~8 min，显色性差。高压汞灯主要用在道路、广场等场所。

图 8.4　高压汞灯

(3) 高压钠灯。高压钠灯是利用高压钠蒸气放电的气体放电灯，如图 8.5 所示。高压钠灯受电源电压变化的影响要比其他气体放电灯的大。其光通量的变化率是电压变化率的两倍。电压突然下降超过额定电压的 5%时，高压钠灯会自行熄灭。高压钠灯以发黄光、红光为主，所以透雾性好，可在-40℃~100℃环境温度下正常工作，光通量维持性良好，耐振。高压钠灯必须配用专用灯具，使用配套的整流器。安装时，一般要求灯头在上；若灯头在下，则灯泡轴线与水平线的夹角不宜大于 20°。高压钠灯的特点是发光效率高、节能、结构简单、坚固耐用、平均寿命长、黄色光谱透雾性好，最适用于交通照明。它主要用于交通要道、机场跑道、航道、码头等需要高亮度和高光效的场所。

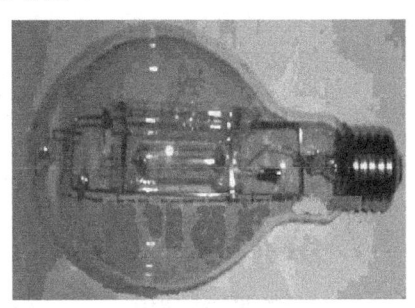

（4）金属卤化物灯。金属卤化物灯目前常用的有镝灯和钠铊铟灯两种，如图 8.6 所示。当金属卤化物灯的放电管工作时，金属卤化物被气化并在电弧中心处被分解为金属原子和卤素原子。金属原子的参加，使激发的原子数目大大增加，因而光效较高。另外，在放电辐射中，金属光谱占支配地位，只要选择几种金属卤化物并控制好它们的比例，就可得到理想的光色。电源电压的变化会导致金属卤化物灯的光效、光色发生变化。当电压变低时金属卤化物灯比高压汞灯更容易引起自熄，因此要求电压偏移不能超过±5%。ZQ-400 钠铊铟灯可配用高压汞灯整流器，其他灯具都应使用配套的专用整流器或漏磁变压器、触发器。金属卤化物灯在安装时应按产品的说明书进行，其安装高度一般在 5 m 以上，电源线不得靠近灯具的表面。金属卤化物灯的优点是光效高、光色好（接近天然光）。其缺点是使用寿命短，光通量保持性及光色一致性较差。金属卤化物灯主要用于电视、摄影、体育馆及要求高照度、高显色的场所。

（5）混光灯。混光灯是一种新型的高效节能灯，如图 8.7 所示。

图 8.5　高压钠灯　　　图 8.6　金属卤化物灯　　　图 8.7　混光灯

传统的电气照明采用单一种类的电光源，单一种类的电光源都有不足之处和使用局限性，如白炽灯虽然启动快、使用方便，但光效低；高压气体放电灯虽然光效高、体积小、发光强，但色差大。

近年来，国际上广泛使用两种或两种以上不同的电光源，即混光照明技术，并取得了很好的效果。它能发挥单一电光源的优点，克服单一电光源的不足，达到高效节能的效果并使光色更好，以适应各种场所照明的需要。

20 世纪 80 年代，我国研制成功的混光灯利用高压汞灯和高压钠灯作为电光源，通过多棱镜面反光罩混光，它具有照度高、光线柔和、透雾性好、眩光小、安装维护方便、不易受灰尘污染等优点，适合在体育场、工矿企业、高大厂房等场所使用。

8.1.2　灯具的种类与选用

灯具是指能透光、分配光和改变电光源光分布的器具，可以达到合理利用电光源和避免眩光的目的。灯具由电光源和灯罩（控制器）组成。

灯罩是一种提高照明质量的重要附件，灯罩的主要作用是重新分配电光源发出的光通量、限制电光源的眩光作用、减少和防止电光源的污染、保护电光源免受机械损坏及安装和固定电光源，它与电光源配合起一定的装饰作用。灯具的种类不仅与电光源有关还与灯罩有关。

1. 灯具的种类

按光线在空间的分布情况，灯具可分为直射型、间接型、半直射型/半间接型、漫射型、非对称型及可调型等。

（1）直射型。直射型灯具直接向下发射光线。绝大多数的嵌装灯具，包括下射灯具和嵌入式荧光灯具都属于这一类型。

（2）间接型。间接型灯具向上发射光线，光经过天花板的反射进入空间，包括许多类型的悬挂型灯具、墙壁型灯具和一些便携灯具。

（3）半直射型/半间接型。半直射型/半间接型灯具向上方、下方发射光线，但不向侧方发射光线。许多悬挂型灯具和部分台式灯具、落地灯具属于这一类型。

（4）漫射型。漫射型灯具向所有方向均匀地发射光线。绝大多数裸露光源、球形灯、枝状吊灯和部分台式灯具、落地灯具都属于这一类型。

（5）非对称型。非对称型灯具通常针对特定的应用设计。例如，非对称上射灯具是一种光在某一方向（如背离墙面的方向）上分布较强的间接型灯具；洗墙灯是一种直射型灯具，在指向墙面的一侧有较强的光分布。

（6）可调型。可调型灯具通常是一种可以通过调节，将光投射到下方以及其他方向的直射型灯具。它包括轨道灯、泛光灯和聚光灯。

灯具按照其在物业上的安装方式可分为悬挂型、吸顶型、墙壁型、嵌入顶棚型及可移动型等。

灯具按使用环境的需要可分为防潮型、防爆安全型、隔爆型及防腐蚀型等。

2. 灯具的选用

在实际的照明过程中，裸光源是不合理的，甚至是不允许的，因为裸光源会产生刺眼的眩光，而且许多光源不能照到需要的工作面上，导致光照效率低。因此，为了调整光源的照射方向、有效地节约电能就必须选用合适的灯具。

选择灯具时，除了要考虑环境光分布和限制眩目的要求，还应考虑灯具的效率，选择高光效灯具。

（1）灯具选用的基本要求。室内照明要达到规定的照度，工作面上的照度要均匀、无眩光，在满足室内一定照度的情况下，电能的消耗、设备投资及运行费用的消耗都应该适当控制，使其获得较好的经济效益。灯具选择应考虑周围的环境条件，同时还要考虑灯具的外形与物业的协调。

（2）灯具类型的选择。灯具的选择应考虑不同灯具的特点和适用场所。

① 直射型灯具直接将光照射在目标区域，效率高。通常会形成较暗的天花板与上部墙面，可以使场景显得生动，但也会由于对比过强，令人产生不舒适的感觉。直射型灯具通常用于物业的门厅、行政办公室、旅馆和追求戏剧性效果的空间场所。然而，戏剧性的空间容易使人疲劳，因此工作场所不宜使用直射型灯具。

② 间接型灯具可以产生舒适、弱对比的柔和光线，可以使空间在心理感觉上扩大。大多数间接型灯具可以照亮天花板，但是如果没有直射光，会令人感到沉闷。间接型灯具通常用于人们工作的环境，在一般情况下，宜使用一部分直射光以消除单调感。

③ 直射型/间接型灯具通常是直接照明的高效和间接照明的舒适之间的良好配合。间接光成分可以产生舒适、平衡的照明，而直射光成分可以产生戏剧性的照明，两种光的配合最终形成了一种舒适生动的环境。

④ 漫射型灯具可以产生大面积的均匀照明，因为没有遮光板所以会产生眩目感。大多数枝

状吊灯和壁灯属于漫射型灯具，选用这种灯具通常可以达到装饰或实用的目的；漫射型灯具若没有其他形式照明会产生单调、乏味的照明效果，令人不舒服。

⑤ 非对称型灯具在需要对物体或表面进行重点照明时采用。例如，选用洗墙灯照亮墙面，使用聚光灯照亮一幅画或一个雕塑等。

8.1.3 灯具的布置

1. 灯具布置的基本要求

布置灯具时要符合以下要求。
（1）要有规定的照度。
（2）工作面上照度均匀。
（3）光线的射向适当，无眩光、无阴影。
（4）灯泡的安装容量减至最少。
（5）维护方便。
（6）灯具布置整齐美观并与物业空间相协调。
（7）地下物业内的灯具，应有防潮措施，灯具的安装高度小于 2 m 时，灯具应安装在人不易碰到的地方，否则应采用 36 V 及以下的安全电压。
（8）嵌入顶棚内的灯具应固定在专设的框架上，电源线不应贴近灯具外壳，灯线应留有余量，固定灯罩的框架边缘应紧贴顶棚。嵌入式日光灯管组合的开启式灯具，灯管应排列整齐，金属间隔片不应有弯曲扭斜等现象。
（9）配电箱（屏）的正上方不得安装灯具，以免造成眩光，影响对配电箱（屏）上仪表等设备的监视和抄读。
（10）事故照明灯具应有特殊标志。

2. 悬挂型灯具的布置

布置悬挂型灯具需要吊线盒和木台。木台的规格要合适并安装牢固。吊线盒在木台上也要安装牢固。吊线在吊线盒和灯座内应打线结，以防灯具从接线螺钉处滑出造成事故。吊线应使用软导线（如花线），悬挂型灯具的安装如图 8.8 所示。

布置悬挂型灯具采用吊链时，灯线应与吊链编叉在一起；采用钢管吊灯时，钢管内径一般不小于 10 mm。当吊灯质量超过 3 kg 时，应预埋吊钩或螺栓。固定花灯的吊钩，其圆钢直径不应小于灯具吊栓销钉的直径，且最小不得小于 6 mm。

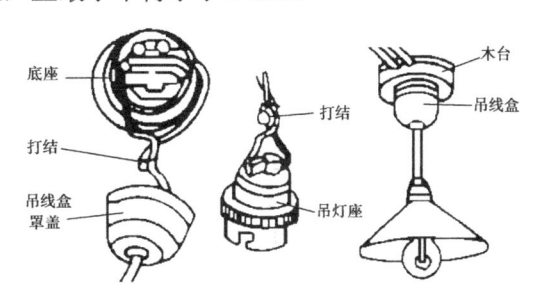

图 8.8 悬挂型灯具的安装

3. 吸顶型灯具的布置

吸顶型灯具一般可以直接将木台固定在顶棚的预埋木砖上或用预埋的螺栓固定，然后把灯具固定在木台上。木台和灯具要安装牢固。若灯泡和木台距离太近，应在灯泡与木台之间放置隔热层（如石棉板、石棉布等）。

4. 墙壁型灯具的布置

墙壁型灯具可以布置在墙上或柱子上。当布置在墙上时，一般在砌墙时应预埋木砖，禁止用木楔代替木砖；当布置在柱子上时，一般应在柱子上预埋金属构件或用抱箍将金属构件固定在柱子上，然后布置灯具。

8.2 照明供电线路的布置与敷设

8.2.1 照明供电线路的布置

物业内部的照明供电线路，应根据工程规模大小、设备布置、负荷容量等条件确定，一般由进户线、配电箱、电源的干线和支线组成。对容量较大的照明负荷，一般采用 380 V/220 V 三相四线制配电方式，每相均与中线构成单相 220 V 电路，将照明负荷尽可能均匀地分配到三相电路中，形成对称三相负荷。额定电压的偏移量为±5%。三相动力负载可以使用 380 V 的线电压，照明负载可以使用 220 V 的相电压。

由室外架空供电线路的电杆至物业外墙的支架之间的线路称为接户线。由外墙到总照明配电箱之间的线路称为进户线。由总配电箱至分配电箱（屏）的线路称为干线。由分配电箱（屏）引出的线路称为支线。

1. 进户线

进户点的位置应根据供电电源的位置、物业大小和用电设备的布置情况综合考虑后确定。物业的长度在 60 m 以内者，采用一处进线，超过 60 m 的可根据需要采用两处进线。进户线到室内地平面的距离不得低于 3.5 m，对于多层物业，一般可以由二层进户。

2. 配电箱

配电箱是接收和分配电能的装置。配电箱由开关、熔断器及电度表等电气设备组成。三相电源的零线不经过开关，直接接在零线接线板上，各单相电路所需零线都可以从零线接线板上引出。照明配电箱一般距离地面 1.5 m。

3. 干线

干线的布置方式主要有以下几种。

（1）放射式。放射式干线布置方式的可靠性高、配电设备集中、检查维修方便，但是系统的灵活性较差，有色金属消耗较多，一般用于容量大、负荷集中的物业群供电。

（2）树干式。树干式干线布置方式所需配电设备及有色金属消耗量较少，系统的灵活性好，但干线故障时影响范围大，一般用于配电设备比较均匀、容量不大、狭长区域的物业群供电。

（3）混合式。混合式干线布置方式用于大中型物业群或上述两种物业群的综合供电。

4. 支线

由分配电箱（屏）引出的线路称为支线。单相支线电流一般不宜超过 15 A，灯和插座的数量不宜超过 20 个，最多不应超过 25 个。总照明配电箱内包括总开关、总熔断器、电能表（电度表）和各干线的开关、熔断器等设备。分配电箱有分开关和各支线熔断器。照明线路一般以两级配电箱保护为宜。

8.2.2 照明供电线路的敷设

照明供电线路的敷设方式有明线敷设与暗线敷设两种。

1. 明线敷设

明线敷设是指将导线沿物业的墙面或顶棚表面、桁架、屋柱等外表面敷设，导线裸露在外。明线敷设方式有瓷夹板敷设、瓷柱敷设、槽板敷设、铝皮卡钉敷设及穿管明敷设等。

明线敷设的优点是工程造价低、施工简便、维修容易。其缺点是导线裸露在外容易受到有害气体的腐蚀，也容易受到机械损伤，同时也影响环境美观。

2. 暗线敷设

暗线敷设是指将管子预先埋入墙内、楼板内或顶棚内，然后将导线穿入管中。暗线敷设使用的线管有金属钢管、硬塑料管等。

暗线敷设的优点是不影响美观、防潮、导线不易受到有害气体的腐蚀和意外的机械损伤。但是其安装费用较高，管材耗量大。由于导线穿入管内，管子又埋在墙内，在使用过程中检修比较困难，所以在安装过程中，安装要求比较严格。

（1）暗线敷设是指根据设计要求，选择符合要求的钢管和硬塑料管，并考虑穿过电线管的导线截面积不得超过电线管截面积的 40%。

（2）暗线敷设的除锈和防锈要求。对于钢管，在配管前应进行除锈和防锈处理。若埋在混凝土中，则不需要进行防锈处理。

（3）暗线敷设的下料。根据图样测位、计算长度，用手工钢锯或砂轮锯切割下料（软塑料管可用剪刀）。

（4）暗线敷设的弯管。对于钢管、硬塑料管和半硬塑料管，均需要在敷设前弯好，管子的弯曲半径不小于管子直径的 4～6 倍（明管 4 倍，暗管 6 倍），弯曲角度一般不小于 90°。

（5）暗线敷设管子的连接。对于钢管可采用喇叭口焊接或螺纹连接，对于硬塑料管和半硬塑料管一般采用插入法或套接法。

（6）管子敷设。管子加工好后，按图样配管。对于楼房按土建施工流水段逐层敷设。

（7）暗线敷设的穿线。管子配好后，等到土建结构完成，装修基本结束时准备穿线。穿线前，应将管路清理干净，金属管应戴好护口，至少由二人一头拉一头送来穿线。

暗线敷设的注意事项：所有金属管线及箱体应按跨接线并联为一体，根据设计，做接零或接地保护；当进行塑料管和半硬塑料管敷设时，不得有挤扁和死弯；薄壁铜管严禁熔焊连接；同一交流回路的导线必须穿于同一管内；除了特殊情况，不同回路、不同电压的交流导线与直流导线不得穿入同一管内；导线在管内不得有接头和扭结。导线敷设在垂直管中，每超过下列长度时，应在管口处或连接处加以固定：导线截面积小于等于 50 mm² 时为 30 m；导线截面积为 70～95 mm² 时为 20 m；导线截面积为 120～240 mm² 时为 18 m。

8.3 配电箱与控制电器

8.3.1 配电箱的安装

配电箱有标准和非标准两种形式。标准配电箱可以向制造厂商订购，非标准配电箱可以从制造厂商购买或自行制作。配电箱的安装方式有悬挂式安装、嵌入式安装和落地式安装。

1. 配电箱的安装基本要求

配电箱一般分三级进行设置，即总配电箱、分配电箱和开关箱。总配电箱和分配电箱合称配电箱。配电箱按控制的负荷不同可分为动力配电箱、照明配电箱和混合配电箱；按制作方法不同可分为定型产品和自行组装等；按配电箱的材质不同可分为木配电箱和铁配电箱。

（1）总配电箱一般应尽可能设置在用电负荷中心。分配电箱应设置在用电设备或负荷相对集中的位置。分配电箱与开关箱的距离不得超过 30 m。开关箱和它所控制的电气设备的距离不得超过 3 m。在配电箱或开关箱的周围应有供两人同时工作的足够空间和通道，不得在箱旁堆放物业材料和杂物。

（2）动力配电箱与照明配电箱宜分开设置，便于使用。如果用混合箱，必须将动力与照明线路分开。

（3）开关箱应由末级分配电箱配电。需要控制的设备应有各自的开关箱，临时用电也要单机单闸，严禁用一个开关电器直接控制两台及两台以上的用电设备（含插座）。

（4）配电箱的安装要选择干燥、通风、不容易受到碰撞及不受雨、雪、冰冻影响的位置，还要避开烟气、蒸汽、煤气、化学腐蚀、热源烘烤、强烈振动和液体浸溅的场所，否则应做防护处理。

（5）配电箱的安装要端正、牢固。移动式配电箱应安装在坚固的支架上。固定式配电箱、开关箱的下底与地面的垂直距离应大于 1.3 m 且小于 1.5 m，过高或过低都不利于操作。铁配电箱的铁板厚度应不小于 1.5 mm。

（6）配电箱内的电器应先牢靠而端正地安装在金属或木质的绝缘板上，然后整体紧固在配电箱箱体内。金属板与配电箱应做接地保护连接，而箱内的工作零线应通过接线端子板连接，并且与专用保护零线的端子板分开。

（7）配电箱内的电器质量要可靠且无损伤。

（8）总配电箱应装设总隔离开关和分路隔离开关、总熔断器和分路熔断器（或总自动空气开关和分路自动开关）及漏电保护器。如果漏电保护器有过负荷保护和短路保护功能，则可不设分路熔断器或分路开关。总开关电器的额定值、动作整定值应与分路开关电器的额定值、动作整定值相适应。

（9）分配电箱应装设总隔离开关和分路隔离开关及总熔断器和分路熔断器（或总自动空气开关和分路自动开关），总开关电器的额定值、动作整定值应与分路开关的电器额定值、动作整定值

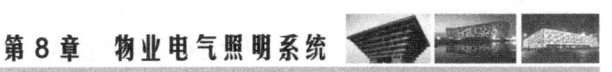

相适应。

（10）在低压配电箱内应安装漏电保护器。按照规范规定：施工现场所有用电设备，除了做保护接零，还必须在设备负荷线的首端处设置漏电保护器。只有 36 V 及以下的用电设备在工作环境干燥的条件下可免装漏电保护器。漏电保护器应安装在配电箱的电源隔离开关的负荷侧和开关箱电源隔离开关的负荷侧。开关箱内的漏电保护器的额定漏电动作电流应不大于 30 mA，额定漏电动作时间应小于 0.1 s。手动开关电器只许用于直接控制照明电路。容量大于 5.5 kW 的动力电路应采用自动开关电器或降压启动装置控制。而且，各种开关电器的额定值应与其所控制的电器设备的额定值相适应。

（11）仪表计量。总配电箱内应安装电压表、总电流表、总电能表（电度表）及其他仪表。当动力负荷（电动机）容量大于等于 40 kW 时，开关箱内应装电流表。在计取电费时因动力和照明电费不同需要分别结算电费时，则用两块电能表（电度表）分别测量动力和照明用电。

（12）配电箱中进出导线的规定。配电箱中进出导线应在箱体的下底面，严禁设在箱体的上顶面、侧面、后面或箱门处；进出导线应加护套，分路成束，并做防水弯，导线束不得与箱体的进出口直接接触；移动式配电箱和开关箱的进出导线必须采用橡皮绝缘电缆；进入开关箱的电源线，严禁用插销连接。

2. 悬挂式安装

悬挂式配电箱可安装在墙上或柱子上。悬挂式配电箱直接安装在墙上时，应先埋设固定螺栓，固定螺栓的规格和间距应根据配电箱的型号规格及质量和安装尺寸确定。固定螺栓的长度应为埋设深度（一般为 120～150 mm）加上管壁厚度及螺母和垫圈的厚度，再加上 3～4 扣螺纹余量的长度。

配电箱安装在支架上时应先将支架加工好，然后将支架埋设固定在墙上或用抱箍固定在柱子上，再用螺栓将配电箱安装在支架上并将其调整至水平或垂直。

3. 嵌入式安装

嵌入式配电箱在安装前，应先按设计指定的位置，在土建砌墙时将与配电箱尺寸和厚度相等的木框架嵌在墙内，使墙上留出配电箱安装孔，待土建和配线线管预埋工作结束后，除去木框架，将配电箱嵌入墙内，然后校正垂直和水平，垫好垫片将配电箱固定好，并做好线管与箱体的连接固定，最后用水泥砂浆将箱体四周固定。

当墙壁的厚度不能满足配电箱嵌入式的要求时，可采用半嵌入式安装，箱体一半在墙内一半在墙外，半嵌入式的安装方法与嵌入式的相同。

4. 落地式安装

配电箱落地安装时，先预制一个高出地面一定高度的混凝土空心台，配电箱落地安装在空心台基础上。配电箱落地安装必须待基础干透后进行。进入配电箱的线管应排列整齐，管口应高出基础面 50 mm。

8.3.2 控制电器的安装

控制电器包括灯开关、插座等。

1. 灯开关的安装

灯开关的作用是接通或断开照明灯具。根据安装形式不同灯开关可分为明装式和暗装式两种。明装式灯开关有拉线开关等，暗装式灯开关一般用翘板开关，如图 8.9 所示。

拉线开关的安装必须牢固，接线要正确，容量要合适。它们是电路中的重要设备，直接关系到安全用电和供电，拉线开关的安装如图 8.10 所示。

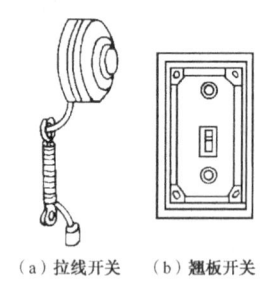

（a）拉线开关　（b）翘板开关

图 8.9　灯开关的外形

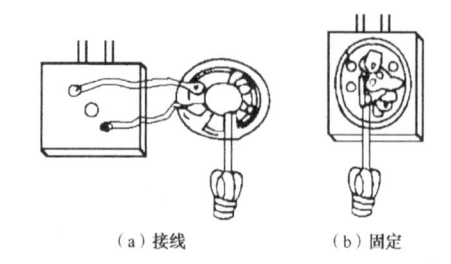

（a）接线　（b）固定

图 8.10　拉线开关的安装

灯开关安装的要求如下所示。

（1）同一场所灯开关的切断位置应一致，操作应灵活可靠，触点应接触良好。

（2）灯开关的安装位置应便于操作，安装高度应符合下列要求。

① 拉线开关距地面的高度一般为 2～3 m，距门框的高度为 0.15～0.2 m。

② 翘板开关及其他开关距地面的高度一般为 1.3 m，距门框的高度为 0.15～0.2 m。

（3）成排安装的灯开关的高度应一致，高低差不大于 2 mm；拉线开关的相邻间距一般不小于 20 mm，高低差不大于 2 mm。

（4）电器、灯具的相线应经灯开关控制，一般禁止使用床头开关。

（5）翘板开关的盖板应端正严密，紧贴墙面。

（6）在多尘、潮湿场所和户外应采用防水拉线开关或加装保护箱。

（7）在易燃、易爆场所，开关应装在其他场所控制或采用防爆型开关。

（8）明装灯开关应安装在符合规格的圆木或方木上。

2. 插座的安装

插座的作用是为移动式电器和设备提供电源，它有单相三孔式和三相四孔式等，插座的外形如图 8.11 所示。

插座的安装必须牢固，接线要正确，插座的容量一定要与用电设备的容量一致。插座是电路中的重要电器，它的好坏直接关系到安全用电，插座的安装如图 8.12 所示。

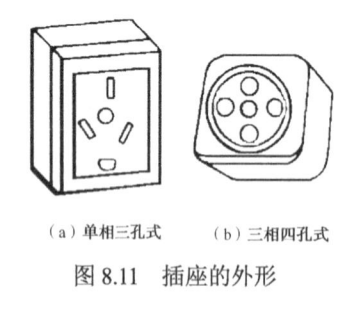

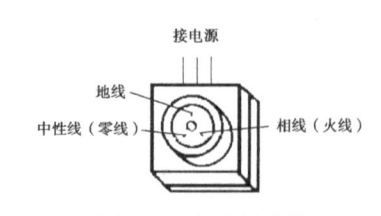

（a）单相三孔式　（b）三相四孔式

图 8.11　插座的外形

图 8.12　插座的安装

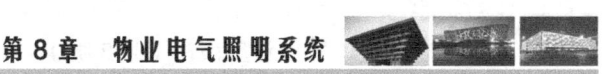

（1）交流、直流或不同电压的插座应分别采用不同的形式，并有明显标志，插头与插座均不能互相插入。

（2）单相电源应采用单相三孔式插座，三相电源应采用三相四孔式插座。不允许使用等边圆孔插座。

（3）插座的安装高度一般为距地面 1.3 m，在托儿所、幼儿园、住宅及小学等场所不应低于 1.8 m。

（4）同一场所安装的插座，其高度应一致。

（5）车间及实验室的明、暗插座距地面的高度不应低于 0.3 m。特殊场所的暗装插座不应低于 0.15 m。

（6）舞台上的落地插座应有保护盖板。

（7）在特别潮湿，有易燃、易爆气体和粉尘较多的场所，不应装设插座。

（8）明装插座应安装在符合规格的圆木或方木上。

（9）插座的额定容量应与用电负荷相适应。

（10）单相三孔式插座接线时，面对插座左孔接中性线（零线），右孔接相线（火线），上孔接零干线或保护零线或接地线，严禁将上孔与左孔用导线连接；三相四孔式插座接线时，面对插座左孔接 A 相相线，下孔接 B 相相线，右孔接 C 相相线，上孔接零干线或保护零线或地线。

（11）对于接插有触电危险的家用电器（如洗衣机等），应采用带开关功能或能自动断开电源的插座。

（12）暗装插座应有专用盒（暗盒），盖板应端正并紧贴墙面。

（13）若有条件，应尽量选用保安型插座。

3. 断路器的安装

断路器是机电设备的重要保护装置，安装时应注意以下几点要求。

（1）安装前应进行自检。检查该断路器的规格是否符合要求，机构的运作是否灵活、可靠；同时应测量断路器的绝缘电阻，其阻值不得小于 10 MΩ，否则应进行干燥处理。

（2）安装时必须按照规定的方向（如垂直）安装，否则会影响脱扣器动作的准确性及通断能力。

（3）安装要平稳，否则塑料式断路器会影响脱扣动作，而抽屉式断路器则可能影响二次回路连接的可靠性。

（4）安装时应按规定在灭弧罩上部留有一定的飞弧空间，以免产生飞弧。对于塑料式断路器，进线端的母片应包 200 mm 长的绝缘物，有时还应在进线端的各相间加装隔弧板。

（5）电源进线应接在灭弧室一侧的接线端（上母线）上，接至负载的出线应接在脱扣器一侧的接线端（下母线）上，并选择合适的连接导线截面，以免影响过流脱扣器的保护特性。

（6）若安装塑料式断路器，其操作机构在出厂时已调试好，拆开盖子时操作机构不得随意调整。

（7）带插入式端子的塑料式断路器，应装在右金属箱内（只有操作手柄外露），以免操作人员触及接线端子发生事故。

（8）没有接地螺钉的断路器均应可靠接地。

4. 漏电保护器的安装

漏电保护器多用于 1 kV 以下的低压配电系统，可以防止间接或直接接触引起的单相触电事故。漏电保护器的安装应按照产品说明书的要求，充分考虑供电线路、供电方式、供电电压及系统接地形式等。

（1）漏电保护器分为三极四线式和四极式两种。漏电保护器在安装时必须严格区分中性线和保护线（设备外壳接地线）。漏电保护器的中性线应接入漏电保护回路，保护线应接入漏电保护器的中性线电源侧，不得接至负荷侧，经过漏电保护器后的中性线不得接设备外露部分，保护线应单独接地。

（2）漏电保护器负载侧的中性线不得与其他回路共用。

（3）漏电保护器标有负载侧和电源侧时，应严格按其规定连接。

（4）安装漏电保护器后，不得撤掉低压供电线路和电气设备的接地保护措施。

（5）漏电保护器安装完毕后，应操作试验按钮，检验其工作性能，确认漏电保护器可以正常工作后，才能投入使用。

（6）安装漏电保护器必须由国家法定机构培训合格的专业电工进行。在漏电保护器的日常使用中，应每月检查一次试验按钮，查看漏电保护器的动作是否正常。在使用中，漏电保护动作后，应进行检查，若未发现事故原因，允许试送电一次，如再次动作出现漏电保护，则必须查明原因，找出故障，严禁强行连续送电。要及时更换有故障的漏电保护器，漏电保护器的使用管理、维护保养，应由专业电工进行，非专业人员不得乱动，除了经检查确认漏电保护本身发生故障，严禁拆除强行送电。

5. 接触器的安装

接触器使用寿命的长短，工作的可靠性，不仅取决于产品本身的技术性能，还与产品的安装、使用和维护是否得当有关。在安装、调整时应注意以下几点要求。

（1）安装接触器前应检查产品的铭牌及线圈上的数据（如额定电压、额定电流、操作频率和负载因数等）是否符合实际使用要求。

（2）用于分合接触器的活动部分，要求产品动作灵活，无卡住现象。

（3）当接触器的铁芯极面涂有防锈油时，使用前应将铁芯极面上的防锈油擦净，以免油垢黏滞造成接触器断电不释放。

（4）安装接触器时，应检查和调整触头的工作参数（开距、超程、初压力和终压力等），并使各极触头同时接触。

（5）安装接线时，应注意勿遗漏螺钉、垫圈、接线头等零件，以免落入接触器内造成卡住或短路现象。安装时，应将螺钉拧紧，以防振动松脱。

（6）检查接线正确无误后，应在主触头不带电的情况下，先使吸引线圈通电分合数次，检查产品动作是否可靠，然后才能投入使用。

（7）用于可逆转换的接触器，为了保证联锁可靠，除了安装电气联锁外，还应加装订装机械联锁机构。

（8）使用接触器时，应定期检查产品各部件，要求可动部分无卡住现象，紧固件无松脱现象，各部件如有损坏，应及时更换。

（9）应经常清洁接触器的触头表面，不允许涂油，当触头表面因电弧作用形成了金属小珠时，应及时清除。当接触器触头严重磨损后，应及时调换触头。但应注意，银及银基合金触头表面在分断电弧时生成的黑色氧化膜的接触电阻很低，不会造成接触不良现象，因此不必锉修，否则将会大大缩短触头的使用寿命。

（10）原来带有灭弧室的接触器，决不能不带灭弧室使用，以免发生短路事故。陶土灭弧罩易碎，应避免碰撞，如有碎裂，应及时调换。

6．电流互感器的安装

电流互感器在安装时视设备的配置情况确定，一般有以下几种情况。

（1）将电流互感器安装在金属构架上。

（2）在母线穿过墙壁或楼板的地方，直接用螺钉将电流互感器固定在墙壁或楼板上，或者先将角铁做成矩形框架埋入墙壁或楼板中，再用螺钉或电焊将与框架同样大小的铁板（厚约 4 mm）固定在框架上，然后将电流互感器固定在铁板上。电流互感器一般安装于离地面有一定高度之处，安装时由于电流互感器本身较重，所以向上吊运时，应特别注意防止瓷瓶损坏。

（3）安装电流互感器时，3 个电流互感器的中心应在同一平面上，各互感器的间隔应一致，最后将电流互感器底座良好接地。

（4）电流互感器的一次绕组和被测线路串联，二次绕组和电测仪表串联，接线时极性符号不可以弄错。在实际工作中，由于条件有限，也有将电流互感器各相的一次、二次端钮完全反接的，这也是允许的操作。

（5）在三相电路中，各相电流互感器的变比和容量应相同。

（6）电流互感器二次绕组不能开路。否则，将产生高电压，危及设备和运行人员的安全；同时因铁芯过热，有烧坏互感器的可能，对电流互感器的误差也会增大。为此，在二次回路上工作时，应先将电流互感器二次侧短路。

（7）电流互感器二次侧端钮应有一端接地，以防止一次侧、二次侧绝缘击穿时，对人身和设备造成损伤（500 V 及以下的电流互感器二次侧可不接地）。

（8）检查电流互感器的接线。

① 为了查清电流互感器二次侧有无断线、短路等故障，可以依次将接于电能表 A 相电压端子的引线和 C 相电压端子的引线断开，电能表的圆盘都应转动。若断开 A 相电压后圆盘不转动，则说明电流互感器 C 相断路或短路；若断开 C 相电压后圆盘不转动，则说明电流互感器 A 相断路或短路，如果现场的 $\cos\varphi$ 值接近 0.5（感性），为了防止误判，可在断开 C 相电压的同时，用 C 相电压替换接于电能表的 A 相电压，如电能表有明显反转，则说明 A 相电流无断路、短路等情况。

② 为了判断互感器是否反接，可以将电流表依次串接于电流互感器的二次侧，由测得的电流值判断。对星形连接来说，当电流互感器任何一相的一次或二次极性反接时，中相电流将为其他相电流的两倍。若电流互感器的极性全部反接，必须做出电能表联合接线的向量图后，才能综合进行判断。

③ 可用一只电压表判断电流互感器是否接地。测量时，电压表的一端接向电压互感器未接地的端子上，另一端接触电流互感器的二次线，若电压表指示为 100 V，则说明该电流互感器二次接地。若电压表指示为 0，则说明电流互感器没有接地。

④ 可以用电流表判断接地是否正确。为此，应将电流表的一个端子接地，同时另一个端子的引线分别和电能表的电流端子接触，若该端子接地，则电流表应无指示，电能表的圆盘转数不受影响；如果该端子不接地，则电流表有指示，电能表的圆盘转数也受影响。

7．电压互感器的安装

安装电压互感器时要符合以下要求。

（1）二次回路接线应采用截面积不小于 1.5 mm² 的绝缘铜线，绝缘铜线的排列应整齐，连接必须良好，盘、柜内的二次回路接线不应有接头。

（2）与电流互感器相同，电压互感器的外壳和二次回路应良好接地。用于绝缘监视的电压互感器的一次绕组中性点也必须接地。

（3）为了防止电压互感器一次、二次回路产生短路的危险，一次、二次回路都应装有熔断器。接成开口三角形的二次回路即使发生短路，也只流过微小的不平衡电流和三次谐波电流，故不装设熔断器。

（4）电压互感器二次回路中的工作阻抗不得太小，以免其超负载运行。

（5）电压互感器的极性和相序必须正确。

8. 继电器的安装

继电器的安装要符合以下要求。

（1）安装时若继电器不慎掉落在地，由于受到强冲击，其内部可能受损，应隔离、检验，确认合格后才能使用。

（2）继电器引出端保护。将继电器焊接在印制电路板上使用时，印制电路板的孔距要正确，孔径不能太小。当必须扳动引出端时，应先将引出端靠底板 3 mm 处固定再扳动和扭转引出端。直径为 0.8 mm 的引出端不允许扳动和扭转。继电器底板与印制电路板之间应有大于 0.3 mm 的间隙，可以保护引出端根部不受外力损伤，也便于焊后清洗时清洗液的流出和挥发。焊孔式引出端和焊钩式引出端在焊接引线和焊下引线的过程中都不能用力绞导线、拉导线，以免造成引出端松动。安装螺孔和螺栓引出端时，其扭矩应小于表 8.1 中的值。

表 8.1 螺孔和螺栓引出端的安装扭矩值　　　　　　　　　　单位：mm

螺栓规格		M2.5	M3.0	M3.5	M4.0	M5.0	M6.0
接线用	有头	0.40	0.50	0.80	1.20	2.00	2.5
	沉头	0.20	0.25	0.40	0.70	0.8	—
做引出端用		0.40	0.50	1.14	2.28	4.00	8.00
做安装件用		—	1.00	2.00	4.20	—	—

（3）焊接与清洗。继电器引出端的焊接应使用中性松香焊剂，不应使用酸性焊剂。焊接完成后应及时清洗、烘干继电器。焊接用电烙铁以 30～60 W 为宜，电烙铁顶端温度以 280～330℃ 为好，焊接时间应不大于 3 s。自动焊接时，焊料温度 260℃，焊接时间不大于 5 s。在焊接和清洗非密封继电器的过程中，切勿让焊剂、清洗液污染继电器的内部结构，而密封继电器和可清洗式塑封继电器都可进行整体浸洗。

（4）防止振动放大。对有抗振要求的继电器，合理选择安装方式可避免或减少振动放大，最好是将继电器安装成使继电器受到的冲击和振动的方向与继电器衔铁的运动方向相垂直，尽量避免选用顶部螺钉安装或顶部支架安装的继电器。

（5）多只继电器集中安装的方法。多只继电器密集安装于同一印制电路板或同一机架时，它们会产生反常的高热，无磁屏蔽罩子的继电器还可能因受到磁干扰而动作失误，可以通过合理设计各继电器之间的安装间隙，或将其他元器件安装到各继电器中间（但不得是强发热和产生强磁场的元器件，以及怕热和怕磁干扰的元器件）的方法解决。

（6）继电器的保护线圈保护。只要条件允许，应使继电器线圈和铁芯无论在线圈导通或断开时都处于等电位,以免发生电化学腐蚀。

(7) 继电器触点保护。继电器触点保护线路有很多,对电感性负载,通常采用负载并联二极管消火花,与触点并联 RC 吸收网络或压敏电阻保护触点;对容性负载、灯负载,通常采用在负载回路串联小阻值功率电阻或串联 RL 抑制网络抑制浪涌电流的冲击。

8.4 物业电气施工图的组成及内容

物业电气施工图分为电气照明施工图、动力配电施工图和弱电系统施工图等几类,其施工图主要包括图纸目录、设计说明、材料设备表、电气系统图、电气平面图和详图等。

1. 图纸目录

图纸目录包括图纸的编号、名称、分类及组成等,编制图纸目录的目的是便于查找和存档。

2. 设计说明

设计说明用于说明电气工程的概况和设计者的意图,对图形、符号等难以表达清楚的设计内容,用必要的文字加以说明,要求语言简单明了、通俗易懂、用词准确。主要内容包括供电方式、电压等级、主要线路敷设方式、防雷接地方式,以及各种电气安装高度、工程主要技术数据、施工验收要求和有关注意事项等。

3. 材料设备表

在材料设备表中列出电气工程所需的主要设备、管材、导线、开关、插座等的名称、型号、规格、数量等。材料设备表上所列的主要材料的数量,由于与工程量的计算方法和要求不同,不能作为工程量编制预算的依据,只作为参考。

4. 电气系统图

电气系统图是整个电气系统的原理图,一般不按比例绘制,可分为照明系统图、动力系统图和弱电系统图等,其主要内容包括以下几项。

(1) 配电系统和设施在楼层的分布情况。
(2) 整个配电系统的连接方式,从主干线路至各分支线路。
(3) 主要变配电设备的名称、型号、规格及数量。
(4) 主干线路及主要分支线路的敷设方式、导线型号、导线截面面积及穿线管管径。

5. 电气平面图

电气平面图分为变电平面图、配电平面图、动力平面图、照明平面图、弱电平面图(如有线电视、电话及宽带网等)、总平面图及防雷平面图、接地平面图等,其主要内容包括以下几项。

(1) 各种变配电设备的型号、名称,各种用电设备及灯具的名称、型号及在平面图上的位置。
(2) 各种配电线路的起点、敷设方式、型号、规格、根数及在物业中的走向、平面位置和垂直位置。
(3) 物业和电气设备的防雷、接地的安装方式及在平面图上的位置。

(4) 控制原理图是根据控制电器的工作原理，按规定的图形符号制成的电路展开图。

6. 详图

详图有电气工程详图和标准图两种。

(1) 电气工程详图。电气工程详图是用于详细表示用电设备、设施及线路安装方法的图纸。一般是在上述图表达不清，又没有标准图可供选用，并有特殊要求的情况下才绘制电气工程详图，如配电柜、配电盘的布置图和某些电气部件的安装大样图，在电气工程详图中对安装部件的各部位注有详细尺寸。

(2) 标准图。标准图有省标图和国标图两种，是具有强制性和通用性的详图，用于表示一组设备或部件的具体图形和详细尺寸，便于设备或部件制作安装。

8.5 电气施工图的一般规定

8.5.1 照明灯具的标注形式

照明灯具按如图 8.13 所示形式进行标注。

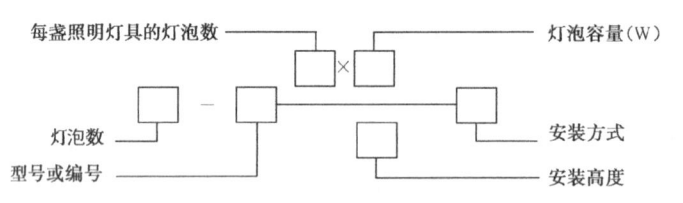

图 8.13 照明灯具标注

在图 8.13 中，型号或编号常用拼音字母表示；灯泡数表明有 n 组这样的灯具；灯具安装方式的文字符号如表 8.2 所示；安装高度是指从地面到灯具的高度，单位为 m，若为吸顶式安装，安装高度及安装方式可简化为"—"。

表 8.2 灯具安装方式的文字符号

名　　称	新 符 号	旧 符 号	名　　称	新 符 号	旧 符 号
线吊式	SW		顶棚内安装	CR	DR
链吊式	CS	L	墙壁内安装	WR	BR
管吊式	DS	G	支架上安装	S	J
壁装式	W	B	柱上安装	CL	Z
吸顶式	C	D	座装	HM	ZH
嵌入式	R	R			

例如，在电气照明平面图中标为

$$10-Y\frac{2\times 40}{2.4}L$$

表示有 10 组荧光灯，每组由 2 根 40 W 的灯管组成，采用链吊式安装方式，安装高度为 2.4 m。又如，标注为

$$6-S\frac{3\times100}{-}D$$

表示有 6 盏搪瓷伞型罩灯,每盏灯中有 3 只 100 W 的灯泡,采用吸顶式安装。

8.5.2 配电线路的标注形式

需要标注引入线规格时的标注形式为

$$a\frac{b-c}{d(e\times f)-g}$$

其中,a 为设备编号;b 为型号;c 为容量;d 为导线型号;e 为导线根数;f 为导线截面面积;g 为敷设方式。

线路敷设方式的文字符号和线路敷设部位的文字符号如表 8.3 和表 8.4 所示。

表 8.3 线路敷设方式的文字符号

敷设方式	新符号	旧符号	敷设方式	新符号	旧符号
穿焊接钢管敷设	SG	G	电缆桥架敷设	CT	
穿电线管敷设	MT	DG	金属线槽敷设	MR	GC
穿硬塑料管敷设	PC	VG	塑料线槽敷设	PR	XC
穿阻燃半硬聚氯乙烯管敷设	FPC	ZYG	直埋敷设	DB	
穿聚氯乙烯塑料波纹管敷设	KPC		电缆沟敷设	TC	
穿金属软管敷设	CP		混凝土排管敷设	CE	
穿扣压式薄壁钢管敷设	KBG		钢索敷设	M	

表 8.4 线路敷设部位的文字符号

敷设部位	新符号	旧符号	敷设部位	新符号	旧符号
沿或跨梁(屋架)敷设	AB	LM	暗敷设在墙内	WC	QA
暗敷设在梁内	BC	LA	沿顶棚或顶板面敷设	CE	PM
沿或跨柱敷设	AC	ZM	暗敷设在屋面或顶板内	CC	PA
暗敷设在柱内	CLC	ZA	吊顶内敷设	SCE	
沿墙面敷设	WS	QM	地板或地面下敷设	F	DA

线路的文字标注基本格式为

$$ab-c(d\times e+f\times g)\ i-jh$$

其中,a 为线缆编号;b 为型号;c 为线缆根数;d 为线缆线芯数;e 为线芯截面面积(mm^2);f 为 PE、N 线芯数;g 为线芯截面面积(mm^2);i 为线路敷设方式;j 为线路敷设部位;h 为线路敷设安装高度(m)。

上述字母无内容时则省略该部分。

例如,BLV-3×6-SC20-F 表示 3 根截面面积为 6 mm^2 的铝芯聚氯乙烯绝缘导线,穿直径为 20 mm 的焊接钢管,沿地暗敷设。

用电设备的文字标注格式为

$$\frac{a}{b}$$

其中，a 为设备编号；b 为额定功率（kW）。

动力和照明配电箱的文字标注格式为

$$a-b-c$$

其中，a 为设备编号；b 为设备型号；c 为设备功率（kW）。

例如，$AL\dfrac{XL-2-6}{45.8}$ 表示配电箱的编号为 AL，其型号为 XL-2-6，配电箱的设备功率为 45.8 kW。

照明灯具的文字标注格式为

$$a-b\dfrac{c\times d\times L}{e}f$$

其中，a 为同一个平面内，相同型号灯具的数量；b 为灯具的型号；c 为每盏照明灯具中光源的数量；d 为每个光源的容量（W）；e 为安装高度，当吸顶式或嵌入式安装时用"—"表示；f 为安装方式；L 为光源种类（常省略不标）。

例如，$8-B\dfrac{40}{2.4}W$ 表示灯具数量为 8 个，每个灯泡的容量为 40 W，安装高度为 2.4 m，为壁装式安装。

8.5.3 常用图例

常用电气图例符号如表 8.5 所示。

表 8.5 常用电气图例符号

图例	名称	备注	图例	名称	备注
	双绕组变压器	形式1		电源自动切换箱（屏）	
		形式2		隔离开关	
	三绕组变压器	形式1		接触器（在非动作位置触点断开）	
		形式2		断路器	
	电流互感器	形式1		熔断器一般符号	
	脉冲变压器	形式2		熔断器式开关	
	电压互感器	形式1 形式2		熔断器式隔离开关	
				避雷器	
	屏、台、箱、柜一般符号		MDF	总配线架	
	动力或动力—照明配电箱		IDF	中间配线架	

续表

图 例	名 称	备 注	图 例	名 称	备 注
	照明配电箱（屏）			壁龛交接箱	
	事故照明配电箱（屏）			分线盒的一般符号	
	室内分线盒			单级开关（暗装）	
	室外分线盒			双级开关	
	灯的一般符号			双级开关	
	球型灯			三极开关	
	顶棚灯			三极开关（暗装）	
	花灯			单相插座	
	弯灯			暗装	
	荧光灯			密闭（防水）	
	三管荧光灯			防爆	
	五管荧光灯			带保护接点插座	
	壁灯			带接地插孔的单相插座（暗装）	
	广照型灯（配照型灯）			密闭（防水）	
	防水防尘灯			防爆	
	开关一般符号			带接地插孔的三相插座	
	单级开关			带接地插孔的三相插座（暗装）	
	指示式电压表			插座箱（板）	
	功率因数表			指示式电流表	

续表

图例	名称	备注	图例	名称	备注
Wh	有功电能表（瓦时计）			匹配终端	
	电信插座的一般符号可用以下文字或符号区别不同插座： TP—电话插座 FX—传真插座 M—传声器插座 FM—调频插座 TV—电视插座			传声器一般符号	
				扬声器一般符号	
				感烟火灾探测器	
				感光火灾探测器	
	单级限时开关			气体火灾探测器	
	调光器			感温火灾探测器	
	钥匙开关			手动火灾报警按钮	
	电铃			水流指示器	
	天线一般符号			火灾报警控制器	
	放大器一般符号			火灾报警电话机（对讲电话机）	
	两路分配器			应急疏散指示标志灯	
	三路分配器			应急疏散照明灯	
	四路分配器			消火栓	
	电线、电缆、母线、传输通路			有接地极接地装置 无接地极接地装置	
	三根导线和 n 根导线		F V B	电话线路 视频线路 广播线路	

绘制电气图所用的各种线条统称为图线，常用图线形式及应用如表 8.6 所示。

表 8.6　常用图线形式及应用

图线名称	图线形式	图线应用	图线名称	图线形式	图线应用
粗实线	——————	电气线路，一次线路	点画线	— · — · —	控制线
细实线	——————	二次线路，一般线路	双点画线	— ·· — ·· —	辅助围框线
虚线	- - - - - -	屏蔽线路，机械线路			

8.6 电气照明的常见故障与维护

8.6.1 电气照明的常见故障

电气照明的常见故障有很多，如灯不亮、灯突然熄灭、灯泡破碎、拉线开关的拉绳磨损、灯泡到易燃物的距离过近、日光灯整流器声音增大、闸刀开关合闸后产生火花、熔断器烧坏、漏电开关跳闸等。在实际中有些故障比较明显，如电光源的受碰撞破碎等，但大部分的故障是需要进行故障分析和检查才能进行修复的，故障分析与其他用电设备相同，主要从短路、断路、漏电方面考虑。

1. 短路

照明线路发生短路时，由于短路电流很大，若熔丝不及时熔断，可能烧毁电线或电气设备，甚至引起火灾。原因：一般由接线错误引起相线（火线）与中性线（零线）直接相连；或因接触不良导致接头之间直接短接；或因接线柱松动引起连线；或直接将线头插入插孔造成混线短路；或电器用具内部绝缘损坏使导线碰触金属外壳引起短路；或房屋失修漏水，室外灯具日久失修，橡皮垫失效漏水，造成灯头或开关受潮，绝缘不良，相连短路；或导线受外力损伤后相连短路等。

2. 断路

引起照明线路断路的主要原因：导线断落、线头松脱、开关损坏、熔丝熔断，以及导线受损伤折断、线头腐蚀或氧化等。

3. 漏电

引起照明线路漏电的主要原因是电线或电气设备的绝缘因外力损伤，或长期使用使绝缘发生老化；或受到潮气侵袭或污染导致绝缘不良引起漏电。照明线路发生漏电时，不但浪费电力，灯不亮，电能表不能正常运转，更重要的是可能会引起电击事故。

8.6.2 电气照明设施的维护

为了避免电气照明故障的发生，必须对电气照明设施加强维护。

1. 日常维护

对配电箱、熔断器、开关线路及每个灯都要进行日常维护，维护时要断电操作，禁止用水。要及时处理异常现象。

2. 定期维护

要定期（半年或一个季度）对以下内容进行检查和维护。

（1）配电箱、灯座、开关和插座等装置上的各种接线、接头是否松动，是否被擅自拆装过，线头是否接错。

（2）配电箱、灯座、开关和插座等装置的结构是否完整，操作是否灵活可靠，通电触片的接触是否良好，是否有被电弧灼伤的痕迹。

（3）带接地线的线路是否被拆除或接错，电源引线是否被擅自接长，导线绝缘是否良好。

（4）灯泡的功率是否符合要求，有否被擅自换大。
（5）是否被擅自加接灯座或插座。
（6）导线绝缘是否损坏或老化，中间连接处是否松散，线路是否被移位。
（7）各级保护熔断器中的熔体是否被换粗。

知识拓展　　二维码——电气施工图的识读

思考与练习

1. 常用电光源的种类有哪些？
2. 热辐射光源有哪些？
3. 气体放电光源有哪些？
4. 灯具的种类有哪些？
5. 照明供电线路的布置方式有哪几种？
6. 照明供电线路的敷设方式有哪几种？
7. 配电箱的安装方式有哪几种？
8. 灯开关的安装方式有哪几种？
9. 短路、断路和漏电有何不同之处？

第 9 章 物业电梯与自动扶梯系统

【教学提示】

本章主要介绍电梯的种类和组成；电梯的维护和管理；自动扶梯的组成和维护等内容。

【培养目标】

通过本章的学习，掌握电梯的种类和组成，掌握电梯的维护和管理、自动扶梯的组成和维护等内容。

电梯和自动扶梯作为现代建筑和高层建筑的必备设备，其使用面越来越广。

9.1 电梯

电梯是指用电力拖动轿厢运行于铅垂或倾斜度不大于 15°的两列刚性导轨之间、运送乘客或货物的间歇运动的升降设备，是现代建筑或高层建筑中不可缺少的配套设施之一。

近几年，受到计算机技术、电子技术及智能化技术发展的影响和人们对生活水平质量要求的提高，随着办公楼、医院、旅馆、商场，以及其他类型建筑物高层化和现代化的发展，电梯技术和电梯种类发展非常迅速，出现了各种类型或各种用途的电梯。

9.1.1 电梯的种类和组成

1. 电梯的种类

电梯的种类有很多，分类方式也不同。

（1）按电梯用途的不同可分为以下几类。

① 乘客电梯。乘客电梯是为运送乘客而设计的电梯，具有完善和舒适的设施及安全可靠的防护装置。如关门保护、轿厢位置自动显示、自动平层、自动开关门、超速保护、超载报警、超载停止、轿内应急照明、运行次数自动记录、满载直驶、断错相自动保护、顺向截梯、反向记忆、轿内外指令登记、轿厢无人时照明及风扇自动关闭、消防功能等。乘客电梯适用于宾馆、大厦、写字楼等高层建筑，是运送人员上下楼的主要交通工具。

② 载货电梯。载货电梯主要是为运送货物而设计的电梯，通常有人伴随电梯，它的运行速度一般不高，结构牢固，载重量较大，具有必备的安全防护装置。载货电梯具有轿厢位置自动显示、超速保护、轿内应急照明、运行次数自动记录、断错相自动保护、轿内外指令登记、轿厢警铃等功能。它主要用于工厂、商场、仓库等场所运送货物上下楼，使繁重的货物搬运变得轻松而快捷，并可搭载随行人员。

③ 客货电梯。客货电梯与乘客电梯的区别在于轿厢内部装饰结构和使用场所不同。这种电

梯的轿厢比一般乘客电梯大，主要用于公共场所运送乘客，也可以运送货物。

④ 住宅电梯。住宅电梯的控制系统和轿厢装饰均较简单，根据电梯载重量和轿厢空间选择运送人或物，具有客货电梯的特点，主要用于高层住宅。

⑤ 病床电梯。病床电梯的轿厢窄而长、运行速度较低、运行平稳、噪声低、平层精度高，主要用于医院运送病人及病床。

⑥ 杂物电梯。杂物电梯轿厢内部尺寸较小、载重量轻、控制系统简单、速度较低、不允许载人，主要供图书馆和办公楼运送图书、文件，以及饭店运送食品杂物等。

⑦ 汽车电梯。汽车电梯轿厢大、承载重，常用于立体式车场及车库等场所运送汽车。

⑧ 船舶电梯。船舶电梯为专用于船舶上的电梯，能在船舶正常摇晃中使用。

⑨ 消防电梯。消防电梯为火警情况下消防员专用的电梯，非火警情况下可作为一般乘客电梯或客货电梯使用。

⑩ 观光电梯。观光电梯轿厢壁透明，供乘客游览观光建筑物周围外景的电梯，主要用于商场、饭店或旅游景点的高层建筑。

（2）按运行速度的不同电梯可分为低速电梯，电梯的运行速度小于 1 m/s；中速电梯，电梯的运行速度为 1～2 m/s；高速电梯，电梯的运行速度为 2～5 m/s；超高速电梯，电梯的运行速度大于 5 m/s，通常安装在楼层高度超过 100 m 的超高层建筑物内。

（3）按驱动电梯电动机的电源类型不同，电梯可分为交流电梯，供电电源为交流电，电梯的运行速度一般小于 1 m/s；直流电梯，供电电源为直流电，电梯的运行速度一般大于 1.5 m/s。

（4）按有无齿轮分类。电梯可分为有齿轮电梯和无齿轮电梯。

（5）按驱动方式分类。电梯可分为钢丝绳式电梯、液压式电梯、螺旋式电梯和爬轮式电梯。

（6）按机房的位置分类。电梯可分为顶式电梯，机房设在井道顶部，多用于钢丝绳式电梯；底式电梯，机房设在井道的底部，多用于液压式电梯、螺旋式电梯；侧式电梯，机房设在机井的侧面，多用于液压式电梯。

（7）按操作方式分类。电梯可分为自控式电梯、专人控制式电梯和自控/专控式电梯。

2. 电梯的组成

各类电梯的组成大同小异，电梯的结构如图 9.1 所示。

（1）曳引系统。曳引系统是输出与传递动力，使曳引机的旋转运动转换为电梯的垂直运动的系统，主要由曳引机和曳引绳组成。

① 曳引机。曳引机由曳引电动机、电磁制动器和曳引轮等组成。电梯的驱动与停止依靠曳引绳和曳引轮槽的摩擦力。曳引机分为有齿轮曳引机和无齿轮曳引机两种类型（同步电动机的曳引机如图 9.2 所示，异步电动机的曳引机如图 9.3 所示）。

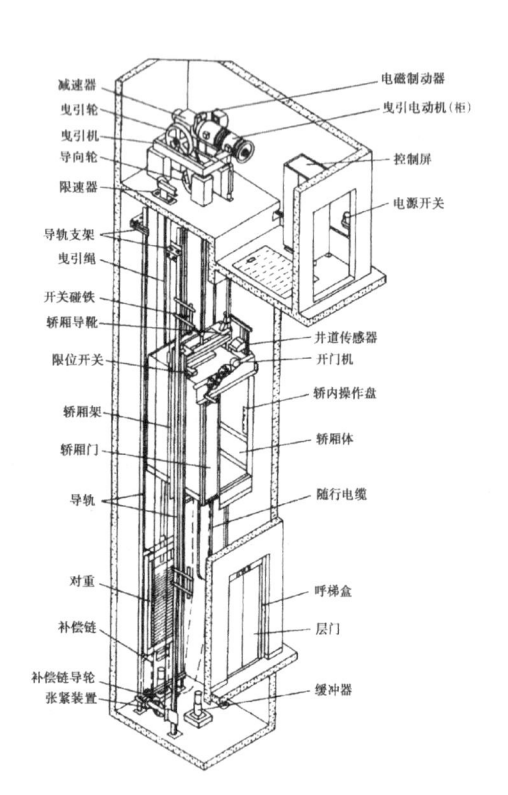

图 9.1 电梯的结构

② 曳引绳。曳引绳是连接轿厢和对重的装置，是曳引轮槽产生摩擦力驱动轿厢升降的专用钢丝绳。

图 9.2　同步电动机的曳引机

图 9.3　异步电动机的曳引机

（2）导向系统。导向系统的作用是保证轿厢与对重的相互位置，限制轿厢和对重的活动自由度，使轿厢和对重只能沿着导轨做升降运动。导向系统主要由导轨、导轨支架、轿厢导靴和导向轮等部件组成。

（3）轿厢系统。轿厢系统是用于运送乘客或货物的系统，主要由轿厢架和轿厢体组成。

① 轿厢架。轿厢架是支撑和固定轿厢的框架，包括上梁、立柱、底梁和拉杆等部件。

② 轿厢体。轿厢体具有一定的空间，是运载乘客或货物的容体。它由轿厢底、轿厢壁、轿厢门和轿厢顶组成。

（4）门系统。门系统的作用是防止坠落和挤伤事故发生，主要由轿厢门、层门和开门机组成。

（5）门锁装置。门锁装置安装在层门内侧，门关闭后将门锁紧，同时接通控制电路，使轿厢运行。门不锁紧，电梯不能运行。

（6）重量平衡系统。重量平衡系统的作用是减轻曳引电动机的工作负担，降低功率消耗，达到节能和提高效率的目的，它由以下装置构成。

① 对重。对重由对重架和对重块组成，其重量与轿厢满载时的重量成一定比例，用于平衡轿厢自重和部分额定载重。

② 重量补偿装置。在高层电梯中，重量补偿装置是用于补偿轿厢与对重侧曳引绳长度变化对电梯平衡影响的装置。

（7）电力拖动系统。电力拖动系统为电梯运行提供动力，实现电梯速度控制，它由曳引电动机、供电装置、速度检测装置和电动机调速控制装置组成。

（8）电气控制系统。电气控制系统对电梯实行操作和控制，它由以下装置构成。

① 操作装置。操作装置是对电梯的运行进行操作的装置，包括轿厢内的按钮操作箱或手柄开关箱、层站召唤按钮箱、轿顶和机房中的检修或应急操作箱。

② 位置显示装置。位置显示装置是设置在轿厢内和层站的指示灯，以灯光数字显示电梯的运行方向及轿厢所在层站的装置。

③ 控制屏（柜）。控制屏（柜）安装在机房中，是对电梯实行电气控制的装置。

④ 平层装置。平层装置是使轿厢达到平层准确度要求的装置，由磁感应器和遮磁板构成。

⑤ 选层控制器。选层控制器包括轿厢内开关控制器、按钮控制器、信号控制器、集选控制器、并列控制器和梯群控制器等。

（9）安全保护系统。安全保护系统的作用是保证电梯安全运行，防止一切危及人身安全的事故发生。安全保护系统由以下装置构成。

① 安全钳装置。当电梯速度达到限速器的动作速度时，甚至在悬挂装置断裂的情况下，安全钳装置能夹紧导轨使装有额定载荷重量的轿厢静止并保持静止状态。安全钳装置作用时，装在它上面的电气安全装置能在安全钳动作前或同时，使曳引电动机停止转动，保证乘客、货物和设备安全。

② 限速器。限速器是限制轿厢（或对重）运行速度的装置。当轿厢的运行速度达到限定值时，限速器动作，使轿厢两边安全钳的楔块同步提起，夹住导轨。限速器通常安装在机房内或井道顶部。

③ 缓冲器。缓冲器是电梯极限位置的安全装置，装在井道底部。当电梯轿厢或对重因种种原因迅速下滑，直冲底部时，轿厢或对重撞击缓冲器，由缓冲器吸收和消耗电梯能量，这样可以尽量减轻对轿厢的冲击，使轿厢或对重安全减速直到停止。如果缓冲器随轿厢或对重运行，则在行程末端应设置与其相撞的支座，支座高度不小于 0.5 m。

④ 超速保护开关。当电梯的运行速度超过额定速度的 10%时，超速保护开关动作，切断控制电路，使电梯停止运行。

⑤ 上端、下端站超越保护。上端、下端站超越保护在井道顶端、底端设置强迫减速开关、端站限位开关和终端极限开关。在轿厢或对重碰到缓冲器之前切断控制电路，使电梯停运。

⑥ 电气安全装置。电气安全装置主要由供电系统缺相保护装置、层门与轿门电气联锁装置和紧急操作装置等组成。

9.1.2 电梯的维护和管理

电梯是集机械、电气设备于一体的，结构复杂的垂直运输设备，涉及机械工程、电子技术、电力电子技术、电动机与拖动技术、自动控制技术、电力拖动自动控制技术及微机技术等多门学科。因此，对电梯的日常维护与保养、科学完善可行的管理措施、发生故障后的及时维修对延长电梯的使用寿命，提高其运行效率至关重要。

1. 电梯的使用维护和管理

电梯的使用维护和管理包括以下内容。

（1）电梯应配备专（兼）职的管理人员。使用部门接收到经安装测试合格的电梯后，在投入使用前首先配备专（兼）职的管理人员，进行电梯运行前的管理工作，具体包括以下内容。

① 收齐控制电梯的各种钥匙。

② 根据本单位的具体情况，确定司机和维修人员的人选，并送到指定的单位进行培训，培训合格后才可以上岗。

③ 收集和整理电梯的有关技术资料。

④ 收集并保管好电梯的备品、备件、附件和工具。

⑤ 根据本单位的具体情况和条件，建立电梯管理、使用、维护保养和修理制度。

⑥ 熟悉电梯技术资料，向有关人员了解电梯在安装、调试及验收时的情况，条件具备时可控制电梯进行多次上下试运行，认真观察电梯的运行情况。

⑦ 进行必要的准备工作，并且条件具备后才可交付使用，否则应暂时封存。

（2）电梯的交接班制度。

① 明确交接双方的责任，交接的内容、方式和应履行的手续。

② 交接班时，双方应在现场共同查看电梯的运行状况，清点工具、备件和机房内配置的消防器材，当面交接清楚，不能以见面打招呼的方式进行交接。

③ 明确交接前后的责任。双方履行交接签字手续后又出现的问题，由接班人员负责处理。若正在交接时电梯出现故障，应由交班人员负责处理，但接班人员应积极配合；若接班人员未能按时接班，在未征得领导同意前，待交班人员不得擅自离开岗位。

（3）电梯日常运行管理。电梯日常运行管理主要指电梯运行过程中的操作规范，包括运行前后的安全检查、运行过程中的要求和安全装置动作后的故障判断等。

（4）电梯值班检查。电梯值班检查是指由有资格值班的巡视人员巡视电梯，排除安全隐患的检查，主要包括以下内容。

① 电梯的值班巡视检查由小区电梯值班人员进行。

② 电梯值班员需要经市质量监督局特种操作技能培训后，持证上岗。

③ 电梯值班员需要每天对所辖电梯进行巡视检查。

④ 电梯的巡视检查完成后需要认真填写《电梯值班巡视检查记录表》。

⑤ 电梯值班人员解救待困人员后，需要填写《困人统计表》。

（5）电梯机房的管理。电梯机房的管理主要是日常使用管理，主要包括以下内容。

① 机房内照明应保持完好、线路整齐、无临时接线。

② 机房内应保持环境清洁、通风良好、门窗完好。

③ 机房内应备有灭火器，并且放置在易取处。

④ 机房钥匙由专人保管，任何无关人员不得进入机房。

⑤ 严禁在机房内吸烟。

⑥ 每日对机房内的设备进行一次检查，确保设备运行正常。

⑦ 做好机房的记录（含检查记录和维修记录）。

⑧ 在台风、暴雨来临之前，做好机房的防风、防雨工作，并在风雨过后，及时进行检查。

2. 电梯的日常维护和管理

电梯的日常维护和管理，一是靠制度保证，制度是行为规范，具有强制性；二是靠坚持维护管理技术标准。

（1）电梯运行检查。电梯的使用寿命和故障率取决于平时对电梯的维护和保养的力度，对电梯运行中反映出的事故隐患，应及时停机进行检修。管理人员的责任心要强，通过坚持日常运行的检查制度，随时注意电梯开启前、运行中和停梯后的状况。检查项目包括电梯的开闭是否正常、指示信号是否完好等，若有异常应及时采取措施，防止发生事故。同时，要制定日检、周检、月检、季检和年检制度，并严格组织实施。

① 日检。日检由专职维修人员负责，主要检查易磨损和易松动的外部零件，必要时进行修

理、调整和更换,如发现重大损坏,应立即向主管负责人报告,并设法处理。

② 周检。除了日检内容,还必须每周对主要部位进行更加细致的检查和必要的维护,保证其动作的可靠性和工作的准确性。

③ 月检。除了周检内容,每月应对电梯各安全装置和电气系统进行检查、清洁润滑和必要的调整。

④ 季检。每个季度必须由有经验的技术人员和维修人员共同进行季检,除了月检内容,重点对电梯传动部分进行全面的检查,必要时进行相应的调整和维护,同时应对各安全装置进行必要的调整,对电气控制系统的工作情况进行检查。

⑤ 年检。在电梯运行一年后进行一次全面的技术检查。由有经验的技术人员负责,修理更换磨损部件。较长时间放置不用(1个月以上)的电梯,应每周开启电梯,空载上下运行数次,以保证各部件灵活,防止零件锈死,避免电器受潮。每年检查一次电气设备的绝缘程度,应符合有关规定。

(2) 电梯的维修保养。电梯的维修保养一般包括机房内维修保养、井道与轿厢部分的维修保养和底坑内维修保养3个主要部分。

① 机房内维修保养包括对机房内的设备,如轿厢平层标志、门锁、曳引轮、限速器及制动器等装置进行的维修保养。

② 井道与轿厢部分的维修保养包括对重块、安全钳联动机构、轿厢固定照明及轿厢安全窗等装置的维修保养。

③ 底坑内维修保养包括对补偿链、底坑急停开关、随行电缆、液压缓冲器、限速器及张紧轮等装置的维修保养。

9.2 自动扶梯的组成和维护

随着机场、火车站、大型商场等客流量大的场所的服务水平的提高,自动扶梯得到了快速的发展与应用。

9.2.1 自动扶梯的组成

自动扶梯是一种带有循环运行的梯级、用于倾斜向上或向下连续输送乘客的运输设备,类似移动的楼梯,同时伴随移动的扶手带,主要用于人流集中的场所。

某机场的自动扶梯如图9.4所示。自动扶梯主要由梯级、牵引构件、导轨系统、驱动装置、张紧装置、扶手装置、金属骨架及安全装置等组成,如图9.5所示。

图 9.4 某机场自动扶梯

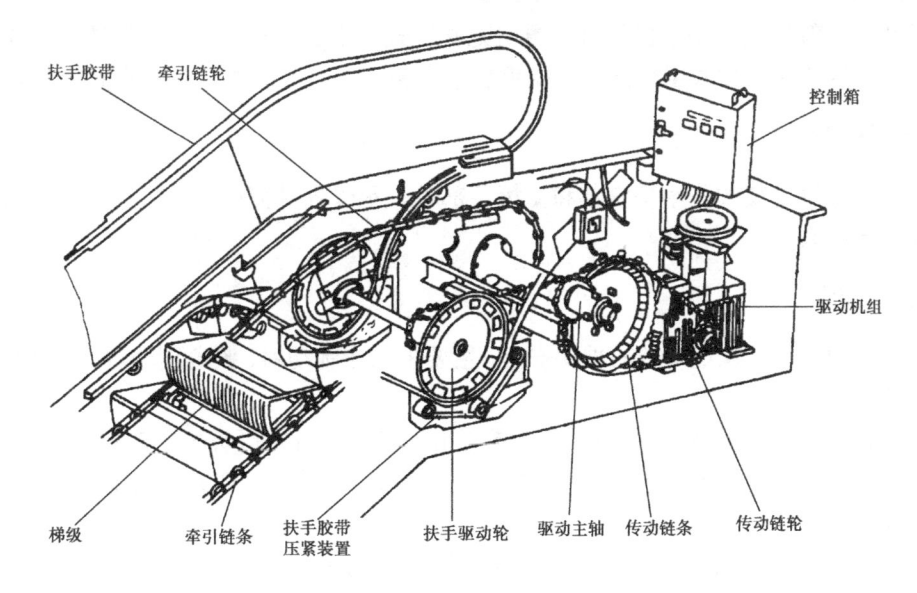

图 9.5 自动扶梯的构成

1. 梯级

梯级是特殊结构形式的四轮小车，有两只主轮，两只辅轮，支撑骨架上面有固定踏板。下面装有主轮、辅轮心轴的轴套。梯级用于运载乘客。

2. 牵引构件

牵引构件是传递牵引力的装置。自动扶梯用的牵引构件有牵引链条和牵引齿条。一台自动扶梯一般有两根构成闭合环路的牵引链条或牵引齿条。

3. 导轨系统

导轨系统的作用是支撑由梯级主轮和辅轮传递过来的梯路荷载，保证梯级按一定规律运动及防止梯级跑偏。自动扶梯的梯路导轨系统包括主轮和辅轮的全部导轨、反轨、反板、导轨支架和转向臂等部件。

4. 驱动装置

驱动装置的作用是将动力传递给梯路系统和扶手系统，它一般由电动机、减速器、制动器、传动链条和驱动主轴等部件组成。

驱动装置装在端部，以链条为牵引件的自动扶梯称为链条式自动扶梯。驱动装置装在自动扶梯中部，以牵引齿条为牵引件的自动扶梯称为齿条式自动扶梯。

5. 张紧装置

张紧装置的作用是使牵引链条张紧，以保证自动扶梯正常运行。

6. 扶手装置

扶手装置是装在自动扶梯梯路两侧的两套结构形式特别的胶带输送器，由扶手驱动系统、扶手胶带和栏杆等组成。扶手栏杆有全透明无支撑式、半透明有支撑式及不透明有支撑式等类型，其中，全透明无支撑式用得最多。扶手装置是保证自动扶梯乘客安全的重要设施。

7. 金属骨架

自动扶梯金属骨架的作用是安装和支撑各部件、承受各种荷载，并将建筑物的两个不同层高的楼面连接起来。

8. 安全装置

安全装置的作用是保证乘客的乘梯安全，主要由工作制动器、紧急制动器、速度监控装置和保护装置等组成。

（1）工作制动器。工作制动器是自动扶梯正常停车时使用的制动器，能使自动扶梯在停止运行的过程中均匀减速度至停止运行，并保持在停止状态。工作制动器有块式制动器、带式制动器和盘式制动器等类型。

（2）紧急制动器。紧急制动器是在紧急情况下使用的制动器，采用机械制动方式，在扶梯速度超过额定速度 40%以上或梯路发生故障时，用机械制动方法使扶梯停止运行。在驱动机组与主轴间采用链条连接时，应设置紧急制动器。

（3）速度监控装置。速度监控装置在自动扶梯运行速度超过或低于额定速度时能自动切断电动机电源，使电梯停止运行，以便检修。

（4）牵引链条伸长或断裂保护装置。当牵引链条由于磨损或其他原因过长时，牵引链条伸长或断裂保护装置可以自动切断电源，使自动扶梯停止运行。

（5）梳齿板保护装置。当乘客的异物掉落并嵌入梳齿后，梳齿板保护装置通过控制系统将电动机电源切断，使自动扶梯停止运行。

（6）其他装置。其他装置包括扶手胶带入口防异物保护装置、梯级塌陷保护装置、梯级间隙照明装置、裙板保护装置、电动机保护装置、辅助制动器和机械锁紧装置等。

9.2.2　自动扶梯的维护

使用自动扶梯时，应注意进行以下几项维护工作。
（1）梯级表面应保持清洁。
（2）禁止人员在梯级上逆行。
（3）保持梯级有足够光照度的照明。
（4）保持梯级及扶手干燥。
（5）扶梯上人前先试运行。
（6）扶梯在运行中，若发生运行速度有明显加快或减慢的现象，应及时停止运行并进行检修。
（7）扶梯在运行中，如发现有异常的噪声、振动、冲击的现象，应立即停止运行并进行检修。
（8）扶梯如有漏电现象，应立即停止使用并进行检修。
（9）扶梯的电气元器件绝缘过热发出焦臭味时，应立即停止使用并进行检修。
（10）必须定期对扶梯进行安全技术状况检验，检验周期一般为一年。
（11）建立扶梯管理档案。

① 扶梯的技术文件。
② 扶梯的档案卡片内容。
③ 建立扶梯值班记录制度，对扶梯的运行情况和发生故障的处理情况进行详细记录。
④ 扶梯发生故障需要维修时，应有申请报告书，简述维修内容和要求。

思考与练习

1. 电梯按操作方式可分为哪几类?
2. 电梯按驱动方式可分为哪几类?
3. 电梯由哪几部分组成?各部分的作用是什么?
4. 电梯的重量平衡系统的作用是什么?
5. 自动扶梯由哪几部分组成?其安全装置包括哪些内容?

第10章 物业弱电系统

【教学提示】

本章主要介绍有线电视（CATV）系统和计算机网络系统的组成和作用；电话通信系统和有线广播系统的组成和作用；电控门系统的组成和功能；火灾自动报警系统与消防联动系统的组成；安保系统的组成和作用。

【培养目标】

通过本章的学习，掌握有线电视系统和计算机网络系统、电话通信系统和有线广播系统的组成和作用，了解电控门系统的组成和功能，掌握火灾自动报警系统与消防联动系统的组成，掌握安保系统的组成和作用。

物业弱电系统是智能化物业的主要控制系统，主要由有线电视系统、计算机网络系统、电话通信系统、有线广播系统、电控门系统、火灾自动报警系统、消防联动系统和安保系统等组成。

10.1 有线电视系统和计算机网络系统

10.1.1 有线电视系统

电视是人们日常生活中的重要组成部分，有线电视与卫星电视接收系统已成为住宅物业必须设置的基本系统。

卫星电视的发展为有线电视丰富的节目源提供了保证，有线电视为卫星电视信号的全面覆盖提供了可靠的保证，二者相互依赖，互促发展。天上卫星传送，地面有线覆盖，已成为21世纪初广播电视的主要模式。

早期的共用天线电视系统后来发展为电缆电视系统，光缆的应用再使其发展成为光缆电视系统。电缆电视系统和光缆电视系统又常简称为CATV系统，CATV系统是住宅物业和大多数公用物业必须设置的系统。CATV系统一般是用同轴电缆和光缆传输信号的。同轴电缆具有很好的屏蔽性能，光缆传输的是光波信号，具有极强的抗电磁干扰的能力，所以，CATV系统传输的电视信号质量高、成像清晰、传输容量大、可为用户提供丰富的节目信号。双向CATV系统可实现数据传输、互动电视及电视电话等功能，使其成为全社会综合信息网的组成部分。

近年来CATV系统的发展非常迅速，今天的CATV系统汇集了当代电子技术领域中的高科技和新成就，包括电视、广播、数字通信、自动控制及微电脑等新技术与新成果。

目前，各城市均通过光缆实现了CATV系统的联网，形成了一个大型的系统，各单位或大型物业内的小型CATV系统可看作这个大型系统的分配系统，也可以反过来把城市大型系统送来的信号看作这些独立小型CATV系统的节目源。人们在工作中经常接触的就是这些小型CATV

系统，小型 CATV 系统的组成和大型系统类似，同样分为前端、信号传输分配网络和用户终端 3 部分。

1. 前端

前端由信号源和前端信号处理系统两部分组成。

（1）信号源。信号源的主要设备包括卫星电视信号接收天线、地面电视信号接收天线、微波接收天线、录放像机、摄像机及导频信号发生器等，有些前端还有电视节目编辑设备、计算机管理控制设备等。

（2）前端信号处理系统。前端信号处理系统可以对信号源提供的各路信号进行必要的处理和控制，并输出高质量的信号给信号传输分配网络。前端信号处理系统的主要设备包括天线放大器、频道放大器、频率变换器、自播节目设备、卫星电视接收设备、导频信号发生器、调制器、混合器及连接线缆等部件。

2. 信号传输分配网络

信号传输分配网络分为无源分配网络和有源分配网络两类。无源分配网络只有分配器、分支器和传输电缆等无源元器件，可连接的用户较少。有源分配网络增加了线路放大器，因此其连接的用户数可以增多。

线路放大器多采用全频道放大器，以补偿用户增多、线路增长后的信号损失。

分配器的功能是将一路输入信号的能量均等地分配给两个或多个输出的器件，一般有二分配器、三分配器、四分配器。分配器的输出端不能开路或短路，否则会造成输入端严重失配，同时还会影响其他输出端。

分配系统中各元器件之间均用馈线连接，它是提供信号传输的通路，分为主干线、干线及分支线等。主干线接在前端与传输分配网络之间；干线用于分配网络中信号的传输；分支线用于分配网络与用户终端的连接。

分支器是串在干线中的元器件，可以从干线耦合部分信号能量，然后分一路或多路输出。

3. 用户终端

用户终端是指公用天线电视系统供给电视机电视信号的接线器，又称为用户接线盒。分为暗盒与明盒。

10.1.2 计算机网络系统

计算机网络系统是指将地理位置不同，具有独立功能的多个计算机系统通过通信设备和线路连接起来，用功能完善的网络软件进行管理和控制，以实现互相交换信息及共享网络资源的系统。

1. 计算机网络系统的功能

现在的计算机网络系统功能多且强大。

（1）信息的快速传递和集中处理。利用这一功能，可以将地理位置分散的各单位或部门通过计算机网络连接起来相互交换信息，并且可将来自各方的信息进行集中处理，以便对各单位或部门进行控制和管理。

（2）资源共享。网络上的用户可以共享网络上的软硬件资源和数据资源。

（3）均衡负荷和分布处理。当某个主机的负荷过重时，可以将某些作业通过网络输送到其他主机进行处理，以便均衡负荷，减轻局部负担，可以提高设备的利用率。对于综合性的大问题，可以将作业分解后交给不同的计算机进行处理，达到均衡使用网络资源、实现分布式处理的目的。计算方式的一种新趋势——协同式计算，就是利用网络中的多台计算机共同完成一个处理任务。

（4）综合信息服务。通过计算机网络向全社会提供各种经济信息、科技情报和咨询等服务，并且可传输数字、声音及图形、图像等多种信息。

（5）提高计算机的可靠性。在单机使用的情况下，当计算机或某一部件出现故障时便会造成停机，计算机将无法继续使用，而在计算机网络系统中，各计算机及一些软件资源可互为后备，故障机的任务可由其他计算机代为完成，极大地提高了计算机网络系统的可靠性。

2. 计算机网络系统的组成

计算机网络系统主要由网络硬件系统和网络软件系统组成。

（1）网络硬件系统。组成局域网的网络硬件系统可分为 5 类：服务器、网络工作站、网络交换互联设备、防火墙及外部设备。

① 服务器是提供计算服务的设备，服务器的构成包括处理器、硬盘、内存、系统总线等，与通用的计算机架构相似，由于需要提供高可靠性的服务，所以在处理能力、稳定性、可靠性、安全性、可扩展性、可管理性等方面的要求较高。

② 网络工作站。网络工作站是通过网络接口卡连接到网络上的个人计算机，既可作为独立的个人计算机为用户服务，又可以按照被授予的一定权限访问服务器。在网络中，一个工作站即网络服务的一个用户。网络工作站的主要功能是享受网络上提供的各种服务，并运行由网络上文件服务器提供的各种应用软件。

③ 网络交换互联设备。网络交换互联设备包括网络适配器、调制解调器、网络传输介质、交换机、中继器、集线器、网桥、路由器和网关等。

④ 防火墙。防火墙是在内联网和互联网之间构筑的一道屏障，它是在内外有别及在需要区分处设置有条件的隔离设备，用于保护内联网中的信息、资源等不受来自互联网中非法用户的侵犯。

⑤ 外部设备。外部设备是可被网络用户共享的、常用的硬件资源，如大型激光打印机、绘图设备及大容量存储系统等。

（2）网络软件系统。可把网络软件系统分为网络系统软件和网络应用软件。网络系统软件是指系统的网络操作系统、网络通信协议，以及应用级的提供网络服务功能，控制、管理网络运行和网络资源使用的专用软件，它为用户提供了访问网络和操作网络的人机接口；常用的网络操作系统有：Windows NT、Windows 2000、Linux、NetWare 和 UNIX；网络应用软件是指为某个应用目的开发的软件。在网络系统软件中最重要的是网络操作系统，网络操作系统往往决定了网络的性能、功能、类型等。网络应用软件是利用应用软件开发平台开发出来的一些软件，如 Java、ASP、Perl/CGI、SQL 及其他专业应用软件。

3. 计算机网络的分类

计算机网络可分为广域网（Wide Area Network）、局域网（Local Area Network）和城域网（Metropolitan Area Network）。

（1）广域网。广域网又称远程网，其特点是覆盖范围很广，可以覆盖几个城市到一个国家甚至全球。广域网一般利用电信或公用事业部门现有的公用或专用通信线路作为传输媒介，网络由多个部门或多个国家联合组建。1969 年美国国防部高级研究计划署组织研究开发的 APPA 网是较早出现的广域网之一，它已成为全球最大的广域网，即 Internet。

（2）局域网。局域网是在局部范围使用的计算机网络，其特点是覆盖的地理范围有限，规模较小，网内计算机及有关设备通常局限于一个单位、一幢大楼甚至一个办公室。局域网组建方便、建网时间短、成本低廉、使用灵活、经济和社会效益显著。

（3）城域网。城域网通常可以覆盖一个城市或地区，介于广域网和局域网之间，它是在局域网的基础上发展起来的一类新型网络。随着计算机网络用户的日益增多和应用领域的不断拓宽，一般局域网已显得力不从心，新的应用要求把多个局域网互相连接起来，可以构成一个覆盖范围更大，并支持高速传输和综合业务服务的、适合大城市使用的计算机网络，这样就形成了城域网。

10.2 电话通信系统和有线广播系统

10.2.1 电话通信系统

电话通信系统是智能物业内信息传输网的基本组成部分。传统的电话通信系统仅限于电话、电报等音频和低速数据通信业务，一般都采用音频电缆敷设。

电话通信系统的安装施工主要是指按规定在物业外预埋地下通信电缆管道，敷设电缆，并在物业内预留电话交接间、电缆竖井、预埋暗管及敷设配线电缆等。若需要设置用户交换机，还需要在物业内建立电话站。

通信的目的是实现某一地区内任意两个终端用户之间的信息交换。要达到这一目的，必须处理好信号的发送和接收、信号的传输及信号的交换。

电话通信系统由用户终端设备、传输系统和交换设备三大部分组成。

1. 用户终端设备

用户终端设备用于完成信号的发送和接收，设备主要有电话机、传真机及计算机终端等。

2. 传输系统

传输系统按传输媒介不同可分为有线传输（明线、电缆、光缆等）和无线传输（短波、微波中继、卫星通信等）。有线传输按传输信息工作方式不同又可分为模拟传输和数字传输。模拟传输是将信息转换成与之相应大小的电流模拟量进行传输，普通电话就是采用模拟语音信息传输的。数字传输则是将信息按数字编码方式转换成数字信号进行传输，数字传输具有抗干扰能力强、保密性高及电路集成化等优点，现在的程控电话交换机就是采用数字信号传输各种信息的。

在有线传输的电话通信系统中，传输线路有用户线和中继线之分。用户线是指用户与交换机之间的线路，中继线是指两台交换机之间的线路。

3. 交换设备

交换设备按其使用场合不同可分为两大类：一类是用于公用电话网的大型交换机，如市话交换机和长途交换机；另一类是企事业单位内部进行电话交换的专用交换机，通常又称为小总机，或用户交换机。用户交换机的容量一般不大，单位内部用户通话可不必绕经市话局，从而减轻了市话局的话务负荷，缩短了用户线的距离。

用户交换机分为通用型用户交换机和专用型用户交换机，通用型用户交换机适用于以话音业务为主的单位；专用型用户交换机适用于各种不同特点的单位。例如，宾馆型交换机有长途电话即时计费、留言、客房状态、请勿打扰、叫醒服务及综合话音等功能。此外，还有办公室自动化型、银行型及专网型等用户交换机。

10.2.2 有线广播系统

有线广播系统是指物业（群）自成体系的独立有线广播系统，是一种宣传和通信工具。通过有线广播系统可以播送报告、通知、背景音乐及文娱节目等。

1. 有线广播系统的分类

物业的有线广播系统主要包括公共广播系统、厅堂音响系统、会议室音响系统、客房广播系统和家庭音响系统等。

（1）公共广播系统。该系统属于有线广播系统，现在一般将紧急广播系统与公共广播系统集成在一起，平时播放背景音乐或其他节目，需要时用于紧急广播。公共广播系统与消防的分区控制是一致的。为了保证突发事故时自动选择分区，一般采用微机控制。事故广播是用预先录制好的录音带、光盘、MP3中的内容进行广播。公共广播喇叭的装设是配合物业装饰进行的。公共广播系统的每个分区均设有调音控制板，可根据需要调节音量或将该分区广播切断。多功能厅、音乐厅等处的公共广播系统，在集控板上还设有自动转接插座，可视不同情况播送广播节目或连接演讲扩音设备。

（2）厅堂音响系统。该系统使用专业的音响设备，要求有大功率的扬声器系统和功放。为了避免声音的反馈或啸叫，该系统一般采用低阻直接传输方式。

（3）会议室音响系统。该系统属于扩声系统，根据会议的性质有特殊的要求，如多路同声传译系统等。

2. 有线广播系统的基本组成

有线广播系统包括节目源设备、信号的放大和处理设备、传输线路和扬声器系统4部分。

传输线路：一般采用低阻大电流的直接馈送方式，传输线要求用专用音频信号线，而对于公共广播系统，由于服务区域广、距离长，为了减少传输线路引起的损耗，往往采用高压传输方式，由于传输电流小，所以对传输线要求不高。

10.3 电控门系统

为了减少人力资源的浪费，准确识别进出人员，提高效率，现代物业中自动门的使用越来越广泛。电控门在没有人进出时处于关闭状态，而且结合计算机技术可以很容易地设置成需要刷卡和无须刷卡开启电控门的两种状态（如自助银行在工作时间只要有感应就可以自动打开门，非工作时间则需要刷卡或用银行存折才能打开）。

10.3.1 电控门系统的组成

电控门系统主要由电锁、遥控器、遥控接收器、对讲系统、可视系统、报警系统、密栅型铁门或玻璃门、镶嵌在门上（门小的可将主机安在墙壁上）的不锈钢面板主机、不间断电源、各户室内分机和专门线材等组成。

10.3.2 电控门系统的功能

电控门的种类有很多，按门的启闭方式不同可分为滑动式门、转动式门等；按门的控制方式不同可分为红外线开关电控门、电子开关电控门、卡片开关电控门、感应式开关电控门及触摸式开关电控门等。高档电控门一般具有下列功能。

（1）主机能与分机实现对讲，在通话期间遥控开锁。
（2）可按室内分机的报警键呼叫管理机，与之实现双向对讲。
（3）可利用密码开锁，在开锁的同时也给住户家里可撤防报警防区撤防。
（4）利用小区管理机可监视门口主机前的图像。
（5）通过小区管理机可实现跨单元户户对讲。
（6）室内机可与多个分机共用一组号码。
（7）通过电话报警主机配接各种探头，实现防区联网报警。
（8）门口主机可呼叫室内分机进行可视对讲及开锁。
（9）门口主机配有红外发光管，可以自动进行逆光补偿，即使在夜间也能看到影像。

10.4 火灾自动报警与消防联动系统

10.4.1 火灾自动报警系统的组成

火灾自动报警系统主要由火灾探测器、火灾报警控制器、火灾信号传输线路、电源和辅助设备组成。

1. 火灾探测器

火灾探测器将感受到的火灾参数转变成电信号，电信号由信号线传输到火灾报警控制器。火灾报警控制器判断识别出火灾信息后，控制火灾警报器使其发出声音警报和灯光警报，并指示出报警位置。

火灾探测器的种类较多，根据探测对象的不同，可分为感温式火灾探测器、感烟式火灾探测器、感光式火灾探测器和感可燃气体式火灾探测器几大类。

（1）感温式火灾探测器。发生火灾时物质的燃烧会产生大量的热量，使周围温度发生变化。

感温式火灾探测器的感温元件的电阻值随周围气温的急剧变化而变化，变化到预定值或单位时间内气温升到某预定值时，探测器发出响应，将信号传送至自动报警控制装置，使警报装置发出声音、灯光报警信号。感温式火灾探测器分为定温式、差温式和定差温式3类。

（2）感烟式火灾探测器。火灾初期，物质处于阴燃阶段，会产生大量烟雾，成为早期火灾的重要特征。感烟式火灾探测器将探测部位烟雾浓度的变化转换为电信号，从而实现报警。最常用的感烟式火灾探测器有离子感烟式和光电感烟式。感烟式火灾探测器适宜安装在发生火灾后产生烟雾较大或容易产生阴燃的场所；它不宜安装在平时烟雾较大或通风良好的场所。尤其是光电感烟式火灾探测器，其灵敏度很高，适用于火灾较大的场所，如有易燃物的车间、电缆间、计算机机房等。

（3）感光式火灾探测器。发生火灾时，在产生烟雾和放出热量的同时，也会产生可见或不可见的光辐射。感光式火灾探测器又称火焰探测器，可以探测火灾的光特性，即火焰燃烧的光照强度和火焰的闪烁频率，然后将其转化为电信号，进行报警。根据火焰的光特性，目前使用的感光式火灾探测器有两种：一种是对波长较短的光辐射敏感的紫外探测器，另一种是对波长较长的光辐射敏感的红外探测器。感光式火灾探测器适宜安装在可能会在瞬间产生爆炸或燃烧的场所，如石油、炸药等化工制造品的生产及存放场所等。

（4）感可燃气体式火灾探测器。感可燃气体式火灾探测器是对单一或多种可燃气体浓度响应的探测器。装有对可燃气体敏感的元件，遇到可燃气体，其电阻会发生变化，从而产生报警的电信号。适用于因天然气、煤气、液化石油气泄漏或因酒精、汽油、煤油挥发等会产生可燃气体积聚的场所。

（5）火灾探测器的选择与保养。

① 火灾探测器的选择。对火灾探测器的选择包括两个方面的内容：一是火灾探测器的种类和规格；二是火灾探测器的质量。火灾探测器的种类和规格应根据使用场所进行选择。对火灾形成特征不可预料的部位或场所，可根据模拟试验的结果进行选择。选用火灾探测器，还要考虑性价比，如智能型火灾探测器要比普通型火灾探测器的价格高一些，技术含量也高。这就需要综合考虑后再确定。

② 火灾探测器的维护保养。每天进行一次外观检查；每年应用专用检测仪器对安装的火灾探测器进行一次检测；火灾探测器投入运行两年后，应每隔3年全部清洗一遍，并做响应阈值及其他必要的功能试验，合格者方可继续使用，不合格者严禁重新安装使用。废弃的离子型火灾探测器因含有放射性物质，须集中收集交环保部门处理。

2. 火灾报警控制器

火灾报警控制器是全自动化消防系统的心脏，它是一个可以分析、判断、记录和显示火灾情况的智能化装置。火灾报警控制器不断向火灾探测器（探头）发出巡测信号，监视被控区域的烟雾浓度、温度等，火灾探测器则将代表烟雾浓度、温度等的电信号反馈给火灾报警控制器，火灾报警控制器将这些反馈回来的信号与其内存中存储的各区域的正常整定值进行比较分析，判断是否有火灾发生。当确认出现火灾时，火灾报警控制器先发出声音、灯光警报信号，提示值守人员，还会在控制器上显示探测出的烟雾浓度、温度等值，以及火灾区域或楼层房号的地址编码，并将这些值及火灾的发生时间等记录下来。同时向火灾现场及相邻楼层发出声音、灯光警报信号。

火灾报警控制器按使用的范围不同可分为区域火灾报警控制器、集中火灾报警控制器和控制中心火灾报警控制器。

（1）区域火灾报警控制器。区域火灾报警控制器往往是第一级监控报警装置。在大型高层物业中，它一般安装在各楼层；在小型物业群中，它一般安装在划定的警戒区域内的一个固定位置。采用区域火灾报警控制器应注意以下问题。

① 单独使用的区域火灾报警控制器。一个报警区域宜设置一台区域火灾报警控制器，必要时可使用两台。如果需要设置的区域火灾报警控制器超过两台，应当考虑采用集中火灾报警控制器。

② 当用一台区域火灾报警控制器警戒多个楼层时，为了在火灾探测器报警后，管理人员能及时、准确地到达报警地点，迅速采取扑救措施，应在每个楼层的楼梯口处或消防电梯前室等明显的地方设置识别着火楼层的灯光显示装置。

③ 区域火灾报警控制器应安装在有人员值班的房间或场所。如果确有困难，应安装在楼层走道、车间等公共场所或经常有值班人员巡逻的地方。

（2）集中火灾报警控制器。集中火灾报警控制器是整个物业消防系统的总监控设备，一般安装在大型物业的消防控制中心，其功能比区域火灾报警控制器更加齐全。集中火灾报警控制器也可以直接接收火灾探测器的报警信号。集中火灾报警控制器通常用于功能较多的物业，如高层宾馆、饭店等。这时，集中火灾报警控制器应设置在有专人值班的消防控制室或值班室内，区域火灾报警控制器设置在各层的服务台处。系统设备的布置应注意以下问题。

① 集中火灾报警控制器的输入、输出信号线，要通过火灾报警控制器上的接线端子连接，不得将导线直接接到火灾报警控制器上。输入、输出信号线的接线端子上应有明显的标记和编号，以便于线路的检查、维修和更换。

② 集中火灾报警控制器应设置在有专人值班的房间或消防控制室内。控制室的值班人员应在经过当地公安消防部门的培训后，持证上岗。

③ 集中火灾报警控制器连接的区域火灾报警控制器应当满足区域火灾报警控制器的要求。

（3）控制中心火灾报警控制器。控制中心火灾报警控制器是由设置在消防控制室的消防控制设备、集中火灾报警控制器、区域火灾报警控制器、火灾探测器及手动报警按钮等组成的。其中消防控制设备主要包括火灾警报装置、火警电话、火灾应急照明、火灾应急广播、防火排烟装置、通风空调、消防电梯等联动装置，以及固定灭火系统的控制装置等。

3. 火灾信号传输线路

火灾信号传输线路应符合一定要求。火灾探测器的线路应采用不低于 250 V 的铜芯绝缘导线。导线的允许载流量不应小于线路的负荷工作电流，其电压损失一般不应超过火灾探测器额定工作电压的 5%；当线路穿管敷设时，导线截面面积不得小于 $1.0\ mm^2$；在线槽内敷设时，导线截面面积不小于 $0.75\ mm^2$。连接火灾探测器的信号线多采用双绞线，一般正极线"＋"为红色，负极线"－"为蓝色。

敷设室内火灾信号传输线路应采用金属管、硬质塑料管、半硬质塑料套管或敷设在封闭线槽内。物业内不同系统的各种强电及弱电线路，不应穿在同一套管内或同一线槽内。火灾自动报警系统的横向线路应采用穿管敷设，不同防火分区的线路不要在同一管内敷设。同一工程中相同线别的绝缘导线的颜色应相同，其接线端子应标号。

对通过施工验收的传输线路，主要的日常维护保养工作就是定期巡视，保证线路的外观完好。当线路中断，火灾报警控制器的相关探测器巡检指示灯不亮或故障灯有显示时，应及时修复线路或更换火灾探测器。

4. 电源

火灾自动报警系统的主电源应有两个或两个以上，在消防控制室能够进行自动切换。同时还有 24 V 直流备用电源。直流备用电源宜采用火灾报警控制器的专用蓄电池或集中设置的蓄电池。

当直流备用电源与消防系统备用电源合用蓄电池时，火灾报警控制器应采用单独的供电回路，合用蓄电池的功率应能保证在消防系统处于最大负载时报警控制器也能正常工作。

5. 辅助设备

火灾自动报警系统常用的辅助设备有手动火灾报警按钮、警铃、辅助指示装置、中继器和隔离器，以及监测器。

（1）手动火灾报警按钮。手动火灾报警按钮是用于向火灾报警控制器传输火灾信号的手动开关，通常安装在消火栓箱内或容易看到的位置。

（2）警铃。警铃一般安装在物业公用场所内，如大厅、走廊等处，属于报警系统的外接负载，一旦其控制回路接通电源，警铃就会发出声音报警。目前，很多警铃犹如警灯，具备灯光报警功能。

（3）辅助指示装置。辅助指示装置主要是火灾自动报警系统中的光中继设备。常见的有消防控制室内模拟显示器，此显示器可将物业内发生的火灾信息，用灯光模拟展示在显示屏上，使消防值班人员及时、准确地了解发生火灾的地点。此外，辅助指示装置还包括消防通道上的应急照明及疏散指示灯。

（4）中继器和隔离器。中继器是可以将火灾自动报警系统中各种电信号进行远距离传输、放大或隔离的设备。隔离器是火灾自动报警系统中用于断开系统发生局部故障的点，使系统保持正常工作的设备。当前常用的总线隔离器可使火灾自动报警系统中并联于各自总线上的探测源，在其总线发生故障时，可以及时切断局部故障点，保证其他部分正常工作。

（5）监测器。常见监测器包括水流指示器、压力监测器和水位监测器等，其功能是对管网的水流，消防系统的水压、水池和水箱的水位等进行监测，并将监测信号传输到火灾报警控制器。

10.4.2 消防联动系统

消防联动系统是现代物业必备的安全设施。当消防联动系统接收到来自触发器件的火灾报警信号时，可以自动或手动启动相关消防设备并显示其状态。

1. 消防联动系统的组成

消防联动系统主要包括火灾报警控制器、自动灭火系统控制装置、室内消火栓系统的控制装置、防火排烟系统，以及空调通风系统的控制装置、常开防火门、防火卷帘的控制装置、电梯回降控制装置，还有火灾应急广播、火灾警报装置、火灾应急照明与疏散指示标志的控制装置等十一类控制装置中的部分或全部。

2. 消防联动系统的设置

消防联动系统一般设置在消防控制中心,以便于实行集中统一控制。消防控制设备设置在被控消防设备所在现场,但其动作信号必须返回消防控制室,实行集中与分散相结合的控制方式。

3. 消防联动系统的功能

消防联动系统主要受火灾报警控制器的控制,火灾报警控制器上有多组联动控制自动灭火设备的输出接点,当其确认出现火灾时,一方面控制警报器报警,另一方面输出控制信号,命令灭火执行机构(继电器、电磁阀等)动作,开启喷洒阀门,启动消防水泵,接通排烟风机、防火门、火灾事故广播和应急照明等防火及减灾系统电源进行灭火。

同样,为了防止自动灭火系统失灵,延误灭火,在配备有灭火、减灾设备的地方,如消防水阀、风门等部位,除了设置手动电控开关,还安装了手动机械开关。

4. 消防联动系统的选择

由于不同形式、不同结构、不同功能的物业,对消防联动系统有不同的标准和要求,因此,应当按照物业的使用性质、火灾的危险性、疏散和扑救的难易程度等,采用具有相应功能的消防联动系统。目前,在物业中比较常用的消防联动系统有自动监测人工灭火系统和自动监测自动灭火系统。

(1)自动监测人工灭火系统。自动监测人工灭火系统属于半自动化消防系统,适用于普通工业厂房、一般商店及中小型旅馆等物业。当系统中的火灾探测器探测到火情时,区域火灾报警器就会发出报警信号,同时火灾探测器向消防中心输出信号,消防中心的显示屏可以显示发生火灾的楼层或区域的代码,消防人员根据警报情况,采取措施灭火。

(2)自动监测自动灭火系统。自动监测自动灭火系统属于全自动化消防系统,适用于重要办公楼、高级宾馆、变电所、电信机房、电视广播机房、图书馆、档案馆及易燃品仓库等物业。目前的智能物业中一般采用这种系统。这种系统中设置了一套完备的火灾自动报警系统与自动灭火控制系统。当发生火情时,火灾探测器立即将探测到的火情变换为电信号输送给消防中心的火灾报警控制器,火灾报警控制器在输出报警信号的同时,输出控制信号,控制相关灭火设备联动,在发生火灾的区域进行灭火,实现消防自动化。在全自动化消防系统中,也可以手动控制报警与灭火。

10.5 安保系统

在智能物业中安保系统显得越来越重要。

10.5.1 安保系统的组成

安保系统主要由出入口控制系统、闭路电视监控系统、巡更系统、停车场管理系统、入侵报警系统、楼宇安保对讲系统和其他系统组成。

1. 出入口控制系统

对于需要控制的各类出入口，按不同的通行对象及准入级别，实施实时出入控制与管理及报警功能。此外，还和火灾自动报警系统联动。

(1) 出入口控制系统的结构。出入口控制系统可以实现人员出入自动控制，又称门禁管制系统。出入口控制系统分为卡片出入控制系统和人体自动识别控制系统两大类。卡片出入控制系统主要由卡片读卡器、中央控制器、打印机，以及附加的报警、监控系统组成。人体自动识别控制系统利用人体的生理特征和个体差异识别技术进行鉴定和出入控制。可利用的人体的生理特征和个体差异有掌纹、指纹、人脸及声音等，人体的这些特征和差异具有相异性、不变性和再现性。出入口控制装置是集机械、电子和光学等于一体的系统，其主要功能如下所示。

① 对已授权的人员，凭有效的卡片、代码或特征，允许其进入；对未授权的人员（包括想混入的人）将拒绝其入内。

② 对某段时间内人员的出入情况，某人的出入情况，在场人员名单等资料进行实时统计、查询和打印输出。出入口控制系统的主要目的是对重要的通行口、出门口通道及电梯等进行出入监视和控制。

(2) 读卡机。普通读卡机是利用卡片在读卡器中的移动，由读卡机阅读卡片上的密码，经解码后送到控制器进行判断的。目前，接近式感应型读卡技术已经相当成熟。生物读卡机有指纹机、掌纹机、视网膜辨识机、声音辨识机、人脸辨识机等。

(3) 出入口控制系统的管理。随着计算机技术广泛应用于物业出入口的管理，使得出入口的监控实现了智能化管理。出入口控制系统的管理软件通常包括系统管理、事件记录、报表生成和网间通信。

2. 闭路电视监控系统

闭路电视监控系统具有对必须进行监控的场所、部位、通道等进行实时有效的视频探测、视频监视、视频传输、显示和记录及报警和复核功能。

闭路电视监控系统可以通过遥控摄像机及其辅助设备（镜头、云台等），直接观看被监视场所的一切情况。闭路电视监控系统还可以与入侵报警系统等其他安全技术防范系统联动运行，使防范能力更加强大。

(1) 闭路电视监控系统的基本结构。闭路电视监控系统按功能不同可以分为摄像、传输、控制、显示与记录4部分。摄像部分安装在现场，包括摄像机、镜头、防护罩、支架和电动云台，它对被摄体进行摄像并将其转换成电信号。传输部分将现场摄像机发出的电信号传送到控制中心，它一般包括线缆、调制与解调设备及线路驱动设备等。显示与记录部分将从现场传来的电信号转换成图像在监视设备上显示，如果有必要，将用录像机录下来，所以它包含的主要设备是监视器和录像机。控制部分负责所有设备的控制与图像信号的处理。

(2) 摄像设备。摄像设备包括以下几种。

① 摄像机。目前使用的摄像机是电荷耦合式摄像机，简称CCD摄像机。摄像机分为黑白摄像机和彩色摄像机，如果仅仅是监视物体的位置和移动，黑白摄像机就可以满足要求；如果要分辨被摄物体的细节，则需要使用彩色摄像机。摄像机若增加了红外摄像功能，则还可以监控到光线不足的环境区域（如晚上等）。

② 镜头。选择镜头的依据是观察的视野和亮度变化的范围，同时兼顾所选CCD摄像机的

尺寸。

③ 云台。云台与摄像机配合使用能够扩大监控范围。云台的种类有很多，从使用环境上来讲有室内型云台、室外型云台、防爆云台、耐高温云台和水下云台等；按其回转的特点可分为只能左右旋转的水平云台和既能左右旋转又能上下旋转的全方位云台。在物业监控系统中，最常用的是室内和室外全方位云台。

④ 防护罩。防护罩分为室内防护罩和室外防护罩。室内防护罩的主要功能是保护摄像机在室内更好地应用，可以防灰尘，有时也有隐蔽作用，使监控场合和对象不易察觉到受监控。室内防护罩还要考虑外形美观、简单，造型要有时代感，安装简单、实用。有些室内使用现场环境很好，也可省去防护罩，直接将摄像机安装在支架上。室外防护罩要比室内防护罩复杂得多，其主要功能有防晒、防雨、防尘、防冻及防凝露等。

（3）传输部分。监控现场和控制中心需要有信号传输，一方面摄像机捕捉到的图像要传送到控制中心，另一方面控制中心的控制信号要传送到现场，所以传输系统包括视频信号和控制信号的传输。

① 同轴电缆传输。同轴电缆分为射频同轴电缆和视频同轴电缆，射频同轴电缆通常用于有线电视传播，视频同轴电缆则是目前视频监控系统应用最广的传输线。

② 双绞线视频传输。视频基带（视频信号）传输，即对 0～6 MHz 视频基带信号不做任何处理，直接通过同轴电缆（非平衡式）传输模拟信号，摄像机与画面分割器之间用视频线直接连接。其优点是，在短距离传输时图像信号损失小、造价低廉。缺点是，传输距离短，当传输距离大于 300 m 时，高频分量衰减较大，信噪比下降，图的质量变差。

③ 光纤传输。光纤传输系统由 3 部分组成：光源（光发送机）、传输介质、检测器（光接收机）。光源和检测器的工作都是由光端机完成的。

④ 网络传输。它采用音视频压缩方式传输监控信号，适合远距离及监控点位分散的监控。优点是采用网络视频服务器作为监控信号上传设备，有 Internet 网络的地方，安装上远程监控软件就可监视和控制。

⑤ 微波传输。微波传输是解决几千米甚至几十千米不易布线场所监控传输的解决方式之一。采用调频调制或调幅调制的方法，将图像搭载到高频载波上，转换为高频电磁波在空中传输。优点是省去了布线及线缆维护的费用，可动态实时传输广播级图像。缺点是采用微波传输，在 1 GHz 以上常用的频段有 L 波段（1.0～2.0 GHz）、S 波段（2.0～4.0 GHz）、Ku 波段（10～12 GHz），传输环境是开放的空间很容易受到外界电磁干扰。

⑥ 无线传输。无线传输又称为开路传输。传输流程：音频、视频信号→调制→高频信号→接收→解调→音频、视频信号，然后在终端设备上播放或显示。它的特点是安装简便，但发射功率受严格限制，距离一般不超过 500 米。

（4）显示与记录。显示与记录设备安装在控制室内，主要有监视器、录像机和一些视频处理设备。

① 监视器。对摄像机信号的图像监控、控制室的图像监视、线路信号监视等都用这种监视器。

② 录像机。录像机是用于监视系统的记录和重放的装置，电视监视系统要求录像机有较长的记录时间。目前监视系统的专用监控硬盘录像机可以录制 24 h、960 h 的信号。

③ 视频切换器。视频切换器具有可以使用少量监视器观看多个监视点的功能。按视频信号输入和输出路数可分为两种类型：一种是 n 路输入，1 路输出系统；另一种是 n 路输入，m 路输

出系统，这种系统将 n 台摄像机的视频信号传送给 m 台监视器，并且在一台监视器上能任意切换所有摄像机信号，这种切换器称为视频矩阵。

④ 多画面分割器。可以实现在一台监视器上观看多路摄像机信号的设备称为多画面分割器，该设备可以将多路视频信号合成一幅图像。目前常用的是 4 画面、9 画面和 16 画面分割器。可以用一台录像机同时录制多路视频信号。现在一些比较好的多画面分割器还具有单路回放的功能，即可以选择同时录下的多路视频信号的任意一路在监视器上全屏播放。

⑤ 视频分配器。一路视频信号要传送到多个显示与记录设备时，需要视频分配器。

3. 巡更系统

可按预编制的安全防范人员巡更软件程序，通过读卡器或其他方式对安全防范人员巡逻的工作状态（是否准时、是否遵守顺序等）进行监督、记录，并可以在发生意外情况时及时报警。

（1）巡更系统的功能。对巡更线路、时间的设定与修改；在设防重要部位安装巡更站点；编制保安人员巡查程序，在预先设定的巡更图中通过卡读出，或以其他方式对保安人员的巡查运动状态进行监控记录，并在发生意外情况时及时报警；在安防管理中心可查阅、打印巡更人员的到位时间及工作情况，对巡更违规行为进行记录和提示。巡更系统有独立设置及与出入口系统和入侵报警系统联合设置等形式。独立设置的巡更系统与安全防范系统的中央监控室联网，向管理中心提供决策所需的主要信息或进一步实现中央监控对该系统的集中管理和监控。

（2）巡更系统分为在线巡更系统和离线巡更系统。在线巡更系统一般以与入侵报警系统设备共用的方式实现，可由入侵报警系统中的警报接收机与控制主机编程确定巡更路线，每条路线有数量不等的巡更点。巡更点可以是读卡机或门锁，被视为一个设防区，巡更人员经过时，通过刷卡、按钮及开锁等行为作为巡更信号，从而将巡更到达时间、动作等记录到系统中。同时在中央控制室，通过查阅巡更记录，可对巡更质量进行考核，从而有效防止漏巡、随意减少巡更点、变更巡更时间等行为。监控中心也可通过对讲系统或内部通信方式与巡更人员建立联系，随时查询。离线巡更系统采用感应识别的巡更手持机及非接触感应器。离线方式使用灵活方便，既可进行巡更记录，也可作为巡更人员的考勤记录。

4. 停车场管理系统

停车场管理系统包括对停车库（场）的车辆通行道口实施出入控制、监视、行车信号指示、停车计费及汽车防盗报警等综合管理。

根据物业设计规范要求，大型物业必须按一定比例设置相应的室内停车场，当停车场的车位数超过 50 时，为了提高停车场的使用效率和进出车辆的安全性，通常还需要建立停车场的管理系统——停车场自动化系统。

停车场的管理系统由计算机、车牌摄像机、信息显示屏、读卡机、车辆感应器、场内车位及车辆行驶路径引导指示等组成。

停车场管理系统的工作过程如下所示。

（1）车辆进入停车场前，通过信息显示屏，在车位还有空余的情况下，驾驶人员将停车卡经读卡机检验后，入口处的电动栏杆自动升起放行，在车辆驶过复位环形线圈感应器后，栏杆自动放下归位。

（2）在车辆驶入停车场时，摄像机摄入车牌号码，并将其送到车牌图像识别器，转换成入场车辆的车牌数据，并与停车卡数据（卡的类型、编号、进库时间）一起存入系统的计算机内。

（3）进场车辆在指示灯的引导下停入规定位置，这时车位检测器输出信号，管理中心的显示屏上立即显示该车位已被占用的信息。

（4）车辆离场时，汽车驶近出口，驾车人员持停车卡经读卡机识读，此时卡号、出库时间及出口车牌摄像机摄取并经车牌图像识别器输出的数据一起送入系统的计算机内，进行核对与计费，然后从停车卡存储金额中扣除。

（5）出口电动栏杆升起放行，车驶出停车场后，栏杆放下，车库停车数减1，入口处信息显示屏显示状态刷新一次。

5. 入侵报警系统

入侵报警系统具有对设防区域的非法入侵、盗窃、破坏和抢劫等行为进行实时有效的探测和报警及报警复核的功能。

（1）入侵报警系统的结构。入侵报警系统负责物业内外各点、线、面和区域的侦测任务，由探测器、区域控制器和报警控制中心3部分组成。系统分为3个层次，底层是探测和执行设备，负责探测非法入侵，有异常情况时发出声光报警，同时向区域控制器发送信息；区域控制器负责下层设备的管理，同时向控制中心传送自己负责区域的报警情况。一个区域控制器和一些探测器、声光报警设备等就可以组成一个简单的报警系统。一般的报警控制器具有以下几方面功能。

① 布防与撤防。在正常工作时段不发出报警信号，这时需要撤防；非工作时段，需要布防，如果遇到探测器报警信号，则进行报警处理。

② 布防后的延时。为了避免误报，当操作人员在探测区时，需要报警控制器延时一段时间，等操作人员离开后再生效。

③ 防破坏。常见的破坏是线路短路或断路。报警控制器在连接探测器的线路上加上一定的电流，如果断线，则线路上的电流为零；有短路则电流大大超过正常值。当出现这两种情况中任何一种时，都将引发控制器报警。

（2）入侵报警系统探测器。防盗系统所用探测器的基本功能是感知外界、转换信息及发出信号。优秀的安全系统，需要各种探测器配合使用，才能取长补短，过滤错误的警报，完成周密而安全的防护任务。

① 开关探测器。开关探测器常用的开关包括微动开关、磁簧开关。开关一般装在门窗上，其线路的连接可分为常开式和常闭式。其中，常开式处于开路状态，当有情况发生时（如门、窗被推开）开关就会闭合，使电路导通，启动警报。这种方式的优点是平常开关不耗电，即使再增加无数个也不会消耗电力，所以可以使用电池作为电源；缺点是如果电线被剪断或接触不良，将使之失效。常闭式则相反。

② 振动探测器。振动探测器用于铁门、窗户等通道和防止重要物品被人移动的地方，以机械惯性式和压电效应式为主。机械惯性式利用软簧片终端的重锤受到振动产生惯性摆动，若振幅足够大，则会碰到旁边的另一金属片引起报警。压电效应式利用压电材料因振动产生机械变形而产生电特性的变化，检测电路根据其特性的变化判断振动的大小。目前，由于机械惯性式容易锈蚀，且体积较大，已逐渐被压电效应式代替。

③ 玻璃破碎探测器。玻璃破碎探测器一般应用于玻璃门窗的防护。玻璃破碎探测器使用压电式拾音器并将其安装在面对玻璃的位置上，由于它只对10～15 kHz的玻璃破碎高频声音进行有效的检测，所以不会对行驶车辆或风吹门窗产生的振动信号产生响应。为了防止误报，目前玻

璃破碎报警采用了双探测技术。其特点是需要同时探测到玻璃破碎时产生的振荡和音频声响，才会产生报警信号。因此不会受室内移动物体的影响产生误报，这增加了报警系统的可靠性，适合昼夜24 h防范的场所。

④ 微波物体移动探测器。微波物体移动探测器发出超高频的无线电波，同时接收反射波。当有物体在探测区域移动时，反射波的频率与发射波的频率会有差异，两者频率差称为多普勒频率。探测器根据多普勒频率判定探测区域是否有物体移动。由于微波的辐射可以穿透水泥墙和玻璃，所以在使用时需要考虑安放的位置与方向，通常用于较大的空间。

⑤ 超声波物体移动探测器。该探测器也是采用多普勒效应的原理探测物体移动的，不同的是该探测器采用20 kHz以上频率的超声波。超声波物体移动探测器由于其采用频率的特点，容易受到振动和气流的影响，在使用时，不要将其放在松动的物体上，同时也要注意是否有其他超声波源存在，防止干扰。

⑥ 光束遮断式探测器。该探测器是能够探测光束是否被遮断的探测器，目前用得最多的是红外线对射式，它由一个红外线发射器和一个接收器以相对方式布置组成。当遇到非法横跨门窗或其他防护区域的情况时，红外光束（不可见光）被遮挡，发出报警。为了防止作案者可能利用另一个红外光束瞒过探测器，探测用的红外线必须先调制到特定的频率再发送，而接收器也必须配有频率与相位鉴别的电路判别光束的真伪或防止日光等光源的干扰。

⑦ 热感式红外线探测器。该探测器又称为被动式立体红外线探测器，它利用人体辐射的红外线波长（约10 μm左右）探测人体（也称它为人体探测器）。

(3) 入侵报警系统的计算机管理。物业内的入侵报警系统需要计算机管理以提高其自动化程度，增强其智能性。报警系统的计算机管理的主要内容如下所示。

① 系统管理。在增加或减少区域控制器和探测器时，须进行注册或注销操作。系统运行时，要对控制器和探测器进行定时自检，以便及时发现系统中的问题。在计算机上可以对探测区域进行布防和撤防，可以对系统数据进行维护，可以通过密码方式设定操作人员的级别以保护系统自身的安全。

② 报警后的自动处理。使用计算机可以设定自动处理程序。报警时，系统可以按照预先制定的程序进行处理。例如，可以自动拨通公安部门的电话，自动启动安全防范设备，自动录音、录像等。报警的时间、地点也自动存储在计算机的数据库中。

6. 楼宇安保对讲系统

楼宇安保对讲系统，亦称访客对讲系统，又称对讲机—电锁门安保系统。目前主要有单对讲型系统和带可视功能的可视对讲型系统。从功能上看，楼宇安保对讲系统又可分为基本功能型对讲系统和多功能型对讲系统，基本功能型对讲系统只具有呼叫对讲和控制开门功能；多功能型对讲系统具有通话保密、密码开门、区域联网、报警联网及内部对讲等功能。从系统线制上可大致分为多线制、总线多线制及总线制3种。

总线多线制系统采用了数字编码技术，一般每个楼层设有一个解码器（又称楼层分配器），解码器与解码器总线连接，解码器与用户室内机多线星形连接。

在总线制系统中，由于采用总线连接方式，并将解码电路设于用户室内机中，省去了楼层解码器，因此功能更强。

(1) 单对讲型系统。它由对讲系统、安全门、控制系统和电源组成。多数基本功能型对讲系统只有一台设于安全大门口的门口机；而一部分多功能型对讲系统，除了门口机，还连有一台设于物管中心的管理员机（也称为主机）。在主机和门口机中，一般装有放大语音信号的放大电路和一个微处理机。单对讲型系统具备以下功能。

① 主机（或门口机）呼叫住户。
② 住户呼叫主机。
③ 几个住户同时呼叫主机。

（2）可视对讲型系统。它由主机（室外机）、分机（室内机）、不间断电源及电控锁等组成，只是在单对讲型系统的基础上加装了一台摄像机，摄像机输出的视频信号由室外机的视频信号放大器放大后，经视频传输线（一般是同轴电缆）传送到各楼层接线盒的视频分配器，再进入每个住户的室内机中，住户通过室内机的图像监视器可以看到楼下来访的客人情况。

7．其他系统

其他系统主要指为特殊安保管理和特殊部位防护专门设置的系统，如专用的高安全实体保护系统、防爆安全检查系统、安全信息广播系统及重要仓储库安全保护系统等。

10.5.2 安保系统的作用

安保系统的作用是提供外部侵入保护、区域保护和目标保护共3个层次的保护。

1．外部侵入保护

外部侵入保护可以防止无关人员从外部侵入楼内，将罪犯阻挡在防卫区域之外。

2．区域保护

区域保护的目的是探测是否有人非法进入某些区域，如果有，则向控制中心发出报警信息，控制中心再根据情况进行相应处理。

3．目标保护

目标保护是对特定目标的保护，如保险柜、重要文物等均列为这一层次的保护对象。

知识拓展——弱电施工图的识读

思考与练习

1．火灾自动报警系统由哪几部分组成？
2．火灾自动报警系统的常用设备有哪些？
3．有线广播系统由哪几部分组成？
4．CATV系统的组成和作用是什么？
5．安保系统的作用是什么？
6．巡更系统有哪两种类型？
7．计算机网络系统的组成和作用是什么？

第 11 章　物业智能化系统

【教学提示】

本章主要介绍物业智能化的起源、组成、功能、特点和发展趋势。

（1）物业智能化系统包括物业设备自动化系统（BAS）、办公自动化系统（OAS）、通信网络系统（CAS）和综合布线系统（GCS）。

（2）住宅小区智能化系统的组成包括小区信息接入系统的组成和家庭智能化系统的组成。

（3）物业智能化管理的目标、物业智能化设备的运行与维护及物业智能化的节能管理等。

【培养目标】

通过本章的学习，掌握物业智能化的起源、组成、功能和特点；了解物业智能化的发展趋势；掌握物业智能化系统的组成，其中包括物业设备自动化系统、办公自动化系统、通信网络系统、综合布线系统；了解小区信息接入系统及家庭智能化系统的组成，物业智能化管理的目标及物业智能化的节能管理等内容。

11.1　物业智能化概述

11.1.1　物业智能化的起源

物业智能化起源于 20 世纪 80 年代初期的美国、西欧和日本，后又传到新加坡、首尔、雅加达、吉隆坡和曼谷等国家或大城市。物业智能化是物业史上一个重要的里程碑，它使人类的工作环境和生活质量出现了前所未有的提高。

1984 年 1 月，美国康涅狄格州的哈特福特市（Hartford）诞生了第一幢智能大厦之后，1985 年 8 月在东京青山建成了日本第一座智能化大厦"本田青山大厦"。20 世纪 80 年代，中国香港建造了智能化的汇丰银行总部大楼，共 46 层，高 179 m。在物业智能化方面，美国一直处于领先地位。

物业智能化是物业发展史上人类文明进步、不断追求舒适工作环境和高水平生活质量的必然过程。

11.1.2　物业智能化的组成和功能

1. 物业智能化的组成

欧美认为物业智能化是指配有语言通信、文字处理、电子邮件、市场行情信息、科学计算和情报资料检索等功能的服务设施，可以实现自动化综合管理，物业内的空调、电梯、供水、防盗、防火及供配电系统等都通过计算机系统进行有效的控制。

我国智能物业专家、清华大学教授张瑞武提出了以下定义：物业智能化是指利用系统集成方法，将智能型计算机技术、通信技术、控制技术、多媒体技术和现代物业艺术进行有机结合，通过对设备的自动监控，对信息资源的管理，对使用者的信息服务及对物业环境的优化组合，所获得的投资合理，适合信息技术需要并且具有安全、高效、舒适、便利和灵活特点的现代化物业。这是目前我国智能化研究公认的最权威的定义。

2. 物业智能化的功能

物业智能化的功能是可以为人们提供一个安全、高效、舒适及便利的物业空间。物业智能化具有多种功能，这些功能之间既相对独立，又相互联系，构成了一个有机的物业功能系统。从用户服务角度看，物业智能化可为三大领域提供服务，即安全性、舒适性和便利/高效性。物业智能化可以满足人们在社会信息化发展的新形势下对物业提出的更高的功能要求。

11.1.3 物业智能化的特点

物业智能化的特点是指以物业为平台，兼备物业设备、办公自动化及通信网络系统，集结构、系统、服务、管理及它们之间的最优化组合，为人们提供一个安全、高效、舒适和便利的物业环境。其具体内容如下所示。

（1）节约能源；
（2）节省设备运行维护费用；
（3）提供安全、舒适、便利、高效的环境；
（4）广泛采用 3C 高新技术（3C 高新技术指现代计算机技术、现代通信技术和现代控制技术）。
（5）系统集成。

11.1.4 物业智能化的发展趋势

1. 物业智能化材料与结构的发展

物业智能化材料与结构将向以下几个方向发展。

（1）自修复混凝土。在混凝土中掺入装有树脂的纤维，当结构构件出现超过允许度的裂缝时，混凝土的纤维管会破裂，流出的树脂将自动封闭和黏接裂缝。
（2）光纤混凝土。在物业的重要构件中埋设光导纤维，监视构件在荷载作用下的受力状况，显示结构的安全程度；有机结构构件和物业梁、柱由聚合物缓冲材料连成一体，在一般荷载下为刚性连接，而在振动的作用下为柔性连接，起到吸收和缓冲地震或风力带来的外力作用。
（3）智能化平衡结构。一方面通过一个液压支架系统，减弱和抑制物业的震动；另一方面在楼顶层安装一个较重的大滑块，当大楼受到飓风或地震的影响将倾斜时，大滑块会根据计算机的指令朝相反的方向移动，使物业的结构趋于平衡。

2. 物业智能化领域的扩展

物业智能化正向不同领域扩展。
（1）物业智能化已从办公写字楼向宾馆、医院、公共场所、住宅及厂房等领域扩展。

（2）随着物业智能化建设范围的扩大与数量的增加，物业智能化正向智能小区、智能城市发展，与数字地区和数字国家接轨。

3. 物业智能化技术与绿色生态物业的结合

绿色生态物业是综合运用当代物业学、生态学等多种学科技术的成果，将住宅建造成一个小型生态系统，为居住者提供生机盎然、自然气息浓厚、方便舒适并节省能源、没有污染的居住环境。绿色生态物业是指这种物业能够在不损害生态环境的前提下，提高人们的生活质量及当代与后代的环境质量。通过建立起物业内外的自然空气、水分、能源及其他各种物资的循环系统进行"绿色"物业设计，并赋予物业以生态学的文化和艺术内涵。在生态物业中，通过采用智能化系统监控环境质量，实现自动通风、加湿及喷灌，监控管理三废（废水、废气、废渣）的处理，实现节能是智能物业的具体体现。

4. 信息技术的发展和标准化提升了物业智能化系统的素质

智能传感技术与智能控制技术的发展和应用，提高了控制精度和节能效果；信息网络与控制网络的融合和统一，使物业智能化系统的网络结构更加简化，网络系统更加可靠；国际开放协议标准的采用，实现了各物业智能化系统的互操作和系统集成；将Internet引入物业智能化，实现了物业智能化内部局域网与外部Internet网络和Extranet网络的无缝连接；光纤到办公室（Fiber To The Office，FTTO）、光纤到家（Fiber To The Home，FTTH）及三网合一（语音、视频、数据传输使用同一个传输网络）的实现，使物业智能化的接入网进入了一个新的境界；地理信息系统（Geographic Information System，GIS）技术的应用，使物业智能化物业管理系统和办公自动化系统更加方便实用。

11.2 物业智能化系统

物业智能化系统主要由物业设备自动化系统、办公自动化系统和通信网络系统组成，称为"3A"。物业智能化系统是一个综合性的整体，在系统内，由集成中心（SIC）通过综合布线系统控制"3A"，实现物业的高度信息化、自动化及舒适化。

11.2.1 物业设备自动化系统

物业设备自动化系统由以下几个系统组成。

（1）电力系统。确保电力系统安全、可靠地供电是智能物业正常运行的先决条件。除了继电保护与备用电源自动投入等功能要求，还必须具备对开关和变压器的状态，系统的电流、电压、有功功率与无功功率等参数进行自动监测，进而实现全面的能量管理。

（2）照明系统。智能照明控制在保证照明的基础上，重点是照明系统的节能性。在应用中通过声控和照明区域亮度的感应实现人走灯熄，并结合利用程序设定开灯、关灯时间，利用钥匙控制红外线、超声波及微波等测量方法，达到照明节能的效果。

（3）空调与冷热源系统。为了尽量降低空调系统的能耗，可采取下列措施：设备的最佳启、停控制；空调及制冷机的节能优化控制；设备运行周期控制；蓄冷系统最佳控制。

（4）电梯系统。电梯系统利用计算机实现群控，以达到优化传送、控制平均设备使用率与节约能源等目的。电梯楼层的状况、电源状态、供电电压及系统功率因数等也需要监测，并联网实现优化管理。

（5）火灾自动报警系统。火灾自动报警系统能够及时报警和输出联动控制信号，是早期报警的有效手段，特别是在高层物业和人员密集的场所。火灾自动报警系统由火灾探测器、火灾报警控制器、火灾报警装置及火灾信号传输线路等组成，其基本功能有以下几项内容。

① 具有火灾的声、光信号报警功能，可以显示火灾位置并有记忆功能。

② 具备故障自动监测功能。当发生断线、接触不良或火灾探测器受损等故障时，系统会发出报警信号。另外，当故障与火灾同时发生时，系统具有火警优先功能。

③ 具有对火灾探测器及其报警回路进行自检的功能，可确保系统处于正常状态，提高其可靠性。

（6）智能物业安保系统。楼中设立安保系统，在具有办公自动化系统的智能物业内，不仅要对外部人员进行防范，还要对内部人员加强管理。还需要特殊保护重要地点、物品。所以，现代化大楼需要多层次、立体化的安保系统。智能物业安防系统具有防范、报警、监视与记录、系统自检和防破坏等功能。

11.2.2 办公自动化系统

1. 办公自动化系统的功能

办公自动化系统分为通用办公自动化系统和专用办公自动化系统。通用办公自动化系统具有的功能：对物业的物业管理运营信息、电子账务、电子邮件、信息发布、信息检索、导引、电子会议及文字处理、文档等的管理。专用办公自动化系统除了具有上述功能，还可以按其特定的业务需求进行管理。

专用办公自动化系统是针对各用户不同的办公业务需求开发的，如证券交易系统、银行业务系统、商场 POS 系统、ERP 制造企业资源管理系统及政府公文流转系统等。

2. 办公自动化系统的组成

办公自动化系统由系统硬件和系统软件组成。

（1）办公自动化系统硬件。办公自动化系统硬件分为办公设备和网络设备。办公设备一般可分为输入设备、处理设备、存储设备、输出设备、复制设备、通信设备及销毁设备七大类。网络设备包括调制解调器或网络接口卡、传输介质（双绞线、光缆）、集线器（HUB）及网络互联设备（网桥、路由器、网关）等。

（2）办公自动化系统软件。办公自动化系统软件分为系统软件、支撑软件和应用软件。

11.2.3 通信网络系统

通信网络系统是保证物业内语音、数据及图像传输的基础，它同时与外部通信网络，如公共电话网、计算机网络、数据通信网、卫星通信网及广电网等相连，与世界各地互通信息，提供物业内外的有效信息服务。

1. 程控电话系统

程控电话系统的交换设备一般采用用户程控交换机，它不仅可以提供传统的语音通信方式，还可以实现数据通信、计算机局域网互联。

2. 广播电视卫星系统

广播电视卫星系统可以通过架设在房顶的卫星地面接收系统直接接收广播电视的卫星信号。

3. 有线电视系统

有线电视系统可以使智能物业有线电视信号双向传输，并且可以支持混合光纤同轴电缆。

4. VSAT 卫星通信系统

VSAT 卫星通信系统具有小口径天线的智能化地球站，可以单向或双向传输数据、语音、图像及其他综合电信业务。

5. 公共、紧急广播系统

公共、紧急广播系统包括一般广播、紧急广播和音乐广播等部分。

6. 接入网

接入网主要是解决智能物业内部网络与外部网络的沟通问题。电信网的接入网是指本地交换机与用户之间的部分；有线电视的接入网是指从前端到用户之间的部分；数据通信网的接入网是指通信子网的边缘路由器与用户 PC 之间的部分。

7. 计算机信息网络

在智能物业中，无论是 OAS 网络、BMS/IBMS 管理层网络，还是 Internet 网络和 Intranet 网络，都属于计算机信息网络的范畴。

8. 计算机控制网络

在智能物业中，各物业设备的监控、各物业智能化子系统（BAS、FAS、SAS 等）都建立在计算机控制网络的基础之上。

9. 移动通信中继系统

当物业地下或地上部分某些区域由于屏蔽效应出现移动通信盲区时，可以设置移动通信中继系统（基站），与公用网移动电话系统相连。

10. 视频会议系统

视频会议系统是利用图像压缩编码和处理技术、电视技术、计算机网络通信技术和相关设备、线路，实现远程点对点或多点之间图像、语音、数据信号的实时交互式通信的系统。

11. 微小蜂窝数字区域无绳电话系统

微小蜂窝数字区域无绳电话系统是一种介于固定电话和蜂窝移动电话之间的微小区或微微小区的无线技术，作为有线电话网的无线终端与延伸，主要向低速移动用户提供无线接入。

12. 同声传译系统

同声传译系统是指译员通过专用的传译设备提供即时的口头翻译的系统。

11.2.4 综合布线系统

1. 综合布线系统的组成

综合布线系统由以下系统组成。

（1）工作区子系统。工作区子系统由终端设备与连接到信息插座的连线组成，包括信息插座、连接软线、适配器等。

（2）水平干线子系统。水平干线子系统由信息插座到楼层配线架之间的布线组成。

（3）管理区子系统。管理区子系统由交接间的配线架及跳线等组成。

（4）垂直干线子系统。垂直干线子系统由设备间子系统与引入口之间的布线组成，它是物业主干布线系统。

（5）设备间子系统。设备间子系统由物业的进线设备、各种主机配线设备及配线保护设备组成。

（6）物业群子系统。物业群子系统由物业群配线架到各物业配线架之间的主干布线系统组成。物业群主干布线宜采用光缆。从布线来说，综合布线又可简化为物业群主干布线子系统、物业主干布线子系统和水平布线子系统。

2. 综合布线系统的特性

综合布线系统具有以下特性。

（1）兼容性。兼容性指其设备或程序可以用于多种系统中。

（2）可靠性。系统采用高品质的材料和组合压接的方式构成一套高标准信息通道。每条信息通道都要采用专用仪器校核线路阻抗及衰减率，以保证其电气性能。系统布线全部采用物理星形拓扑结构，点到点连接，任何一条线路的故障均不影响其他线路的运行，同时为线路的运行维护及故障检修提供了极大的方便，从而保障了系统的可靠运行。

（3）开放性。在系统的使用维护过程中，综合布线系统采用开放式的体系结构，符合多种国际上流行的标准，它几乎对所有著名的厂商都是开放的。

（4）灵活性。由于所有信息系统皆采用相同的传输介质、物理星形拓扑结构，所以在系统中所有信息通道都能通用。

（5）先进性。综合布线系统采用光纤与双绞线混布方式，极合理地构成了一套完整的布线系统。所有布线均采用世界上最新的通信标准。

（6）经济性。与传统的布线方式相比，综合布线是一种有着良好的初期投资特性和很高的性价比的高科技产品。

综合布线系统由小区信息接入系统、家庭智能化系统、小区智能物业管理系统和小区通信网络系统组成。

11.2.5 小区信息接入系统

小区信息接入系统主要指高速宽带网系统,高速宽带网系统可以提供以下服务。

1. 高速上网

首先,小区内采用宽带局域网,极大地提高了上网速度,使得使用拨号上网时许多由于速度问题无法实现的功能(如动画、即时影像传输等)都可以在小区内畅通无阻;其次,小区与外部连接采用专线出口,使连接 Internet 的速度明显提高。小区上网免收电话费,减少了常规上网的费用。提高速度并且节省时间,减少的费用也相当可观,客户可以大量减少浏览和搜索花费的时间,节省了相应费用。如果开通网络电话,可以大幅降低与国外亲友的通话费用。

2. 休闲娱乐

小区网络在硬件建设的基础上,利用带宽资源提供多媒体服务。小区网站可建立同时支持多个并发用户的 VOD 系统、NOD 系统。在开通常规影视、新闻点播项目的同时,利用此功能丰富网上的信息界面,提供多种形式生动的服务项目,如网络电视、网上卡拉 OK 大奖赛、小区网络游戏等。

3. 信息服务

如果你想在每天早晨看到一些无法订阅的报纸或最新的行业动态,不必自己每天重复查询,你可以事先通知网络服务站。这样每天当你打开计算机时,它们已经在你的电子信箱里了。如果你想从网上查询某些信息,又不愿意把宝贵的时间淹没在搜索引擎的海洋中,也可以请网络服务站帮忙。小区网站可根据居民的需要提供新闻回顾、财经股市商情、旅游交通指南、人才就业市场等综合信息服务。

4. 电子商务

人们打算采购某些贵重物品时,需要对商品进行详细了解,货比三家。坐在家里,利用闲暇时间,可以先在网上看看照片,读读资料,或者看一段录像,了解一下有哪些经销商,以及价格如何。甚至可以让厂商直接送货到家。小区网站可以建立小区内市场,在线拍卖,方便居民就近交易。

5. 文化教育

现在国内外一些大学,已经开设了网上教育课程,用户可以直接申请攻读感兴趣的专业,并获得相应的学位。网上培训、网上考试、网上虚拟实验室已为许多人创造了受教育的机会。对小区住户来说,足不出户,就可以和小区的校园网络相连。

6. 医疗保健

医院正逐步走向网络化,与保健医院建立个人联网保健的电子病历,提供网上健康顾问咨询,甚至一些检查项目可以通过网络在家进行。

11.2.6 家庭智能化系统

家庭智能化系统是指对家中的温度、湿度、电器、照明、安全防范及通信等进行集中智能化操作的系统，使整个住宅运作处于最佳状态。因此，家庭智能化系统实际上是围绕着物业的各种功能能否发挥出最佳效果进行设计的。它主要由家庭控制器、家庭设备自动化单元、家庭安全防范单元和家庭通信网络单元组成。

1. 家庭控制器

家庭控制器通过家庭总线技术将家中的通信设备、家用电器和家庭安保装置连接到一个家庭自动化系统上，进行集中或异地的监视、控制，并保持这些家庭设施与住宅环境的和谐与协调。家庭控制器是智能小区集成管理系统网络中的智能结点，既是家庭智能化系统的"大脑"，又是家庭与智能小区管理中心的联系纽带。将家庭控制器主机、家庭通信网络单元、家庭设备自动化单元和家庭安全防范单元4个部分有机结合在一起。

家庭控制器主机由中央处理器（CPU）和通信模块组成，通过总线与各种类型的模块相连接，通过电话线路、计算机互联网及 CATV 线路与外部相连。根据家庭控制器主机内部的软件程序，向各种类型的模块发出各种指令。

2. 家庭设备自动化单元

家庭设备自动化单元由照明监控模块、空调监控模块、电器设备监控模块，以及电表、水表、暖气、煤气四表数据采集模块组成。家庭设备自动化单元主要包括电器设备的集中遥控、远距离异地监视、控制及数据采集等。

（1）家用电器的监视和控制。按预先设定的程序对微波炉、热水器、家庭影院、窗帘等家用电器进行监视和控制。

（2）电、水、煤气和暖气自动抄表。对电、水、煤气、暖气四表采用自动抄表的户外远程计量方式，保证了数据的准确性、一致性，提高了工作效率，减少了物业管理的开支，增加了住户的安全感。

（3）空调机的监视、调节和控制。按预先设定的程序根据时间、温度、湿度等参数对空调机进行监视、调节和控制。

（4）照明设备的监视、调节和控制。按预先设定的时间程序分别对各房间照明设备的开关进行控制，并且可以自动调节各房间的照明度。

3. 家庭安全防范单元

家庭安全防范单元由火灾报警模块、煤气泄漏报警模块、防盗报警模块和安全对讲及紧急呼救模块组成。

家庭安全防范单元的主要功能是防止火灾发生、防止煤气（可燃气体）泄漏、防盗报警、安全对讲及紧急呼救。家庭控制器内按等级预先设置若干报警电话（如家人单位电话、手机电话和小区物业管理安保部门电话等），当有报警发生时，按等级的次序依次不停地拨通上述电话进行报警（可报出家中是哪个系统报警）。

（1）防止火灾发生。通过设置在厨房的感温火灾探测器和设置在客厅、卧室等的感烟火灾探测器，监视各房间内是否有火灾发生。如有火灾发生，则家庭控制器会发出声光报警信号，通知家人及小区物业管理部门。家庭控制器还可以根据有人在家或无人在家的情况，自动调节感温火灾探测器和感烟火灾探测器的灵敏度。

（2）防止煤气（可燃气体）泄漏。通过设置在厨房的感气（可燃气体）火灾探测器，监视煤气管道、灶具有无煤气泄漏。如有煤气泄漏，则家庭控制器会发出声光报警信号，通知家人及小区物业管理部门。

（3）防盗报警。当家中有人时，住宅周围防护的防盗报警设备（门磁开关）设防，住宅区域防护的防盗报警设备（红外探测器）撤防。当家人出门后，住宅周围防护的防盗报警设备（门磁开关）和住宅区域防护的防盗报警设备（红外探测器）均设防。当有非法侵入时，家庭控制器会发出声光报警信号，通知家人及小区物业管理部门。另外，通过程序可以设定报警点的等级和报警器的灵敏度。

（4）安全对讲。住宅的主人通过安全对讲设备与来访者进行双向通话或可视通话，确认是否允许来访者进入，住宅的主人利用安全对讲设备，可以对大楼入口门或单元门的门锁进行开启和关闭控制。

（5）紧急呼救。当遇到意外情况（如疾病或有人非法侵入）发生时，按下报警按钮向小区物业部管理部门进行紧急呼救报警。

4. 家庭通信网络单元

家庭通信网络单元由电话通信模块、计算机互联网模块及 CATV 模块组成。通过电话线路双向传输语音信号和数据信号。通过互联网实现信息交互、综合信息查询、网上教育、医疗保健、电子邮件及电子购物等功能，通过 CATV 线路实现 VCD 点播和多媒体通信等功能。

11.3 物业智能化管理简介

11.3.1 物业智能化管理的目标

物业智能化管理是指由专门的机构和人员，依照合同和契约，在物业智能化系统的支持下，采用先进和科学的方法与手段，对已竣工验收且投入使用的智能物业、附属配套设施、设备资产及场地以经营的方式进行管理，同时对物业的环境、清洁绿化、案例保卫、租赁业务、机电设备运行与维护实施一体化的专业管理，并向物业的使用者与租户提供高效和完善的优质服务。

1. 物业智能化管理与传统物业管理的区别

物业智能化管理与传统物业管理的区别如下所示。

（1）管理对象不同。各种智能物业是以微电子类产品为主体的设施设备；而传统物业及其设施设备系统是建立在机械加工与土木工程的基础上的，适用于机械加工精度和加工误差。

（2）维护方式不同。智能物业设备自动化系统、安全防范系统、停车场监控系统等要求不停顿地工作。因此，要求物业管理部门在保证不间断正常运行的前提下进行预案维护；而传统维护方式则是停机检修，出现故障再进行抢修，属于应急处理作业方式。

（3）对专业人才的要求不同。智能物业要求电子技术、通信、自动化、信息技术等专业方面多工种、复合型的专业人才；而传统的物业行业要求土建和机电设备领域的单一人员。

（4）对物业管理的要求不同。智能化系统可以对设施设备进行远程的实时监控；而传统物业是对设施设备进行现场的隐性检查。

（5）管理的内容不同。物业智能化管理的内容，不但包括原传统物业管理的内容，即日常管理、清洁绿化、安全保卫、设备运行和维护，还增加了新的管理内容，如固定资产管理、租赁业务管理，同时还赋予了日常管理、安全保卫、设备运行和维护等新的管理功能。

2. 物业智能化管理的目标

物业智能化管理的目标如下所示。

（1）创造安全、舒适、和谐的居住环境。

（2）发挥物业最大的使用价值。

（3）使物业尽可能保值、增值。

11.3.2 物业智能化设备的运行与维护

物业智能化设备的运行与维护，应注重以预防性维修为主，根据不同设备性能的特点制定不同时限的设备维修保养计划和严格的保养标准，使设备保养维修工作达到标准化和表格化。建立设备维修保养数据库，收集和整理完整的维修图纸、历史记录等文档。设备的预测性维护保养，不仅可以防患于未然，还可以减少故障维修的工作量，并且使设备长期处于良好的工作状态。另外，还必须制定相应的操作规程和管理制度，并且要特别注重对人员的培训。

1. 设备运行管理

设备运行管理是保证设备正常运行和运行完好率的重要环节，其管理的主要内容包括制定系统操作规程、操作员责任界面及交接班制度等。

（1）制定系统操作规程。制定操作规程的目的是保证设备和系统的正常运行，达到设备最佳的性能和体现系统的设计目标，同时规范设备和系统运行时的基本操作要求，正确的操作是保证设备完好的重要基础。

① 操作员进入系统，输入操作者的编号和密码。

② 通过图形方式检索设备的运行状况。

③ 设定设备故障报警或撤销报警。

④ 设备报警信息和确认。

⑤ 设备手动方式的控制和调节。

⑥ 控制程序的手动方式执行。

⑦ 设备运行时间的累计。

⑧ 设备预防性维护提示。

⑨ 设备运行参数和统计报表的打印。

⑩ 操作员交班时，退出系统的操作。

⑪ 操作员填写和签署值班日志。

（2）操作员责任界面。操作员责任界面主要包括设备运行和报警信息的确认与处理。

（3）交接班制度。操作员在交接班时，交班人员应退出自己监控管理的计算机，接班人员应以自己的编号和密码进入自己监管的计算机，保卫部门和工程管理部门将按进入系统操作员的编号进行系统和设备的安全管理，以便必要时进行查证。

2. 设备维护管理

设备维护管理主要分为故障性维修和预防性维护。

（1）故障性维修。设备或系统器材由于外界原因或产品质量问题发生意外事故使设备或系统器材损坏而进行的紧急维修称为故障性维修。通常故障性维修在迅速诊断设备器材的故障部位后，用备品备件进行更换，使设备或系统在尽可能短的时间内恢复正常运行。

（2）预防性维护。为了有效延长设备的使用年限和运行完好率，推迟大修时间，提高设备的利用率和使用价值，使设备长期保持正常运转状态，设备性能不会迅速减弱或损坏，避免发生重大设备故障，必须进行预防性维护。预防性维护包括改良性维护，改良性维护是指对设备和系统进行更新和改造提升，从而保证设备和系统能够不断满足智能物业功能的需要。

11.3.3 物业智能化的节能管理

实现物业智能化的节能是建设物业智能化的追求目标，通过节能管理，节省物业的运行和管理的费用及成本。

1. 物业智能化节能管理的概念

物业智能化节能是指在物业智能化内能源的消费和合理利用之间的平衡关系。

物业智能化能源的消费（或称为耗能量）是指物业建成以后，在使用过程中每年所需消耗能量的总和。物业耗能也是一个国家总耗能的重要组成部分。一些欧美国家的物业耗能大约占总耗能的30%左右。

2. 物业智能化节能管理的措施

物业智能化节能管理不但包括传统物业采取的节能方法，更重要的是采用先进的科技手段达到更高效和更准确的控制，使能源的消耗更趋合理。通常物业节能的内容包括物业设计节能、空调系统节能和照明与设备节能。

（1）物业设计节能。物业设计节能方式有采用南北朝向和外表面小的圆形或方形物业；缩小窗户面积，采用吸热玻璃、反射玻璃、双层玻璃或中空玻璃；采用内、外遮阳；减少物业的外墙面积，外墙和屋顶采用热容量大的隔热材料。

（2）空调系统节能。空调系统节能主要为在满足人体舒适的条件下，根据室外温度、湿度的变化，动态调节室内温度、湿度的设定值，温度控制在17℃～28℃，相对湿度控制在40%～70%；冬季取低值，夏季取高值。根据对不同温度、湿度的要求进行合理的温度、湿度控制区划分；冬季、夏季选用最小新风量，过渡季选用全新风量；采用全热交换器，减少新风冷热负荷；在预冷、预热时停止取用新风；降低风道风速，减少系统阻力；加大冷水、热水的送风温差，减少水流量、送风量和输送动力。采用高效节能冷热源设备和热泵热回收系统，防止过冷过热，增加控制精度。

（3）照明与设备节能。照明与设备节能主要有适当降低照明度，充分利用日光照明，根据不同区域对照度的要求，进行照度的合理分区；根据外界光线变化，自动调节照度变化；自动控制公共区和物业外立面照明的开启与关闭;自动调节和控制机电设备(如电梯和排风机)的启停与运行时间。

(4)物业智能化中的一些综合节能措施。例如,提高室内温度和湿度的控制精度、新风量控制、空调设备最佳启停控制、空调水系统平衡与变流量控制、克服暖通设计中带来的设备容量的冗余等措施。

11.3.4 室外物业智能化管理系统

室外物业智能化管理系统一般包括房产管理、人员管理、账务管理、收费管理、信息管理、物业及配套设施设备等图纸管理、设施设备管理、安防管理和维修管理等基本系统,以及其他可以选配的智能化系统。

1. 房产管理

查找、打印房号所对应的住户详细信息,如房产档案、业主档案、出租管理和产权管理等,并且可对大量资料及时进行分类、加工处理、保存和传递。

2. 人员管理

人员管理主要对室外的管理人员的人事、合同、工资及考勤进行管理。

3. 财务管理

财务管理主要指实现室外财务的电子化管理,与相关银行合作,实现业主费用的直接划拨。

4. 收费管理

通过IC卡缴纳各种物业费用,包括租金、月收费、四表收费及各种日常服务收费(如有线电视、停车、清洁和网络服务等)。物业管理部门应定期公布收费标准的变更状况,收费的计算方法,费用的结算方式,针对具体住户列出各种费用的收、欠情况。

5. 信息管理

在室外局域网络上,能够向用户发布各种信息和提供外连服务,如天气预报、电视节目、新闻等,并且可以满足费用查询、报修、投诉要求、网上购物和网上订票等服务。

6. 物业及配套设施设备等图纸管理

物业及配套设施设备等图纸管理是指管理室外的各种建设图及各类设施设备的图纸,为室外的维护和功能变更提供了有力保障。

7. 设施设备管理

设施设备管理是指对室外的公共设施设备的运行状况进行监控,并对公共设施设备及时进行维护和修理。若发现影响室外道路交通、环境卫生、楼内电梯等设备运行、供电、供水、供气及排水等问题,应及时处理,保障室内外的基础设施正常有效地运转。

8. **安防管理**

安防管理主要包括对门禁系统、巡更系统、报警系统和住宅安防的一卡通等的管理。

9. **维修管理**

维修管理是指根据不同住宅的实际状态,提出维修方案和养护手段。

思考与练习

1. 物业智能化系统由哪几部分组成?
2. 物业智能化有什么特点?
3. 物业智能化的含义是什么?
4. 家庭智能化系统由哪几部分组成?
5. 物业智能化管理可以实现哪些管理目标?
6. 物业智能化管理包括哪些内容?
7. 物业智能化节能的内容有哪些?

第 12 章　物业防雷与接地系统

【教学提示】

本章主要介绍雷电的形成及危害；防雷装置的构成；防雷装置的安装；接地的方式及作用；接零的方式及作用；接地装置的安装与调试和接地装置的管理与维护等内容。

【培养目标】

通过本章的学习，掌握雷电的形成及危害，掌握接地的方式及作用、接零的方式及作用，了解防雷装置的构成、防雷装置的安装、接地装置的安装与调试，掌握接地装置的管理与维护等内容。

12.1　防雷

12.1.1　雷电的形成及危害

1. 雷电的形成

雷电是雷云与雷云或雷云对大地之间的一种放电现象。在雷雨季节，地面上的水受热变成水蒸气，并随热空气上升，在空气中与冷空气相遇，使上升气流中的水蒸气凝成水滴或冰晶，密集在大地上空形成人们所说的云。云中的水滴受到强烈气流的摩擦产生电荷，而且微小的水滴带负电荷，小水滴容易被气流带走形成带负电荷的云，较大的水滴留下来形成带正电荷的云。这种带电荷的云称为雷云。当雷云中的电荷越积越多时，由于静电感应，雷云对大地表面感应出与其相异的电荷，当电场强度达到一定值时，它就会击穿空气或其他绝缘层，即发生雷云与大地之间的放电现象，发出强烈的弧光和声音，这就是人们常说的"打闪"和"打雷"，并产生雷电流，雷电流的幅值可达 100～200 kA，时间约为万分之几到百分之几秒，空气温度骤然升到 1 万～2 万摄氏度。

2. 雷电的活动规律

潮湿地区比干燥地区雷电多，山区比平原地区雷电多，平原地区比沙漠地区雷电多，陆地比湖海地区雷电多。一年当中 7～8 月份雷电多，一天当中下午比上午雷电多。

3. 雷电危害物业电气的规律

物业的凸出部分易受雷击，如屋脊、屋角、烟囱、天线、露出屋面的金属物和爬梯等。屋顶为金属结构、地下埋有大量金属管道或屋内存有大量金属设备的物业易受雷击；高耸凸出的物业易受雷击，如单个高层物业、水塔等；排出导电尘埃的物业和废气管道易受雷击；屋旁的人、树和山区输电线路易受雷击。

4. 雷电危害的基本形式

雷云与大地之间的放电，会对地面上的电气设备和物业造成很大的破坏，对人畜的生命安全造成威胁或危害，雷电危害主要有以下 3 种形式。

（1）直击雷危害。直击雷是指雷电直接击中物业或其他物体，对其放电，强大的雷电流通过这些物体入地，产生破坏性很大的热效应和机械效应，造成物业、电气设备及其他被击中的物体损坏，当击中人、畜时会造成人、畜伤亡。

（2）感应雷危害。感应雷是指强大的雷电流由于静电感应和电磁感应会使周围的物体产生超过百万伏的电压或数万安培的电流，造成设备损坏和人、畜伤亡。

（3）雷电波危害。输电线路上遭受直击雷或感应雷后，雷电波便沿着输电线侵入变配电所或电气设备。强大的高电位雷电波将造成变配电所及线路的绝缘破坏，产生火花，使设备损坏，甚至引起燃烧、爆炸和人员伤亡。

12.1.2 防雷装置的构成

1. 防雷等级

根据发生雷击事故的可能性和造成的后果，我国将防雷物业划分为以下三类。

（1）第一类防雷物业。①凡在物业中制造、使用或储存大量爆炸物，或在正常情况下可以形成爆炸性的混合物，因电火花而发生爆炸造成巨大破坏和人身伤亡者；②具有特殊用途的物业，如国家级会堂办公物业、大型博展物业、大型火车站、国际性航空港、通信枢纽、国宾馆、大型旅游物业等；③国家级重点文物保护的物业和构筑物，以及超高层物业。

（2）第二类防雷物业。特征同第一类第①条，但不致造成巨大破坏和人身伤亡者；重要或人员密集的大型物业，如部省级办公楼、省级大型的集会、博展、体育、交通、通信、广播、商业、影剧院等；省级重点文物保护的物业和构筑物；19 层及以上的住宅物业和高度超过 50 m 的其他民用和一般工业物业。

（3）第三类防雷物业。凡不属第一类和第二类的防雷物业，但需要进行防雷保护的一般物业；物业群中高于其他物业或处于边缘地带、高度为 20 m 及以上的民用和一般工业物业。在雷电活动强烈地区其高度超过 15 m，少雷区其高度超过 20 m；高度超过 15 m 的烟囱、水塔等孤立的物业或构筑物。在雷电活动较弱地区，其高度可允许超过 20 m；历史上雷击事故严重地区的物业或雷击事故较多地区的较重要物业。

2. 防雷装置

为了尽可能地减小雷击造成的损失，需要在物业上安装防雷装置。

物业的防雷主要采用接闪器，如利用避雷针、避雷线、避雷带、避雷网、避雷器等装置将雷电通过引下线、接地装置直接导入大地。

（1）接闪器。接闪器是专门用于接受直接雷击的金属导体，其主要功能是将接引来的雷电流，通过引下线和接地装置向大地中泄放，保护物业免受雷击。

① 避雷针。避雷针一般采用镀锌圆钢焊接而成，当针长小于 1 m 时，镀锌圆钢的直径大于或等于 12 mm，钢管的直径大于 20 mm；当针长为 1~2 m 时，镀锌圆钢的直径大于 16 mm，钢管的直径大于 25 mm。烟囱顶上的避雷针，要求其直径不小于 20 mm。避雷针在安装前应与引

下线焊接牢固,针尖应刷锡。避雷针处于地面物业的最高处,与雷云的距离最近,由于它与大地有良好的电气连接,所以它与大地有相同的电位,这使避雷针附近空间的电场强度比较大,容易吸引雷电,使主放电都集中到避雷针上,从而避免附近比它低的物体遭受雷击。由于避雷针与大地有良好的电气连接,可以将大地积存的电荷能量迅速传递到雷云中泄放;或把雷云中积存的电荷能量传递到大地中泄放,使雷击造成的过电压时间大大缩短,从很大程度上降低了雷击的危害性。避雷针主要用于保护露天变配电设备、物业和构筑物。

② 避雷线。避雷线是架空的避雷针,是悬挂在高空的接地线,作用与避雷针相同。由于避雷线是架空敷设并且接地的,所以避雷线又称为架空地线。避雷线主要用于保护电力线路。

③ 避雷带。避雷带是指沿物业顶部凸出部位的边沿敷设的金属带。避雷带一般由镀锌圆钢(直径大于 8 mm)和镀锌扁钢(厚度大于 4 mm,截面积大于或等于 48 mm^2)组成。避雷带主要用于保护物业。

④ 避雷网。避雷网利用钢筋混凝土结构中的钢筋网进行雷电保护。一般由镀锌圆钢(直径大于 8 mm)和镀锌扁钢(厚度大于 4 mm,截面积大于或等于 48 mm^2)组成。避雷网格的间距要求:第一类防雷物业不大于 10 m×10 m,第二类防雷物业不大于 20 m×20 m,避雷网一般敷设在顶板上 150 mm 处。避雷网主要用于保护物业物。

(2)引下线。引下线的作用是将接闪器与接地装置连接在一起,使雷电流构成通路。在高层物业中利用其柱或剪力墙中的主筋作为引下线,随主体结构逐层串联焊接至屋顶与接闪器连接。

① 引下线的材料采用镀锌圆钢或镀锌扁钢,镀锌圆钢的直径为 8 mm;镀锌扁钢的截面积为 48 mm^2,厚度为 4 mm。

② 装设在烟囱上的引下线,镀锌圆钢的直径为 12 mm;镀锌扁钢的截面积为 100 mm^2,厚度为 4 mm。

③ 引下线应镀锌,焊接处应进行防锈、防腐处理(利用混凝土中钢筋作为引下线的除外),在腐蚀性较强的场所,还应适当加大截面积或采用其他防腐措施,保证引下线能可靠地泄漏雷电流。

④ 引下线应沿物业外墙敷设,并经最短的路径接地。对物业艺术要求较高的物业也可暗敷,但截面积应加大一级。

⑤ 物业的金属构件、金属烟囱、烟囱的金属爬梯等可作为引下线,但其所有部件之间均应连成电气通路。

⑥ 采用多根专用引下线时,为了便于测量接地电阻及检查引下线与接地体的连接状况,应在各引下线距地面 1.8 m 以下处设置断接卡。

⑦ 利用物业钢筋混凝土中的钢筋作为防雷引下线时,其上部(屋顶上)应与接闪器可靠焊接,下部在室外地坪下 0.8~1.0 m 处应焊出一根直径为 12 mm 或截面积为 40 mm×4 mm 的镀锌导体,此导体伸向室外距外墙皮的距离不应小于 1 m。

⑧ 在易受机械损坏的地方,地面上约 1.7 m 至地下 0.3 m 的这一段引下线应加强保护。引下线是防雷装置中极重要的组成部分,必须可靠地按规定装设好,以保证防雷效果。

(3)接地装置。接闪器通过引下线与大地进行良好的电气连接的装置称为接地装置。接地装置是接地体和接地线的总称。接地体分为自然接地体、基础接地体和人工接地体。

① 自然接地体是指直接与大地可靠接触的各种金属构件、钢筋混凝土物业的金属部分、金属管道(自来水管道除外)。

② 基础接地体多指物业基础中的钢筋。

③ 人工接地体是指专为防雷引下线或电力系统（电气设备）的可靠接地而人工埋入土壤中或混凝土基础中进行散流的金属导体，分为垂直接地体和水平接地体。垂直接地体一般采用直径为 20～50 mm 的钢管（壁厚 3.5 mm）、直径为 19 mm 的圆钢，或厚度为 3～5 mm、宽度为 20～50 mm 的角钢制成。长度均为 2～3 m 一段，间隔 5 m 埋一根。顶端埋深为 0.5～0.8 m，用接地连接条或水平接地体将其连成一体。水平接地体和接地连接条一般采用截面积为 25 mm×4 mm～40 mm×4 mm 的扁钢、截面积为 10 mm×10 mm 的方钢或直径为 8～14 mm 的圆钢制作，埋深为 0.5～0.8 m。接地体均应采用镀锌钢材，土壤有腐蚀时，应适当加大接地体和连接条的截面，并加厚镀锌层；各焊点刷樟丹油或沥青油，以加强防腐，接地电阻不大于 10 Ω。

（4）避雷器。避雷器用于防护高压雷电波侵入变配电所或其他物业内损坏被保护设备，它与被保护设备并联。当线路上出现危及设备绝缘的过电压时，避雷器会对地放电，从而保护设备的绝缘，避免设备遭受高电压雷电波损坏。避雷器有阀型避雷器、管型避雷器、氧化锌避雷器等。

12.1.3 防雷装置的安装

防雷装置的安装质量关系到防雷效果，因此安装防雷装置时必须认真仔细。

1. 基本要求

避雷针（避雷线、避雷带）的接地除了必须符合接地的一般要求，还应遵守下列规定。
（1）避雷针（带）与引下线之间的连接应采用焊接。
（2）装有避雷针的金属筒体（如烟囱），当其厚度大于 4 mm 时，可作为避雷针的引下线，但筒体底部应有对称两处与接地体相连。
（3）独立避雷针及其接地装置与道路或物业的出入口等的距离应大于 3 m。
（4）独立避雷针（线）应设独立的接地装置，在土壤电阻率不大于 100 Ω·m 的地区，其接地电阻不应超过 10 Ω。
（5）其他接地体与独立避雷针的接地体之间的距离不应小于 3 m。
（6）不得在避雷针构架或电杆上架设低压电力线或通信线。

2. 避雷针

避雷针及其接地装置不能装设在人、畜经常通行的地方，与道路的距离应大于 3 m，否则要采取保护措施。避雷针与其他接地装置和配电装置之间要保持规定距离：地上不小于 5 m，地下不小于 3 m。

3. 避雷带

用避雷带防物业遭受直击雷时，屋顶上任何一点距离避雷带不应大于 10 m；对于 3 m 及以上的平行避雷带，应每隔 30～40 m 将平行的避雷带连接起来。

4. 多支避雷针

屋顶上装设多支避雷针时，两支避雷针之间的距离不宜大于 30 m；屋顶上单支避雷针的保护范围可按 60°保护角确定。

5. 避雷器

下面介绍阀型避雷器和管型避雷器的安装。

（1）阀型避雷器的安装。阀型避雷器的安装应注意以下事项。

① 避雷器不得任意拆开，以免损坏密封和元件；避雷器应垂直立放保管。

② 安装避雷器前应检查其型号规格是否与设计相符，瓷件应无裂纹、无损坏，瓷套与铁法兰安装引下线，要求明设时截面直径不小于 8 mm，暗设时截面直径不小于 12 mm，扁钢厚度不小于 3 mm，截面积不小于 48 mm^2，每个物业至少有两根引下线，引下线应经最短路径接地。

③ 阀型避雷器应垂直安装，每一个元件的中心线与避雷器安装中心线的垂直偏差不应大于该元件高度的 1.5%，如有歪斜，可在法兰之间加金属片校正，但应保证其导电良好，并将缝隙垫平后涂以油漆；均压环应水平安装，不能歪斜。

④ 拉紧绝缘子串必须紧固，弹簧应能伸缩自如，同相绝缘子串的拉力应均匀。

⑤ 放电记录器应密封良好，动作可靠，安装位置应一致，且便于观察，放电记录器要恢复至零位。

⑥ 10 kV 以下的变配电所常用的阀型避雷器，体积较小，一般安装在墙上或电杆上。安装在墙上时，应有金属支架固定；安装在电杆上时，应有横担固定。金属支架、横担应根据设计要求加工制作，并固定牢固。避雷器的上部端子一般用镀锌螺栓与高压母线连接，下部端子接到接地引下线上，接地引下线应尽量短而直，截面积应按接地要求和规定选择。

（2）管型避雷器的安装。管型避雷器的安装应注意以下事项。

① 安装前应进行外观检查，绝缘管壁应无破损、无裂痕，漆膜无脱落，管口无堵塞，配件齐全，绝缘良好，试验应合格。

② 灭弧间隙不得任意拆开调整，喷口处的灭弧管内径应符合产品的技术规定。

③ 安装时应在管体的闭口端固定，开口端指向下方。倾斜安装时，其轴线与水平方向的夹角：普通管型避雷器应不小于 15°，无续流避雷器应不小于 45°，安装在污秽地区时应增大倾斜角度。

④ 避雷器的安装方位应正确，应使其排出的气体不会引起相间或相对地短路或闪络，也不得喷及其他电气设备，避雷器的动作指示盖应向下打开。

⑤ 避雷器及其支架必须安装牢固，防止反冲力使其变形和移位，同时应便于观察和检修。

⑥ 无续流避雷器的高压引线与被保护设备的连接线长度应符合产品的技术要求，外部间隙也应符合产品的技术要求。

⑦ 外部间隙电极的制作应符合产品的相关要求，铁质材料制作的电极应镀锌。外部间隙的轴线与避雷器管体轴线的夹角应不小于 45°，以免引起管壁闪络。外部间隙应水平安装，以免雨滴造成短路。外部间隙必须安装牢固，间隙距离应符合设计规定。

6. 引下线

引下线的弯曲处过渡弯，其角度应大于 90°。当利用物业中的钢筋作引下线时，用于通过雷电流（一般取 140 A）的钢筋截面积不小于 90 mm^2，构件内钢筋的接点应绑扎或焊接，被用于与外部连接的主筋与预留连接板的连接应焊接，各构件之间必须连成电气通路。

12.2 接地

12.2.1 接地的方式及作用

接地是指将电气设备的某一部分用导体与大地良好地连接起来，达到设备工作正常、相关人员操作安全的目的。接地分为工作接地和保护接地两种。

1. 工作接地

能够保证电气设备在正常和事故情况下可靠地工作而进行的接地，称为工作接地。例如，变压器和发电机的中性点直接接地，起到维持导线对地电压不变的作用；防雷系统的接地，可以对地泄放雷电流等。

2. 保护接地

保护接地是指对于中性点不接地的供电系统，它将正常情况下不带电的用电设备的金属外壳、构架等与接地体连接起来，使用电设备与大地紧密连通，如图 12.1 所示。

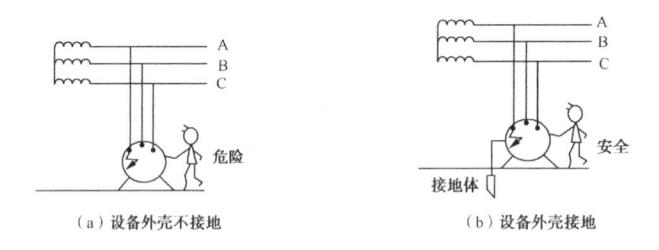

图 12.1 保护接地

在电源为三相三线制中性点不直接接地或单相制电力系统中，应设保护接地线。保护接地的接地电阻不能大于 4 Ω。采用保护接地后，假如电气设备发生带电部分碰壳或漏电现象，人触及带电外壳时，由于人体电阻与接地装置的接地电阻并联，人的电阻有 800~2 000 Ω，而保护接地的电阻小于 4 Ω，人体电阻较保护接地的接地电阻大得多，因此，大部分电流通过保护接地装置，仅一小部分电流通过人体，这样就大大减轻了人身触电的危险。保护接地的目的是保护人身安全。

12.2.2 接零的方式及作用

保护接零是将电气设备在正常情况下不带电的金属部分与电网的零线紧密连接起来。若电气设备绝缘损坏，相电压经过外壳到零线，形成通路，将产生很大的短路电流，电流强度远大于保护电器（如熔断器、自动开关）的动作电流值，使保护电器动作，故障设备脱离电源，避免了人身触电，保护接零如图 12.2 所示。

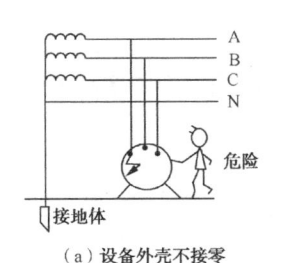

(a) 设备外壳不接零 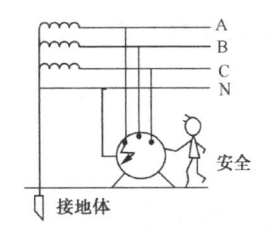　　　　　　　(b) 设备外壳接零

图 12.2　保护接零

在电源为三相四线制变压器中性点直接接地的电力系统中，如果单纯采取保护接地，当某相发生碰壳短路时，人体与保护接地装置处于并联状态，加在人体上的电压等于接地电阻的电压降，一般可达 110 V，这个电压对人体来说是很危险的。

采用保护接零时，除了系统的中性点工作接地，将零线上的一点或多点与地再做金属连接，称为"重复接地"。

实施保护接零时，如果不采取重复接地，中性线严禁断线。一旦断线，接在折断处后面的接零设备发生带电部分碰壳或漏电时，不会形成单相短路，电源将不会自动切断。这样会产生两个严重后果：使接零设备失去安全保护，因为这时等于没有实施接零保护；使后面的其他完好的接零设备外壳、保安插座的保安触头带电，引起大范围电气设备或移动电器（如家用电器）外壳带电，造成可怕的触电威胁。

需要注意的是，在同一系统中应禁止一部分用电设备保护接零，而另一部分保护接地。在同一系统中，应采用同一种保护方式，或全部接地，或全部接零。假如有的采用保护接地，有的采用保护接零，当保护接地的设备发生带电部分碰壳或漏电时，会使变压器中性线（三相四线制系统中的零线）电位升高，造成所有采用保护接零的设备外壳带电，造成触电危险。

为了防止变压器中性线断线造成的危害，常采取以下措施。

（1）在三相四线制的供电系统中，规定不允许在中性线上安装熔断器和开关等装置，因为装了熔断器可能会使熔丝熔断；装了开关等装置有可能误断，造成中性线断开。

（2）实施中性线重复接地。所谓重复接地，是指将变压器中性线多点接地，目的是防止变压器中性线断线产生严重后果。重复接地的接地电阻要求小于 10 Ω。采用重复接地后，如果变压器中性线断线，接零设备发生漏电或带电部分碰壳时仍有安全保护，而且可以减小接零设备外壳对地的电压，减轻中性线断线时的触电危险，对保护人身安全有很重要的作用。

对引入物业的电源重复接地，一般在进户线与接户线第一支持物连接处进行；中性线实施重复接地后，将中性线分成两根引进物业，其中一根作为工作零线，另一根作为保护零线（PE线）。例如，单相保安插座的工作接零触头（所谓"左零右火"，面对插座左侧一个触头）接工作零线，保安触头接保护零线，即物业外面的供电系统是三相四线制系统，而物业内部是三相五线制系统。工作零线和保护零线上同样规定不允许装设熔断器和刀开关等开关装置。

12.2.3 电气设备的保护措施

电气设备的保护措施一般采用接地保护、接零保护和漏电保护等措施。

1. 接地保护

在电源为三相三线制中性点不直接接地或单相制电力系统中应设接地保护。若漏电设备已采取接地保护措施,故障电流将会通过接地体流散,流过人体的电流仅是全部接地电流中的一部分。

2. 接零保护

在电源为三相四线制变压器中性点直接接地的电力系统中应采用接零保护。接零保护利用电源零线使设备形成单相短路,促使线路上的保护装置迅速动作切断电源。

3. 漏电保护

在线路中安装相应的漏电保护器。

12.3 接地装置

12.3.1 接地装置的安装与调试

无论是工作接地还是保护接地,都是经过接地装置与大地连接的。接地装置包括接地体和接地线两部分。

1. 接地体

接地体是埋入地下与土壤直接接触的金属导体,接地体分为自然接地体和人工接地体。当利用自然接地体时,接地装置应该有不少于两个接地点经两根接地导线与接地体相连;当利用自然接地体和人工接地体时,接地装置应有不少于两个不同的接地点分别与自然接地体、人工接地体相连。若采用人工接地体,人工接地体分为垂直接地体安装与水平接地体安装两种安装方式。

(1)垂直接地体安装。垂直接地体安装应按以下要求进行。

① 垂直接地体制作。垂直接地体一般采用镀锌角钢或镀锌钢管制作。镀锌角钢的厚度不小于 4 mm(一般用 50 mm×50 mm×5 mm 的镀锌角钢);镀锌钢管的壁厚不小于 3.5 mm,有效截面积不小于 48 mm^2;所用材料不应有严重锈蚀;弯曲的材料必须矫直后才能使用。垂直接地体的长度一般为 2.5 m,其下端加工成尖形。用镀锌角钢制作时,其尖端应在角钢的角脊上,且两个斜边要对称;用钢管制作时要单边斜削。

② 垂直接地体安装。装设接地体前,需要按设计图规定的接地网的路线挖沟。由于地表层容易冰冻,冰冻层会使接地电阻增大,且地表层容易被挖掘,会损坏接地装置。因此,接地体需要埋于地表层以下,一般埋设深度不应小于 0.6 m。按设计图纸的位置将接地体垂直打入地下,当打入到接地体露出沟底的长度约 150~200 mm 时,停止打入。然后打入相邻的另一根接地体,

相邻接地体之间的间距不小于接地体长度的 2 倍。接地体与物业之间的距离不能小于 1.5 m，接地体应与地面垂直。接地体之间一般用镀锌扁钢连接，镀锌扁钢的规格和数量及敷设应符合设计图及规范规定，镀锌扁钢与接地体用焊接方法搭接连接，焊接长度应符合规定。镀锌扁钢应立放，这样便于焊接，可减小接地流散电阻。接地体连接好后，经过检查确认接地体的埋设深度、焊接质量等均已符合要求后，可将沟填平。填沟时应注意回填土中不应夹有石块、物业碎料及垃圾，回填土应分层夯实，使土壤与接地体紧密接触。

（2）水平接地体安装。水平接地体是将接地体水平埋入土壤中，埋设深度一般为 0.6～1.0 m，不能小于 0.6 m。安装方法及要求与垂直接地体的安装方法及要求相同。

2. 接地线

接地线是连接接地体与电气设备接地点的金属导线，包括自然接地线和人工接地线两种类型。

金属构件、普通钢筋混凝土中的钢筋、穿线的钢管和电缆的铅皮等可作为自然接地线，还有除输送易燃、易爆的液体、气体的管道之外的各种金属管道也可作为自然接地线。

（1）自然接地线的安装。应保证其全长为完好的电气通路；利用串联的金属构件作为接地线时，金属构件之间应用截面积不小于 10 mm^2 的钢材焊接（爆炸危险场所内电力设备的接地线应按专用规定执行）；不得使用金属蛇皮软管，保温管的金属网或外皮作接地线。

（2）人工接地线的安装。人工接地线的安装应满足以下要求。

① 禁止使用裸铝导线作接地线。接地线采用扁钢时，其截面积不应小于 48 mm^2，厚度不小于 4 mm；采用圆钢作接地线时，其直径不应小于 6 mm。

② 接地干线安装应水平或垂直敷设，在直线段不应有弯曲现象。安装位置应便于检修，并且不妨碍电气设备的拆卸与检修。接地干线与物业或墙壁之间应有一定的间隙。接地线从物业内引出时，可由室内地坪下引出，也可由室内地坪上引出，具体方法要按图纸和规定进行。

③ 接地支线安装时若多个设备与接地干线相连，必须每个设备用一根单独的接地支线，不允许几个设备合用一根接地支线，也不允许几根接地支线并接在接地干线的一个连接点上。严禁利用其他用电设备的零线接地，零线和接地线应分别与接地网相连，芯线应采用多股软铜线，其截面积不应小于 1.5 mm^2。

④ 照明系统接地线安装在地面以上的部分可选用金属导线，但在地面以下的部分不得使用金属导线，也不得使用裸铝导体作接地体或接地线，必须使用钢管或钢条引出地面再接导线。

3. 接地电阻测量

无论是工作接地还是保护接地，其接地电阻的阻值必须满足规定要求，否则就不能安全可靠地起到接地作用。

接地电阻是指接地体电阻、接地线电阻和土壤流散电阻 3 部分之和，以土壤流散电阻为主。接地电阻的阻值等于接地装置对地电压与通过接地体流入地中电流的比值。

（1）接地电阻的测量方法。测量接地电阻的方法有很多，目前使用较普遍的是用接地电阻测量仪或接地摇表测量。下面介绍使用接地摇表测量接地电阻的方法。接地摇表内部主要元件是手摇发电机、电流互感器、可变电阻及零位指示器等。另外附有接两支地探测针（电位探测针、电流探测针）、3 根导线（长度为 5 m 的用于接地极；长度为 20 m 的用于电位探测针接线；长度为 40 m 的用于电流探测针接线）。接地摇表测量接地电阻的方法如下所示。

① 沿被测接地极 E，将电位探测针 P 和电流探测针 C 依直线彼此相距 20 m 垂直插入地中（深度 400 mm）。电位探测针 P 要插在接地极 E 和电流探测针 C 之间。

② 用仪表所附的导线分别将 E、P、C 连接到接地摇表上相应的 E、P、C 端子上。

③ 将接地摇表放置到水平位置，调整零指示器，使指针指到中心线上。

④ 将"倍率标度"置于最大倍数，慢慢转动手摇发电机的手柄，同时旋动"测量标度盘"，使零指示器的指针指在中心线。在零指示器指针接近中心线时，加快发电机手柄的转速，并调整"测量标度盘"使指针指于中心线。

⑤ 当"测量标度盘"的读数小于 1 时，应将"倍率标度"置于较小倍数，然后重新测量。

⑥ 当零指示器指针完全平衡指在中心线上后，将此时"测量标度盘"的读数乘以倍率标度，即所测的接地电阻的阻值。测量过程中需要注意以下问题。

a. 假如"零指示器"的灵敏度过高，可调整电位探测针 P 插入土壤中的深度；若其灵敏度不够，可向电位探测针 P 和电流探测针 C 之间的土壤中注水，使其湿润。

b. 在测量时必须将接地装置线路与被保护的设备断开，以保证测量准确。

c. 如果接地极 E 和电流探测针 C 之间的距离大于 20 m，电位探测针 P 的位置插在 E、C 之间直线外几米，则测量误差可以不计；但当 E、C 之间的距离小于 20 m 时，则一定要将电位探测针 P 正确插在 E、C 直线之间。

d. 接地电阻测量除常用的 ZC 型接地摇表外，还有其他型号的测试仪。使用方法应按使用说明书规定；若不按规定测量，则接地电阻的阻值测量不准确。

（2）降低接地电阻的措施。接地电阻中流散电阻的大小与土壤电阻有直接关系。土壤电阻率越小，流散电阻也越小，接地电阻也越小。所以，遇到电阻率较高的土壤时，如砂质、岩石及长期冰冻的土壤，装设人工接地体时，要达到设计要求的接地电阻值，往往要采取一定的措施，常用的方法如下所示。

① 对土壤进行混合或浸渍处理。在接地体周围土壤中适当混入一些木炭粉、炭黑等以提高土壤的导电率；或用降阻剂浸渍接地体周围的土壤，对降低接地电阻也有明显效果。浇灌食盐水虽然能降低接地电阻值，但对接地体也有较强的腐蚀作用。

② 替换接地体周围部分土壤。将接地体周围的土壤换成电阻率较低的土壤，如黏土、木炭粉土等。

③ 增加接地体的埋设深度。当遇到地表岩石或高电阻率土壤不太厚，而下部是低电阻率土壤的情况时，可采用钻孔深埋或开挖深埋的方式将接地体埋入低电阻率的土壤中。

④ 外引式接地。当接地处土壤的电阻率很大而在距接地处不太远的地方有导电良好的土壤或有不冰冻的河流、湖泊时，可将接地体引至该低电阻率地带，然后按规定接地。

4. 变配电所的接地体

对于 10 kV 及以下的变配电所，若钢筋混凝土框架的金属构件与土壤接触良好，且金属构件的对地电阻相当小（小于 20 Ω），则可直接用这些金属构件作为接地体。35 kV 及以上的变配电所需要专门埋设接地网作为人工接地体，若接地体埋设在走道或台阶附近（3 m 以内），则必须进行深埋（1 m 以上）、土壤表面铺设沥青路面或另外加设帽檐式均压带。

12.3.2 接地装置的管理

物管企业在管理物业的过程中，主要职责是保护好接地装置不被损坏。每年对接地装置的连接、完好性和电阻进行检查，对外露的线路刷一次防锈油或采取其他防腐、防锈措施。接地装置的电阻应满足以下要求。

（1）第一类防雷物业，防直接雷击接地电阻不大于 10 Ω，防感应雷接地电阻不大于 5 Ω。
（2）第二类防雷物业，接地电阻不大于 10 Ω。
（3）第三类防雷物业，接地电阻不大于 30 Ω。
（4）10 kV 架空线路连接长度超过 50 m 的电缆，其两端避雷器的接地电阻不大于 50 Ω。
（5）低压架空线路接户的绝缘门铁脚接地电阻不大于 30 Ω。
（6）变配电所室外配电装置（包括组合导线和回线廊道）的接地电阻应不大于 10 Ω。
（7）35 kV 变配电所的 3～10 kV 配电装置，母线及架空出线的避雷电阻不大于 30 Ω。
（8）容量为 3 150～5 000 kva，供三级负荷的 35 kV 变配电所进线至 600 m 处，接地电阻不大于 50 Ω。
（9）3～10 kV 柱上断路器和负荷开关的带电侧避雷器的接地电阻不大于 10 Ω。

12.3.3 接地装置的维护

为了保持防雷装置有良好的保护性能，应对其进行经常性的检查与维护。

1．检查周期

对接地装置进行检查的周期如下所示。
（1）变配电所的接地装置每年检查 1 次。
（2）车间或物业的接地线每年检查 1～2 次。
（3）各种防雷装置的接地装置每年在雷雨季前检查 1 次。
（4）对有腐蚀性土壤的接地装置，每 3～5 年对地面下接地体检查 1 次。
（5）手持式、移动式电气设备的接地线应在每次使用前进行检查。
（6）接地装置的接地电阻一般 1～3 年测量 1 次。

2．检查项目

检查接地装置时，需要对以下项目进行检查。
（1）检查接地装置的各连接点的接触是否良好，是否有损伤、折断和腐蚀现象。
（2）对含有重酸、碱、盐等化学成分的土壤地带（如化工生产企业、药品生产企业及部分食品工业企业），应检查地面下 500 mm 以上部位的接地体的腐蚀程度。
（3）在土壤电阻率最大时（一般为雨季前），测量接地装置的接地电阻，并对测量结果进行分析比较。
（4）检修电气设备后，应检查其接地线的连接情况，看其是否牢固可靠。
（5）检查电气设备与接地线的连接、接地线与接地网的连接、接地线与接地干线的连接是否完好。
（6）接闪器和避雷器在任何情况下都必须保证可靠接地。接地装置的接地电阻应小于 10 Ω。

(7) 每年雷雨季节到来之前，应对防雷系统的各环节进行细致的检查，若发现接地装置的引下线严重锈蚀（使实际截面积减小 30%以上），应及时更换；有断裂、松脱的应立即进行焊补或紧固；接地电阻变大不符合要求的也应采取相应的补救改善措施（如加大接地装置等）。

(8) 避雷针应在每年雷雨季节到来前进行一次试验检查，接地装置不符合要求的应立即更换。

(9) 每次大雷雨后，应及时进行全面检查，查看是否因雷击放电导致某些接地装置的连接点松脱、断开或烧毁，并应立即进行相应的修理。

思考与练习

1. 什么是保护接地？
2. 什么是保护接零？
3. 雷电的危害有哪几类？
4. 物业防雷应采用哪些措施？
5. 雷电是如何形成的？
6. 物业和电力设施装设的防雷装置有哪几种？
7. 电气设备的接地保护、接零保护有哪些？

第 13 章 物业设施设备承接查验

【教学提示】

本章主要介绍物业各类设施设备承接查验,包括供配电系统的承接查验、照明系统的承接查验、电动机的承接查验、低压电器的承接查验、防雷与接地系统的接管验收、空调系统的接管验收、热源系统的接管验收、供水系统的承接查验、中水设施的承接查验、排水系统的承接查验、消防系统的接管验收、电梯升降系统的接管验收、楼控系统的接管验收、车位引导系统的接管验收。

【培养目标】

通过本章的学习,掌握物业各类设施设备承接查验的工作依据,熟知物业各类设施设备接管验收的范围、接管验收的程序及物业各类设施设备登记建档等内容。

13.1 供配电系统的承接查验

13.1.1 承接查验工作依据

1. 国家和地方有关工程施工质量验收依据

(1)《电气装置安装工程 电气设备交接试验标准》(GB50150)。
(2)《电气装置安装工程电缆线路施工及验收规范》(GB50168)。
(3)《电气装置安装工程接地装置施工及验收规范》(GB50169)。
(4)《智能建筑设计标准》(GB50314)。
(5)《通用用电设备配电设计规范》(GB50055)。
(6)《3-110 KV 高压配电装置设计规范》(GB50060)。
(7)《电力装置的继电保护和自动装置设计规范》(GB50062)。
(8)《电力装置的电气测量仪表装置设计规范》(GBJ63)。
(9)《工业与民用电力装置的过电压保护设计规范》(GBJ164)。
(10)《工业与民用电力装置的接地设计规范》(GBJ65)。
(11)《电气装置安装工程高压电气施工及验收规范》(GBJ147)。
(12)《电气装置安装工程电力变压器油浸电抗器互感器施工及验收规范》(GBJ148)。
(13)《电器装置安装工程母线装置施工及验收规范》(GBJ149)。
(14)《电气装置安装工程电气设备交接试验标准》(GB50150)。
(15)《电气装置安装工程盘、柜及二次回路结线施工及验收规范》(GB50171)。

（16）《电气装置安装工程蓄电池施工及验收规范》（GB50172）。
（17）《电气装置安装35 kV及以下架空电力线路施工及验收规范》（GB50173）。
（18）《电力工程电缆设计规范》（GB50217）。
（19）《电力设施抗震设计规范》（GB50260）。
（20）《钢制电缆桥架工程设计规范》（CECS31：91）。
（21）《城市住宅小区竣工综合验收管理办法》。

2. 设施设备生产厂家的安装要求及产品技术说明书

包含组成变配电系统的所有设备的随机技术资料。

3. 竣工图纸、资料

由开发商提供的有"竣工"印记的变配电系统竣工图纸、设计变更说明、施工方提交开发商的设备试验数据等技术资料。

13.1.2 接管验收的范围

物业基础资料、竣工图纸和设施设备的技术文件如下所示。
（1）高压变配电设备操作和维护保养手册。
（2）高压部分电器系统图、平面图、隐蔽工程验收资料及说明。
（3）高压变配电设备明细表、设备厂家资料及产品合格证。
（4）供电主管部门验收报告。
（5）各种高压设备检测报告和预防性试验报告。
（6）与供电企业签订的供电合同、电费缴纳协议、供电方案、投入批准书。
（7）高压配电室的全部设备及工具、备品、备件、高压防护用品等。
（8）高压侧法定计量表表底确认。
（9）模拟屏及各种标牌。

13.1.3 接管验收的程序

1. 接管验收的准备

（1）安装技术人员提前进驻现场，收集资料、熟悉图纸，观摩设备的安装调试，确定接管验收的技术方案和组织方案，根据验收的项目内容配备必要的验收工具和仪器。
（2）召开"接管验收协调会"将物业接管验收方案通报各方。
① 参加单位：开发商或业主方（作为召集人）、物业管理部、开发商或业主方聘请的工程监理公司、总包施工单位负责人。
② 会议议题：移交方和接管方确认以下项目。
A. 移交范围；
B. 验收时间和进度安排；
C. 参与验收人员的分组及配置；
D. 验收标准；

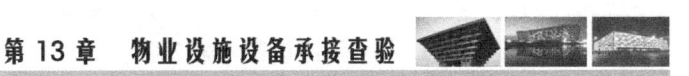

E. 验收方式；

F. 验收中发现问题的确认（各方确认验收表格形式及内容，确定参与的有关各方专业负责人，确定授权签字人）；

G. 确认整改单汇总移交的方式（每日汇总后移交，双方签收）；

H. 确定接管方对施工单位维修遗留问题的配合方案及成品保护方案；

I. 遗留问题整改期限要求及再次验收的程序；

J. 会议结束后，物业管理处提供书面"备忘录"抄送各方参与人员安排执行。

（3）对各方人员的配合要求如下所示。

① 开发商或业主方：协调人负责协调接管方与总包/工程监理公司之间的关系，专业工程师从技术角度对验收中发现的问题进行确认。

② 监理公司：从专业角度出发，检查施工过程中是否存在违反相关规范/标准的问题，交物业公司汇总后由总包方安排整改。

③ 总包单位：按照接管方安排，配合接管验收的检查工作，跟进整改工作。

（4）人员配备：根据物业基本情况和方案要求，配备符合要求的技术骨干。

（5）工具准备：配置基本个人工具及万用表、噪声计、照度计、温度测量设备、数码相机等。

（6）熟悉现场：了解现场主要系统设计的运行原理，熟悉现场环境、机房位置、主要设备的安装地点，初步清点装备（如有条件）。

（7）做好接收表格，验收工具的准备等。

2. 接管验收的具体实施

（1）开发商或业主方，总包及开发商或业主聘请的工程监理公司会同接管方按照预定方案和标准开始接管验收工作，在验收过程中发现的问题由接管方逐项记录并由有关各方签字确认，每天结束后汇总当日验收资料，并将需要整改的内容交给移交方。

（2）无论状态是否合格，接管方均接受该区域/机房的钥匙，并立即进行封闭管理。移交方人员欲再进入该区域，须严格按照接管方的规定进行登记并领取施工出入证。

（3）全部验收结束后，接管方汇总最终文件，参与验收各方代表签字，验收完成。对尚未完成的整改工作，应在验收文件中逐项注明，接管方配合施工单位整改，逐步消项，并在约定的时间内完成。

3. 主要岗位的工作职责

（1）技术总负责人负责组织设施设备的接管工作，包括以下几个方面。

① 负责安排各系统工程师对所属系统设备开展清点验收工作。

② 负责联系开发商或业主方、施工单位、物业管理方和相关部门，组织联合检查、培训、验收，协调控制各系统工程师的工作质量与进度。

③ 传达各种验收接管要求，发现问题及时采取纠正措施。

④ 负责收集各系统的检查记录，对设施设备接管进行整体评估，编写综合评估报告，并协调相关部门解决发现的问题。

⑤ 负责对设施设备接管工作的效果进行评估。并考核各系统工程师的工作绩效。

⑥ 针对验收过程中的影响物业后期管理运行的问题进行评估，在全部验收完成后向业主方

提交关于系统设施设备方面的建议。

(2) 专业工程师负责本系统的设备接管工作,包括以下几个方面。

① 按照公司统一要求,合理安排时间进行现场设备检查、登记、清点工作。

② 接受原设备生产、安装、调试、管理单位的培训,掌握本系统设备的操作、运行方法并指导下属工程部技工接管、操作设备。

③ 负责编写本系统的评估报告,并提出解决方案。

4. 交接遗留问题的处理

(1) 要及时将接管验收过程中发现的问题上报开发商(或业主方),并积极跟进整改情况。

(2) 应在接管后的设备检查中注意收集接管验收过程中未能发现的施工遗留问题,集中呈报开发商(或业主方)并跟进处理情况。

(3) 设备保修期内出现的问题,均属于后续遗留问题,应及时与设备供应商沟通、处理。

13.1.4 登记建档

(1) 整理设备原始资料并分类归档。

(2) 根据设备铭牌、安装位置建立设备档案。

(3) 制定维护保养要求、建立维护保养记录卡。

(4) 设备档案的主要内容。包括:序号、专业、制表人、设备名称、型号、出厂编号、安装位置、设备编号、图纸名称、购买日期、价格、使用寿命、计划维修频率、图纸编号、额定电压、额定电流、额定功率、安装时间、投入使用时间、厂家资料(包括名称、联系人、电话、地址等)、供应商资料(包括名称、联系人、电话、地址等)、备注及主要维修记录。

13.2 照明系统的承接查验

13.2.1 承接查验工作依据

参考供配电系统接管验收工作依据。

(1)《民用建筑照明实际标准》(GBJ133)。

(2)《工业企业照明设计标准》(GB50034)。

(3)《安全电压》(GB3805)。

(4)《电能质量电压允许波动和闪变》(GB12326)。

(5)《城市道路设计标准》(CJJ45)。

(6)《国务院建设工程质量管理条例》。

(7)《消防应急灯具》(GB17945)。

(8)《应急照明灯具安全要求》(GB7000.2)。

(9)《固定式通用灯具安全要求》(GB7000.10)。

(10)《节能产品评价导则》(GB/T13234)。

(11)《电气装置安装工程蓄电池施工及验收规范》(GB50172)。

13.2.2 接管验收的范围

参考供配电系统接管验收的范围。
（1）气体放电灯必须有整流器或者触发器才能够启辉和维持工作，接收时必须进行专项检查。
（2）每条照明回路的总功率不得超过相关规定。
（3）集群使用荧光灯的照明回路应检查其高次谐波分量。
（4）室内外各种照明灯具及其控制、操作设备。
（5）室外照明设施设备的防水、防腐、定时功能。
（6）各种以蓄电池为电源的应急照明灯的维持时间。
（7）特殊照明的变压器。
（8）景观照明灯具的保护接地和漏电保护器。

13.2.3 接管验收的程序

参考供配电系统接管验收的程序。

13.2.4 照明系统的接管验收

（1）选用高光效光源。例如，使用 T5-28W 荧光灯管代替 T5-36W 荧光灯管，使用紧凑型节能灯代替白炽灯，使用 LED 疏散指示灯和装饰灯等。
（2）使用高效节能型照明附件。例如，用电子荧光灯镇流器代替老式电感型镇流器，使用高效反射器（俗称反光罩）。
（3）根据物业管理协议和管理区域的实际需求确定照明灯的工作时间。例如，写字楼下班以后关闭公共区域的照明灯，在楼梯等区域安装声控开关和红外开关。
（4）根据管理区域随时间不断变化的实际需求改变照度。例如，地下车库实施分时段照度的方法，在深夜无人的时候关闭一部分灯。
（5）根据日照时间的长短变化，改变室外照明的工作时间。例如，使用光控开关控制庭院照明灯、景观照明灯、广告灯箱、装饰照明灯、小区路灯的开启和关闭的时间。
（6）正确选择不同区域的照度。建筑物内各区域的照度在设计施工的时候已确定，但是实际使用的情况往往与其不相符。应该在满足实际工作需求的前提下进行调整，避免出现过高的照度。
（7）合理控制照明电压。电源的电压质量直接影响照明的效果，同时也会影响光源自身的能耗和寿命。在日常工作中要对照明线路的电压实施有效的控制，这将有效地减少电能消耗和延长光源寿命。例如，在部分区域采取照明调光的技术手段，根据服务区域的需求，不断改变照度，这样既可以满足照明需求，又可以大量节约电能。
（8）控制建设和装修中的照明方案。各装饰面尽量不使用吸光型材料，墙面、顶棚和地面尽量使用浅颜色，控制照明灯的高度，要求对气体放电灯的镇流器进行补偿。
（9）控制照明回路中的高次谐波。近年来由于大量的电子镇流器、电子调光器等电子设备的应用，在照明回路中高次谐波的成分明显上升。这将对电光源及其附属电气元件的寿命产生明显的影响，因此应该尽可能选用高质量的照明电器附件。
（10）合理设置开关的控制范围。不要将开关的控制范围设置得过大，尽可能根据不同区域的需求设置。例如，在临近窗口的那一排照明灯不应该和室内其他照明灯使用同一个开关控制，因为白天自然采光条件允许的话，这部分灯是完全可以关闭的。

（11）建立奖励机制。全员的节能才是最有效的。例如，随手关灯就是所有节能措施中成本最低、效益最高的一种。但是这项措施的落实单靠管理制度是不行的，还要靠全体员工的自觉参与。而员工的参与光靠普及节能知识是不行的，还必须有切实可行的管理方式和激励措施，只有这样员工才能长期地、积极地参与节能降耗工作。

13.3 电动机的承接查验

13.3.1 承接查验工作依据

（1）《旋转电机基本技术要求》（GB775）。
（2）《中小型三线异步电动机能效限定值及能效等级》（GB18613）。
（3）《Y系列（IP23）三相异步电动机技术条件》（JB/T5271）。
（4）《Y系列（IP44）三相异步电动机技术条件》（JB/T5274）。
（5）《YCTD系列电磁调速电动机技术条件》（JB/T6450）。
（6）《YD系列（IP44）变极多速三相异步电动机技术条件》（JB/T7127）。
（7）《小型单相异步电动机启动元件通用技术条件》（JB/T7591）。
（8）《小型异步电动机用工程塑料风扇技术条件》（JB/T8312.1）。
（9）《电压为690V及以下单速三相笼型感应电动机的启动性能》（JB/T8158）。
（10）《Y系列三相异步电动机》（JB/T10391）。
（11）《节能产品评价导则》（GB/T13234）。

13.3.2 电动机的接管验收

（1）收集电动机的使用维护说明书。
（2）收集操作手册、样本等。
（3）安装试运行的记录，包括绝缘、温升、外观、声音等的异常记录。
（4）有关安装日期、起始运行情况的记录。
（5）安装场所及被拖动设备的明细记录。
（6）保护装置、二次回路系统图及异步电动机的继电保护定值表。
（7）如果在正式接收之前出现过故障或者事故，则应有维修记录及维修验收记录。
（8）核对电动机功率与电力系统上的开关和保护装置是否匹配，是否与原设计图纸相符。
（9）使用环境的空气温度一般不超过40℃，最低温度一般不超过-15℃。
（10）电动机的控制线路应包括缺相保护和过热保护装置。
（11）4kW以上的二级电动机和37kW以上的电动机建议不使用皮带传动。
（12）双轴伸电动机的第二轴伸只能用于联轴器传动。
（13）电动机的周围是否留有合理的维修空间。
（14）接地电阻应小于4Ω。

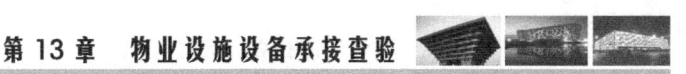

（15）电动机的防护等级（IP）与使用环境相匹配。

（16）明确生产厂家、安装单位、调试单位的联系方式和维保负责人。

13.4 低压电器的承接查验

13.4.1 低压电器的接收依据

1. 标准及规范

（1）《剩余电流动作保护器的一般要求》（GB6829）。

（2）《剩余电流动作保护装置安装和运行》（GB13955）。

（3）《交流接触器能效限定值及能效等级》（GB21518）。

（4）《CJ20 系列交流接触器》（JB／T8591.1）。

（5）《CJ40 系列交流接触器》（JB／T8591.3）。

（6）《电气继电器第 8 部分：电热继电器》（GB／T14598.15）。

（7）《低压熔断器第 1 部分：基本要求》（GB13539.1）。

（8）《低压开关设备和控制设备低压断路器》（GB14048.2）。

（9）《调速电气传动系统标准》（GB／T12668.2、GB12668.3）。

2. 生产厂家的安装要求及产品技术说明书、操作手册

13.4.2 低压电器的接收范围

1. 技术文件

（1）说明书及其他随机技术资料、专用工具。

（2）操作和维护保养手册。

（3）电气系统图、原理图、接线图。

（4）产品合格证。

（5）检测报告。

2．现场

（1）低压电器外观完好，功能正常。

（2）相关操作器具齐全。

（3）相关零配件齐全。

（4）锁具完好。

13.4.3 接管验收的程序

对低压电器的预验分为以下两部分。

1）通电以前的检查

（1）检查低压电器的安装是否符合国家相关规范。
（2）检查低压电器的规格是否符合图纸。
（3）检查低压电器的接线是否正确和可靠。
（4）检查低压电器的保护设置是否符合要求。
（5）检查低压电器的可调节参数是否按照图纸或者设备的要求调整到位。
（6）检查低压电器的外观是否完好。
（7）检查低压电器的机械动作是否灵活到位。

2）通电以后的检查

（1）检查低压电器的工作温度。
（2）检查低压电器的通断是否可靠。
（3）检查低压电器的输出是否符合图纸要求。
（4）检查低压电器的电动动作是否可靠、准确。
（5）检查低压电器的各种指示灯、指示牌的动作是否正确。
（6）检查启动器的参数设置是否符合要求。

13.4.4 登记建档

（1）收集各类低压电器的原始资料并分类归档。
（2）根据系统建立设备档案。
（3）建立维护保养记录卡。

13.5 防雷与接地系统的接管验收

13.5.1 接管验收的工作依据

（1）《建筑电气工程施工质量验收规范》（GB50303）。
（2）《低压配电设计规范》（GB50054）。
（3）《建筑物防雷设计规范》（GB50057）。
（4）《建筑物内电子设备的防雷》（GB50343）。
（5）《电子设备雷击试验方法》（GB3482）。
（6）《交流无间隙避雷器》（GB11032）。
（7）《计算机信息系统防雷保安器》（GA173）。
（8）中央气象局令。

1．防雷与接地系统的具体要求

1）接地装置安装

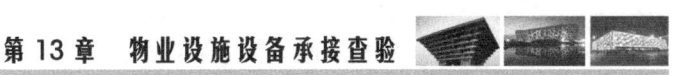

(1) 主控项目。

① 人工接地装置或利用建筑物基础钢筋的接地装置必须在地面以上按设计要求的位置设置测试点。

② 测试接地装置的接地电阻值必须符合设计要求。

③ 高标准弱电接地应有专门的接地点,不得与建筑物的自然接地相通,接地电阻应小于 1Ω。

(2) 一般项目。

① 当设计无要求时,接地装置顶面的埋设深度不应小于 0.6 m。圆钢、角钢及钢管的接地极应垂直埋入地下,间距不应小于 5 m。接地装置的焊接应采用搭接焊,搭接长度应符合以下规定。

A. 扁钢与扁钢搭接为扁钢宽度的 2 倍,不少于三面施焊;

B. 圆钢与圆钢搭接为圆钢直径的 6 倍,双面施焊;

C. 圆钢与扁钢搭接为圆钢直径的 6 倍,双面施焊;

D. 扁钢与钢管、扁钢与角钢焊接,紧贴角钢外侧两面或紧贴 3/4 钢管表面,上下两侧施焊;

E. 除埋设在混凝土中的焊接接头之外,还有防腐措施。

② 当设计无要求时,接地装置的材料为钢材,热浸镀锌处理,最小允许规格、尺寸如表 13-1 所示。

表 13-1 最小允许规格、尺寸

种类、规格及单位		敷设位置及使用类别			
		地上		地下	
		室内	室外	交流电流回路	直流电流回路
圆钢直径/mm		6	8	10	12
扁钢	截面积/mm^2	60	100	100	100
	厚度/mm	3	4	4	6
角钢厚度/mm		2	2.5	4	6
钢管管壁厚度/mm		2.5	2.5	3.5	4.5

③ 接地模块应集中引线,用干线把接地模块并联焊接成一个环路,干线的材质与接地模块焊接点的材质应相同,钢制的接地模块采用热浸镀锌扁钢,引出线不少于两处。

2) 避雷引下线和变配电室接地干线敷设

(1) 主控项目。

① 暗敷在建筑物抹灰层内的引下线应由卡钉分段固定;明敷的引下线应平直、无急弯,引下线与支架焊接处应涂油漆防腐,且无遗漏。

② 变压器室、高低压开关室内的接地干线应有不少于两处与接地装置引出干线连接。

③ 当利用金属构件、金属管道作接地线时,应在金属构件或金属管道与接地干线之间焊接金属跨接线。

(2) 一般项目。

① 钢制接地线的焊接连接应符合本节接地装置安装一般项目第一条的规定,材料采用及最小允许规格、尺寸应符合本节接地装置安装一般项目第二条的规定。

② 明敷接地引下线及室内地干线的支持间距应均匀。
③ 接地线在穿越墙壁、楼板和地坪处应加套钢管或其他固定的保护套管，钢套管应与接地线进行电气连通。
④ 变配电室内明敷接地干线的安装应符合下列规定。
A 便于检查，敷设位置不妨碍设备的拆卸与检修；
B 当沿建筑物墙壁水平敷设时，距地面高度与建筑物墙壁之间的间隙达标；
C 当接地线跨越建筑物变形缝时，应设补偿装置；
D 接地线表面沿长度方向分别涂以黄色和绿色相间的条纹；
E 变压器室、高压配电室的接地干线上应设置不少于2个供临时接地用的接线柱或接地螺栓。
⑤ 当电缆穿过零序电流互感器时，电缆头的接地线应通过零序电流互感器后接地；由电缆头至穿过零序电流互感器的一段电缆金属护层和接地线应对地绝缘。
⑥ 配电间隔和静止补偿装置的栅栏门及变配电室金属门铰链处的接地连接，应采用编织铜线。变配电室的避雷器应采用最短的接地线与接地干线连接。
⑦ 设计要求接地的幕墙金属框架和建筑物的金属门窗，应就近与接地干线可靠连接，连接处不同金属之间应有防电化学腐蚀的措施。

3）接闪器
（1）主控项目。
建筑物顶部的避雷针、避雷带等必须与顶部外露的其他金属物体连成一个整体的电气通路，且与避雷引下线连接可靠。
（2）一般项目。
① 避雷针、避雷带的位置应正确，焊接固定的焊缝应饱满无遗漏，螺栓固定的应备帽等防松零件应齐全，焊接部分补刷的防腐油漆应完整。
② 避雷带应平正顺直，固定点支持件的间距均匀、固定可靠。

4）建筑物等电位联结
（1）主控项目。
① 建筑物等电位联结干线应从与接地装置有不少于2处直接连接的接地干线或总等电位箱引出，等电位联结干线或局部等电位箱之间的连接形成环形网路，环形网路应就近与等电位联结干线或局部等电位箱连接。支线之间不应串联连接。
② 等电位联结的线路最小允许截面积应符合表13-2中的规定。

表13-2　线路最小允许截面积／mm²

材料	截面积	
	干线	支线
铜	16	6
钢	50	16

（2）一般项目。
① 等电位联结的可接近裸露导体或其他金属部件、构件与支线连接应可靠，熔焊、钎焊或机械紧固应导通正常。
② 需要进行等电位联结的高级装修金属部件或零件，应有专用接线螺栓与等电位联结支线连接，且有标识；连接处螺帽紧固、防松零件齐全。

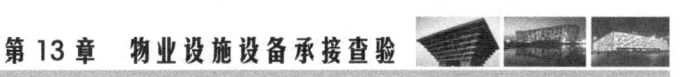

2．设施设备生产厂家的安装要求及产品技术说明书

3．竣工图纸、资料

（1）建筑电气设计文件、会审记录及相关的会议记录。
（2）主要设备、器具、材料的合格证和进场验收记录。
（3）隐蔽工程记录。
（4）电气设备交接试验记录。
（5）接地电阻测试记录。
（6）工序交接合格等施工安装记录。
（7）本系统施工合同。
（8）竣工验收证明书。
（9）其他相关资料。

13.5.2 接管验收的范围

（1）建筑物现场的实物接管验收。
按照物业服务合同所要接管验收的防雷与接地系统，具体应包括接闪器、引下线、接地装置、避雷器、电涌保护器等。
（2）防雷接地系统的相关资料接管验收。

13.5.3 接管验收的程序

1．接管验收的准备工作

（1）由技术人员负责防雷与接地系统的资料接收及现场设施设备的承接查验工作。
（2）掌握接管项目的基本情况，为接管验收工作做好准备，如项目规模、性质、防雷等级、接地电阻值要求等。
（3）要事先熟悉和掌握防雷与接地系统相关的专业知识，熟练掌握相关的规范、规定等。
（4）与建设单位充分沟通，确定具体的交接事项、交接日期、进度等事宜。
（5）如有可能应提前派出技术人员前往工地现场踏勘，制定接管验收方案。
（6）工具和仪器的准备，如接地摇表等。要熟练掌握所需仪器的使用方法，以保证正确使用。
（7）要充分考虑验收过程中可能遇到的各种困难及相应的对策或解决方法。

2．接管验收工作的实施

（1）接管验收工作应邀请建设单位指定的相关负责人员共同完成，以提高工作效率。
（2）对防雷与接地系统的隐蔽工程的验收，如地网的做法、墙内或地下接地体及其材料规格等，应以查看相关图纸及隐蔽工程验收资料为主。
（3）重点做好现场检测工作，如接地电阻值、避雷带和引下线的截面积、焊接长度、引下线间隔距离等。
（4）观感验收。物业接管验收与竣工验收的主要区别就是接管验收更注重观感验收，防雷与接地系统的观感验收主要包括以下要求。

① 避雷针及支持件的安装位置应正确，固定可靠，防腐良好；针体垂直，避雷网规格尺寸和弯曲半径正确；制作质量应符合设计要求。设有标志的避雷针灯具应完整、显示清晰。避雷网支持间距均匀；避雷针垂直度的偏差不大于顶端针杆的直径。

② 接地线的铺设应平直、牢固，固定点间隔应均匀，跨越建筑物变形缝应有补偿装置，穿墙应有保护管，防腐涂层应完整。

③ 接地线的焊接焊缝应平整、饱满、无缺陷；螺栓连接应紧密、牢固，有防松措施。

④ 接地体的隐蔽工程记录应齐全。

⑤ 搭接焊接长度和搭接焊接面应符合规范。

⑥ 焊接处应清除氧化层并涂有防锈涂料。

⑦ 电涌保护器的安装包括以下几项。

A. 电涌保护器在系统中的安装位置应正确。
B. 电涌保护器接线的截面积应达标。
C. 电涌保护器上面的断路器应使用 C 系列曲线。
D. 电涌保护器的指示窗不应变色。
E. 电涌保护器的外壳应完好。
F. 各级电涌保护器的参数应符合设计图纸。
G. 接地线的颜色应正确。

（5）在避雷针周边 15 m 内不得有临时建筑和设施。

3. 交接遗留问题的处理

（1）针对检查中发现的问题应找出相应规范中的内容并将规范的要求和问题一并汇总，以书面形式上报甲方。

（2）写出问题的整改建议，并与建设单位约定整改结束时间。

（3）接管验收问题清单一式三份，由开发商（或业主方）、物业管理企业、建设单位分别保存。

（4）接管验收问题清单填写完毕后，应由管理处负责人审核，审核无误后交给建设单位代表签收。

（5）接管验收问题清单应进行编号、分类、存档。

（6）文件中应明确保修期限。

13.6 空调系统的接管验收

空调系统是物业共用设备的重要组成部分，它在保证物业的正常使用、能源消耗和促进物业保值增值等方面都占有很重要的地位，因此对空调系统的设备要进行认真的接管验收。

13.6.1 接管验收工作依据

1. 设备和安装施工工程的国家或地方标准、规范

国家标准、规范主要包括以下几项。

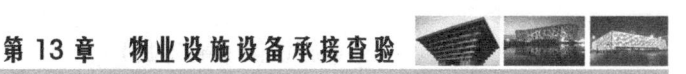

(1)《建筑工程质量验收统一标准》(GB50300—2013)。
(2)《工业金属管道工程施工及验收规范》(GB50235—2010)。
(3)《通风与空调工程施工质量验收规范》(GB50243—2016)。
(4)《制冷设备、空气分离设备安装工程施工及验收规范》(GB50274—2010)。
(5)《压缩机、风机、泵安装工程施工及验收规范》(GB50275—2010)。

2．设施设备生产厂家的安装调试要求及使用技术说明

3．业主方或建设单位提交的设备和图纸资料清单

业主方或建设单位提交的设备和图纸资料清单主要包括以下几项。
(1)图纸会审记录、设计变更通知书和竣工图。
(2)主要材料、设备、成品、半成品和仪表的出厂合格证明及进场检(试)验报告。
(3)隐蔽工程检查验收记录。
(4)工程设备、风管系统、管道系统安装与检验记录。
(5)管道试验记录。
(6)设备单机试运转记录。
(7)系统无生产负荷联合试运转与调试记录。
(8)分部(子系统)工程质量验收记录。
(9)观感质量综合检查记录。
(10)安全、能耗、环保和功能检查资料的检查记录。
(11)系统负荷综合能效的测定和调整报告的检查记录。
(12)设备与系统运行使用、维修保养、修理改造与专业检验记录。
(13)设备供应商、安装单位、维保单位的联系方式。
(14)在执行的设备质保或维保合同条款。

4．物业服务合同约定

13.6.2 接管验收的范围

接管验收包括以下几项。
(1)空调系统竣工图和竣工资料。
(2)空调系统设施设备使用说明书(竣工图和设施设备清单)。
(3)空调设备、系统的竣工验收合格证书、证明。
(4)空调设备、系统生产厂家安装单位保修合同书。
(5)空调设备专业分包合同。
(6)空调设备、系统厂家提供的随机配件和专用工具。
(7)空调系统调试或试运行记录,维修改造记录。
(8)空调系统设施设备静态查验和动态综合运行检验。

13.6.3 接管验收的程序

1. 接管验收准备

1）制定接管验收工作标准

（1）空调工程施工应符合国家和地方建筑工程、通风与空调工程的施工质量验收标准、设计文件，以及设备厂商产品安装和使用说明书的要求。

（2）空调系统综合调试效果可以达到设计标准和用户需求。

（3）空调施工与管理操作人员应具备规定的资格。

（4）工程的承接查验均应在竣工验收合格的基础上完成。

（5）竣工图纸与资料均应齐全，并已完成交接。

（6）设备和系统的观感质量应符合要求。

（7）工程的安全、环保与节能应达到国家相关标准的要求，并通过主管部门验收合格。

（8）施工单位和设备生产厂商对使用管理人员、操作人员进行技术培训，保证他们考试合格，可以安全地使用和操作设备，保证设备、系统正常运行。

（9）施工单位、设备供应厂商与建设单位、管理单位签订质量保修合同，并认真执行。

（10）施工单位、设备生产厂商已协助使用单位建立完善的管理制度、操作规程和应急预案，保证用户安全地使用设备。

（11）设备生产厂商承诺对主机和控制系统提供售后技术服务，负责专业修理和改造。

2）制定接管验收方案

（1）接管验收准备。

① 物业项目及空调系统满足交接验收条件时，由建设单位向物业服务企业发出交接验收的书面通知。

② 物业服务企业接到交接验收书面通知后，按交接验收条件进行审核，若具备条件，应在15日内签发验收通知，并约定验收时间，成立交接验收小组，做好交接验收的准备工作，主要包括人员准备、计划准备、资料准备、设备和工具准备等。

③ 空调系统资料的交接验收，在办理物业承接查验手续时，建设单位应向物业服务企业移交图纸资料。

（2）交接双方进行现场查验。

① 对设备和系统外观进行查验，看其是否符合标准、规范、设计要求，是否完好，是否具备试机条件，并做好检验记录；验收合格后，才可进入下一个程序；若不合格，应由建设单位负责处理，达到标准后再次复验，直至合格。

② 进行单机或分系统试运转，主要内容包括以下几项。

A. 制冷设备系统单机试运转和系统试运行试验。

B. 空调冷媒水系统单机试运转和系统试运行试验。

C. 空调冷却水系统单机试运转和系统试运行试验。

D. 空气处理单元单机试运转和系统试运行试验。

E. 净化空调系统单机试运转和系统试运行试验。

F. 空调风系统单机试运转和系统试运行试验。

G. 送排风系统单机试运转和系统试运行试验。

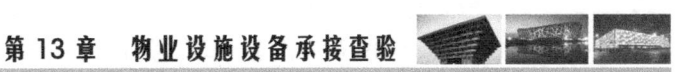

H．防火排烟系统单机试运转和系统试运行试验。
I．除尘系统单机试运转和系统试运行试验。
J．空调安全和自动控制系统单机试运转和系统运行试验。
按规定做好各系统单机试运转和系统运行试验的记录，若发现问题，应由建设单位负责解决。
（3）对空调全系统进行综合试运行与综合调试，并做好记录。
（4）空调系统综合效果，如对运行效能、安全、环保、节能等的测定、评价应达到规范标准和设计要求，并满足用户需求。
3）收集整理查验过程中发现的问题
（1）收集所有《空调系统查验记录表》。
（2）应对《空调系统查验记录表》加强分析，寻找问题。
（3）将整理好的空调的工程质量汇总表提交给建设单位确认，并办理确认手续。
4）交接签字
当验收合格并对存在的问题确定好处理方案后，由交接双方在空调设备和系统的交接文件上签字，完成交接手续。主要包括《空调系统验收交接表》《空调设备清单》《空调系统技术资料清单》《空调系统物品清单》《空调系统质量问题处理方案》等。
5）资料归档
永久保存资料，便于日后的管理和查用。

2．接管验收的实施

1）接管验收空调系统设计资料、竣工图纸、资料和设施设备的技术文件
（1）空调系统设计资料主要包括设计说明书及技术参数和引用的规范、标准等。
（2）技术文件主要包括以下几项。
① 图纸会审记录、设计变更通知书和竣工图。
② 主要材料、设备、成品、半成品和仪表的出厂合格证明及进场检（试）验报告。
③ 隐蔽工程检查验收记录。
④ 工程设备、风管系统、管道系统的安装与检验记录。
⑤ 管道试验记录。
⑥ 设备单机试运转记录。
⑦ 系统无生产负荷联合试运转与调试记录。
⑧ 分部（子系统）工程质量验收记录。
⑨ 观感质量综合检查记录。
⑩ 安全、能耗、环保和功能检查资料的检查记录。
⑪ 系统负荷综合能效的测定和调整报告的检查记录。
（3）空调设备、设施清单，以及设备的安装、使用和维修保养等技术资料。
（4）空调设备与系统的运行、维护保养、修理改造、专业检验记录等。
2）预查验和接收工作
（1）预查验的方法。
空调系统的承接查验主要以核对的方式进行。在现场检查、设备调试等可采用观感查验、使用查验、检测查验和试验查验等具体的方法进行检查。

① 观感查验：观感查验是对检查对象外观进行的检查，一般采用目视、触摸等方法进行检查。主要是看设备和系统是否符合设计和规范要求，是否完整、合格；各部位的安装和连接是否正常、平稳、牢固、严密；各种工质液位、颜色是否符合要求；系统各部的压力、温度和开关、阀门是否正常。

② 使用查验：使用查验是通过启用设施或设备直接检验被查验对象的安装质量和使用功能的检查方法，可以直观地了解其符合性、舒适性和安全性等；主要采用看（压力、温度、流量和运转状态等）、听（各部声音）、闻（是否有异常气味）、摸（是否有异常振动和升温）或用听诊器监听机械内部主要运转部位的声音是否正常，并注意综合状态。

③ 检测查验：检测查验通过仪器、仪表、工具等对检测对象进行测量，以检验其是否符合质量要求，主要包括以下内容。

A．制冷设备的检测查验。

a．用水平仪、水准仪检测制冷主机、辅机和系统管道的水平、垂直、坡度、坡向是否合格。

b．进行充灌制冷工序的正压检漏时，可用肥皂水检漏。

c．可用比重计检测溴化锂溶液的浓度。

B．通风系统的检测查验。

a．用扳手、直尺检测风道的安装是否符合要求。

b．用塞尺检测通风机的各部间隙，用角度尺检测风机叶片角度是否一致、合格。

c．用风速仪检测通风系统的风速、风量和各分系统的通风量是否符合设计要求和用户负荷需求。

d．用液柱压力计（U形或倾斜式）和皮托管检测通风系统的各部风压是否符合设计要求，特别是各分系统的末端压力是否平衡。

e．用热球式风速仪（或卡他温度计）检测送风口或散流器的风速是否符合要求。

C．空调房间内空气参数的检测。

a．用液体温度计（水银温度计、酒精温度计）、热电偶温度计、双金属温度计、毛发温度计等检测室内温度。

b．用干湿球温度计、通风干湿球温度计、指针式毛发湿度计检测室内的相对湿度。

c．用尘埃粒子计检测系统内或室内空气的含尘量。

d．用轻微的纤维丝或烟雾检测室内的气流组织分布。

e．用微压计或轻微纤维丝检测室内空气的正压。

D．空调机组效果检测。

风量、风速、风压的检测方法与通风系统相同；进出风的状态参数（温度、相对湿度和洁净度）的检测方法与空调房间的检测方法相同。

E．空调系统中水系统的检测查验。

a．中水系统中的设备、管道检测方法与制冷机相同。

b．用超声波流量计或系统上安装的流量计检测各分系统流量是否满足设计要求和用户需求。

c．用压力表检测各分系统的末端压力是否平衡。

d．用温度计检测系统各部水温是否达到设计要求。

④ 试验查验：通过必要的实验方法（如通风、通水、闭水等），测试相关设施设备的功能。

（2）空调系统现场查验项目分类。

① 制冷设备系统：制冷机组安装；制冷剂管道及配件安装；制冷附属设备安装；管道与设

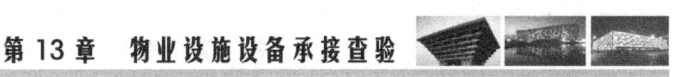

备的防腐及绝热；系统调试。

② 空调水系统：管道冷（热）媒水系统安装；冷却水系统安装；冷凝水系统安装；冷却塔系统安装；阀门与部件安装；水泵与附属设备安装；管道与设备的防腐及绝热；系统调试。

③ 净化空调系统：风管与配件制作；部件安装；风管系统安装；空气处理设备安装；消声设备制作与安装；风管与设备防腐；风机安装；风管与设备绝热；高效过滤安装；系统调试。

④ 空调风系统：风管与配件制作；部件安装；风管系统安装；空气处理设备安装；消声设备制作与安装；风管与设备防腐；风机安装；风管与设备绝热；系统调试。

⑤ 送排风系统：风管与配件制作；部件安装；风管系统安装；空气处理设备安装；消声设备制作与安装；风管与设备防腐；风机安装；系统调试。

⑥ 防火排烟系统：风管与配件制作；部件安装；风管系统安装；防火排烟风口、常闭正压风口与设备安装；风管与设备防腐；风机安装；系统调试。

（3）现场观感查验应符合以下标准。

① 制冷机、通风机、水泵、风机盘管机组的安装应正确、牢固。

② 制冷剂、水管系统、阀门、仪表的安装位置应正确，系统无泄漏。

③ 组合式空气调节机组外表应平整光滑、接缝严密、组装顺序正确，喷水室外表面无泄漏。

④ 风管表面应平整、无损坏；接管合理，风管的连接及风管与设备或调节装置的连接无明显缺陷。

⑤ 风管、部件及管道的支架、吊架的型式、位置、间距应符合要求。

⑥ 风管、管道的软性接管位置应符合设计要求，接管应正确、牢固，自然无强扭。

⑦ 风口表面应平整、颜色一致，安装位置应正确，风口可调节部件应能正常动作。

⑧ 风管、部件、管道及支架的油漆应附着牢固，漆膜厚度应均匀，油漆颜色与标志应符合设计要求。

⑨ 除尘器、积尘室的安装应牢固、接口严密。

⑩ 消声器的安装方向应正确，外表面应平整无损坏。

⑪ 各类调节装置的制作和安装应正确牢固、调节灵活、操作方便，防火与防烟阀等应关闭严密、动作可靠。

⑫ 绝热层的材质、厚度应符合设计要求，表面平整、无断裂和脱落；室外防潮层和保护壳应顺水搭接、无渗漏。

具体各类设备、系统、设施的验收标准应参考相关标准与规范，以及设计文件。

（4）现场查验记录。

交接双方在现场查验时应安排专人填写《空调设备、系统检查记录表》，由双方负责人签字后收集并保存。

（5）工程存在问题的收集与处理。

由承接方收集汇总检查中发现的问题，并填写《空调设备、系统问题缺陷登记表》，交给移交方签收，并负责安排处理；移交方负责配合与监督处理进度和结果，直到双方验收合格为止。

（6）空调系统的移交工作。

空调系统的移交工作是在查验合格后进行的，主要包括以下几项。

① 新建物业空调系统的移交。

A．移交主体。

a．移交方：新建物业的开发建设单位或业主方。

b．承接方：物业服务企业。
　B．移交内容。
　　a．相关资料：按资料清单的内容。
　　b．设备、设施和系统：按设备清单、设施清单和系统竣工图的内容。
　　c．专用工具、配件和物料：按合同约定和相关规定及厂家设备装箱单的内容。
　　d．其他：按合同约定的内容。
　C．办理移交手续。
交接双方在完成空调系统的查验并就遗留问题的处理进行安排后，就可在交接表上签字，完成移交手续。
② 原有物业空调系统的移交。
　A．移交主体。
　　a．原有物业管理机构向业主或产权单位移交。
移交方：原有物业服务企业。
承接方：业主、业主大会或产权单位。
　　b．业主、业主大会或产权单位向新的物业服务企业移交。
移交方：业主、业主大会或产权单位。
承接方：新的物业服务企业。
　B．移交内容。
　　a．相关资料：空调系统的原始资料，运行、维修保养、更新改造和专业检验报告等资料。
　　b．设备、设施和系统：按设备清单、设施清单和系统竣工图的内容。
　　c．专用工具、机械、配件和物料：按合同约定和相关规定及厂家设备装箱单的内容。
　　d．其他：按合同约定的内容。
　C．办理移交手续。
交接双方在完成空调系统的查验并就遗留问题的处理进行安排后，就可在交接表上签字，完成移交手续。但要注意以下问题。
　　a．对物业空调系统的使用现状做出评价，真实客观地反映设备和系统的完好程度。
　　b．各类相关费用应办理移交，对未结清的费用要明确收取和支付的方式。
　　c．制定遗留问题的处理方案和联系方式。

3. 空调系统遗留问题的处理

1）新建物业项目空调系统遗留问题的处理

（1）法定责任：将承接查验时发现的质量问题和缺陷整理出来后，应由开发建设单位提出解决方案，也可由物业服务企业提出解决意见，由开发建设单位负责解决。

（2）根据发生原因的不同，解决方法可分为以下两类。

第一类是施工单位或设备供货厂商造成的问题，应按《建设部工程质量管理条例》中的规定，以及双方合同约定的方法由施工单位或供货厂商负责处理，直至合格。

第二类是规划设计考虑不周造成的功能不足、使用不便、运行管理不经济等问题，应由建设单位负责修改设计，改造或增补相应设施解决问题。

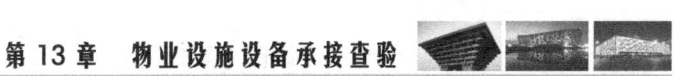

（3）对于一些非工程质量造成的不合格问题，如果物业服务企业有实力可以在运行维护中解决的，也可以通过开发单位的协调，安排物业服务企业解决，由开发建设单位向物业服务企业支付相应的费用。

2）物业管理机构更迭时物业项目空调系统承接查验中发生问题的处理

（1）法律责任：物业管理机构更迭时物业项目空调系统承接查验中发生问题的处理应由移交方负责处理。

（2）处理方法如下。

① 有责任方负责处理直至达到双方约定的标准。

② 也可由移交双方另行约定由移交方作出经济赔偿后，承接方自行解决。

13.6.4 空调设备、设施技术档案的建立

空调系统的设备、设施技术档案包括设备基础管理档案：竣工图、竣工资料、设备图样资料和生产厂家的安装、维护、使用说明书与合同等。设备使用档案：设备运行档案、设备维护保养档案、设备修理档案、设备系统改造更新档案等。

1. 设备基础管理档案的建立

1）设备原始技术档案的建立

收集设备原始技术资料，主要包括在物业项目空调设备和系统承接查验双方交接时由交验方提交的竣工图纸、竣工资料和技术资料，以及生产厂家的安装、维护、使用说明书与合同书等，承接方应安排专人按有关规范和制度的规定进行分类整理建档，长期保存；按借阅制度供查阅使用。

2）设备基础管理档案的建立

设备基础管理档案是永久保存的。它主要包括《设备登记卡》《设备清单》《设备台账》《设备卡》等。

包含的资料：设备管理单位、设备类别、设备编号、名称、型号、出厂编号、出厂日期、启用时间、生产厂家、安装地点、用途、主要技术参数、附属设备、随机资料、随机附件、专用工具、设备原值、使用年限、年折旧率、重大变更记录、使用管理责任人等。

2. 设备使用档案

1）设备、设施运行维护档案

设备、设施运行维护档案的保存年限一般为 3 至 5 年，可定期处理。主要包括设备运行日志、故障处理记录、巡检记录、事故处理报告、维修保养计划、维修保养报告、设备完好率检查评定、设备系统状态参数测定记录、设备系统的专业安全检验报告等。

2）设备系统修理、改造档案

设备系统修理、改造档案主要包括设备、设施、系统的专项修理，大修、中修、改造计划，实施合同、实施报告、验收报告等。

3）设备、设施报废档案

设备、设施报废档案主要包括设备、设施的报废申请、评估、报废记录等。

13.7 热源系统的接管验收

13.7.1 接管验收的依据

热源系统的接管验收要根据相关法规和规范的规定进行。锅炉带负荷连续 48 小时试运行合格后，方可办理工程总体验收手续。工程未经总体验收，严禁锅炉投入使用。工程验收应包括中间验收和总体验收。

1. 业主或建设单位提供的设备或图纸资料

（1）现场组装锅炉的验收，应具备以下资料。
① 开工报告；
② 锅炉技术文件清查记录（包括设计修改的相关文件）；
③ 设备缺损件清单及修复记录；
④ 基础检查记录；
⑤ 钢架安装记录；
⑥ 钢架柱腿地板下的垫铁及灌浆层质量检查记录；
⑦ 锅炉本体受热面管子通球试验记录；
⑧ 阀门水压试验记录；
⑨ 锅筒、集箱、过热器及空气预热器安装记录；
⑩ 管端退火记录；
⑪ 胀接管孔及管端的实测记录；
⑫ 锅筒胀管记录；
⑬ 受热面管子焊接质量检查记录和检验报告；
⑭ 水压试验记录及签证；
⑮ 锅筒封闭检查记录；
⑯ 炉排安装及冷态试运行记录；
⑰ 炉墙施工记录；
⑱ 仪表试验记录；
⑲ 烘炉、煮炉和严密性试验记录；
⑳ 安全阀调整试验记录；
㉑ 带负荷连续 48 小时试运行记录。

（2）整体安装锅炉的验收，应提供以下资料。
① 开工报告；
② 锅炉技术资料清查记录（包括设计修改的相关文件）；
③ 设备缺损件清单及修复记录；
④ 基础检查记录；
⑤ 锅炉本体安装记录；
⑥ 风机、除尘器、烟筒安装记录；
⑦ 给水泵或注水器安装记录；

⑧ 阀门水压试验记录；
⑨ 炉排冷态试运行记录；
⑩ 水压试验记录及签证；
⑪ 水位表、压力表和安全阀安装记录；
⑫ 烘炉、煮炉记录；
⑬ 带负荷连续 4~24 小时试运行记录。

2. 设备的国家和地方标准、规范

热源系统安装施工及验收应符合国家和地方的相关标准和规范。主要有《特种设备安全监察条例》《锅炉安全技术监察规程》（TSG G0001—2012）《特种设备使用管理规则》（TSG 08—2017）《工业锅炉水质》（GBT1576—2018）等。各地方应在国家标准的基础上参照地方相关标准执行。

3. 设备厂家及使用说明书

设备厂家应提供设备本体及附属设备的产品制造、检验和安装的相关报告，以及各部件的使用说明书。

4. 物业服务合同

13.7.2 接管验收的要求

1. 接管验收应具备的条件

热源系统的运行管理工作是从接管验收开始的，做好接管验收工作有利于保证施工质量，便于了解和掌握热源系统状况和设备的使用性能，对系统投入运行后的维修与管理有重大意义，因此，必须认真做好接管验收工作。72 小时热态试运行合格后，检查安装单位提供的各项技术文件和相关记录等资料，经检查合格后，方可进行接管验收。

2. 接管验收工作标准及要求

接管验收工作标准及要求包括以下几项。
（1）锅炉是否能达到设计规定的额定压力和参数；
（2）锅炉的燃烧设备及锅炉的燃烧状况是否正常；
（3）锅炉的辅机及附属设备运转是否正常；
（4）各调节、控制系统的效能是否达到设计指标；
（5）仪表指示是否正常；
（6）安全附件的灵敏度是否可靠，保护装置是否符合规定；
（7）受压元件的膨胀是否正常。

3. 接管验收工作程序

（1）查验锅炉出厂的技术资料是否齐全；

(2) 其他各种辅助设备均需要有产品质量合格证书及产品规格安装使用说明书；
(3) 查验各项安装工程的质量检验评定表和各阶段安装记录；
(4) 查验水压试验、烘炉、煮炉、安全阀调试记录，锅炉及辅助设备单机调试和无负荷试运行记录，72小时带负荷试运行过程记录。

13.7.3 接管验收工作内容

1. 设备厂家及安装基础资料竣工图纸、资料、文件

(1) 设备的出厂合格证及相关清查记录；
(2) 安全本体及零部件的施工记录及签证；
(3) 设备移交清册；
(4) 其他相关资料。

2. 技术监督部门出具的相关验收材料

(1) 施工许可证；
(2) 验收合格证；
(3) 准予使用证明；
(4) 其他相关材料。

3. 遗留问题的处理

(1) 本体及附属设备的质量保证证明；
(2) 免费维修、保养、更换的范围及期限；
(3) 责任的划分与界定资料；
(4) 其他相关资料。

4. 设备技术档案的建立

(1) 锅炉的相关图样及技术资料；
(2) 锅炉房的设计图样及技术资料；
(3) 锅炉和锅炉房设计修改（变更）通知单；
(4) 锅炉受压元件（更换部分）和焊接材料的质量保证书及检验证明；
(5) 锅炉安装质量证明书（锅炉安装及检验记录、分段验收和总体的签证）；
(6) 炉墙砌筑材料的检验报告；
(7) 由安装单位负责购买的零件、设备等的合格证；
(8) 锅炉安全监察机构或其授权的检验单位的"锅炉安装质量检测报告"。

经过重点检查和检验上述各项相关技术文件和资料后，由建设单位、安装单位和质量监督部门办理验收手续，正式移交，接管验收工作结束。其中，由安装单位整理的《锅炉安装质量证明技术文件》交运行管理单位永久保存，并作为运行管理单位向当地劳动部门申请《锅炉使用登记证》的证明文件之一，也是重点档案的建立。

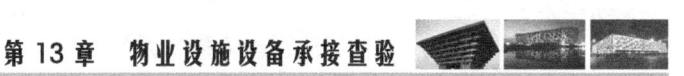

13.8 供水系统的承接查验

13.8.1 承接查验工作依据

（1）《建筑给水排水设计规范》（GB50015—2003）（2009年版）。
（2）《建筑给水排水及采暖工程施工质量验收规范》（GB50242—2002）。
（3）《无负压给水设备》（CJ/T265—2016）。
（4）《生活饮用水水质卫生规范》（GB5749—2006）。
（5）《建筑设计防火规范》（GB50016—2014）。
（6）《小区集中生活热水供应设计规范》（CECS222：2007）。

13.8.2 承接查验的范围

1. 设备及系统

（1）生活给水系统。
（2）消火栓给水系统。
（3）喷淋给水系统。
（4）热水给水系统。

2. 技术资料和合格证书、证明

（1）产品认可证书，如厂家及产品资质证书。
（2）出厂合格证。
（3）安装及使用说明书。
（4）其他基础资料。

3. 能源底数确认

确认给水系统的用水、用电量底数。

4. 系统的调试或运行、维修记录

13.8.3 承接查验的程序

1. 承接查验应具备的条件

（1）建设工程竣工验收合格，取得规划、消防、环保等主管部门出具的认可或者准许使用文件，并经建设行政主管部门备案。
（2）供水、排水等市政公用设施设备按规划设计要求建成，供水已安装独立计量表具。
（3）二次供水、电子监控系统等公用设施设备取得使用合格证书。
（4）物业使用、维护和管理的相关技术资料完整齐全。
（5）法律、法规规定的其他条件。

2. 承接查验工作的实施

1）成立物业承接查验小组

（1）由前期物业服务合同双方，即物业的建设单位与选聘的物业服务企业派人组成物业承接查验小组，进行给排水系统的承接查验。

（2）物业服务企业和建设单位按照国家相关规定和前期物业服务合同的约定，共同对物业供水设施设备进行检查和验收。

2）基础资料承接查验

验收小组对各项基础资料进行承接查验，主要包括以下几项。

（1）相关系统的设计、施工和竣工图纸。

（2）竣工验收合格证明。

（3）设施设备产品合格证明、安装使用说明书等。

（4）隐蔽工程验收报告。

（5）供水系统压力试验报告。

（6）设备调试报告。

（7）资料完整齐全，由物业公司与建设单位及时办理资料交接手续，对资料不齐全的部分，应当书面说明情况并明确移交的时间和明细，由物业公司和建设单位签字后备案。

3）设施设备承接查验

验收小组要依照国家、地区工程质量验收标准和设备生产单位提供的符合国家标准要求的产品安装、运行技术条件等逐项对验收内容进行查验，对相关设备进行试运行，并做好相应记录。对符合交接标准的设施设备，物业公司应当接管，对验收中不符合接管标准的内容和发现的问题，如影响设备的正常使用，物业公司应不予接管，并应向建设单位提交书面报告，由建设单位签收并协调责任单位落实整改计划。

4）签订物业承接查验协议

物业承接查验合格后，物业公司应当及时与建设单位签订物业管理承接查验文件，并归档保存。物业承接查验协议应当对物业承接查验的基本情况、存在的问题、解决方法及时限、双方的权利义务、违约责任等事项做出明确约定。

3. 承接查验工作基本内容

（1）供水系统相关设计说明文件，变更、施工和竣工图纸等。

（2）隐蔽工程验收记录。

（3）相关施工记录、变更记录和监理检验记录。

（4）相关设施设备产品的合格证书、保修卡、设备安装说明书和维护使用说明书，以及设备开箱验收记录等。

（5）设备调试报告。

（6）管道压力测试、试水、闭水报告。

（7）用水协议。

（8）竣工验收报告。

（9）符合国家《生活饮用水卫生标准》的清洗、通水、消毒检测报告。

（10）沉降观察记录。

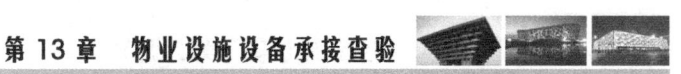

检查自来水公司的进水表阀是否完好、启闭是否灵活；高、低蓄水池是否洁净卫生，以及是否采取封闭措施；是否便于检修、清洗；进水管是否有安全保障措施；水泵电动机是否安装稳固，运行时应无振动；压力表等是否指示正常；自动控制系统是否运行正常，有无缺水、溢水故障；管路是否安装牢固，无跑、冒、滴、漏现象。

① 各种水泵及附件。

A．水泵的规格型号、电气控制应符合设计要求，可以满足生活供水、消防供水、排水的需要。

B．泵体、电动机表面应清洁，铭牌齐全、清晰，阀门、压力表等附件齐全，功能正常。

C．水泵密封（机械、填料）良好，无渗水、溢水现象。

D．泵轴与电动机同心，机座紧固，螺钉无生锈。

E．阀门开闭灵活，关闭严密，阀体、手柄完好，外观整洁。

F．压力表指针灵活，指示准确，位置便于观察，紧固良好，表阀及接头无渗水现象。

G．水泵安装应平稳，运行时无较大振动和噪声，工作压力和扬程等应满足设计要求。水泵动力线路暗装，控制箱安装位置合理，控制按钮、指示灯、电气元件齐全良好，导体连接紧固，无虚接、漏接、发热、噪声等现象。

H．水泵与水箱及供水管道连接良好；水箱、水池设备的各类配置应符合使用要求，水箱和水池安置、检查口设置等应便于检修。进水阀工作正常，液位控制信号装置具有超低位和超高位报警的功能。

I．控制部件启闭灵活，无异响、滴漏现象；水压试验报告合格；管道保温、防腐措施符合施工及验收规范。点动观察时水泵转向、启动电流、电气动作顺序、指示信号等正常。

J．启动停止水泵：检查运转平稳，无跳动、无异声，正常出水，水压能够满足供水要求，压力指示稳定，远传控制正常，三相电流平衡度小于2%，转速、电流接近额定值，单流阀动作良好，无漏水现象。

K．水泵负载试运行不小于4小时，具体时间根据水泵的规格及配用功率决定。水泵房具备地漏或排水设施。

② 检查压力供水设备的安装、使用是否符合国家标准及地区标准，压力是否在正常控制范围内，安全保护是否完善，是否可以及时动作。

A．隐蔽工程记录合格，安装符合《给排水管道工程施工及验收规范》（GB50268）。

B．丝扣连接牢固可靠，断扣不大于10%。选材应为图纸规定的管材，防腐处理合理、无漏刷现象。

C．焊接、焊口平直，焊缝无烧穿、断漏焊、加渣、气孔等现象。

D．法兰连接对接平行，连接紧密，法兰与管道垂直。

E．支挂架安装牢固合理，间距适当。

F．保温厚度符合标准，粘贴紧密牢固，防腐处理良好，无漏刷、起泡现象。

G．阀门、水处理设备及附件的规格型号、耐压强度、阀门的严密试验应符合施工规定标准，方向符合使用标准，且便于维修。

H．油漆防腐处理合理，符合设计要求，表面光滑无漏刷现象。

I．管网的试验压力应为工作压力的1.5倍，不大于1 MPa，10分钟降至工作压力，不渗漏，30分钟的压降不大于0.05 MPa。

J. 各种管沟应符合规定标准，管网排列整齐、合理、便于维修，各种沟内应整洁、无杂物。供水管道严禁穿越变配电室；一般不应穿越办公室、起居室、卧室等；供水和排水管道不能混合串流。

K. 隐蔽工程记录（管道防腐、垫层、埋深在防冻层以下，与地下其他管道、电缆等的铺设位置是否符合规范）。

L. 供水试验无漏水、断水现象，水质洁净符合生活用水标准。

M. 管道安装应牢固，按照规范进行设置吊架等固定构件，水平、垂直度等符合施工规范；管道穿过墙壁和楼板时，应设置金属或塑料套管。

N. 高层建筑供水系统应考虑防沉降、防止管道伸缩变位，还应考虑防震、防噪和防水锤等，一般可在水泵出水管上安装消声止回阀、柔性短管等附件，在输送管道上安装柔性接头和柔性支架，根据情况，供水立管设置减压装置等。

O. 供水立管的最高处应设有排气阀，便于排出水管中的空气。

P. 对暗装的阀门，应有方便检修的措施，如开设检修孔等。

③ 消防设施。

A. 消防喷洒管材应符合设计要求，管材无锈蚀、无飞刺，零件齐全。

B. 喷洒头的规格、类型、间距应符合设计要求，外观完好，连接紧密牢固，水带配置齐全。

C. 消火栓的箱体规格、类型应符合设计及使用要求，箱体表面应平整、光洁、无锈蚀、无划痕，箱门开启灵活。

D. 管道穿墙处不得有接口（丝接或焊接）。

E. 水泵规格符合设计及使用要求。

F. 阀门开启灵活，关闭严密，无泄漏、断水现象。

G. 消防感烟、喷淋自动灭火控制系统的安装应符合设计要求，测试性能良好。

④ 生活用水系统、生活热水系统和直饮水系统。

A. 生活用水系统。

a. 核实市政供水管网的水表井位置及管径，检查供水合同。

b. 对生活水箱进行清洗并检验是否合格。符合城市居民生活用水标准（GB/T50331—2002）。取得饮用水卫生许可证。与生活水箱相连的各进出水管要按照规范做好卫生防护。生活水箱间、水泵房要严格按照卫生标准进行装修。生活水箱的管理要有安全防范程序和措施。

c. 对生活水系统管网、控制阀门、分区阀门进行检查。要求达到冲洗、试压、使用标准。冲洗、试压、检查记录齐全。

d. 对生活水泵系统进行检查及试运行。检查项目有水泵表面清洁，管路阀门严密、灵活、好用，水泵运转正常、无振动、无噪声，水泵润滑正常、单流阀使用正常、不倒水，压力罐仪表正常、运行调试记录齐全，符合运行标准。

e. 对卫生间、浴室、清洁间用水设备进行检查。淋浴器的开关正常不漏水，龙头开关正常不漏水、正常好用。

B. 生活热水系统。

a. 对生活热水系统，高区、中区、低区的管线、控制阀门进行检查。要求达到冲洗、试压、使用标准。冲洗、试压、检查记录齐全。

b. 对生活热水泵系统，高区、中区、低区分区进行检查及试运行。

c．对卫生间、浴室、清洁间用水设备进行检查。检查项目有淋浴器开关正常不漏水、龙头开关正常不漏水。

C．直饮水系统。

a．对直饮水的一次、二次水箱进行清洁检查，要求符合国家卫生标准。

b．对直饮水系统的管线、控制阀门、分区阀门进行检查。要求达到冲洗、试压、使用标准。冲洗、试压、检查记录齐全。

c．对直饮水泵系统进行检查及试运行。

d．对直饮水用水设备进行检查，要求正常好用。

e．核实直饮水系统的制水流程并据此绘制直饮水系统流程图。

f．直饮水机房的装修要严格符合卫生标准。

⑤ 设备间电气。

A．设备间电气的安装应符合《电气装置安装工程低压电器施工及验收规范》（GB50245—2014）。

各电气元件、电缆导线齐全，安装良好，规格型号符合设计要求，各种保护装置齐全、合理。

B．配电柜（箱）中各电气元件及其与导线的连接应紧固，布线应整齐合理，接触良好，无虚接、过热、噪声现象，有良好的接地保护。

C．泵房间电气配电柜各指示灯、电动机运转正常，无噪声和过热现象。

所有设备房应有应急照明，电线电缆接口端有编号或挂牌，配电柜上标识清晰。

D．设备间各种设备的说明及资料齐全。

4．遗留问题的处理

（1）对查验中发现的问题，应由建设单位协调相关责任单位落实整改计划，承诺整改时间。

（2）对不影响系统运行和使用的问题，物业公司可先行交接设施设备；对需要整改的项目，物业公司可受建设单位委托对存在的问题进行整改。

（3）物业承接查验费用的承担，由建设单位和物业服务企业在前期物业服务合同中约定。没有约定或者约定不明确的，由建设单位承担。

（4）物业交接完成后，建设单位未能按照物业承接查验协议的约定，及时解决物业共用部位、共用设施设备存在的问题，导致业主人身、财产安全受到损害的，建设单位应当依法承担相应的法律责任。

（5）物业交接完成后，若发现隐蔽工程质量问题，影响安全和正常使用的，建设单位应当负责修复；给业主造成经济损失的，建设单位应当依法承担赔偿责任。

（6）自物业交接之日起，物业服务企业应当全面履行前期物业服务合同中约定的、法律法规规定的，以及行业规范确定的维修、养护和管理义务，承担由管理服务不当导致物业共用部位、共用设施设备毁损的责任。

（7）现场查验时，物业服务企业应当将物业共用部位、共用设施设备的数量和质量不符合约定或者规定的情形，书面通知建设单位，建设单位应当及时解决并组织物业服务企业复验。

（8）建设单位应当委派专业人员参与现场查验，与物业服务企业共同确认现场查验的结果，签订物业承接查验协议。

(9) 建设单位与物业服务企业不能达成补充协议的，按照国家标准、行业标准履行；没有国家标准、行业标准的，按照通常标准或者符合合同目的的特定标准履行。

13.8.4 登记建档

(1) 签订承接查验文件后，物业服务企业应将承接查验文件归档保存，包括设施设备验收记录、图纸等基础资料，存在的问题及处理意见，参加验收的人员、时间及其他有关事项的约定（如保修期）等。

(2) 建立设备台账，对供水系统中相关设备按一物一卡的要求建立设备台账。

(3) 对相关设备供应商、施工单位的联系方式予以备案。

13.9 中水设施的承接查验

13.9.1 承接查验工作依据

1. 国家有关工程施工质量的验收规范

(1)《建筑中水设计规范》（GB50336—2018）。

(2)《建筑给水排水及采暖工程施工质量验收规范》（GB50242—2002）。

(3)《城市污水处理厂工程质量验收规范》（GB50334—2002）。

(4)《室外排水设计规范》（GB50014—2006）（2014年版）。

(5)《城市污水再生利用》系列标准。

2. 生产厂家的安装要求及产品技术说明书

(1) 中水处理设备厂家及产品资质证书。

(2) 中水处理设备出厂合格证。

(3) 中水处理设施设备的安装使用说明书和维护使用说明书。

(4) 其他基础资料。

3. 竣工图纸、技术资料

1) 构筑物

(1) 施工图、设计说明及其他设计文件。

(2) 测量放线资料和沉降观测记录。

(3) 隐蔽工程验收记录。

(4) 施工记录与监理检验记录。

2) 管道与阀门

(1) 施工图、设计说明及其他设计文件。

(2) 材料的产品合格证书、性能检测报告、进场验收记录及复试报告。

(3) 隐蔽工程验收记录。

(4) 施工记录与监理检验记录。

（5）试验记录。

3）机电设备

（1）设备安装说明、电路原理图和接线图。

（2）设备使用说明书，运行和保养手册。

（3）防护及油漆标准。

（4）产品出厂合格证书、性能检测报告、材质证明书。

（5）设备开箱验收记录。

（6）设备试运转记录。

（7）中间交验记录。

（8）施工记录和监理检验记录。

4）自动控制及监视系统

（1）自动控制及监视系统的安装应有设备平面布置图、接线图、安装图、系统图及其他必要的技术文件。

（2）自动控制及监视系统的软件和硬件的设计图、清单、设计说明及相关文件。

（3）自动控制及监视系统中所用材料、产品质量合格证书、性能检测报告、进场验收记录及复验报告。

（4）施工记录和监理检验记录。

13.9.2 承接查验的范围

1. 设备及系统

中水系统的水泵房、水池、水箱、水泵、过滤器、水处理设备、消毒设备、控制系统、管道及附件等。

2. 技术资料和合法证书、证明

3. 能源底数确认

确认消防系统的用水、用电量底数。

4. 系统的调试或运行、维修记录

13.9.3 承接查验的程序

1. 承接查验工作的准备

1）承接查验应具备以下条件。

（1）工程全部施工完毕，竣工验收合格。

（2）图纸资料准备齐全，验收、隐检、调试记录清楚完整。

（3）中水系统可以正常使用。

（4）建设单位、业主委员会、施工单位、物业管理单位人员配备合理。

2）确认承接查验方案

2. 承接查验工作的实施

参考供水系统承接查验工作的实施。

（1）接收基础资料。验收小组对各项基础资料进行查验，资料完整齐全的物业公司与建设施工单位及时办理资料交接手续，不齐全的应当书面说明情况并明确移交的时间和明细，经物业公司认可后，先行办理移交手续。

（2）查验系统设施设备并现场试运行。验收小组要依照国家、地区工程质量验收标准和设备生产单位提供的符合国家标准要求的产品安装、运行技术条件逐项对验收内容进行查验，并做好记录。对符合接管标准的设施设备，物业公司应当接管。

中水系统查验内容如下。

① 对管线、控制、分区减压阀门进行检查测试，并确定安装位置。试压、检查记录齐全。
② 对中水原水管进行通水试验，保证管网准确，流水通畅。
③ 对中水泵房系统进行检查及试运行。
④ 调节池、潜水排污泵、混凝剂投药箱、砂滤罐、中空纤维超滤、隔栅、毛发过滤器、接触氧化池、二沉池、中水池、浮球、二级提升泵、过滤罐、加药箱、加药泵等设施设备试运行调试正常。

（3）签订承接查验文件。验收小组对验收内容逐项验收后，物业公司应及时签订物业管理承接查验文件并归档保存。承接查验文件应包括项目名称、验收内容、设施设备验收情况、存在的问题、修复责任，以及参加验收的人员、时间及其有关事项的约定并附接管的基础资料明细。

（4）资料保管与备案。保管基础资料和承接查验文件并送主管部门备案。

3. 遗留问题的处理

参考供水系统遗留问题的处理。

13.9.4 设备档案的建立

接管单位应及时建立设备档案，包括技术资料、运行记录、维修记录。

第 1 部分是设备的说明书、图纸资料、出厂合格证明、安装记录、安装及试运行阶段的修改洽谈记录、验收记录等。这些资料是运行及维护人员了解设备的基础。

第 2 部分是对设备每日运行状况的记录，由运行操作人员填写。如每台设备的每日运行时间、运行状况、累计运行时间、每次加油的时间、加油的部位、品种、数量、故障发生的时间及详细情况，易损件的更换情况等。

第 3 部分是设备维修档案，包括大修、中修的时间，维修中发现的问题、处理方法等。这将由维修人员及设备管理技术人员填写。设备使用了一段时间以后，必须对设备进行小修、中修或大修。

13.10 排水系统的承接查验

13.10.1 承接查验工作依据

（1）《建筑给水排水设计规范》（GB50015—2003）（2009 年版）。
（2）《建筑给水排水及采暖工程施工质量验收规范》（GB50242—2002）。

(3)《给水排水管道工程施工及验收规范》(GB50268—2008)。
(4)水泵、水处理等设施设备的安装使用说明书和维护保养说明书。
(5)建筑给排水竣工图。
(6)小区市政管网综合线路竣工图。

13.10.2　承接查验的范围

(1)建筑给排水竣工图及设计变更文件。
(2)市政管网综合线路竣工图。
(3)水泵等设备的安装使用说明书和维护保养说明书。
(4)管道冲洗记录。
(5)隐蔽工程验收记录。
(6)设备调试、运行、维修记录。
(7)管道及蓄水池(罐)的满水试验记录。
(8)管道及容器的打压试验记录。
(9)水泵、水处理等设备的开箱资料、出厂合格证。

13.10.3　承接查验的程序

1. 承接查验工作的准备

1)承接查验应具备的条件
(1)建筑单体或整体施工完毕,通过施工单位、建设单位、监理单位和质量监督部门组织的四方工程质量验收。
(2)设施设备试运行正常,满足使用要求。
(3)图纸资料准备齐全,验收、隐检、调试、运行记录清楚完整。
(4)由建设单位与物业服务企业的人员组成承接查验小组。
2)承接查验方案
(1)物业服务企业根据《物业服务合同》向建设单位(业主委员会)提出承接查验申请。
(2)物业服务企业成立由工程管理部门牵头,行政部门配合的承接查验领导小组,明确职责分工,了解并熟悉接收设备的基本情况。
(3)准备承接查验表格及直尺、电流表等必需的查验工具。
(4)接管人员按照约定的时间着装整齐,提前到达指定地点进行查验工作,并对查验过程进行登记存档,对查验过程中发现的问题双方约定复验的时间。

2. 建设单位(业主委员会)责任

按照先内后外的原则,建设单位(业主委员会)与物业服务企业对图纸资料、设施设备的使用功能进行交接查验。

1)室外雨水排放系统
(1)对屋面雨漏进行排水试验,巡查管线走向,确定管线通畅。

（2）核实排放出户位置，并据此绘制外围管线布置图。

（3）检查管道过井，确保清洁卫生。

（4）对大厦外围的雨水排放管线进行检查，确定市政管线位置，并据此绘制外围管线布置图。

2）室内污水排水系统

（1）对地下的污水井、污水坑进行清理，确保整洁。

（2）检查污水泵的安装情况。检查项目包括污水泵导轨的安装是否牢固、污水泵的接口是否严密、单流阀是否使用正常不倒水、污水泵是否运转，振动、噪声是否正常，污水泵标识是否齐全，确保符合安装规范。

（3）对污水泵进行绝缘测试及负荷测试。

（4）对污水井内的液位控制设备进行测试，确定联动运行。

（5）对大厦外围的化粪池进行检查，池内不得有任何杂物。

（6）对大厦外围的污水排放管线进行检查，并据此绘制外围管线布置图。

（7）填写《承接查验记录》，对查验过程中发现的问题双方约定维修和复验的时间。

（8）归档经验收合格的资料。

3）室内排水系统查验内容

坐便器下水是否通畅、小便器下水是否通畅、地漏下水是否通畅，对各楼层开水间、清洁间的地漏进行排水试验，确定管线走水通畅。

3. 遗留问题的处理

（1）建设单位（业主委员会）与物业服务企业填写《承接查验记录》，查验记录包括查验项目名称、查验时间、查验内容、查验结论、存在的问题和解决方法，并由查验人签字，约定解决时间。

（2）影响设备安全使用的质量问题必须约定期限由建设单位负责返修直至合格。

（3）属于设备保修期内的维修由建设单位（业主委员会）找设备生产和安装厂家进行修复，超出保修期的设备维修由建设单位（业主委员会）负责。

（4）需要由物业服务企业协助处理的问题要签订设备维修协议，并向物业服务企业给予经济补偿。

13.10.4　设施设备档案的建立

（1）设备使用说明书、设备维护保养说明书、图纸资料及设计变更文件、出厂合格证、安装调试记录、试运行记录。

（2）设施设备台账包括设备编号、设备名称、型号规格、生产日期、安装时间和地点、保养人员、大修和中修记录。

（3）设备的购置计划，更新改造计划，报废计划，年度大修、中修计划，设备维修的内容、标准，设备验收及运行记录。

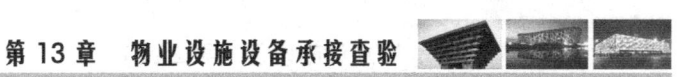

13.11 消防系统的接管验收

13.11.1 消防系统接管验收工作依据

1）国家有关工程设计、施工质量验收的规范
（1）《建筑设计防火规范》（GB50016—2014）。
（2）《火灾自动报警系统设计规范》（GB50116—2013）。
（3）《建筑电气工程施工质量验收规范》（GB50303—2015）。
（4）《固定消防炮灭火系统设计规范》（GB50338—2003）。
（5）《建筑消防设施检查技术规程》（GA503—2004）。
（6）《建筑灭火器配置设计规范》（GB50140—2005）。
（7）《自动喷水灭火系统施工及验收规范》（GB50261—2005）。
（8）《建筑设计防火规范》（GB50016—2006）。
（9）《气体灭火系统施工及验收规范》（GB50263—2007）。
（10）《火灾自动报警系统施工及验收规范》（GB50166—2007）。
2）生产厂家的安装要求及产品技术说明书。
（1）消防产品认可证书，如厂家及产品资质证书等。
（2）出厂合格证。
（3）安装及使用说明书。
（4）其他基础资料。
3）竣工图纸、技术资料
（1）竣工验收资料。
① 竣工图（包括消防总平面布置图，水、电、气、设备、附属工程各专业竣工图及地下管线综合布置竣工图）。
② 建筑工程竣工消防验收意见书。
③ 其他竣工资料。
（2）施工设计资料。
① 消防工程施工资质等级许可证。
② 全套设计图纸。
③ 建筑设计防火审核意见书。
④ 图纸会审通知单。
⑤ 设计变更通知单。
⑥ 施工图纸。
⑦ 工程预决算报告书。
⑧ 重要的施工会议纪要。
⑨ 隐蔽工程验收记录。
⑩ 其他可能会影响将来管理的原始记录。

(3) 设备资料。
① 设备清单。
② 符合法定市场准入规则的证明文件。
③ 产品出厂合格证。
④ 使用说明书。
⑤ 安装、调试报告。
⑥ 设备保修卡、保修协议。
⑦ 其他技术资料。
(4) 项目委托合同。
① 前期物业服务合同。
② 物业服务合同。

13.11.2 消防系统接管验收的范围

1) 设备及系统
(1) 消防报警联动控制系统。
(2) 消火栓灭火系统。
(3) 水喷淋自动灭火系统。
(4) 气体灭火系统。
(5) 防火排烟系统。
(6) 防火分区系统。
(7) 消防设施。
(8) 火灾应急照明。
(9) 疏散指示标志。
(10) 消防配电系统。
2) 技术资料和合法证书、证明
3) 能源底数确认
确认消防系统的用水、用电计量表底数。
4) 系统的调试或运行、维修记录

13.11.3 消防系统接管验收的程序

1. 接管验收的准备

1) 接管验收应具备的条件
(1) 建设工程全部施工完毕，并已经验收合格。
(2) 取得消防验收应有的合格文件。
(3) 各消防系统设备和设施能正常使用。
2) 接收方案

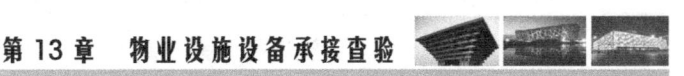

（1）书面通知验收。在具备接管验收的条件后，由建设单位书面通知物业服务企业进行接管验收。

（2）签发验收通知。物业服务企业按接管验收条件进行审核，对具备条件的，应在规定日期签发验收通知并约定验收时间。

（3）成立验收小组。建设单位和物业服务企业成立验收小组。

① 移交基础资料。验收小组对生产厂家的安装要求及产品技术说明书资料进行查验，资料完整齐全的，建设单位应当与物业服务企业及时办理资料交接手续。资料不齐全的，建设单位应当书面说明情况并明确移交的时间和明细，待资料齐全后办理交接手续。

② 查验消防设施设备。验收小组按照国家、地方的质量标准和接管验收一般要求中的接管验收工作要求，配备好相应的验收工具，逐项对验收内容进行查验，并做好查验记录。对符合接管标准的，物业服务企业应当及时接管。

③ 限期组织修复。对验收过程中发现的质量问题，按遗留问题处理。

④ 签订接管验收文件。验收小组对验收内容逐项验收后，物业服务企业应当与建设单位及时签订相关接管验收文件。接管验收文件应包括项目名称、验收的内容、消防设施设备验收情况及存在的问题、修复责任和参加验收的人员、时间及其他相关事项的约定，并附移交的基础资料明细。

2. 接管验收工作的实施

根据以下标准要求，对系统设备进行查验。

1）一般要求

（1）各消防设施设备应在明显位置设置型号、规格、商标（厂名）、制造日期及产品编号、主要技术参数等铭牌标志。

（2）施工质量和安装部位、配置数量、选择型号等应与设计图纸、施工图纸、产品说明书等资料相符。

（3）各零部件、管架、支架、吊架等安装应牢固、可靠，不能有松动、脱落等现象。

（4）外观完好，无腐蚀、涂覆层剥落和气泡现象，无明显划伤、裂痕、毛刺等机械损伤。

（5）采用螺纹接口的部分应无缺牙，表面应光洁。

（6）安装部位应便于日后的使用和维护保养。

（7）对用水、用电量等能源底数进行确认。

2）消防报警联动控制系统

（1）系统一般性检查。

① 符合一般要求。

② 系统指示灯、按钮等完好。

③ 布线要合理，接头压线应接触良好。

④ 文字符号和标识应清楚。

（2）系统综合性功能试验。

① 点型火灾探测器报警功能。当被检测探测器响应参数达到预定值时，探测器应输出火警信号，同时启动探测器的确认灯，探测器的地址码应与报警控制器显示的地址码相同。

② 手动火灾报警按钮报警功能。操作启动部件，手动报警按钮应可以输出火灾报警信号，

其地址码应与报警控制器相同，同时报警按钮应有动作显示。

③ 报警控制器。对下列基本功能逐项检测，信号显示应正常。

A．火灾报警功能及声光信号；

B．故障报警功能及声光信号；

C．自检功能；

D．火灾优先功能；

E．记忆功能及打印功能；

F．消音复位功能；

G．主备电转换功能及电源指示功能。

④ 楼层显示器。

A．报警显示应与火灾探测器、报警控制器相应，模拟显示屏的显示位置应正确。

B．声光报警信号及消音复位功能应正常。

⑤ 消防联动控制器。消防控制设备应在控制盘上显示其动作信号及位置。

⑥ 消防控制设备的控制功能。

A．室内消火栓系统的控制功能。

B．自动喷水灭火系统的控制功能。

C．有管网的气体灭火系统的控制功能。

⑦ 消防控制设备的联动功能。

A．联动防火排烟和通风空调。火灾报警后，停止相关部位的风机，关闭电动防火阀，启动排烟风机（正压送风机）和相关部位的排烟阀（送风阀），并接收其反馈信号。

B．联动常开防火门、防火卷帘。火灾确认后，关闭相关部位的常开防火门、防火卷帘，并接收其反馈信号。

C．电梯联动。火灾确认后，发出控制信号，强制电梯停于首层，并接收其反馈信号。消防电梯迫降后，进行人工操作（由专人控制，用于消防救援），其功能、信号均应正常。

D．切断非消防电源。火灾确认后，应自动切断相关部位的非消防电源。

⑧ 事故照明及疏散指示。

A．正常照明电源断电后，事故照明应自动启动。

B．消防控制室、消防水泵房、防火排烟机房、配电室等应保持正常照明的照度。

⑨ 火灾事故广播。

要求功能正常，分布合理，语音清晰。

⑩ 消防通信。

对讲电话通话功能正常，语音清楚。

3）消火栓灭火系统

（1）系统一般性检查。

① 符合消火栓灭火系统的一般要求。

② 消火栓和消防卷盘的供水闸阀无渗漏现象。

③ 消防水枪、水带、消防卷盘及全部附件齐全完好。

④ 消火栓、阀门及消防卷盘等转动部位润滑良好，升降、转动应平稳、灵活，不得有卡阻、松动现象。

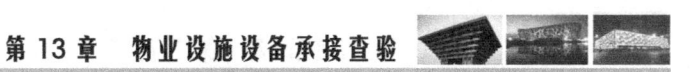

⑤ 水泵接合器的接口及附件应完好、无渗漏，闷盖齐全。

⑥ 消防箱及箱内配备的消防部件应齐全，箱门玻璃应完好无损。

⑦ 报警按钮、指示灯及控制线路的功能应正常，无故障。

⑧ 在气候较冷的地区，地上消火栓应安装在防冻层以下，消火栓周围保证有足够的泄水区，以防止系统意外冻坏。

（2）系统综合性功能试验。

① 消防水泵分别进行自动、手动、远程和泵房内的控制柜启泵的试验及进行主泵与副泵互为备用功能的相互切换试验，启泵、响应时间及信号反馈应符合要求，运行平稳，不得有跑、冒、滴、漏、异常振动、杂音等现象。

② 系统最不利点和系统重点保护部位的消火栓水枪的出水压力应符合规定的要求。

4）水喷淋灭火系统

（1）系统一般性检查。

① 消防水池、水箱及气压给水设备的储备水位及气体压力应符合设计要求。

② 水泵接合器的接口及附件应完好、无渗漏，闷盖齐全。

③ 喷头的安装位置应规范，不得有渗水现象，周围无异物。

（2）系统综合性功能试验。

① 水泵启动试验。

A．消防水泵分别进行自动、手动、远程和泵房内的控制柜启泵时，应能正常投入运行，压力表的量程应大于管道的承压值，运转应平稳，不得有跑、冒、滴、漏、异常振动、杂音等现象。

B．主备电源应能正常切换。

C．主泵与备泵应能正常切换。

② 稳压泵（气压给水装置、增压泵）。

A．当达到设计的启动条件时，稳压泵应立即启动；当达到系统设计的停泵压力时，稳压泵应自动停止运行。

B．主泵和备泵自动切换功能应正常。

C．当压力达到工作泵的启动设置时，消防工作主泵应能自动启动。

③ 报警阀功能试验。

A．湿式报警阀应及时动作，当延时不超过 90 s 时，水力警铃应发出报警信号，水流指示器应输出报警信号，压力开关应接通电路报警并应启动水泵。

B．开启干式报警阀系统试验阀，报警阀的启动时间、启动点压力、水流到试验装置出口所需时间均应符合设计要求。

C．对于干湿式报警阀，当差动型报警阀上室和管网的空气压力降至水压的 1/8 以下时，试水装置处应能连续出水，水力警铃应发出报警信号。

④ 系统联动试验。

A．报警阀动作，水力警铃鸣响。

B．水流指示器动作，消防控制中心有信号显示。

C．信号阀开启，加速排气装置投入运行或排气阀启动，消防控制中心有信号显示。

D．电磁阀打开，雨淋阀开启，消防控制中心有信号显示。

E．喷淋报警阀的压力开关动作，消防水泵应启动，消防控制中心有信号显示。

5）气体灭火系统

（1）系统一般性检查。

① 系统组件无碰撞变形及其他机械性损伤。

② 组件外露非机械加工表面的保护涂层应完好。

③ 组件所有外露接口均设有防护堵、盖且封闭良好，接口螺纹和法兰密封面无损伤。

④ 手动操作装置的防护罩、铅封和安全标志应完整。

⑤ 有人防护区内应有紧急切断自控手动装置。

⑥ 防护区内设声报，入口处应有光报和防护标志。

⑦ 疏散通道与出口处应设事故照明和疏散指示标志。

（2）系统综合性功能试验。

① 自动、手动和机械应急操作的启动方式应正常，并有反馈信号。

② 感烟火灾探测器、感温火灾探测器、模拟自动和手动喷气、紧急启动、选择阀等试验功能应正常。

③ 应具备紧急阻断和喷放指示、声光报警功能。

④ 延时启动量应满足规范要求。

6）防火排烟系统

（1）系统一般性检查。

① 防火排烟阀及送排风口。

A．排烟口、送风口应无变形、无损伤，周围无影响使用的障碍物。

B．风管与排烟口连接部位的法兰无损伤，螺栓应紧固。

C．检查阀件是否完整，易熔片是否脱落，动作是否正常。

D．检查旋转机构是否灵活，应对机械传送机构添加适量润滑剂。

E．制动机构、限位器应符合要求。

F．阀门各手动、电动温度熔断器自动关闭动作应灵活。

G．微动开关可靠。

H．阀门内无异物插入，阀门关闭严密。

I．叶片所处位置与显示位置正确。

② 送风、排烟风机。

A．风机周围无可燃物，安装螺栓应牢固，不得松动。

B．传动机构无变形、无损伤，叶轮与外壳不得有接触。

C．电动机的接线不得松动，外壳无腐蚀现象。

D．电源供电正常。

E．轴承部分润滑油状态正常，无脏污、泥沙、尘土等。

F．电动机的轴承部位润滑油液位应正常。

G．传动带不得松动，联轴器应牢固可靠。

H．电动机启动、运转时无异常振动、杂音。

（2）系统综合性功能试验。

① 风机的运转试验。

A．在正常供电条件下，风机的运转情况应正常，无异常振动、杂音，试验的时间应不少于

30 min。

　　B．风机运转过程中未超过额定电流。

　　C．风机轴承与电动机温升应正常。

　　D．手动或自动管道阀门的开关应正常，动作应灵活。

　② 机械排烟性能试验。

　　机械排烟系统运行应正常，所担负的防火排烟分区中的排烟口全部打开，通过每个排烟口的排气量应符合设计要求，排烟效果良好。

　③ 正压送风系统性能试验。

　　正压送风系统运行应正常，消防前室关门风压和开门门洞处的风速应符合设计要求，送风功能良好。

　④ 防排烟系统整机控制试验。

　　整个控制系统的运行应可靠，在正常供电时触发感烟探测器报警、排烟口、排烟机、送风机的启动和运行应正常，实现人为断电后，在备用电源投入使用时整机运行情况正常。

　7）防火分区系统

　（1）系统一般性检查。

　① 防火墙。

　　A．防火墙上不应开设门、窗、洞口，如必须开设，则应符合规范要求。

　　B．管道穿过隔墙、楼板时，应用不燃烧材料将其周围的缝隙填塞密实。

　　C．不得有输送可燃气体和甲、乙、丙类液体的管道穿过防火墙。

　② 防火门。

　　A．防火门应为向疏散方向开启（设有防火门的空调机房、库房、客房门等除外）的平开门，并在关闭后应能从任何一侧手动开启。

　　B．用于疏散走道、楼梯间和前室的防火门，应能自动关闭。

　　C．双扇和多扇防火门，应设置顺序关门器。

　　D．常开的防火门在发生火灾时，应具有自行关闭和信号反馈功能。

　　E．在变形缝附近的防火门，应设在楼层较多的一侧，且门开启后不应跨越变形缝。

　　F．防火门上部的缝隙、孔洞应用不燃烧材料填充。

　　G．关闭应紧密，启闭性能好。

　　H．闭门器性能良好。

　③ 防火窗。

　　A．防火窗的安装应牢固、紧密。

　　B．外形完好，防火玻璃无破裂、损坏现象。

　④ 防火卷帘。

　　A．金属零部件表面不应有裂纹、压坑，以及明显的凹凸、锤痕、毛刺、孔洞等缺陷。其表面应做防锈处理，涂层、镀层应均匀，不得有剥落、流淌现象。

　　B．各零部件的组装、拼接处不应有错位。焊接处应牢固，外观应平整，不应有加渣、漏焊、疏松等现象。

　　C．所有紧固件应紧固，没有松动现象。

　　D．门扇各接缝处、导轨、卷筒等缝隙，应有防火防烟密封措施。

E．设在疏散走道和消防电梯前室的防火卷帘，应具有自动、手动和机械控制的功能。

F．开关、按钮、手动操作装置应灵活、可靠，安装位置应便于操作。

⑤ 防火阀、排烟防火阀。

A．阀体内应保持清洁，不得有杂物。

B．外表无锈蚀、变形。

C．转动部位应灵活可靠。

D．熔断器的装配应符合工作性能的要求。

（2）系统综合性功能试验。

① 防火卷帘。

A．卷门机。

a．测试刹车抱闸的可靠性，其滑行位移不得大于 20 mm。

b．使用手动操作装置控制防火卷帘的启闭运行，不得出现滑行撞击现象。

c．自动限位装置的定位功能应准确，其重复定位误差不得大于 20 mm。

B．控制箱。

能直接或间接接受火灾探测器或消防控制中心的火灾报警信号。接到火灾报警信号后，应能完成以下动作。

a．发出声光报警信号。

b．控制防火卷帘完成二步关闭，即控制箱接到报警信号后，自动关闭至防火卷帘中位处停止，延时 5～60 s 后继续关闭至全闭，或控制箱接到第一次报警信号后，自动关闭至防火卷帘中位处停止，接到第二次报警信号后继续关闭至全闭。

c．输出反馈信号，实现消防控制中心联机控制。

d．电源相序保护装置功能正常。

e．当火灾探测器未连接或发生故障时，控制箱应能发出声光报警信号。

② 防火阀、排烟防火阀。

试验联动关闭功能应正常。

8）其他消防设施

（1）系统一般性检查。

符合一般要求。

① 灭火器。

A．灭火器气瓶及灭火器筒体无锈蚀。

B．灭火器盖密封部位应完好。

C．喷嘴过滤装置应畅通。

D．保险销应拔出方便，不得有卡阻现象。

E．灭火剂重量或灭火器压力应符合要求。

② 火灾应急照明、疏散指示。

A．安装位置合理，符合规定要求。

B．玻璃面板无划伤或破裂现象。

C．电源指示灯应常亮，照度应符合规定要求。

D．具备短路保护及试验测试按钮。

(2) 系统综合性功能试验。

火灾应急照明、疏散指示。

① 应急照明、疏散指示的应急转换功能应正常。

② 采用蓄电池作备用电源时，连续供电时间应不少于 20 min；高度超过 100 m 的高层物业的连续供电时间应不少于 30 min。

③ 充放电功能应正常。

3. 交接遗留问题的处理

（1）影响消防设施设备使用安全的质量问题，必须约定期限由建设单位负责进行整改，直至合格。

（2）整改合格后，对整改部分的设施设备签订保修协议。

（3）对于不影响设备使用安全的质量问题，可约定期限由建设单位负责维修，也可采取费用补偿的方法，由物业服务企业进行处理。

4. 登记建档

（1）对原始档案资料及交接验收过程中产生的各类记录、表格、数据、文件、合同等资料进行分类整理、归档、汇总、登记造册。

（2）建立设备登记卡片、设备台账、技术档案等。

表 13-3～表 13-12 是物业服务企业接管查验使用的相关记录表格。

表 13-3 消防设施设备接管资料移交清单

年　月　日

序号	移交资料名称	单位	数量	备注
1				
2				
3				
4				
5				

移交单位：　　　　　　　　　　　　　接收单位：

经办人：　　　　　　　　　　　　　　经办人：

表 13-4 消防设施设备接管查验表

年　月　日

设施名称	存在问题简述	备注
接管验收时间	日期	

移交单位：　　　　　　　　　　　　　接收单位：

经办人：　　　　　　　　　　　　　　经办人：

表 13-5　消防设施设备接管查验遗留问题统计表

年　月　日

设施名称	遗留问题简述	备　注
统计人		日期

移交单位：　　　　　　　　　　　　　　　接收单位：

经办人：　　　　　　　　　　　　　　　　经办人：

表 13-6　消防设施设备清单

年　月　日

设备编号	设备名称	规格型号	主要参数	安装位置

移交单位：　　　　　　　　　　　　　　　接收单位：

经办人：　　　　　　　　　　　　　　　　经办人：

表 13-7　消防设备登记卡

名称		编号		出厂时间	
型号		号码		启用时间	
厂家		安装地点			
主要技术规格		附属设备			
随机资料	装箱单		图纸		其他	
	说明书		合格证		价格	
随机附件、专用工具	1		重大变更记录	1	
	2			2	
	3			3	
	4			4	
	5			5	

填表人：　　　　　　　　　　　　　　　　填表时间：

表 13-8　消防器材登记表

序号	消防器材			安置地点	检查周期	备注
	名称	规格	数量			
1						
2						
3						
4						
5						

登记人：　　　　　　　　　　　审核：　　　　　　　　　　　年　月

表 13-9　保修合同资料交接明细表

年　月　日

序号	名称（内容）	数量	备注
1			
2			
3			
4			
5			

移交单位：　　　　　　　　　接收单位：
经办人：　　　　　　　　　　经办人：

表 13-10　技术资料、图纸交接明细表

年　月　日

序号	名称（内容）	数量	备注
1			
2			
3			
4			
5			

移交单位：　　　　　　　　　接收单位：
经办人：　　　　　　　　　　经办人：

表 13-11　保修单位人员联系情况交接明细

年　月　日

序号	名称（内容）	联系人	联系地址／电话
1			
2			
3			
4			
5			

移交单位：　　　　　　　　　接收单位：
经办人：　　　　　　　　　　经办人：

表 13-12　消防械具交接明细表

年　　月　　日

序号	械具名称（内容）	数量	备注
1			
2			
3			
4			
5			

移交单位：　　　　　　　　　　　　　　　　接收单位：

经办人：　　　　　　　　　　　　　　　　　经办人：

13.12　电梯升降系统的接管验收

搞好电梯安装竣工验收工作，收集齐全电梯技术资料，是设备管理的重要内容。竣工验收要按规定逐项进行验收。隐蔽工程可在安装施工过程中完成一项验收一项，如导轨架、导轨、承重梁等部位。竣工验收切不可走过场，必须有各种测试数据和验收报告。电梯的技术资料是使用、维护电梯的依据，必须收集齐全，妥善保管。

13.12.1　接管验收工作依据

电梯安装竣工验收，在取得当地劳动部门颁发的特种设备准用证后方可投入使用。电梯的验收工作依据是建设部 2002 年颁发的《电梯工程施工质量验收规范》。本规范以建设部提出的"验评分离、强化验收、完善手段、过程控制"为指导方针；以《建筑工程施工质量验收统一标准》为准则；将电梯安装工程规范的质量检验和质量评定、质量验收和施工工艺的内容分开，将可采纳的检验和验收内容修订成本规范的相应条款；强化电梯安装工程质量验收要求，明确验收检验项目，尤其是将涉及电梯安装工程的质量、安全及环境保护等方面的内容，作为主控项目要求；完善设备进场验收、土建交接检验、分项工程检验及整机检测项目、充分反映电梯安装工程质量验收的条件和内容，进一步提高各条款的科学性、可操作性，减少人为因素的干扰和感观评价的影响；施工过程中电梯安装单位内部应对分项过程逐一进行自检，上一道工序没有验收合格就不能进行下一道工序的施工；在确保电梯安装工程质量的前提下，考虑电梯安装工艺及电梯产品的技术进步，使本规范能更好地反映电梯安装工程的质量。

1. 接管验收依据

《电梯工程施工质量验收规范》及标准规范如表 13-13 所示。

表 13-13　《电梯工程施工质量验收规范》及标准规范

1	《电梯制造与安装安全规范》（GB7588—2003）
2	《自动扶梯和自动人行道的制造与安装安全规范》（GB16899—2011）
3	《电梯、自动扶梯、自动人行道术语》（GB／T7024—2008）
4	《电梯主要参数及轿厢、井道、机房的形式与尺寸》（GB／T7025.1—3）

续表

5	《电梯技术条件》（GB／T10058—2009）
6	《电梯实验方法》（GB／T10059—2009）
7	《电梯安装验收规范》（GB10060—2011）
8	《电梯工程质量施工验收规范》（GB50310—2002）
9	《电梯用钢丝绳》[GB8903—1988（2005）]
10	《电梯曳引机》（GB／T24478—2009）
11	《交流电梯电动机通用技术条件》（GB／T12974）
12	《电梯层门耐火试验方法》（GB109）
13	《电梯导轨》（JG／T5072.1.3）
14	《电梯操作装置、信号和附件》（JG／T5009）
15	《自动扶梯梯级链、附件和链轮》（JB／T8584）
16	《液压电梯》（JG5071）
17	《杂物电梯》（JG135）
18	《民用建筑电气设计规范》（JGJ／T16）
19	《工业与民用供电系统设计规范》（GBJ52）
20	《低压配电装置及线路设计规范》（GBJ54）
21	《高层民用建筑设计防火规范》（GB50045）
22	《建筑设计防火规范》（GBJ16）
23	《火灾自动报警系统设计规范》（GB50116）
24	《火灾自动报警系统施工及验收规范》（GB50166）
25	《建筑内部装修设计防火规范》（GB50222）

2. 设施设备生产厂家的安装要求及技术说明书

物业管理企业承接物业时，建设单位应向物业管理企业移交以下资料。
（1）出厂合格证书。
（2）电梯使用说明书。
（3）设备调试、安装说明书。
（4）设备保修卡、保修协议。
（5）竣工图。
（6）电梯年检合格证。

13.12.2 接管验收工作的要求

接管验收前接管方验收人员必须熟悉国家对电梯产品的标准 GB／T7025.3—97 及验收标准《建筑工程施工质量验收统一标准》《电梯安装验收规范》（GB10060—2011）。物业管理服务接收单位应组建接管验收工作组，对验收人员进行必要的培训和组织现场勘探，明确工作责任与任务。

1. 接管验收应具备的条件

一部电梯安装完毕，经质检部门验收后，移交物业接管验收应具备以下条件。
验收电梯的工作条件应符合 GB10058 中的规定。

（1）提交验收的电梯应具备完整的资料和文件。

① 制造企业应提供的资料和文件如下所示。

A．装箱单。

B．产品出厂合格证。

C．机房井道布置图。

D．使用维护说明书（应包含电梯润滑汇总图和电梯功能表）。

E．动力电路和安全电路的线路示意图及符号说明。

F．电气敷线图。

G．部件安装图。

H．安装说明书。

I．安全部件包括门锁装置、限速器、安全钳及缓冲器型式试验报告结论副本。

② 安装单位应提供的资料和文件如下所示。

A．安装自检记录。

B．安装过程中的事故记录与处理报告。

C．由电梯使用单位提出的经制造企业同意的变更设计的证明文件。

（2）安装完毕的电梯及其环境应清理干净。

（3）电梯各机械活动部位应按说明书的要求加注润滑油。

（4）验收用检验器具与试验载荷应符合GB10059中规定的精度要求，并应在计量检定周期内。

2．接管验收工作的标准

接管验收时，项目组应做好以下工作。

（1）根据《移交设备清单》核点设备数量和各种设备出厂配制的工具、配件。

（2）根据《设备移交登记表》中的技术参数进行设备运行的验收调试。

（3）对设备房环境进行对应性确认，包括噪声、温度、湿度测试及防鼠、防洪、防雷击设施等。

（4）对明显存在表面损毁和运行参数不符的设施设备，应在《设备交接单》中明示设施存在的问题，需要整改的应尽快以《业务协调单》形式书面通知甲方负责人，避免给公司带来不必要的损失。

（5）对验收合格的设施设备，项目组负责人在《设备交接单》上签字确认，报设备部经理批准后交甲方一份，自留一份。《移交设备清单》和《设备交接单》均交管理处一份备查。

电梯系统验收标准：GB50310—2002《电梯工程施工质量验收规范》。

13.12.3　接管验收工作的程序和内容

1．接管验收工作的程序

（1）按照前期物业管理合同设施设备清单接管。

（2）移交方根据使用手册分别对电梯升降设备的各种功能进行逐项演示，接管方在演示过程中应认真学习。

（3）移交方按维修保养手册对设备保养部位逐一进行说明并交代维护保养的安全事项。

（4）未开箱使用的新设备或者技术资料缺失的设备（特别是进口设备），应由经过生产厂家操作安全运行培训的考试合格人员进行操作。

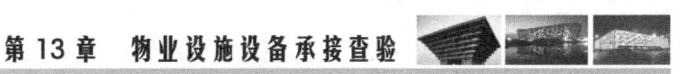

（5）对设备使用说明书、安全说明、维修手册、设备合格证、保修证、图纸资料逐一进行书面清点、签字接管，并交档案室保管。

（6）对设备附件、备件逐一进行分类清点入库。

（7）建立设备档案，检修维护档案。

（8）接管验收清单齐全，必须有移交人（单位）、监交人（单位）、接管人（单位）、移交日期、地点、后续遗留问题处理。

2．接管验收的内容

接管验收包括设备的接管验收、内页资料的接收、后续和遗留问题的处理及设施设备档案的建立。物业基础资料和技术文件指开发商应向物业接收方提供的买卖合同、安装合同、维护保养协议及其他相关的物业基础资料，安装施工单位应提供产品相关技术文件等，以便物业企业对设备进行正常的运行维护提供相应资料。

13.12.4 接管验收的实施

1．预查验

1）交付使用前的检查及试验

电梯在交付使用前，应由国家技术监督部门核发下列检验及试验使用合格证。《电梯制造与安装安全规范》GB7588—2003中附录D的内容如下所示。

（1）D1检验。这些检验应包括以下几点。

① 如已经过初步审核，则应将审核时提交的文件与安装完毕的电梯进行对比。

② 检验在一切情况下均满足本标准的要求。

③ 根据制造标准，直观检验本标准无特殊要求的部件。

④ 对于要进行特性试验的部件，将其鉴定证书上的详细内容与电梯特性进行对比。

（2）D2试验和校验。这些试验和校验应包括以下几点。

① 锁闭装置。

② 电气安全装置。

③ 悬挂元件及其附件，应校验它们的特点是否符合记录或档案内表示的特性。

④ 制动系统：应在载有125%额定载荷的轿厢以检修速度下行，并在切断电动机和制动器供电的情况下进行试验。

⑤ 电流或功率的测量及速度的测量。

⑥ 绝缘检验。

A．不同电路绝缘电阻的测量（做此项测量时，全部电子部件要断开连接）。

B．机房接地端与易于意外带电的不同电梯部件之间的电气连通性的检查。

⑦ 极限开关。

⑧ 曳引检查。

A．在相应于电梯最严重的制动情况下，停车数次进行曳引检查，每次试验轿厢应完全停止。试验应这样进行：上行，轿厢空载；下行，轿厢内载有125%额定载荷，检查上下限位是否有效。

B．当对重支承在被其压缩的缓冲器上时，空载轿厢不能向上升起。

C．对于额定载荷不是按要求计算的非商用汽车电梯，也应用 150%额定载荷对曳引进行静态检查。

D．应检查平衡是否符合电梯制造厂的规定，这种检查可以通过电流测量并结合速度测量、用于交流电动机；电压测量、用于直流电动机。

⑨ 限速器。

A．应沿轿厢下行方向检查限速器的动作速度。

B．停车控制操作检查，应沿两个运动方向进行。

⑩ 轿厢安全钳：安全钳夹紧瞬时能吸收的能量已在特性试验期间做了检查。

交付使用前试验的目的是检查正确的安装，正确地调整并检查整个组装件，包括轿厢、安全钳导轨及其建筑物连接件的坚固性。

在轿厢下行期间，同时打开制动器，曳引机连续运转直到钢丝绳打滑或松弛，并在以下条件下进行。

A．瞬时式安全钳或具有缓冲作用的瞬时式安全钳，轿厢应载有均匀分布的额定载荷且安全钳的夹紧应在检修速度时进行。

B．渐进式安全钳。轿厢应载有均匀分布的 125%额定载荷，并且安全钳的夹紧应在低的速度（平层速度或检修速度）下进行。然而各地区的规范可以规定一个较高的试验速度，但不超过额定速度。特殊情况，对于额定载荷不是按要求计算的非商业用汽车电梯，也应用 150%额定载荷对曳引进行静态检查。在试验完成后，应确认未出现影响电梯正常使用的损坏。在特殊情况下如有必要，可以更换摩擦部件。

⑪ 对重安全钳。

A．由限速器操作的对重安全钳，应在与轿厢安全钳相同的条件下（在轿厢内无任何过载）进行试验。

B．不是限速器操作的对重安全钳应进行动态试验。在试验完成后，应确认未出现影响电梯正常使用的损坏，在特殊情况下如有必要，可以更换摩擦部件。

⑫ 缓冲器。

A．蓄能型缓冲器。应按照以下方法进行试验：载有额定载荷的轿厢应放置在缓冲器（或各缓冲器）上，钢丝绳应放松，同时，应检查压缩情况是否符合 GB7588—2003 中附录 C 要求的特性曲线给出的条件。

B．具有缓冲复位运动的蓄能型缓冲器和耗能型缓冲器。应按照以下方法进行试验：额定载荷的轿厢或者对重应以检修速度与缓冲器接触，在使用减行程缓冲器并验证了减速度情况下以计算缓冲器行程的速度与缓冲器接触。试验完成后，应确认未出现影响电梯正常使用的损坏。

2）电梯安装验收

经过电梯专业公司预查后，进入电梯验收阶段。验收工作应按电梯安装验收规范（中华人民共和国国家标准 GB10060—2011《电梯安装验收规范》）进行。

（1）主题内容与适用范围。

本标准规定了电梯安装的验收条件、检验项目、检验要求和验收规则。

本标准适用于额定速度不大于 2.5 m/s 的乘客电梯、载货电梯，不适用于液压电梯、杂物电梯。

（2）引用标准如下所示。

《电梯制造与安装安全规范》（GB7588）。

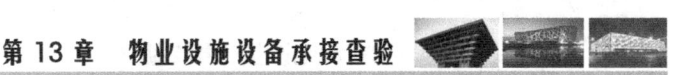

《电梯用钢丝绳》(GB8903)。
《电梯技术条件》(GB10058)。
《电梯试验方法》(GB10059)。
《交流电梯电动机通用技术条件》(GB12974)。

(3) 安装验收条件。

验收电梯的工作条件应符合 GB10058 中的规定。提交验收的电梯应具备完整的资料和文件，主要包括以下几项。

① 制造企业应提供的资料和文件如下所示。

A．装箱单。

B．产品出厂合格证。

C．机房井道布置图。

D．使用维护说明书（应含电梯润滑汇总图表和电梯功能表）。

E．动力电路和安全电路的电气线路示意图及符号说明。

F．电气敷线图。

G．部件安装图。

H．安装说明书。

I．安全部件包括门锁装置、限速器、安全钳及缓冲器型式试验报告结论副本，其中限速器与渐进式安全钳还需要有调试证书副本。

② 安装企业应提供的资料和文件如下所示。

A．安装自检记录。

B．安装过程中的事故记录与处理报告。

C．由电梯使用单位提出的经制造企业同意的变更设计的证明文件。

③ 安装完毕的电梯及其环境应清理干净。机房门窗应防风雨，并标有"机房重地，闲人免进"字样。通向机房的通道应畅通、安全，底坑应无杂物、积水、油污。机房、井道与底坑均不应有与电梯无关的其他设置。

④ 电梯各机械活动部位应按说明要求加注润滑油。各安全装置应安装齐全、位置正确、功能有效，能可靠地保证电梯安全运行。

⑤ 电梯验收人员必须熟悉验收的电梯产品和本标准规定的检验方法和要求。

⑥ 验收用检验器具与实验载荷应符合 GB10059 规定的精度要求，并均在计量检定周期。

2．检验项目及检验要求

1）机房检验

(1) 每台电梯应单设一个切断该电梯的主电源开关，该开关的位置应能从机房入口处迅速接近，如几台电梯共用同一机房，则各台电梯的主电源开关应易于识别。其容量应能够断开电梯正常使用情况下的最大电流，但该开关不应切断下列供电电路。

① 轿厢照明和通风。

② 机房和滑轮间照明。

③ 机房内电源插座。

④ 轿顶与底坑的电源插座。

⑤ 电梯井道照明。
⑥ 报警装置。

(2) 每台电梯应配备供电系统断相、错相保护装置，该装置在电梯运行中断相也应起防护作用。

(3) 电梯动力与控制线应分离敷设，从进机房电源起，零线和接地线应始终分开，接地线的颜色为黄绿双色绝缘电线，除 36 V 以下安全电压之外的电气设备金属罩壳均应设有易于识别的接地端，且应有良好的接地。接地线应分别直接接至地线柱上，不得互相串接后再接地。

(4) 线管、线槽的敷设应平直、整齐、牢固。线槽内导线总面积不大于槽净面积的 60%，线管内导线的总面积不大于管内净面积的 40%；软管的固定间距不大于 1 m，端头的固定间距不大于 0.1 m。

(5) 控制柜、屏的安装位置应符合以下规定。
① 控制柜、屏的正面到门、窗的距离不小于 600 mm。
② 控制柜、屏的维修侧到墙的距离不小于 600 mm；
③ 控制柜、屏到机械设备的距离不小于 500 mm。

(6) 机房内钢丝绳与楼板孔洞每边的间隙均应为 20～40 mm，通向井道的孔洞四周应筑一个高于 50 mm 的台阶。

(7) 曳引机承重梁如需要埋入承重墙内，则侧支承长度应超过墙厚中心 20 mm，且不应小于 75 mm。

(8) 在电动机或平衡飞轮上应有与轿厢升降方向相对应的标志。曳引轮、平衡飞轮、限速器轮外侧面应漆成黄色。制动器手动松闸扳手应漆成红色，并挂在易接近的墙上。

(9) 曳引机应有适量润滑油。油标应齐全，油位显示应清晰，限速器各活动润滑部位也应有可靠润滑。

(10) 制动器动作灵活，制动时两侧闸瓦应紧密、均匀地贴合在制动轮的工作面上，松闸时应同步离开，其四角处间隙的平均值两侧各不大于 0.7 mm。

(11) 限速器绳轮、选层器钢带轮对铅垂线的偏差均不大于 0.5 mm，曳引轮、导向轮对铅垂线的偏差在空载或满载工况下均不大于 2 mm。

(12) 限速器运转应平稳，出厂时的动作速度稳点应完好无拆动痕迹，限速器的安装位置应正确、底座应牢固，当与安全钳联动时无颤动现象。

(13) 停电或电气系统发生故障时应有轿厢慢速移动措施，如果用手动紧急操作装置，应能用松闸扳手松开制动器，并需要用一个持续力去保持其松开状态。

2) 井道检验

(1) 每根导轨至少应有 2 个导轨支架，其间距不大于 2.5 m，如果有特殊情况，应有措施保证导轨的安装满足 GB7588 规定的弯曲强度要求。导轨支架的水平度不大于 1.5%，导轨支架的地脚螺栓或支架直接埋入墙的埋入深度不应小于 120 mm，如果用焊接支架其焊缝应是连续的，并应双面焊牢。

(2) 当电梯冲顶时，导靴不应越出导轨。

(3) 每列导轨的工作面（包括侧面与顶面）对安装基准线每 5 m 的偏差均应不大于以下数值。轿厢导轨和设有安全钳的对重导轨为 0.6 mm；不设安全钳的 T 形对重导轨为 1.0 mm。

若有安装基准线，则每列导轨应相对基准线整列检测，取最大偏差值。电梯安装完成后检验导轨时，可对每 5 m 铅垂线分段连续检测（至少测 3 次），取测量值中的相对最大偏差应不大于上述规定值的 2 倍。

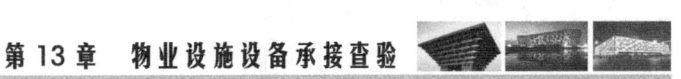

（4）轿厢导轨和设有安全钳的对重导轨工作面的接头处不应有连续缝隙，且局部缝隙不大于 0.5 mm，导轨接头处台阶用直线度为 0.01/300 的平直尺或其他工具测量，应不大于 0.05 mm，如果超过则应修平，修光长度为 150 mm 以上，不设安全钳的对重导轨接头处缝隙不得大于 1 mm，导轨工作面接头处台阶应不大于 0.15 mm，若超出则应校正。

（5）两列导轨顶面之间的距离偏差：轿厢导轨为 2 mm，对重导轨为 3 mm。

（6）导轨应用压板固定在导轨架上，不应采用焊接或螺栓直接连接。

（7）轿厢导轨与设有安全钳的对重导轨的下端应支承在地面坚固的导轨座上。

（8）对重块应可靠紧固，对重架若有反绳轮时其反绳轮应润滑良好，并应设有挡绳装置。

（9）限速器钢丝绳至导轨导向面与顶面两个方向的偏差均不得超过 10 mm。

（10）轿厢与对重之间的最小距离为 50 mm，限速器钢丝绳和选层器钢带应张紧，在运行中不得与轿厢或对重碰触。

（11）当对重完全压缩缓冲器时的轿顶空间应满足以下条件。

① 井道顶的最低部件与固定在轿顶上设备的最高部件之间的距离（不包括导靴或滚轮，钢丝绳附件和垂直滑动门的横梁或部件最高部分）与电梯的额定速度（单位：m/s）有关，其值应不小于（0.3+0.035）m/s。

② 轿顶上方应有一个不小于 0.5 m×0.6 m×0.8 m 的矩形空间，钢丝绳中心线距矩形体至少一个铅垂面，距离不超过 0.15 m，钢丝绳的连接装置可包括在这个空间。

（12）封闭式井道内应设置照明，除了井道最高与最低 0.5 m 以内各装设一个灯，中间灯距不超过 7 m。

（13）电缆支架的安装应满足以下条件。

① 避免随行电缆与限速器钢丝绳、选层器钢带、限位极限等开关、井道传感器及对重装置等交叉。

② 保证随行电缆在运动中不得与电线槽、管发生卡阻。

③ 轿底电缆支架应与井道电缆支架平行，并使电梯电缆处于井道底部时能避开缓冲器，并保持一定距离。

（14）电缆安装应满足以下条件。

① 随行电缆两端应可靠固定。

② 轿厢压缩缓冲器后，电缆不得与底坑地面和轿厢底边框接触。

③ 随行电缆不应有打结和波浪扭曲现象。

3）轿厢检验

（1）轿厢顶有反绳轮时，反绳轮应有保护罩和挡绳装置，且润滑良好，反绳轮的铅垂度不大于 1 mm。

（2）轿厢底盘平面的水平度应不超过 0.0003。

（3）曳引绳头组合应安全可靠，并使每根曳引绳的受力相近，其张力与平均值偏差均不大于 5%，且每个绳头锁紧螺母均应安装有锁紧销。

（4）曳引绳应符合 GB8903 中的规定，曳引绳表面应清洁、未粘有杂质，并应涂有薄而均匀的 ET 极压稀释型钢丝绳脂。

（5）轿内操纵按钮的动作应灵活，信号应显示清晰，轿厢超载装置或称量装置应动作可靠。

（6）轿顶应有停止电梯运行的非自动复位的红色停止开关，且动作可靠，在轿顶检修接通后，轿内检修开关应失效。

（7）轿厢架上若安装有限位开关碰铁时，则相对铅垂线最大偏差不超过 3 mm。

（8）各种安全保护开关应可靠固定，但不得使用焊接固定，安装后电梯正常运行产生的碰撞或钢丝绳、钢带、皮带的正常摆动不得使开关产生位移、损坏和错误动作。

4）层站检验

（1）层站指示信号及按钮安装应符合图纸规定，位置正确，指示信号应清晰明亮，按钮动作应准确无误，消防开关工作可靠。

（2）层门地坎应具有足够的强度，水平度不大于 0.0002，地坎应高出装修地面 2.5 mm。

（3）层门的门扇与门扇，门扇与门套，门扇下端与地坎的间隙，乘客电梯应为 6 mm，载货电梯应为 8 mm。

（4）门刀与层门地坎，门锁滚轮与轿厢地坎的间隙应为 5~10 mm。

（5）在关门行程 1/3 之后，阻止关门的力不超过 150 N。

（6）层门锁钩、锁臂及动接点应动作灵活，在电气安全装置动作之前，锁紧元件的最小啮合长度为 7 mm。

（7）层门外观应平整、光洁、无划伤或碰伤痕迹。

（8）由轿门自动驱动层门，当轿厢在开锁区域以外时，无论层门因任何原因被开启，都应有一种装置能确保层门自动关闭。

5）底坑检验

（1）轿厢在两端站平层位置时，轿厢、对重装置的撞板与缓冲器顶面间的距离，耗能型缓冲器应为 150~400 mm，蓄能型缓冲器应为 200~350 mm，轿厢、对重装置的撞板中心与缓冲器中心的偏差不大于 20 mm。

（2）同一基础上的两个缓冲器顶部与轿底对应的距离差不大于 2 mm。

（3）液压缓冲器柱塞铅垂度不大于 0.5%，充液量正确。且应设有在缓冲器动作后未恢复到正常位置时使电梯不能正常运行的电气安全开关。

（4）底坑应设有停止电梯运行的非自动复位的红色停止开关。

（5）当轿厢完全压缩在缓冲器上时，轿厢最低部与底坑之间的净空间距离不小于 0.5 m，且底部应有一个不小于 0.5 m×0.6 m×1.0 m 的矩形空间。

6）整机功能检验

（1）曳引检查。

① 在电源电压波动不大于 2%的工况下，用逐渐加载测定轿厢上行、下行至与对重同一水平位置时的电流或电压测量法，检验电梯的平衡系数应为 40%~50%，测量表必须符合电动机供电的频率、电流、电压的范围。

② 电梯在行程上部范围内空载上行及行程下部范围 125%的额定载荷下行，分别停层 3 次以上，轿厢应被可靠地制停（下行不考核平层要求），在 125%额定载荷以正常运行速度下行时，切断电动机与制动器的供电，轿厢应被可靠制动。

③ 当对重支承在被其压缩的缓冲器上时，空载轿厢不能被曳引绳提升。

④ 当轿厢面积不能限制载荷超过额定值时，需要用 150%的额定载荷进行曳引静载检查，历时 10 min，曳引绳无打滑现象。

（2）限速器安全钳联动试验。

① 限速器与安全钳电气开关在联动试验中动作应可靠，且使曳引机立即制动。

② 对瞬时式安全钳，轿厢应载有均匀分布的额定载荷，短接限速器与安全钳电气开关，轿内无人，并在机房操作下行检修速度时，人为让限速器动作。复验或定期检验时，各种安全钳均采用空轿厢在检修速度下试验。对渐进式安全钳，轿厢应载有均匀分布125%的额定载荷，短接限速器与安全钳电气开关，轿内无人。在机房操作检修速度下行，人为让限速器动作。以上试验轿厢应可靠制动，且在载荷试验后相对于原正常位置轿厢底倾斜度不超过5%。

（3）缓冲试验。

① 蓄能型缓冲器仅适用于额定速度不大于1 m/s的电梯，耗能型缓冲器可适用于各种速度的电梯。

② 需要对耗能型缓冲器进行复位试验，即轿厢在空载的情况下以检修速度下降将缓冲器全压缩，从轿厢开始离开缓冲器的一瞬间起，直到缓冲器回复到原状，所需时间应不大于120 s。

（4）层门与轿门连锁试验。

① 在正常运行和轿厢未停止在开锁区域内时，层门应不能打开。

② 如果一个层门和轿门（在多扇门中任何一扇门）打开，电梯应不能正常启动或继续正常运行。

（5）上下极限动作试验。

设在井道上下两端的极限位置保护开关，应在轿厢或对重接触缓冲器前起作用，并在缓冲器被压缩期间保持其动作状态。

（6）安全开关动作试验。

电梯以检修速度上下运行时，人为动作下列安全开关两次，电梯均应立即停止运行。

① 打开安全窗试验（如设有安全窗）。

② 轿顶、底坑的紧急停止开关。

③ 限速器松绳开关。

7）运行试验

（1）轿厢分别以空载、50%的额度载荷和额定载荷3种工况，并在通电持续率40%的情况下，到达全行程范围，按120次/小时，每天不少于8小时，各启动、制动运行1000次，电梯应运行平稳、制动可靠、连接运行无故障。

（2）制动器温升不应超过60℃，曳引机减速器的油温升不超过60℃，其温度不应超过85℃，电动机温升不超过GB12974中的规定。

（3）曳引机减速器，除蜗杆轴伸出一端渗漏油面积平均每小时不超过150 cm^{2}之外，其余各处不得有渗漏油。

8）超载运行试验

断开超载控制电路，电梯在110%的额定载荷，通电持续率40%的情况下，到达全行程范围。启动、制动运行30次，电梯应能可靠地启动、运行和停止（平层不计），曳引机工作正常。

9）整机性能试验

（1）乘客与病床电梯的机房噪声、轿厢内运行噪声与层、轿门开关过程的噪声应符合GB10058中规定的要求。

（2）平层准确度应符合GB10058中规定的要求。

（3）整机其他性能应符合GB10058中的相关规定。

3. 电梯的接收

电梯经过验收合格后，物业公司应与建设单位、安装单位办理接收手续。自办理接受后电梯由物业管理企业负责管理，安装单位负责质量保质期的保证。

电梯在接管验收时，由于存在多方面的原因，有可能存在一些问题，物业企业应在交接手续中予以明确，对遗留问题应有整改期限及整改责任方。

4. 设施设备档案的建立

1）职责

（1）所属专业部门负责编制设备编号、标识制作和实施检查。

（2）各项目负责人负责对分管项目的设备进行标识。

2）档案建立

（1）设备编号。

根据设施设备对服务工作的重要性分为以下 3 个级别，用 Ⅰ、Ⅱ、Ⅲ 表示。

Ⅰ．涉及人身安全或影响面较大的设备。

Ⅱ．对服务质量有一定直接影响，但影响面小，且正常的生产生活得以保证。

Ⅲ．对服务质量不产生直接影响，只起辅助作用。

可以将机电设备按用途分为 8 个类别：发配电设备 D，给排水设备 S，空调设备 K，电梯设备 T，消防设备 X，弱电设备 R，测量设备 C，其他 Q。

安装地址标注方法采用设备安装地址的前两个汉语拼音字母的缩写。

例如，珠江广场表示为 ZJ，龙珠大厦表示为 LZ，小区设备表示为 XQ。

例如，I-TZJ001 表示珠江广场 1#电梯。

（2）标识要求。

对所管设备在醒目位置悬挂《设施标识卡》予以标识，标识卡为白底黑字，过塑。尺寸为 120 mm×60 mm，如表 13-14 所示。

表 13-14 设施标识卡

设备编号：1-TZJ001	
设备名称：	设备型号：
保养责任人：	

（3）建账。

办公室负责对所管理的机电设备设立《设施台账》，建立设备档案。

物业企业在接收设备后应对每个设备建立设备档案。

13.13 楼控系统的接管验收

13.13.1 接管验收的依据

（1）《智能建筑设计标准》（GB/T50314—2006）。

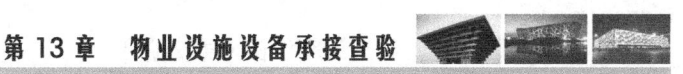

(2)《智能建筑工程检测规程》(CECS182：2005)。
(3)《智能建筑工程质量验收规范》(GB50339—2003)。
(4)《民用建筑电气设计规范》(JGJ16—2008)。
(5)《电气装置安装工程施工及验收规范》(GB50254—2014)。
(6)《建筑设计防火规范》(GB50016—2014)。
(7)《建筑电气工程施工质量验收规范》(GB50303—2015)。
(8)《电子计算机场地通用规范》(GB/T2887—2000)。
(9)《计算机场地安全要求》(GB/T9361—2011)。

13.13.2 接管验收的范围

1. 技术资料

(1) 工程合同及相关技术文件。
(2) 竣工图纸。设计说明、系统结构图、各子系统控制原理图、设备布置及管线平面图、控制系统配电箱电气原理图、相关监控设备电气接线图、中央控制室设备布置图、设备清单、监控点(I/O)表等。
(3) 系统设备产品说明书，系统操作和维护手册。
(4) 设备及系统测试记录，系统功能检查及测试记录，系统联动功能测试记录。
(5) 生产厂家和安装单位的保修合同书。
(6) 厂家提供的机械配件和专用工具。

2. 设施设备

1) 机房设备

控制主机、网络控制器、现场控制器、主机密码及设定、系统软件、打印机、时间表设定及周期、历史记录及故障记录等。

2) 监测和执行机构的清点项目

温度、湿度、室外温度、流量、压力、气体溶度、光照度、液位、冷媒等传感器；水阀执行器、风阀执行器、防冻开关、压差开关、旁通阀、切断阀等执行机构；风机、空调、新风机、冷却塔、冷却泵、配电室设备、冷水机组、水箱、污水泵、照明系统、电梯控制接口等末端设置。

3) 监测和执行机构的外观检查

(1) 盘箱密封防水、防尘、端子的接线及紧固情况。
(2) 水阀和风阀执行器的开度，连接及防水情况。
(3) 压差开关的软管连接及防水情况。
(4) 室外温度传感器的连接及防水情况。
(5) 温湿度传感器的连接及防水情况。
(6) 防冻开关的实验、复位连接及防水情况。
(7) 冷却泵的连接及防水情况。
(8) 水箱的连接及防水情况。

(9) 供电控制开关容量及集中供电情况。
(10) 污水泵控制状态、漂子球、连接及防水情况。

13.13.3 接管验收程序

(1) 工程部进行现场技术摸底，制定接管验收计划。
(2) 准备接管验收记录表格，主要表格如下所示。
① 《图纸、资料移交清单》；
② 《机电设备移交清单》；
③ 《钥匙移交清单》；
④ 《机电设备接管验收表》；
⑤ 《验收交接记录》；
⑥ 《接管验收资料遗留问题登记表》；
⑦ 《接管验收设施设备遗留问题登记表》。
(3) 进行接管验收，接管验收包括以下 3 个方面的内容。
① 图纸、资料的移交。
② 设备外观、工作环境检查和设备数量的清点。
③ 设备使用功能测试。
(4) 遗留问题的处理。
① 遗留问题的登记确认。
对资料验收中发现的资料不全、不真实、不合格等问题，应当将问题逐项记录在《接管验收资料遗留问题登记表》中，交开发商相关人员签字确认；对设施设备接管验收中发现的不合格等问题，应当将问题逐项记录在《接管验收设施设备问题遗留问题登记表》中，交开发商相关人员签字确认。
② 对资料遗留问题，应积极协调开发商要求施工单位补齐相关资料。
③ 对设施设备遗留问题，一般问题要求开发商在限期内解决；重大问题要求开发商在一个月内解决；长期解决不了的问题，以备忘录的形式将问题进行登记后交开发商进行备录。

13.13.4 设备使用功能测试

1. 空调与通风系统功能检测

楼宇自控系统应对空调子系统进行温湿度及新风量自动控制、预定时间表自动启停。对节能优化控制等控制功能进行检测。应着重监测系统测控点（温度、相对湿度、压差和压力等）与被控设备（风机、风阀、加湿器及电动阀门等）的控制稳定性、响应时间和控制效果，并检测设备连锁控制和故障报警的正确性。检测数量为每类机组总数的 20%，且不得少于 5 台，每类机组不足 5 台时全部检测。被检测机组全部符合设计要求为检测合格。

2. 变配电子系统功能检测

楼宇自控系统应对变配电系统的电气参数和电气设备的工作状态进行监测，检测时应利用

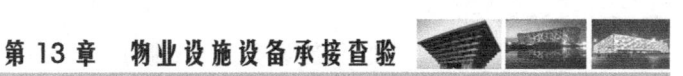

工作站数据读取和现场测量的方法对电压、电流有功（无功）功率、功率因数、用电量等各项参数的测量和记录进行准确性和真实性检查，显示的电力负荷及上述各参数的动态图形能比较准确地反映参数的变化情况，并对报警信号进行验证。检测方法为抽检，抽检数量按每类参数抽20%，且数量不得少于20点，某类参数数量少于20点时全部检测。被检参数合格率在100%时为检测合格。对高低压配电柜的运行状态、电力变压器的温度、应急发电机组的工作状态、储油罐的液位、蓄电池及充电设备的工作状态、不间断电源的工作状态等参数进行检测时，应全部检测，合格率为100%时为检测合格。

3. 公共照明子系统功能检测

楼宇自控系统应对公共照明设备（公共区域、过道、园区和景观）进行监控，应以光照度、时间表等为控制数据，设置程序控制灯组的开关，检测时应检查控制动作的正确性；并检查其手动开关的功能。检测方式为抽检，按照明回路的20%抽检，数量不得少于10路，总数少于10路时应全部检测。抽检数量合格率100%时为检测合格。

4. 给排水子系统功能检测

楼宇自控系统应对给水系统、排水系统和中水系统进行液位、压力等参数检测及水泵运行状态的监控和报警进行验证。检测时应通过工作站参数设置或人为改变现场测控点状态，监视设备的运行状态，包括自动调节水泵转速、水泵切换机故障状态报警和保护等项是否满足设计要求。检测方式为抽检，抽检数量为每类系统的50%，且不得少于5套，总数少于5套时全部检测。被检系统合格率100%时为检测合格。

5. 热源和热交换子系统功能检测

楼宇自控系统应对热源和热交换系统进行系统负荷调节、预定时间表自动启停和节能优化控制。检测时应通过工作站或现场控制器对热源和热交换系统的设备运行状态、故障等监视、记录与报警情况进行检测，并检测对设备的控制功能。核实热源和热交换系统能耗计量与统计资料。检测方式为全部检测，被检系统合格率100%时为检测合格。

6. 冷冻和冷却水子系统功能检测

楼宇自控系统应对冷水机组、冷冻和冷却水系统进行系统负荷调节、预定时间表自动启停和节能优化控制。检测时应通过工作站对冷水机组、冷冻和冷却水系统设备的控制和运行参数、状态、故障等监视、记录与报警情况进行检查，并检查设备运行的联动情况。核实冷冻和冷却水系统能耗计量与统计资料。检测方式为全部检测，满足设计要求时为检测合格。

7. 电梯和自动扶梯子系统功能检测

楼宇自控系统对建筑物内电梯和自动扶梯系统进行监测、检测时应通过工作站对系统的设备运行状态与故障进行检测，并对电梯和自动扶梯系统的实际工作情况进行核实。检测方式为全部检测，合格率100%时为检测合格。

8. 建筑设备监控系统与子系统（设备）之间的数据通信接口功能检测

楼宇自控系统与带有通信接口的各子系统以数据通信的方式相连时，应在工作站监测子系统的运行参数（含工作状态和报警信息），并与实际状态核实，确保准确性和响应时间符合设计要求；对可控的子系统，应检测系统对控制命令的响应情况。数据通信接口应规范对接口进行全部检测，被检合格率100%时为检测合格。

9. 中央工作站与现场工作站功能检测

楼宇自控系统对中央工作站与现场工作站的功能进行检测时，应主要检测其监控和管理功能。检测时应以中央工作站为主，主要检测现场工作站监控和管理权限，以及数据与中央工作站的一致性，应检测中央工作站显示和记录各种测量数据、运行状态、故障报警等信息的实时性和准确性，以及对设备运行控制和管理的功能，并检测中央工作站控制命令的有效性和参数设定的功能，确保中央工作站的控制命令被无冲突地执行；应检测中央工作站数据的存储和统计（包括检测数据和运行数据）、历史数据趋势图显示报警存储统计（包括各类参数报警、通讯报警和设备报警）情况，中央工作站存储的历史数据时间应大于 3 个月；应检测中央工作站的数据报表生成及打印功能，故障报警信息的打印功能；应检测中央工作站操作的方便性，人机界面要符合友好、汉化、图形化的要求，图形切换流程应清晰易懂，便于操作。对报警信息的显示和处理应直观有效。应检测操作权限，确保系统操作的安全性，以上功能全部满足设计要求时为检测合格。

13.14 车位引导系统的接管验收

13.14.1 接管验收的依据

1. 国家和地方有关工程施工质量的验收规范

（1）《电气工程施工质量验收规范》（GB50303—2015）；

（2）《智能建筑工程质量验收规范》（GB50339—2013）。

2. 设施设备生产厂家的安装要求及产品技术说明书

13.14.2 接管验收的条件

（1）系统所有的设备已全部按设计要求安装到位，系统设备的各种功能已全部调试完成，并已能正常投入运行。

（2）系统已通过试运行期，并且通过了设备厂家的自检验收。

（3）系统竣工图已全部编制完成，各种设备的技术资料、产品使用说明书、产品接线图已全部整理成册，并符合长期归档和翻阅的要求。

（4）系统施工期间的各种资料已整理齐全。例如，工程设计变更记录，施工变更记录，各种工作联系函，隐蔽工程验收记录，设备、材料进场验收记录，分项、分部的工程质量评定记录等。

（5）系统资料已整理完成。例如，系统设备清单（要与竣工图的数量、型号对等）、系统调试报告、系统试运行报告、系统培训记录表等。

（6）准备好的资料，已由施工单位向建设单位或甲方发出了《竣工验收申请书》通知内容是

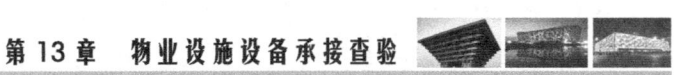

工程竣工的项目和日期，并邀请相关单位组织人员在约定的时间进行验收。

（7）接管验收必须在系统功能经过厂家自检完成，并提交自检报告后进行。

13.14.3 接管验收的内容

（1）工程合同技术文件。
（2）竣工图纸：系统图、设备布置及管线平面图、原理图、相关设备电气接线图。
（3）设计说明、功能说明。
（4）设备清单。
（5）系统设备产品说明书，软件说明书。
（6）相关工程质量事故报告、工程设计变更单等。

13.14.4 接管验收的程序

1）初验

（1）由建设单位（含监理单位）组织设计和施工单位根据设计任务书或合同提出的设计使用要求进行初验，并写出初验报告。参加初验的人员应签名。

（2）初验包括以下内容。
① 系统试运行评述。
② 对照设计任务要求、系统功能检测情况及质量主观评论。
③ 对照正式设计方案，核对安装设备数量和型号的结果。
④ 施工质量初验意见（含隐蔽工程随工验收单）。

（3）系统检测包括以下内容。
① 硬件设备的各项功能检测。
② 应用软件的各项功能检测。
③ 系统线路施工质量、规范的检查。
④ 申请办理系统检测手续应报送以下资料。
A．系统试运行报告。
B．系统竣工报告。
C．系统初验报告。
⑤ 对发现的问题应商定解决意见并确定复验时间。

2）复验

（1）在初验的基础上，重新检测、检验初验遗留的问题是否已正常解决。
（2）检查系统验收资料是否已整理齐全。
（3）检测报告应准确、公正、完整、规范，并注重量化。
（4）系统在线测试抽检比例，按前端设备数量的10%～15%进行。
（5）复验不合格应限定解决期限。

参 考 文 献

[1] 中国物业管理协会设施设备技术委员会.《物业设施设备管理指南》.北京：中国市场出版社，2019.10.

[2] 岳娜.《建筑设施设备》.北京：电子工业出版社，2011.8.

[3] 张智慧.《物业设施设备管理》.北京：北京理工大学出版社，2015.8.

[4] 聂英远.《物业设施设备管理与维护》.武汉：武汉理工大学出版社，2019.1.